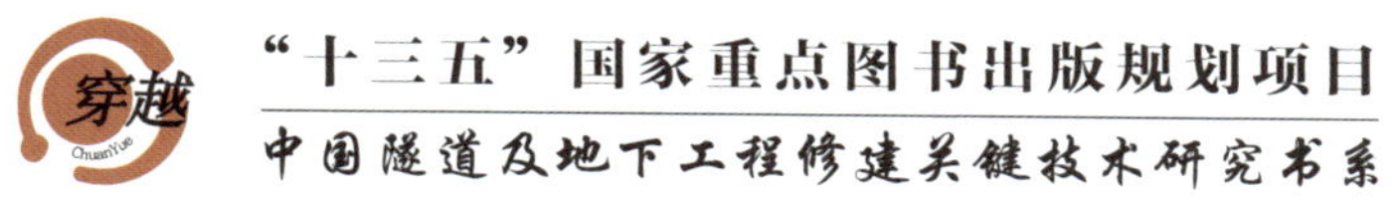


# 大直径盾构法技术

周文波　吴惠明 

Large Diameter
Shield Tunneling
Technology

人民交通出版社股份有限公司
China Communications Press Co.,Ltd.

## 内 容 提 要

本书依托大直径盾构法隧道工程实践的丰富成果，对大直径盾构法技术进行了系统梳理、归纳和提升。全书共分为10章：第1章介绍了大直径盾构法施工技术在国内外的应用发展及其技术革新；第2章介绍了大直径盾构掘进机的全新设计及其主要功能；第3章介绍了泥水处理系统的集成设计及其泥浆零排放工艺；第4章介绍了高精度钢模的设计制造和管片生产新技术；第5章介绍了大直径盾构始发接收、开挖面稳定、盾构姿态管理、管片拼装、同步注浆以及特殊段掘进等技术；第6章介绍了隧道内部结构与连接通道施工；第7章介绍了信息化智能化视角下的数据管控；第8章介绍了大直径盾构施工的风险管理和应对策略；第9章介绍了世界典型大直径盾构法隧道工程及其关键技术；第10章为全书展望，提出了未来隧道与盾构的发展方向。

本书适用于设计与施工单位的专业技术人员、科研院所的研究人员和其他隧道及地下工程相关领域的工作者参考使用。

**图书在版编目(CIP)数据**

大直径盾构法技术 / 周文波，吴惠明编著. —北京：人民交通出版社股份有限公司，2020.4

ISBN 978-7-114-15846-9

Ⅰ.①大… Ⅱ.①周… ②吴… Ⅲ.①隧道施工—盾构法 Ⅳ.①U455.43

中国版本图书馆CIP数据核字(2019)第212686号

中国隧道及地下工程修建关键技术研究书系

**书　　名**：**大直径盾构法技术**
**著 作 者**：周文波　吴惠明
**特邀编审**：张孟喜
**特邀编辑**：施文琪
**责任编辑**：谢海龙　李　梦
**责任校对**：孙国靖　扈　婕
**责任印制**：刘高彤
**出版发行**：人民交通出版社股份有限公司
**地　　址**：(100011)北京市朝阳区安定门外外馆斜街3号
**网　　址**：http://www.ccpress.com.cn
**销售电话**：(010) 59757973
**总 经 销**：人民交通出版社股份有限公司发行部
**经　　销**：各地新华书店
**印　　刷**：北京印匠彩色印刷有限公司
**开　　本**：787×1092　1/16
**印　　张**：20.75
**字　　数**：428千
**版　　次**：2020年4月　第1版
**印　　次**：2020年4月　第1次印刷
**书　　号**：ISBN 978-7-114-15846-9
**定　　价**：128.00元

Large Diameter Shield Tunneling Tchnology

# 序　言

自 1996 年东京湾海底隧道建成以后，直径 14m 以上的盾构法隧道逐渐进入人们的视野，继日本、德国之后，荷兰、俄罗斯、美国、中国等国家也相继加入大直径盾构法隧道的建设行列之中，盾构的直径也逐渐增大到了 17m 级，这个纪录还将被不断刷新。

进入 21 世纪以来，伴随着多类型、多层次、一体化地下空间立体交通网络的不断发展，我国已经成为盾构法隧道建设和应用的超级大国，在地铁区间隧道、公路、铁路隧道以及各类用途的隧道建设之中，盾构法隧道的应用成果卓著，业绩斐然，其设计和施工水平已达到世界先进水平，并极大地促进了我国土木工程和交通运输事业的快速发展。

2004 年，上海市上中路隧道开工建设，引进了一台直径 14.87m 的泥水平衡式盾构机，实现了我国盾构直径 14m 以上软土隧道建设零的突破。随后，该项技术迅速在长三角地区、长江沿岸经济带、粤港澳大湾区等区域大力推广应用，涌现了诸如上海长江隧道、武汉三阳路长江隧道、珠海横琴水下隧道等多项代表性工程。目前，我国超大直径盾构法隧道数量位居世界第一，拥有了一批具有自主知识产权的盾构施工和装备制造技术，打破了少数发达国家的技术垄断。

随着大直径盾构施工技术的日趋成熟，盾构施工中遇到的一些常规难题已经具备了比较完善的解决方案。但遇有工程地质、水文地质条件十分复杂等特殊环境，在盾构始发和接收技术、超大断面盾构开挖中作业面水土平衡、超浅覆土隧道盾构掘进稳定性、盾构与管片衬砌近接叠交穿越已运营地铁、高水压情况下的换刀风险控制等盾构施工中仍面临诸多新的挑战，而这些挑战也已成为当前业界公认的国际性技术难题，由此也对大直径盾构法技术的发展提出了更高、更严苛的要求。

本书在盾构法隧道建设大发展的时代背景下，结合作者团队数十年的深厚经验积累精心编著而成。聚焦大直径盾构法隧道施工技术，基于近年来最新的技术研发和大量工程实践成果，从盾构机选型、泥水筛分处理、盾构管片制作、盾构掘进作业、隧道内部结构预制安装、施工信息有效监控以及技术风险精细化智能管理等方面，全面阐述、总结了大直径盾构机的全新设计、大尺寸管片高精度制作、大直径盾构法隧道施工创新技术等多项研究成果。

参加本书编著的主要成员均是在大直径盾构法隧道工程中长期从事一线工作的盾构技术专家。书中汇集了大量工程实测数据、工程实例，内容取舍和描述都力求深入浅出，通俗易懂。本书的出版将有助于一线工程技术人员更好地理解并掌握大直径盾构法隧道施工技术，将对从事盾构法隧道工程的设计、施工和技术管理人员具有很好的借鉴、学习价值，进而推动我国大直径盾构法技术体系的日臻完善。

大直径盾构法隧道建设是我国工程技术领域的又一张崭新名片，它的推广应用是我国基础设施建设能力跃入世界先进行列的重要标志。择高处立，寻宽处行。随着数字化、信息化以及物联网、机器学习和大数据技术的广泛应用，智能化、智慧化也将成为未来盾构法隧道施工技术精进的必然趋势，全体隧道人也势必会在“从无到有、从有到精”的大背景驱动下走出一条科技含量高、经济效益好、资源消耗低、环境污染少的大直径盾构法隧道的新型发展之路，我们将翘首以待！

深感于作者团队锲而不舍的努力与奋斗，谨以上面的文字向本书的出版表示热烈祝贺，并乐以推荐给同行。

孫钧

**己亥年金秋寒露时节写于沪滨同济园**

**孙钧**先生，同济大学地下工程系一级荣誉教授、名誉系主任，中国科学院（技术科学学部）资深院士，岩土力学与工程、隧道与地下工程领域知名学者和技术专家。

# 前言

自上海长江隧道建成以来，直径 14m 以上的盾构法隧道在长三角软土地区迅速得以推广，并遍及粤港澳大湾区、长江经济带等复合地层区域。目前，大直径盾构法隧道正被越来越广泛地应用于我国公路、铁路、城市综合管廊等领域，成了构建城市地下快速路网最有效的解决方法。然而，在该类隧道工程大规模建设中，由于其大尺度的开挖断面，技术人员必须要应对超深埋、长距离和复杂地层掘进等诸多挑战。在不断解决工程问题的过程中催生了一系列大直径盾构法新技术、新工艺、新材料以及新设备的引进开发与应用，如大直径盾构始发接收、超大断面开挖面平衡、超浅覆土隧道稳定性控制、叠交穿越运营地铁和高水压下换刀风险控制等施工技术。众多世界级难题的工程实践，使我国的大直径盾构法技术得到了长足的发展，也标志着我国大直径盾构法隧道修建实力已经达到了国际先进水平。

本书旨在通过大直径盾构法隧道工程实践的丰富成果，对大直径盾构法技术进行系统梳理、归纳和提升，形成具有一定科学体系的技术专著，以满足新时期城市盾构法隧道工程设计、施工以及管理的新需求。全书共分为 10 章：第 1 章主要介绍大直径盾构法施工技术在国内外的应用发展及其技术革新；第 2 章主要介绍大直径盾构掘进机的全新设计及其主要功能；第 3 章主要介绍泥水处理系统的集成设计及其泥浆零排放工艺；第 4 章主要介绍高精度钢模的设计制造和管片生产新技术；第 5 章主要介绍大直径盾构始发接收、开挖面稳定、盾构姿态管理、管片拼装、同步注浆以及特殊段掘进等技术；第 6 章主要介绍隧道内部结构与连接通道施工；第 7 章主要介绍信息化智能化视角下的数据管控；第 8 章主要介绍大直径盾构施工的风险管理和应对策略；第 9 章主要介绍世界典型大直径盾构法隧道工程及其关键技术；第 10 章为全书展望，提出了未来隧道与盾构的发展方向。

承蒙孙钧院士在百忙之中审阅并为本书作序，向所有付出辛勤工作并提供帮助的参建者、专家、学者表达敬意。城市大直径盾构法隧道工程的修建过程凝结了一大批技术人员的艰辛汗水，更展现出他们在困难面前不屈不挠的工匠精神和杰出智慧，谨以本书向所有为大直径盾构法技术发展挥洒智慧和汗水的设计、施工和研究人员致敬！

本书适用于设计与施工单位的专业技术人员、科研院所的研究人员和其他隧道及地下

工程相关领域的工作者。鉴于隧道及地下工程科学正处在发展与变革之中，本书引入了较多最新的理论和工程实践成果，希望能为今后的大直径盾构法隧道工程建设提供示范和参考，拓宽行业应用范围。书中难免存在疏漏与不当之处，敬请国内外专家与读者批评指正。

作　者

2019 年 12 月

Large Diameter Shield Tunneling Tchnology

# 目　录

# 第1章　绪论

随着城市地铁隧道、越江跨海交通隧道、城市快速路隧道、水利水电隧道和市政公用隧道的大规模建设，大直径盾构法隧道施工技术已经得到了广泛的应用和长足的发展。超大直径盾构法隧道由于其超大的隧道断面，在建设过程中面临诸多挑战，超大直径盾构隧道施工技术研究是摆在隧道建设者面前的一个世界级课题。

## 1.1　城市发展对隧道的新需求

### 1.1.1　盾构法隧道的广泛应用

盾构法隧道诞生至今已近200年，国外盾构技术的发展大致经历了四个阶段：以手掘式盾构机为代表的第一代盾构；以机械式、气压式盾构机为代表的第二代盾构；以削土密封式压力平衡盾构机为代表的第三代盾构；以多样化、信息化、自动化为特色的第四代盾构。

1）第一代盾构及其应用（19世纪20年代—19世纪70年代）

1818年，法国工程师马克·伊桑巴德·布鲁内尔（Marc Isambard Brunel）观察到船的木板中有一种蛀虫在钻孔，并将自己分泌的液体涂在孔壁四周。他由此受到启发，提出了盾构法隧道掘进的原理，并在英国申请了专利。1825年，布鲁内尔用矩形铸铁盾构机在伦敦泰晤士河下开始修建世界上第一条盾构法隧道，隧道的断面尺寸为11.4m×6.8m。施工期间隧道内发生过数次特大涌水，在布鲁内尔对盾构机进行改良后，全长458m的隧道于1843年才竣工。1869年，英国工程师詹尼斯·亨利·格瑞海德（Janes Henry Greathead）首次使用圆形敞开式盾构机和铸铁管片，在泰晤士河底修建了一条外径2.18m、长402m用于人行的盾构法隧道（图1-1）。

图1-1　格瑞海德使用的圆形盾构机

2)第二代盾构及其应用(19世纪70年代—20世纪60年代)

第一个机械化盾构机的专利出现在1876年,由英国人约翰•狄克英森•布伦敦(John Dickinson Brunton)和姬奥基•布伦敦(George Brunton)共同申请,其设想是用半球形刀盘旋转切削土体,依靠径向转动的土斗将渣土运到皮带输送机上(图1-2)。1886年,格瑞海德在修建英国伦敦地铁时,首次采用了压缩空气盾构法工艺解决承压水地层盾构掘进的难题,并提出了衬砌外侧压浆填补盾尾建筑空隙的施工方法。压缩空气的使用,将盾构法的适用范围扩展到承压水地层,有力促进了盾构法的推广应用。1896年,英国工程师普莱斯(J. Price)将盾构刀盘改进为轮辐式刀盘(图1-3),与驱动电机之间通过一根长轴连接,这种机械式盾构机在伦敦黏土地层中的应用效果良好,奠定了现代盾构法隧道的基础。

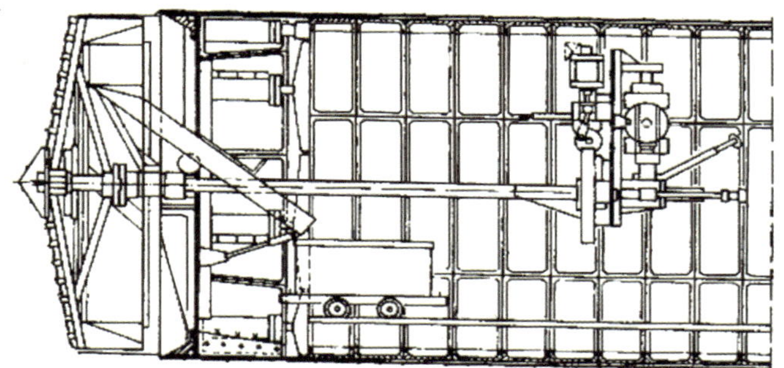
图1-2　第一台机械化盾构机示意图

图1-3　普莱斯改进的轮辐式刀盘

3)第三代盾构及其应用(20世纪60年代—20世纪80年代)

1964年,英国MHA(Mott,Hay和Anderson)咨询公司的约翰•巴特勒(John Bartlett)申请了泥水加压平衡盾构机的专利。1967年,日本采用三菱公司制造的世界第一台用刀盘切削土体和水力出土的泥水平衡式盾构机修建了一条下水道隧道,这台试验盾构机的直径为3.1m。在此基础上,日本制造了当时直径最大的泥水平衡式盾构机(直径7.29m),用于羽田隧道的修建并获得成功。相比于第二代盾构,泥水平衡式盾构机通过加膨润土的泥浆平衡开挖土体,泥浆携带渣土进入泥水处理系统。虽然气压式盾构机和泥水平衡式盾构机都能在含水地层中掘进,但压缩空气对人体的损害和泥水对环境的污染等不利影响,促使隧道专家寻找新的解决途径,于是土压平衡式盾构机应运而生。1974年,由日本石川岛播磨(IHI)公司制造的第一台螺旋式土压平衡式盾构机(图1-4)在东京投入使用,盾构机外径3.72m,掘进长度1900m。

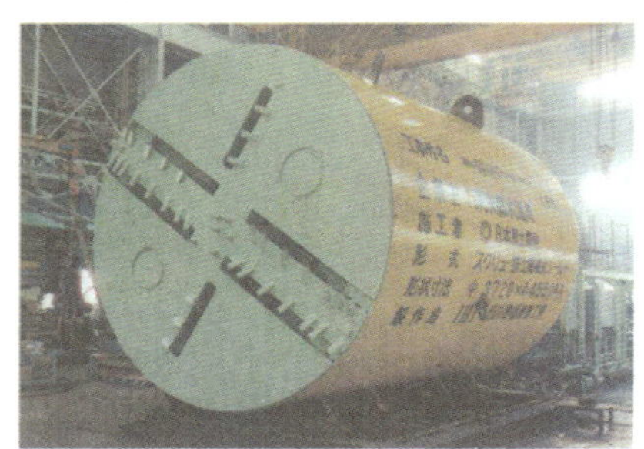
图1-4　世界第一台土压平衡式盾构机

4)第四代盾构及其应用(20世纪80年代至今)

20世纪80年代之后,以多样化、信息化、自动化为特色的第四代盾构逐步出现,盾构机在推进导向、姿态调整、管片运送与拼装以及同步注浆、信息化管理、故障诊断等环节都实现了较高的自动化。日本和德国企业逐渐成为盾构机的主要制造商，日本注重发展盾构机的多样化，德国则致力于研发混合式盾构机。日本地域狭窄，人口密度大，许多大城市地下空间的利用率已经很高，如何在拥挤的地下空间内进一步开发利用地下空间资源，日本工程师把目光集中在盾构的多样化方面。日本盾构机在断面形式、功能、掘削方式等方面都表现出多样化，包括矩形、双圆搭接、三圆搭接（图 1-5）等断面多样化；球体盾构、母子泥水盾构、直角分岔盾构、扩径盾构等功能多样化；摇动、摆动掘削式等掘削多样化。当盾构机需要穿越的地层和水文条件差异较大，单一功能的盾构机无法完成整条隧道的掘进贯通时，混合式盾构机（图 1-6）即可发挥作用。将不同形式盾构机的功能部件同时布置在一台盾构机上，通过对开挖面支护方式、渣土输送机构进行调整，实现敞开式、土压平衡式、泥水平衡式等两种或多种不同工作模式相互转换的盾构机即为混合式盾构机，混合式盾构机为欧洲不同地质条件下盾构法隧道的修建提供了有效的解决方法。

图 1-5　日本三圆盾构机

图 1-6　德国海瑞克混合式盾构机

5）我国盾构法技术的应用和发展

盾构法技术在我国的应用和发展始于 20 世纪 50 年代初，早期采用手掘式盾构机开挖了数条小直径的取水隧道。进入 20 世纪 60 年代后，上海隧道工程有限公司（以下简称“上海隧道”）开始在软土地层中进行网格挤压式盾构机的自行设计、制造和工程应用。从 1990 年起，我国的经济水平得到了显著提升，北京、上海、广州、深圳等大城市开始大力发展轨道交通以解决交通拥堵难题，盾构法隧道技术得到了更广泛的应用。从最开始盾构机的引进，到实践中不断消化和吸收，最后完成自主设计、制造和出口，国内企业逐渐打破了国外对盾构技术的垄断，使得我国盾构技术步入世界先进行列。

1953 年，东北阜新煤矿采用直径 2.6m 的手掘式盾构机及小型混凝土预制块修建了疏水巷道。1957 年，北京采用直径 2.0m 和直径 2.6m 的手掘式盾构机进行了城市下水道工程的施工。1963 年，上海隧道利用自行研制的直径 4.2m 手掘式盾构机在浦东塘桥第四纪软弱含水地层进行盾构隧道试验（图 1-7），隧道掘进长度 68m，试验获得成功。1966 年，上海隧道采用江南造船厂制造的直径 10.22m 大型网格挤压盾构机，辅以气压稳定开挖面，掘进了中国第一条水底公路隧道——上海打浦路越江隧道（图 1-8），掘进长度 1322m。

图 1-7　上海浦东塘桥手掘式盾构试验

图 1-8　上海打浦路越江隧道

1990 年，为全面建设上海地铁 1 号线，工程引进了 7 台法国 FCB 公司（Fives-Cail Babcock France）制造的直径 6.34m 土压平衡式盾构机。1995 年，上海隧道引进了日本三菱重工制造的直径 11.22m 泥水加压式盾构机，用于延安东路南线 1300m 圆形隧道的掘进。2004 年 10 月，我国首台具有完全自主知识产权的土压平衡式盾构机“先行号”（图 1-9）研制成功并应用于上海地铁 2 号线西延伸段的区间隧道工程。2008 年 12 月，由我国自主设计制造的直径 11.22m 大型泥水平衡式盾构机“进越号”（图 1-10）用于上海打浦路复线隧道工程施工。

图 1-9　“先行号”盾构机

图 1-10　“进越号”盾构机

近年来，在新一轮铁路隧道、公路隧道、城市地铁隧道、地下综合管廊等工程建设对盾构机巨大需求的背景下，以上海隧道工程有限公司、中铁工程装备集团有限公司、中国铁建重工有限公司为代表的国内盾构机制造企业又陆续研制出了大断面矩形顶管机、地面出入式盾构机、类矩形盾构机、马蹄形盾构机等一系列新型盾构装备（图 1-11），初步形成了国内盾构行业设计、制造、施工的完整产业链，国产盾构机在国内市场的占有率逐步上升。但是，我国的盾构技术发展面临着地质条件多样化、跨江越海常态化、结构断面多元化、建设环境复杂化等诸多挑战，在盾构机总体设计和系统集成技术、关键部件生产技术等方面与德国、日本的盾构机制造商还存在一定的差距。

随着机械化、电气化的发展，盾构设备工艺发展迅速，从第一代手掘式盾构、第二代机械化盾构，发展到第三代、第四代电气化与电子信息化盾构，盾构机集光、电、机、液于一体，每个阶段盾构机的发展都紧随工业技术的革新，盾构的发展历程如图 1-12 所示。21 世纪是信息的时代、数字的时代、智能化爆发的新时代，随着物联网、大数据和人工智能等技术的发展，盾构机施工的管控也应该以智能化技术为主导，建立信息化、智能化的管理理念，基于隧道施工中质量、进度、安全和设备等海量数据和实时数据，采用大数据技术、BIM 技术和物联网技术，实现盾构法隧道施工的动态监控、风险预警及智能决策。随着世界进入工业革命 4.0 的新时期，盾构掘进技术也必然朝着工业智能化的方向发展。

a）大断面矩形顶管机

b）地面出入式盾构机

c）类矩形盾构机

d）马蹄形盾构机

图 1-11 国内新型盾构装备

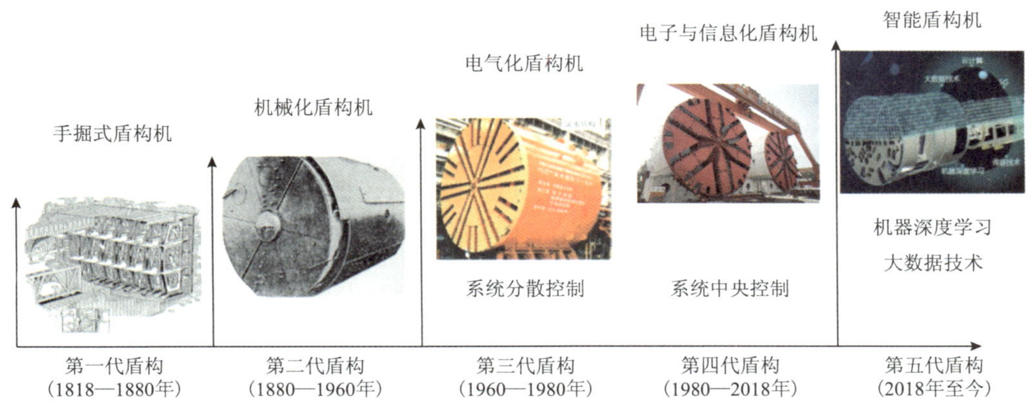


图 1-12 盾构设备的发展历程

## 1.1.2 隧道对城市交通的意义

城市交通既是服务人民生活、生产的基础设施，也是城市经济发展的重要保障，便利、快捷和发达的交通是衡量城市现代化水平的重要标志。虽然各个城市在地理位置、规模、发展定位等方面存在一定差异，但现代城市的发展都需要一个与之相适应、相协调的交通体系。良好高效的交通网络和便捷舒适的出行方式，对城市经济的发展及城市生活质量的提升都起着重要的推动作用。

城市交通隧道是公共交通路网的重要组成部分，主要包括地铁隧道和地下快速路隧道。城市交通隧道有效实现了城市交通分流，改善了城市交通环境，缩短了城市功能区之间的距离。特别是对于依靠河流发展的城市，跨河越江隧道是联系两岸的重要通道，是交通路网的关键节点。在城市土地资源严重短缺和交通流量大幅增长的背景下，交通隧道既保证了城市交通路网的通行效率，又节约了城市土地资源，成为城市交通基础设施建设的首选。

（1）地铁隧道

地铁隧道是各大城市公共交通系统的重要组成部分，是城市居民日常出行的首要交通方式，以其运输能力强、交通干扰小、行车速度快、绿色环保等优点，在城市的社会活动和经济活动中发挥着不可替代的作用。随着城市公路交通拥堵不断加剧，世界各大城市逐渐意识到解决城市交通问题的根本出路在于优先发展以轨道交通为骨干的城市公共交通系统。

英国伦敦于 1863 年建成了世界上第一条地铁线路——伦敦大都会铁路，巴黎、莫斯科、纽约、东京等世界主要城市也紧随其后开始大力发展轨道交通。法国巴黎于 1900 年启用了首条地铁线路，截至 2010 年，巴黎拥有 14 条主线和 2 条支线、总长度 215km 的地铁线路，年客流量达 15.06 亿人次。1904 年，美国纽约开通运营了全长 14.6km、途经 28 个车站的全市第一条地铁线路，目前纽约市运营的地铁线路总长度超过 369km。东京是亚洲最早拥有地铁的城市，首条线路于 1927 年 12 月开通。目前，东京地铁共开通了 13 条线路，线路总长 312.6km，轨道交通占公共交通的比例高达 90%。

我国最早修建地铁是战备所需，第一条地铁线路于 1969 年 9 月在北京建成通车，但在很长时间内不对公众开放。目前，国内各大城市正处于轨道交通建设快速发展的时期，截至 2018 年 12 月 31 日，上海、北京、深圳、广州等 36 座城市共开通运营 174 条轨道交通线路，总里程 5582km，比 2017 年底的 4706km 增长了 18.6%。其中，上海以 705km 的运营里程排名国内城市轨道交通运营里程第一位，其后依次是北京（626km）、广州（456km）、南京（378km）、重庆（313km）、武汉（304km）和深圳（286km），这 7 座城市的轨道交通总里程之和超过全国轨道交通线路总里程的 50%。我国已运营的城市轨道交通线路制式仍以地铁为主，运营里程占比从 2010 年的 80.85% 上升到 2018 年的 88.50%。

对于未来城市轨道交通的规划，上海市“十三五”规划期间中心城区公共交通出行比重计划达到 55%，其中轨道交通客运量占公共交通客运量的比例达到 60%。全市持续推进轨道交通网络建设，总通车里程在 2020 年达到 800km。武汉城市轨道交通远景规划提出了“60/60”客运目标，即公共交通出行比例达到 60%、轨道交通出行占公共交通出行的 60%。地铁隧道是城市轨道交通的重要载体，在城市交通网络的发展中将继续发挥基石作用（图 1-13）。

a）建设中的地铁隧道

b）已开通运营的地铁车站

图 1-13　国内城市地铁隧道和车站

（2）地下快速路隧道

城市地下快速路最早出现于城市快速路网建设中遇到江河湖海以及山体阻碍时，为保持城市路网的整体性而建设的山岭隧道、水底隧道等。随着隧道施工技术的不断突破以及现代城市对交通空间需求的不断增长，从 20 世纪末开始，地下空间的开发利用得到了较广泛的重视，而城市地下快速路成为既保证行车速度，又不占据城市地面空间的最佳选择。同时，在隧道内设置的换气站，可将汽车尾气的颗粒物及其他有害物质进行过滤和分解，排出经过处理、几乎无污染的气体（图 1-14）。

a）地下快速通道

b）行车运营状况

图 1-14　城市地下快速路隧道

现代城市地下快速路的修建，始于 1927 年美国纽约哈德逊河底的荷兰盾隧道，该隧道为双洞单向交通隧道，长度分别为 2680m 和 2551m，采用盾构法施工并首次应用机械全横向通风技术。此后，于 1990 年建成全长 3.4km 的美国西雅图市中心商业区的地下公交专用道，成为世界上第一条投入运营的全封闭地下快速公交系统。因高架道路横贯波士顿市区，对城市环境造成了较大的影响，波士顿市政府从 1995 年开始拆除 20 世纪 50 年代建造的城市高架路，转而发展地下快速路。具体做法是，在中央大道下面修建一条 8 ～ 10 车道、长度 2.4km 的地下快速路，拆除地上高架桥后，地面代之以绿地和可适度开发的城市用地，以促进城市的生态化和可持续发展（图 1-15）。尽管建设过程中遭遇了隧道漏水、交通堵塞、工程造价飙升等问题，但隧道的建成还是大大改善了当地的交通和城市环境。

a）高架桥拆除前

b）高架桥拆除后

图 1-15　波士顿中央大道高架桥拆除前后的对比

20 世纪 80 年代，日本提出了“道路地下化”的理念，随后以东京为代表的各个城市开始大力建设地下快速路隧道。东京首都高速中央环线（图 1-16）总长 47km，西侧长度 11km 的新宿线和南侧 9.4km 的品川线是其重要组成部分。中央环状新宿线建于地下约 40m 的位置，为双向 4 车道高速公路，从东京的板桥区熊野町到目黑区青叶台，经过池袋、新宿和涩谷三个重要商业中心。工程单位采用直径 11.2 ～ 13m 的盾构机修建了大部分线路，解决了地下扩挖、盾构机急曲线施工、盾构机地下 U 形调头等施工难题。中央环状品川线于 2006 年开工建设，采用直径 12.55m 和直径 12.53m 的 2 台土压平衡式盾构机分别掘进了南、北线隧道（图 1-17），盾构机一次性掘进长度达 8km，解决了城市密集区盾构施工面临的多种环境局限难题。此外，横滨环状北线、阪神高速大和川线、东京外环道关越—东名区间等地下快速路隧道也相继开建。

我国城市水底隧道和地下通道的蓬勃发展始于 21 世纪初，主要得益于盾构法的广泛应用。针对国内一线城市交通拥堵现象日趋严重、道路供给能力严重不足的问题，中国工程院钱七虎院士建议，在中国的特大城市建设地下高速公路。上海在国内地下交通空间的开发方面一直处于领先地位，从 1965 年打浦路隧道在黄浦江底建设以来，上海先后建成通车了 14 处越江双线隧道。隧道的通行能力也从单层 2 车道发展为双层 4 车道或者单层 3 车道。城市越江隧道的修建打破了以往市民只能依靠轮渡过江的局面，使得黄浦江两岸的沟通和联系更加紧密、高效。在城市核心区的地下空间，上海还修建了外滩通道、迎宾三路隧道、诸光路通道，以及正在建设的北横通道等，共同构成城市的地下快速路网。全国其他城市，如深圳、南京、武汉、杭州、长沙、扬州等地，也相继采用盾构法建设了一大批地下快速路隧道。城市地下快速路隧道加强了城市重点区域的直接联系，确保了城市道路的通行效率，是充分利用城市地下空间的重要手段。

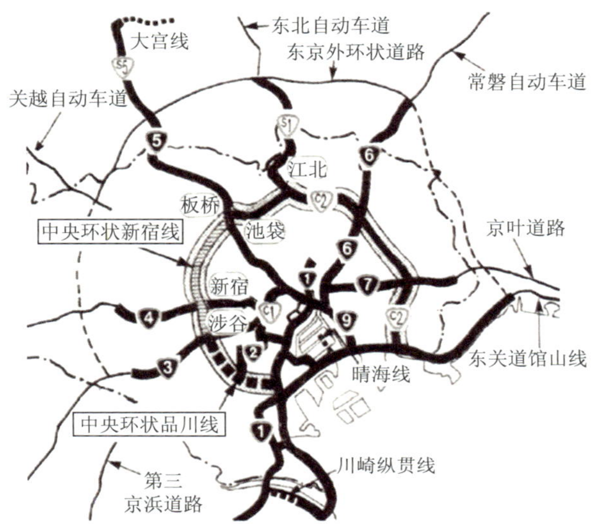

图 1-16　日本东京"首都高速中央环线"示意图

图 1-17　中央环状品川线盾构施工

## 1.1.3　现代交通隧道新趋势

随着我国城镇化进程的不断加快，千万级人口城市逐渐增多，人民日益增长的出行需求和城市交通不充分发展之间的矛盾已经相当突出，城市现代化水平的提高需要城市交通基础设施的不断改善和升级。然而，受到城市空间布局和建设用地的制约，扩建地面道路和修建城市高架、桥梁等方案已开始不适应现代化城市的功能要求，开发地下空间，构建多类型、多层次、一体化的城市立体交通网络体系已经成为未来城市交通发展的重要方向。城市地面资源短缺、城市机动化程度提升和市民出行量激增等刚性约束，促使现代交通隧道逐渐走上以"大断面、长距离、深覆土、多功能"为新需求的可持续发展之路。

（1）大断面隧道

据统计，截至 2018 年 7 月，全国机动车保有量已达到 3.19 亿辆，其中汽车占机动车的比例超过 70%。目前，全国 58 个城市的汽车保有量超过了百万辆，北京、成都、重庆、上海等 7 个城市达 300 万辆以上。近十年以来，城市机动车保有量的持续快速增长是城市交通日渐拥堵的直接原因。为缓解城市交通拥堵，满足城市居民不断增加的出行频次，现代交通隧道开始朝着大断面的方向发展。

国内城市地铁隧道基本为外径 6.2m、内径 5.5m 的"单洞单线"盾构隧道，而贯通于

2017 年 8 月的武汉地铁 8 号线越江隧道，是国内目前最大的“单洞双线”地铁盾构隧道，其外径 12.1m，内径 11.1m，采用了“预制管片 + 现浇内衬”的双层衬砌结构（图 1-18）。早期修建的城市越江公路隧道以双管双向 4 车道为主流形式，例如上海打浦路隧道及复线、上海延安东路隧道、武汉长江隧道等，单条隧道一般设 2 个车道，宽度约 7m，设计车速 40 ～ 60km/h。随着盾构主轴承制造以及精密部件加工、焊接技术的不断进步，盾构机从直径 11m 级的中型盾构机逐渐突破至直径 14m 级的大型盾构机，城市地下快速路隧道因此进入到了大断面时代。例如，上海长江隧道单条隧道分别设置了 3 条宽度 3.75m 的车道，形成双管单层双向 6 车道隧道，设计车速为 80km/h；上海军工路隧道为双管双层双向 8 车道隧道，设计车速为 80km/h；美国西雅图 SR99 公路隧道使用直径为 17.45m 的土压平衡式盾构机建造，设计为单管双层 4 车道隧道（图 1-19）。大断面隧道极大提高了城市交通的通行效率，节约了地下空间资源，开始成为现代城市盾构隧道建设的首选。

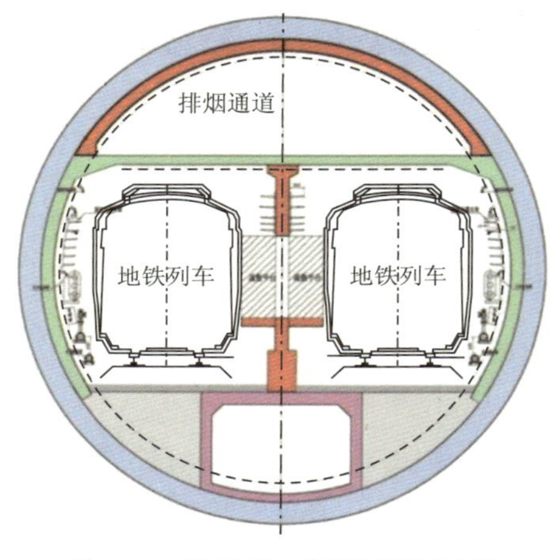


图 1-18　武汉地铁 8 号线横断面示意图

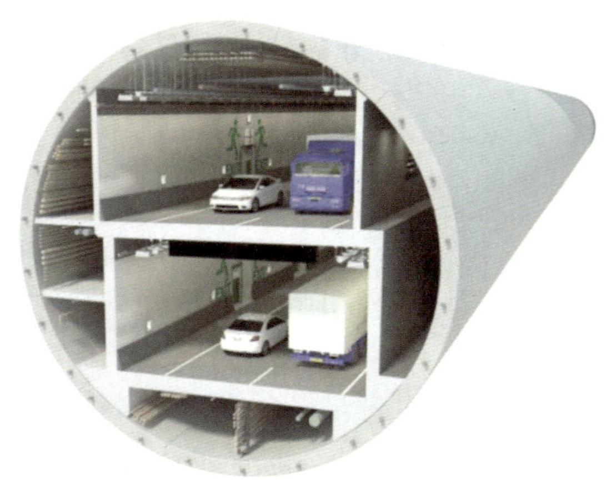

图 1-19　西雅图 SR99 公路隧道横断面效果图

（2）长距离隧道

通过平衡两岸的资源来拓展城市发展的空间，已成为沿江城市发展的标准模式，跨湖越江隧道成为联系两岸的重要纽带。在我国的长江、上海黄浦江、杭州钱塘江、长沙湘江等江底以及扬州瘦西湖、南京玄武湖、武汉东湖等湖底都修建了许多跨湖越江隧道，上海、深圳等多个城市的核心区域还修建了地下快速路隧道。世界上很多国家也修建了许多著名的跨河跨海隧道，例如英法之间的英吉利海峡隧道、日本青函海底隧道、日本东京湾海底公路隧道等。

随着城市交通基础设施建设的扩展和国家“城乡融合发展”战略的提出，围绕城市外围区域开始了长距离交通隧道的建设，代表性工程如上海长江隧道、上海沿江通道，两者圆形隧道段单线长度分别为 7.47km、5.09km。国外著名的东京湾海底公路隧道（图 1-20），包括长约 9.5km 的海底隧道和长 4.4km 的桥梁，由两个人工岛将其相连。两孔隧道长度均为 9.5km，平均埋深 16m，平均水深 27.5m。

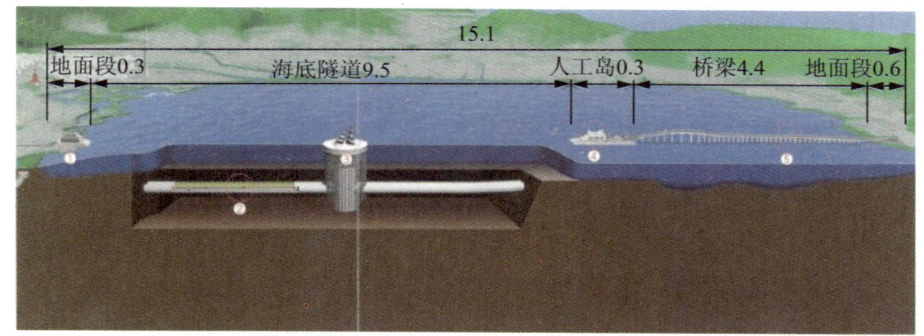


图 1-20 东京湾海底公路隧道(尺寸单位:km)

(3)深覆土隧道

城市浅层地下空间大规模的开发利用和跨江越海隧道的覆土限制是现代交通隧道朝着深覆土方向发展的主要原因,新建的城市隧道工程开始朝着更深的地下空间发展,其中重庆红土地站—鲤鱼池站区间以 84m 的埋深成为全国最深的地铁区间隧道。上海虹梅南路隧道(图 1-21)起于虹梅路永德路以北,终于西闸公路立交,全长 5260m,主线采用盾构方式越江,隧道为双向 6 车道,隧道盾构机直径 14.93m,最大埋深达到 59m,是目前黄浦江底最长、最深的隧道。

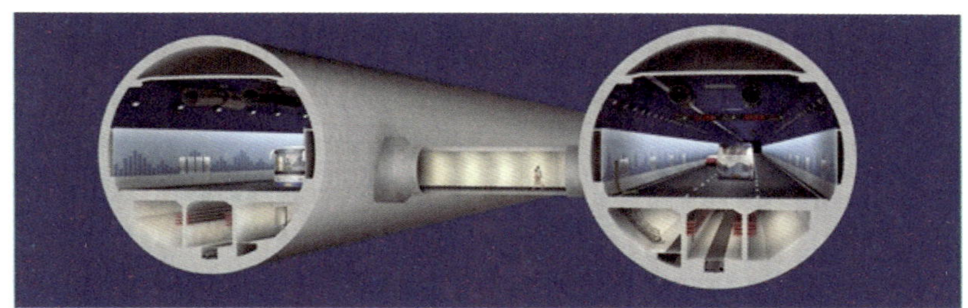

图 1-21 上海虹梅南路隧道

在国外,土耳其博斯普鲁斯公路隧道(图 1-22),由于横跨欧亚大陆,它也被称之为“欧亚通道”。隧道全长 13.5km,最大埋深为 106m,隧道上方穿越的最大水深达 62m,是世界上最深的采用泥水平衡式盾构机施工的隧道。

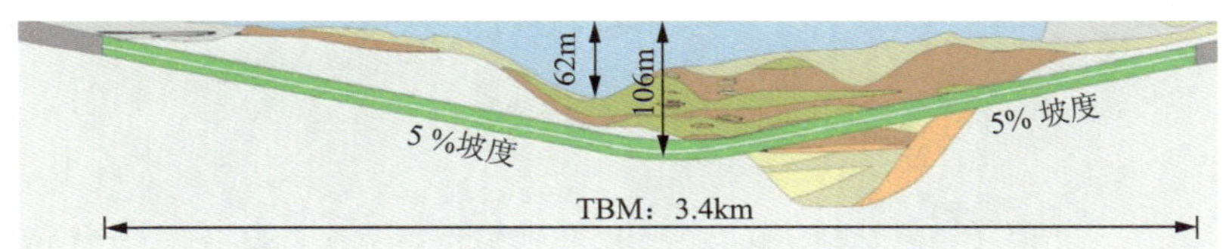


图 1-22 博斯普鲁斯公路隧道纵剖面图

(4)多功能隧道

在国内多个城市提出建设用地“负增长”的背景下,可供城市交通设施建设的土地资源越来越有限。如何综合、高效的利用隧道空间,减少工程建设成本和地下空间资源浪费,同时满足多元化的交通方式以及市政管线的敷设,是现代交通隧道面临的新挑战。按照现代、安全、高效、绿色、经济的原则，隧道空间综合集约化利用技术被提及，多功能隧道成为现代交通隧道的新需求。

上海长江隧道圆形隧道横断面分为3层，上层为排烟风道，中层为3车道行车道，下层敷设了220kV过江电缆，同时预留了轨道交通线路，实现了高压电缆、公路交通和轨道交通的一体化建设。贯通于2018年6月的武汉轨道交通7号线三阳路越江隧道是世界首条超大直径公铁合建盾构隧道，同时满足轨道交通和公路交通的行车需求。珠海横琴隧道在外径14.5m的超大直径隧道内实现了行车道、220kV高压电缆、给水管、通信光缆和有轨电车预留通道的集约化布置，该隧道已于2018年11月通车。

图1-23　马来西亚SMART隧道

国外也相继修建了多条多功能隧道，其中最为典型的是马来西亚SMART隧道（图1-23），它是一个集洪水疏导与道路管理的综合系统，被称为马来西亚首都吉隆坡的重大国家工程。隧道主体为1条长9.7 km、内径11.8m的超大断面隧道，隧道中间3km区段兼作泄洪与交通隧道，在不排洪水的情况下可作为1条双向4车道的交通隧道以缓解市区交通拥堵。

SMART隧道呈现3层结构：底层是永久性的排水渠道；第二层平常用于通车，当遇到5年一遇的大洪水时，就变成排水通道；当遇到特大的极端性暴雨时，车道全部封闭，把整个隧道全部变成排洪道，基本解决了城市中心区的排涝问题（图1-24）。

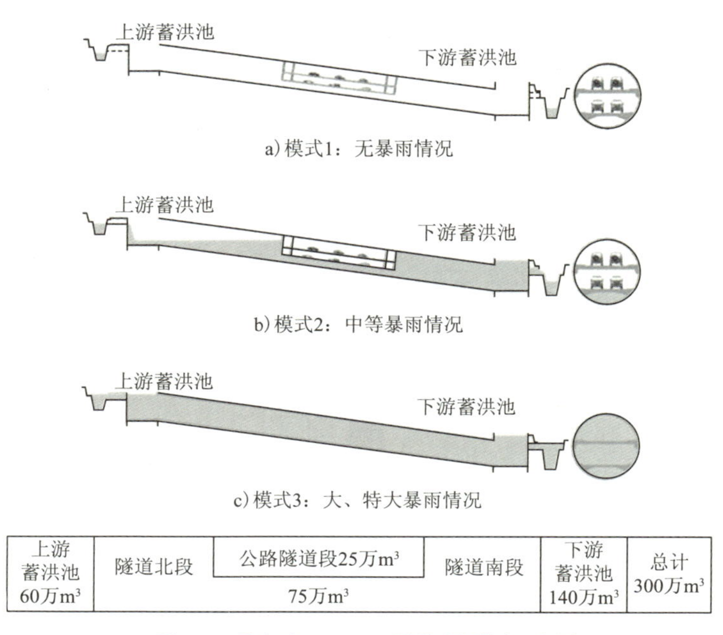

图1-24　马来西亚SMART隧道功能模式示意图

# 1.2　世界大直径隧道建设发展

## 1.2.1　国外大直径隧道

14m 级大直径盾构隧道的建设始于 1989 年的日本东京湾海底公路隧道，8 年后，德国汉堡才开始建设欧洲首条 14m 级大直径盾构隧道——易北河第四隧道。进入 21 世纪后，荷兰、俄罗斯、美国、中国等相继加入 14m 级大直径盾构隧道的建设行列，盾构机的直径也逐渐增大到 17m 级。以德国海瑞克股份公司、日本三菱重工集团、日本川崎重工业株式会社、日立造船有限公司、日本石川岛播磨重工业有限公司为代表的盾构机制造商制造出泥水平衡式盾构机、土压平衡式盾构机、复合型盾构机等类型的大直径盾构机，截至 2018 年 12 月，国外 14m 级大直径盾构隧道工程已多达 16 项，典型工程如下。

（1）日本东京湾海底公路隧道

1989 年，世界上第一条 14m 级大直径盾构隧道工程——日本东京湾海底公路隧道开工建设，8 台直径 14.14m 的泥水平衡式盾构机在长距离、高水压的软弱冲积、洪积黏性土层中掘进，通过海底对接技术贯通了 2 条长约 9.5km 的隧道（图 1-25）。隧道为双层衬砌结构，外衬由管片拼装而成，隧道外径 13.9m，内径 12.6m。8 台盾构机分别由川崎重工、三菱重工等日本企业生产，盾构机主机长约 13.5m，质量达 3200t，并且采用了先进的自动掘进管理系统、自动测量管理系统和管片自动拼装系统。

图 1-25　东京湾海底公路隧道直径 14.14m 泥水平衡式盾构机

（2）德国易北河第四隧道工程

1997 年，德国汉堡易北河第四隧道工程采用海瑞克公司制造的直径 14.2m 复合型泥水平衡式盾构机，穿越地层为含水丰富的黏土层及透水系数大的砾石层，河底最小覆土厚度仅为 7m。这台盾构机在刀盘中心设有直径 3m 的先行小刀盘，在泥水舱下部设有可破碎直径 1.2m 巨砾的破碎机，此外还可在常压下更换刀盘设施。另一项新技术是声波软土测探系统（SSP），可以在盾构机推进过程中提供刀盘前方 20 ～ 30m 范围内的三维反射图像。易北河第四隧道工程在 2003 年竣工后，该盾构机经过维修保养后又被用于俄罗斯莫斯科 Lefortovo 地下道路工程，盾构机掘进长度 2.5km，为单管单层 3 车道隧道，此后又在莫斯科西部掘进了 2 条 2.2km 的银松森林隧道（图 1-26）。

图 1-26　易北河第四隧道直径 14.2m 复合型泥水平衡式盾构机

（3）荷兰“绿色心脏”隧道

2000 年，荷兰的“绿色心脏”隧道工程开工建设（图 1-27）。该工程是阿姆斯特丹到布鲁塞尔的高速铁路隧道工程，为单管双线铁路隧道，总长 7156m，中间设置 3 座竖井，隧道最大埋深为 30m。工程施工采用了法国 NFM 公司制造的直径 14.87m 气压调节式泥水平衡盾构机，盾构机在以饱和砂土为主的地层中日掘进长度达到了 10m。随后，上海引进这台盾构机掘进了上中路隧道。

图 1-27　荷兰“绿色心脏”隧道使用的直径 14.87m 泥水平衡式盾构机

（4）西班牙马德里 M30 环线隧道

2004 年，马德里 M30 环线隧道开工建设。在此之前，14m 级大直径土压平衡盾构机尚未出现。M30 环线隧道穿越地层为坚硬、有裂隙的灰色或绿色泥灰岩质黏土和石膏层，隧道平均覆土厚度约 30m，地下水位线离地表深度约 40m。M30 环线隧道为双管单层双向 6 车道隧道，长约 3.67km。隧道内径 13.45m，厚度 0.6m，环宽 2m。用于隧道北线、南线的土压平衡式盾构机直径分别为 15.2m、15.0m（图 1-28），对应的制造商为德国海瑞克公司、日本三菱重工。在盾构机的设计上，海瑞克公司将切削刀盘设计为转动方向相反的内、外两部分刀盘，而三菱重工选择了整体切削刀盘的设计理念，并在盾构机土舱内安装了中央搅拌器以防止渣土堆积。

a）德国海瑞克制造的直径 15.2m 盾构机

b）日本三菱重工制造的直径 15.0m 盾构机

图 1-28　M30 环线隧道土压平衡式盾构机

（5）美国西雅图 SR99 公路隧道

为了修建一条替换西雅图市区阿拉斯加高架道路的地下公路隧道，SR99 公路隧道使用了当时世界最大直径的土压平衡式盾构机——直径 17.45m 的 Bertha 号（图 1-29）。2013 年 7 月，由日本日立造船公司制造的 Bertha 号盾构机始发，仅仅半年之后，Bertha 号由于主轴承与密封系统发生损坏而停机。随后近 2 年时间里，施工单位开挖了抢修井，Bertha 号机头被吊出维修。在更换了盾构机主轴承，并安装了新的主轴承外圈与内圈密封之后，2015 年 12 月盾构机恢复推进。2017 年 4 月，Bertha 号在完成了总长 2825m 隧道的掘进任务后开始全面拆解，日立造船公司将 Bertha 号的部分切削刀具与控制面板赠予了西雅图历史与工业博物馆。

a）土压平衡式盾构机

b）盾构机刀盘

图 1-29　西雅图 SR99 公路隧道直径 17.45m 土压平衡式盾构机

国外 14m 级大直径盾构隧道（截至 2019 年 12 日）见表 1-1。

国外 14m 级大直径盾构隧道（截至 2019 年 12 月） 表 1-1

| 隧道名称 | 所在地 | 盾构机直径(m) | 盾构机类型 | 制造商 | 盾构段长度(m) | 备注 |
|---|---|---|---|---|---|---|
| 东京湾海底公路隧道 | 日本东京 | 14.14 | 泥水平衡式盾构机 | 川崎、三菱、IHI、日立 | 9500×2 | 通车 |
| 营团地铁 7 号线麻布站工程 | 日本东京 | 14.18 | 泥水平衡式盾构机 | IHI | 364+777 | 通车 |
| 易北河第四通道隧道 | 德国汉堡 | 14.2 | 泥水平衡式盾构机 | 海瑞克 | 2561 | 通车 |
| “绿色心脏”隧道 | 荷兰阿姆斯特丹 | 14.87 | 泥水平衡式盾构机 | NFM | 7156 | 通车 |
| Lefortovo 隧道 | 俄罗斯莫斯科 | 14.2 | 泥水平衡式盾构机 | 海瑞克 | 2500 | 通车 |
| 银松森林隧道 | 俄罗斯莫斯科 | 14.2 | 泥水平衡式盾构机 | 海瑞克 | 2200×2 | 通车 |
| M30 环线隧道 | 西班牙马德里 | 15.2/15.0 | 土压平衡式盾构机 | 海瑞克、三菱 | 3670×2 | 通车 |
| 尼亚加拉河引水隧道 | 加拿大安大略省 | 14.4 | 硬岩掘进机(TBM) | 罗宾斯 | 10400 | 通车 |
| Seville SE-40 高速公路隧道 | 西班牙塞维利亚 | 14.0 | 土压平衡式盾构机 | NFM | 2180+1900 | 通车 |
| A1 Sparvo 隧道 | 意大利亚平宁山脉 | 15.55 | 土压平衡式盾构机 | 海瑞克 | 2600+2564 | 通车 |
| SR99 隧道 | 美国西雅图 | 17.45 | 土压平衡式盾构机 | 日立 | 2825 | 通车 |
| Waterview 公路隧道 | 新西兰奥克兰 | 14.41 | 土压平衡式盾构机 | 海瑞克 | 4800 | 通车 |
| Caltanissetta 公路隧道 | 意大利西西里岛 | 15.08 | 土压平衡式盾构机 | NFM | 3900×2 | 在建 |
| 圣达•露琪亚隧道 | 意大利图斯卡尼 | 15.87 | 土压平衡式盾构机 | 海瑞克 | 7500 | 在建 |
| 外环公路隧道 | 日本东京 | 16.1 | 土压平衡式盾构机 | 三菱、川崎 | 16200 | 在建 |
| 西门公路隧道 | 澳大利亚墨尔本 | 15.6 | 土压平衡式盾构机 | 海瑞克 | 2800+4000 | 在建 |

### 1.2.2 国内大直径隧道

2004 年，上海上中路隧道开始建设，从此拉开了中国 14m 级大直径盾构隧道建设的序幕。以上海长江隧道、上海军工路隧道、上海外滩通道为代表的 14m 级大直径盾构隧道都修建在上海软土地层中。近十年以来，南京、杭州、扬州、珠海、武汉等城市也开始修建 14m 级大直径隧道以满足交通需求，大直径盾构隧道逐渐在中国遍地开花。截至 2019 年 12 月，中国已建和在建的 14m 级大直径盾构隧道工程已达 28 项，盾构机的直径也扩大到 17.6m，代表性工程如下。

（1）上海上中路隧道

上中路越江隧道工程（图 1-30）引进了荷兰“绿色心脏”隧道所用的直径 14.87m 泥水气压平衡盾构机，盾构机在黄浦江底穿越饱和淤泥质黏土和淤泥质粉质黏土地层，隧道最大埋深 45m，最小埋深 8.6m。上中路隧道为双管双层双向 8 车道公路隧道，盾构段长约 1250m，隧道外径 14.5m，内径 13.3m，环宽 2m，错缝拼装。

作为国内首条 14m 级大直径盾构隧道，施工单位掌握了泥水气压平衡的精确控制方法，成功解决了大直径盾构隧道后期纵向变形和椭圆度变形的问题，研发了高重度、抗剪切、早期强度高和抗液化的单液浆，通过自动化同步注浆控制保证了注浆的及时性，减小了盾构机施工对周边环境的影响，这些技术的不断推广和进步有力保证了 14m 级大直径盾构隧道在国内的迅速传播和顺利修建。2008 年，上海中环线军工路隧道再次使用该盾构机掘进 2 条越江隧道，单线长度 1490m，于 2010 年通车。

a）盾构机顺利出洞

b）隧道内部结构

图 1-30 上海上中路隧道

（2）上海长江隧道

2005 年初，上海长江隧道工程（图 1-31）开工建设，隧道采用 2 台当时世界最大直径 15.43m 的泥水气压平衡盾构机施工，盾构机一次性掘进长度 7.47km 也创造了世界之最。长江隧道为双管单层双向 6 车道隧道，设计车速 80km/h，同时在口形件内预留了轨道交通空间。隧道外径 15m，内径 13.7m，管片环宽 2m，厚度 0.65m，采用通用楔形管片错缝拼装，混凝土强度等级 C60，抗渗等级 P12。盾构机在软弱的淤泥质黏土、淤泥质粉质黏土、黏质粉土和砂质粉土地层中掘进，最大埋深 55m。

a）隧道建成运营

b）隧道施工建设

图 1-31 上海长江隧道

面对工程“大、长、深”的特点，施工单位在隧道抗浮、开挖面稳定控制、隧道结构设计、隧道轴线施工控制等方面研发了很多新技术和新材料。东线隧道盾构机于 2006 年 9 月始发，20 个月贯通；西线隧道盾构机于 2007 年 1 月始发，19.5 个月贯通。盾构机平均推进速度为 12.5m/d，最高推进记录为日推进 13 环，周推进 72 环，月进度达到 241 环。2009 年 10 月底，上海长江隧道工程全线通车。

(3)南京长江隧道

南京长江隧道(现更名为南京应天大街长江隧道)工程(图 1-32)采用"左汊隧道+右汊桥梁"的方案,盾构隧道长 3020m,设计为双管单层双向 6 车道,隧道外径 14.5m,内径 13.3m。2 台德国海瑞克公司制造的直径 14.93m 泥水气压平衡盾构机由江北始发,需要穿越渗透系数很大的粉细砂、砾砂和圆砾组成的复合地层,盾构机开挖面稳定控制难度大,刀盘刀具耐磨要求高。此外,工程还面对高水压与强透水性地层带压进舱换刀、大直径盾构超浅覆土施工等技术挑战。

图 1-32　南京纬七路长江隧道

(4)上海外滩通道

2007 年,被誉为解决上海市中心交通问题的"心脏搭桥手术"工程——上海外滩通道开始施工,外滩通道是国内首次采用 14m 级大直径土压平衡式盾构机施工的隧道(图 1-33)。盾构隧道全长 1098m,设计为单管双层双向 6 车道,隧道外径 13.95m,内径 12.75m,管片厚度 0.6m。

外滩通道的工程特点在于:一是大直径盾构机超浅覆土施工,约 1/3 区间范围隧道的平均覆土厚度不足 9m;二是城市中心区"1 桥 2 隧 33 栋"建(构)筑物穿越施工。通过采用盾构机切削土体改良、超浅覆土掘进参数优化、同步浆液地层适配注入、成环隧道稳定控制等一系列措施,构建了一套有效的都市核心区大直径盾构隧道的建造技术体系。2009 年,这台盾构机又被用于上海虹桥综合交通枢纽迎宾三路隧道的建设,成功穿越了对沉降控制更为苛刻的虹桥机场主跑道。

图 1-33　上海"外滩通泰号"盾构机接收

(5)香港屯门—赤鱲角海底隧道

香港屯门—赤鱲角海底隧道是香港最深、最大、最长的海底公路隧道,隧道采用 1 台直径 17.6m 海瑞克混合盾构机,从北部人工填海段向南掘进约 0.8km 后,更换为 2 台直径 14m 的盾构机继续向南掘进约 4.2km,直至隧道贯通(图 1-34)。2015 年 6 月,直径 17.6m 盾构机始发,掘进 5 个月后到达了填海段南端风井。工程使用的直径 17.6m 盾构机是全世界最大直径的盾构机,配备了许多全新的系统和设备。例如:内置于刀盘的"莫比迪克"传感系统,可以实时监测刀具的磨损情况,并进行开挖面前方地质测绘;可以搭载摄像机、照明设备、切割设备或高压水枪的机械蛇形臂。

国内 14m 级大直径盾构隧道(截至 2019 年 12 月)见表 1-2。

图 1-34　香港屯门—赤鱲角海底隧道直径 17.6m 混合盾构机

国内 14m 级大直径盾构隧道（截至 2019 年 12 月）　　表 1-2

| 隧道名称 | 盾构机直径(m) | 盾构机类型 | 制造商 | 盾构段长度(m) | 备注 |
|---|---|---|---|---|---|
| 上海上中路隧道 | 14.87 | 泥水平衡式盾构机 | NFM | 1250×2 | 通车 |
| 上海长江隧道 | 15.43 | 泥水平衡式盾构机 | 海瑞克 | 7470×2 | 通车 |
| 上海军工路隧道 | 14.87 | 泥水平衡式盾构机 | NFM | 1490×2 | 通车 |
| 南京纬七路长江隧道 | 14.93 | 泥水平衡式盾构机 | 海瑞克 | 3020×2 | 通车 |
| 上海外滩通道 | 14.27 | 土压平衡式盾构机 | 三菱 | 1098 | 通车 |
| 上海迎宾三路隧道 | 14.27 | 土压平衡式盾构机 | 三菱 | 1860 | 通车 |
| 杭州钱江通道 | 15.43 | 泥水平衡式盾构机 | 海瑞克 | 3245×2 | 通车 |
| 南京纬三路过江隧道 | 14.93 | 泥水平衡式盾构机 | 中交天和 | 4135+3557 | 通车 |
| 扬州瘦西湖隧道 | 14.93 | 泥水平衡式盾构机 | 海瑞克 | 1280 | 通车 |
| 上海长江西路隧道 | 15.43 | 泥水平衡式盾构机 | 海瑞克 | 1430×2 | 通车 |
| 上海虹梅南路隧道 | 14.93 | 泥水平衡式盾构机 | 海瑞克 | 3390×2 | 通车 |
| 香港龙山隧道 | 14.10 | 土压平衡式盾构机 | 北方重工(NFM) | 2400×2 | 建成 |
| 珠海横琴隧道 | 14.93 | 泥水平衡式盾构机 | 海瑞克 | 1082×2 | 通车 |
| 武汉三阳路隧道 | 15.76 | 泥水平衡式盾构机 | 海瑞克 | 2590×2 | 通车 |
| 上海沿江通道 | 15.43 | 泥水平衡式盾构机 | 海瑞克 | 5090×2 | 通车 |
| 上海北横通道Ⅱ标 | 15.56 | 泥水平衡式盾构机 | 海瑞克 | 2761+3665 | 在建 |
| 香港屯门—赤鱲角海底隧道 | 17.60/14.00 | 泥水平衡式盾构机 | 海瑞克 | 800+4200×2 | 在建 |
| 上海诸光路通道 | 14.45 | 土压平衡式盾构机 | 海瑞克 | 1390 | 通车 |
| 汕头苏埃通道 | 15.01/15.03 | 泥水平衡式盾构机 | 海瑞克 / 中铁装备 | 3048×2 | 在建 |
| 深圳春风路隧道 | 15.8 | 泥水平衡式盾构机 | 中铁装备 | 3583 | 在建 |
| 上海周家嘴路隧道 | 14.93 | 泥水平衡式盾构机 | 海瑞克 | 2572 | 通车 |
| 芜湖城南过江隧道 | 14.93 | 泥水平衡式盾构机 | 海瑞克 | 3850×2 | 在建 |
| 温州瓯江北口隧道 | 14.93 | 泥水平衡式盾构机 | 海瑞克 | 2664 | 在建 |
| 南京梅子洲隧道 | 15.46 | 泥水平衡式盾构机 | 海瑞克 | 1800×2 | 在建 |
| 武汉和平大道隧道 | 15.93 | 泥水平衡式盾构机 | 海瑞克 | 1310 | 在建 |
| 济南黄河隧道 | 15.76 | 泥水平衡式盾构机 | 海瑞克 | 2519×2 | 在建 |
| 南京和燕路过江通道 | 15.03 | 泥水平衡式盾构机 | 海瑞克 / 中交天和 | 2970×2 | 在建 |
| 深圳妈湾跨海通道 | 15.43 | 泥水平衡式盾构机 | 海瑞克 | 2060×2 | 在建 |

# 1.3 大直径盾构隧道施工技术革新

## 1.3.1 盾构掘进机全新设计

1)大直径盾构机总体布置

盾构机一般由盾构主机及车架组成,为了适应施工需要,主机的尺寸有限,而盾构机车架一般可超过百米。盾构机核心的部件和系统,如刀盘、主驱动、人闸、推进油缸、拼装机、盾壳、盾尾等构成了盾构主机,其他系统都需要布置在盾构车架上。为了更科学合理的利用盾构机的有限空间,盾构主机及车架都采用分层布置,最上面一层较空旷,布置通风通道、测量系统等,最下面一层布置车架行走机构、管片吊运等,中间层集中布置了中央控制室、供配电系统、盾构机推进系统、管片拼装系统、同步注浆系统、盾尾油脂系统及集中润滑系统等。各层之间以楼梯形式提供人行通道,以桥架型式形成电缆管路通道。

由于隧道掘进过程中泥浆管路、进出水管路以及电缆等布置需求,同时还要满足盾构机掘进过程物料运输的需要,导致隧道内部空间狭小,在盾构机掘进期间进行内部结构的同步施工难度极大。烟道板、中隔墙、侧墙以及车道板等内部结构的设置增加了施工组织的难度。过去施工中,盾构掘进机的布置只考虑盾构机的掘进,等待盾构机掘进完成之后再进行内部结构施工,以时间换空间,增加了施工工期和成本。如今盾构机的布置要充分考虑到隧道内部结构的同步施工一体化建设,从而提高施工效率。图 1-35 展示了盾构机一体化施工的案例,盾构机前方为盾构机掘进和道路预制结构口字件的吊装,后方可进行路面板的安装、侧墙的现浇作业等施工工序。

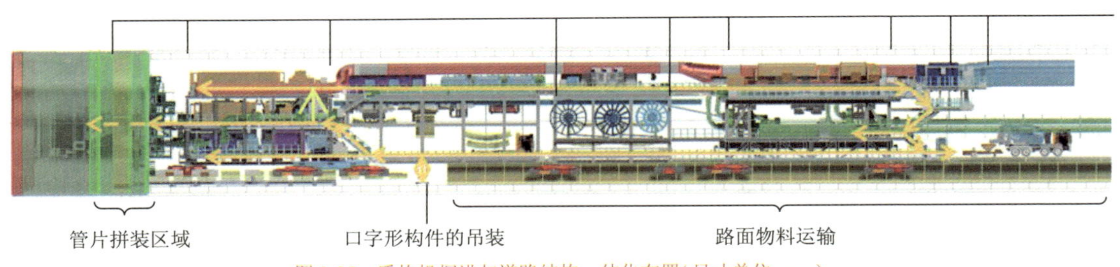


图 1-35 盾构机掘进与道路结构一体化布置(尺寸单位:mm)

科学合理地对隧道内部结构和盾构机施工进行筹划协调,合理布置盾构机车架,设置车辆调头平台,可极大提高施工材料运输的功效。在施工侧墙、车道板时,还要保证隧道内部物流运输的正常,兼顾盾构机掘进及多种立体交叉作业下交通组织的“门洞”式模板台车(图 1-36)也成为盾构一体化施工的技术保障。

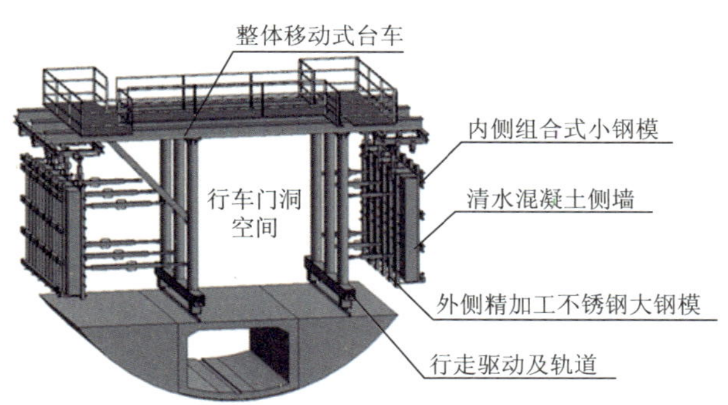


图1-36 “门洞”式模板台车

2)常压换刀刀盘

由于复合地层中盾构机刀具磨损快、换刀频繁，为提高换刀的效率和安全性，大直径复合盾构机通常配置常压换刀刀盘。刀盘由单层结构转为箱体式结构，刀具更换时，工作人员沿内部通道进入箱体实现常压状态下的换刀作业。

国内14m级盾构机一般采用德国海瑞克公司产品，可更换刀具自1997年第一代技术应用于工程，目前已发展到了第四代技术，见表1-3。

常压可更换刀具设计技术 表1-3

| 项 目 | 特 点 | 典型项目 | 盾构机照片 |
|---|---|---|---|
| 第一代 | 部分（中心以外）刀具可以常压更换 | 1997年易北河第四隧道；<br>盾构机直径14.2m | |
| 第二代 | 全断面常压更换刮刀 | 2006年上海长江隧道；<br>盾构机直径15.43m（刮刀） | |
| | | 2011年南京10号线越江隧道；<br>盾构机直径11.64m（齿刀） | |
| 第三代 | 全断面常压更换双刃滚刀（滚齿互换） | 2013年伊斯坦布尔海峡公路隧道；<br>盾构机直径13.71m | |
| 第四代 | 全断面常压更换单刃滚刀（滚齿互换） | 2015年武汉三阳路长江隧道；<br>盾构机直径15.76m | |

3）双模盾构

一般而言，隧道掘进机根据工作模式的不同，有开放式硬岩掘进机、泥水平衡式盾构机、土压平衡式盾构机等几种模式。双模盾构机是能够根据地质条件的不同，在不同模式之间自如切换的一种多功能隧道掘进机。采用双模隧道掘进机能够更好地适应复杂多变的地质条件。目前已投入使用的双模盾构机模式主要有“硬岩开放模式 / 软土封闭模式”和“土压模式 / 泥水模式”两大类，如图 1-37、图 1-38 所示。

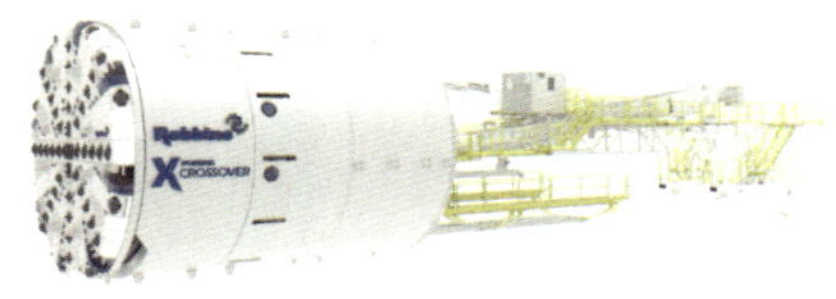

图 1-37　硬岩开放模式 / 软土封闭模式盾构机

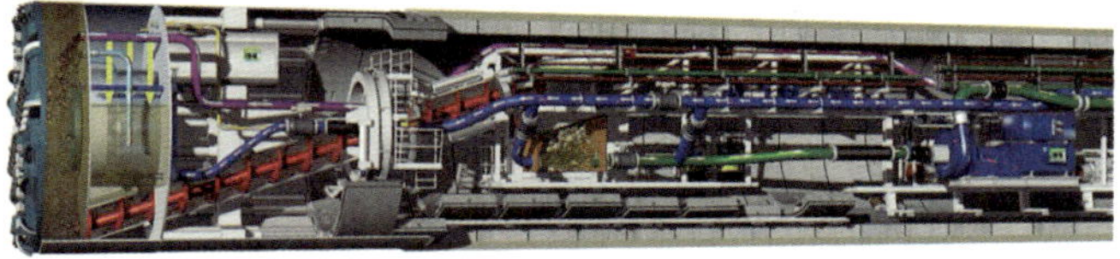

图 1-38　土压模式 / 泥水模式双模盾构机示意图

美国迈阿密工程是大直径双模盾构机成功应用的案例（图 1-39）。工程原计划使用的是一台土压平衡盾构机，但是根据施工前地质勘察的结果显示，在隧道最大水头 37m 的情况下，整个工程中将穿越 8 种不同的地层，从疏松砂岩到强力胶结的石灰岩，以及在强度、孔隙率和黏聚力方面都具有低整合性与高度可变性的新近沉积碳酸岩，其中第七层为珊瑚石灰岩层，厚度为 24 ～ 34m，该地层多孔且极度不稳定。

a）双模式盾构机刀盘

b）双模式盾构机施工

图 1-39　美国迈阿密港口工程盾构机

复杂的地质条件决定了需要选择一台兼具土压 / 泥水的双模式盾构机以适用于不同地层。最终承包商法国布依格公司选用了一台直径 12.86m 的土压 / 泥水混合双模盾构机，该双模盾构机使用了一种全新的开挖模式，名为 WCP 控水开挖模式（Water Control Process），该模式在保证水压可控的同时，可通过内载泥水箱和岩石粉碎机的集成螺旋输送实现开挖料的运送。

盾构机于 2011 年 11 月中旬开始掘进，2012 年 7 月 31 日完成西线隧道，随后，盾构机进行了 U 形调头，2012 年 10 月 29 日开始掘进东隧道，2013 年 5 月 6 日隧道贯通，2014 年 8 月，该隧道正式开通运营。

## 1.3.2　大尺寸管片高精度制作

1）高精度管片钢模的制造

大直径管片钢模通常是双楔通用型设计，采用斜向直芯棒和预埋内螺母凸台构造管片手孔。由于直径超大，导致分块弧长较大，整个钢模侧板是狭长结构，制作过程中需注意控制变形。

钢模设计方面，大直径管片钢模与一般钢模相比，钢模弧长长，重量增加，对钢模设计提出了更高的要求。管片弧长长易造成钢模侧板结构产生扭曲变形，同时会使底座的弧面精度难以保证，底座与侧板之间密封的可靠性也受到影响。管片重量加大，钢模底座的受力情况改变，对钢模底座的强度、刚度提出了更高的要求。

钢模结构件制作方面，采用不退火去应力金加工，有效避免因大量焊接使工件产生较大的内应力而影响端侧板的加工精度，甚至导致工件的变形或形成裂缝的问题。制作前先用计算机数字化三维造型软件做出端侧板的实体造型，再经过基准底平面加工、面板型腔面加工、粗加工、精加工、超精细加工等步骤保证各结构件平面平整度和表面粗糙度。

钢模总装完成后，通过三维激光扫描技术测量钢模的几何信息，解决数据采集和数据处理两方面的问题，同时通过点云建模计算分析对关键的扫描参数进行优化，提高钢模的总装精度（图 1-40）。

图 1-40　高精度管片钢模的制造

2）大尺寸管片制作工艺

大直径混凝土管片一般采用高性能混凝土（HPC），具备高强度、高抗渗透、高抗裂、高耐久等综合技术指标要求。通过对诸多大直径隧道管片预制的试验研究及工程应用，在高性能管片混凝土制备技术方面已经逐渐形成一定的经验积累。而随着大直径隧道管片生产工艺的日趋成熟，同时伴随着原材料研究的深入和互联网技术的发展，高性能混凝土配置技术也在不断优化。

近年来，管片自动化流水线生产已在小直径管片生产中大规模运用，从目前的趋势可以看到，未来大直径管片也将越来越多地采用管片自动化流水线生产工艺。管片生产流水线技术是以智能控制系统为核心，控制模具在生产线上循环运行，利用机车或平移小车在轨道上依次经过各个工位，以实现管片生产的全过程。管片混凝土振捣工序的控制作为整个生产过程中最为重要的关键环节，关系到管片的密实度、光滑度、平整度、气泡情况等内部及外观质量。大直径隧道管片与小直径管片相比，主要差别在于其大体积对于振动工艺的选择有所不同，需要综合分析各类振动方式的特点进行相应的选择。大直径管片由于体积大，自身产生大量水化热，在管片蒸汽养护方面需要更加精确地进行温度控制，蒸汽养护的智能温度控制系统可以有效地提高蒸汽养护的质量。另一项新技术是将纤维混凝土应用于大隧道管片中，能够提高管片的品质，增强安全性能指标，提升工程的质量。随着生产管理技术手段的提升，信息化管理技术也逐步运用在管片生产中，通过将信息化技术、自动化技术、现代管理技术与制造技术相结合，可改善甚至改变构件生产企业的经营、管理、产品开发和生产等各个环节，实现真正意义上的建筑产业化（图 1-41）。

a）管片钢模　　b）管片养护

图 1-41　大尺寸管片制作

3）大尺寸管片检测技术

大直径管片尺寸大、精度要求高，传统的尺类检测工具无法满足要求，采用三维激光扫描技术对钢模及管片尺寸进行检测，该技术使用高精度的仪器获取大量的测量点，并通过一系列计算，最终得到钢模及管片的尺寸数据。钢模及管片的多维几何信息有助于更客观、全面评价管片质量，有效把握生产中应注意的环节（图 1-42）。

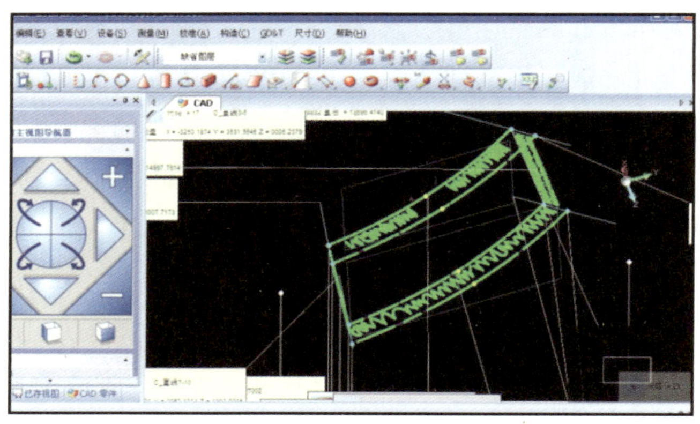

图 1-42　大尺寸管片检测技术

## 1.3.3　大直径盾构隧道创新施工

1)开挖面稳定性控制

盾构隧道施工中，通过在开挖面前方土层施加与原始地层应力相等的支护应力来预防开挖引起的地层变形，但由于地层条件的复杂性和施工情况的多变性而导致开挖面支护压力的设定与控制不当，会出现不同的工程事故。当开挖面支护压力过小时会导致土体坍塌，支护压力过大时则会导致土体隆起，所以在盾构施工过程中对开挖面稳定性进行控制显得尤为重要。对于泥水气压平衡盾构机和土压平衡式盾构机而言，有着各不相同的开挖面稳定性控制方法。

对大直径土压平衡式盾构机而言，开挖面稳定性主要受土舱压力和推进速度等因素的影响，为了保证其开挖面稳定性，需向开挖面注入一定量的渣土改良剂（泡沫或膨润土），以降低前方土体的透水率，改善其流塑性，更好的控制土舱压力。施工过程中，泡沫浓度应控制在 2% ～ 3%，发泡率应控制在 20% ～ 30%，注入率应控制在 30%。

对于大直径泥水气压平衡盾构机而言，泥水的密度、黏性、稳定性和过滤特性决定泥膜形成的快慢和质量。为了保证形成的泥膜符合要求，在施工过程中泥水压力波动精度控制在 ±0.05bar[1] 以内；泥水密度一般控制在 1.15 ～ 1.25g/cm$^3$，环境保护要求高的情况下可达 1.30g/cm$^3$；泥水黏度不低于 20Pa·s。当人员需要开舱作业时，对开挖面的泥水指标要求更为严格，需用新浆将开挖面的泥水全部置换成高质量的泥水。

杭州钱江隧道开挖直径达到 15.43m，施工地区地层具有多样性，且开挖面上下水土压力差大，受高涌潮差 10m 的影响（图 1-43），控制不当易产生开挖面失稳甚至坍塌的严重后果，精确动态控制泥水支护压力以保持开挖面稳定成为重大技术挑战。基于前摄性隧道法，钱江隧道创立了超大断面盾构机开挖面稳定的高精度控制技术，控制精度在 8kPa 以内，成功攻克了超大断面盾构隧道开挖面稳定性的技术难题。

图 1-43　杭州钱江涌潮

---

[1] 1bar = 0.1MPa，全书余同。

2)同步注浆工艺

与常规直径的盾构机相比，大直径盾构隧道施工引起的影响范围大，对周围环境的扰动剧烈，因此要更加有效地控制盾构注浆工艺，使得浆液材料、注浆设备以及注浆参数满足超大直径盾构同步注浆充分均匀的填充要求，同时把握好注浆的参数控制和施工质量。大直径盾构同步注浆一般采用缓凝砂浆，主要由砂、粉煤灰、膨润土、水和外掺剂等拌和而成，并使浆液的早期强度和后期强度符合相应的要求。坍落度是同步浆液施工和易性的重要指标，其大小由浆液材料特性、地层环境和注浆压力等因素决定，施工过程中控制浆液坍落度要求一般为(120±30)mm。图 1-44 表示同步注浆材料物理、力学特性的性能检测过程。

a)坍落度测试

b)密度测试

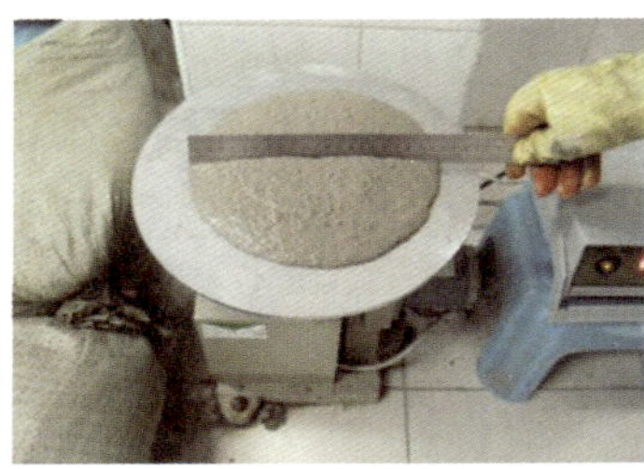
c)流动度测试

d)泌水率测试

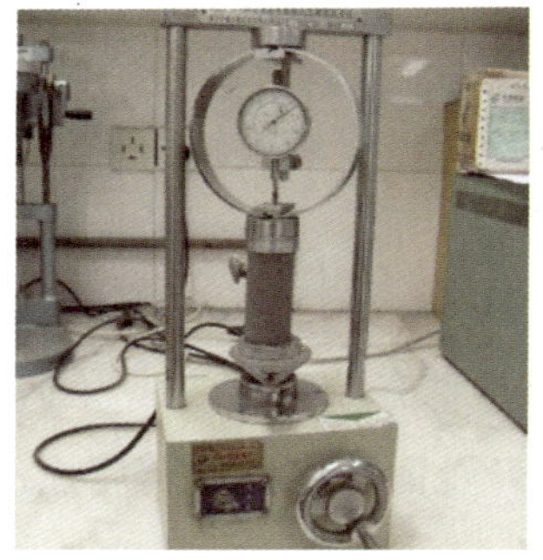
e)无测限抗压强度测试

f)抗剪屈服强度测试

图 1-44　同步注浆性能检测

在施工方法上，目前大直径盾构同步注浆一般采用注浆压力和注浆量的“双控”模式进行控制，同步注浆量通过活塞泵的冲程数控制，注浆压力则控制在一定范围内，并根据靠近浆液出口处压力传感器的监测值及时调整，以保证浆液顺利注入管片脱出盾尾时形成的建筑空隙内。

盾构同步注浆压力太小，易导致盾尾间隙填充速度过慢、填充不足，而使地表沉降过大；注浆压力过大则造成浆液侵入周围土层，导致地表隆起，且易引起混凝土管片开裂。同步注浆点位在盾尾对称布置 6 个或 8 个，注浆量的分配遵循“上多下少”的原则，并结合成型隧道的位移和地面沉降进行调整。正常推进状态的注浆率为 110% ～ 130%，注浆压力一般大于地层压力 0.3MPa，盾构穿越敏感构（建）筑物时提高注浆率到 130% ～ 150%，加固区内则需要降低注浆量。注浆压力和注浆量的合理设置，可以约束隧道结构，确保隧道结构的纵、横向稳定。

3）小半径曲线推进

受到城市核心区地下空间开发的制约，新建大直径盾构隧道的线形难免被设计成小半径曲线。大直径盾构机小半径曲线施工存在轴线控制风险、管片成环质量风险、盾尾渗漏风险、物料运输风险，曲线段穿越建（构）筑物安全控制难度高等难题。

针对大直径盾构机小半径曲线推进难题，除了盾构机长度的集约化设计以外，管片选型和施工控制措施也是小半径曲线隧道施工的关键技术。管片选型上可考虑减小管片环宽或者调整楔形量，以减小侧向分力和管片应力集中现象。同时，通过实施纵向拉紧措施，增加隧道纵向刚度，为盾构机推进提供足够的反力，减小隧道向圆弧外侧的偏移量。施工控制措施主要包括纠偏量控制、同步注浆压力和注浆量控制等，同时注意管片与盾尾间隙，设置一定的预偏量并加强螺栓复紧。

上海打浦路隧道复线、北横通道盾构隧道的最小平面圆曲线半径分别为 380m、500m，平面曲线半径与盾构机直径之比分别为 33.9 与 32.1。在城市地下资源日趋紧张的背景下，小半径施工技术为隧道的设计规划和线形控制提供了更多的灵活性和自由度，也为未来城市地下快速公路的发展打下坚实的基础。

4）敏感环境穿越保护

大直径盾构机在中心城区掘进时，不可避免地要穿越大量重要建（构）筑物。上海外滩通道从外滩历史文化风貌保护区和黄浦江的夹缝下穿行而过，盾构机沿途近距离穿越浦江饭店、外白渡桥、外滩万国建筑群，以及运营中的地铁 2 号线、地下人行通道等公共设施；在建的上海北横通道盾构段将穿越沿线房屋建筑 136 幢、已建轨道交通 3 处、苏州河防汛墙 4 次，以及多条大直径市政管线。

大直径盾构机在敏感环境穿越时，要根据隧道埋深、地层条件、建（构）筑物现状及其与隧道的平面净距等信息制定分区分类保护方案。具体而言，盾构机近距离侧穿建（构）筑物时的核心技术是微扰动施工控制，通过土体改良技术、精确控制掘进参数、优化衔接各道工序等方法，减小盾构机施工对周围土体的扰动，控制建（构）筑物的沉降与变形；盾构机极近距离侧穿建（构）筑物时，通过隔离桩分隔隧道与建筑物，或者采用注浆阻断影响线法都能有效减弱盾构机推进对建筑物的影响；盾构机下穿建（构）筑物时，则需要严格控制盾构机轴线、开挖面支护压力、同步注浆压力和注浆量等参数，同时配合实施建筑物的加固保护，并加强监测。

5）盾构始发和接收

盾构始发和接收一直是盾构施工的高风险工序，大直径盾构机因其尺寸大，工作井更

深，导致施工风险倍增。为保证盾构始发和接收安全，需对洞门土体进行加固，高压旋喷、三轴搅拌桩等水泥系加固方法，部分项目因地质情况特殊采用了冻结、防渗墙等加强手段。上海长江隧道和珠海横琴隧道都采用了三轴搅拌桩地基加固法进行盾构始发，南京纬七路长江隧道和上海北横通道在端头加固区和地墙之间采用了冻结法以确保洞门破除和盾构始发的安全。

为简化盾构到达施工工艺，省去人工凿除洞门步骤、减小盾构接收过程中工作井两侧水土压力失衡的风险，上海长江隧道采用了盾构机水中接收的方式。为配合该工艺，盾构接收前先对洞门土体进行加固，预留洞圈位置的地下连续墙则采用玻璃纤维筋代替普通钢筋，使得盾构机能够直接切削围护墙体进入工作井。盾构机进入接收井后，随着盾构机周围摩擦力的消失以及正面水压力的降低，原来处于压紧状态的管片在止水橡胶条膨胀作用及盾尾的拉扯下易出现松动，因此，靠近接收井位置的管片设置剪力销和预应力螺栓等特殊构造。

6）盾构机地中对接

盾构机地中对接有效解决了长距离隧道盾构机掘进遇到的设备可靠性低、施工效率低等难题，英吉利海峡隧道、东京湾海底公路隧道、丹麦斯多贝尔特大海峡隧道等都使用了盾构机地中对接技术，广深港铁路客运专线狮子洋隧道采用的盾构机“相向掘进、地中对接、洞内解体”施工组织则是地中对接技术在国内的首次应用。

盾构机地中对接的方法可分为直接对接（即机械对接）和辅助对接（即土木对接）2 种，对接方法的选择要充分考虑地层条件、承压水、隧道线形等因素，对接高精度测量技术和对接部位密封技术是盾构机地中对接的关键。狮子洋隧道选择水道江中心较好地层段，通过盾构超前加固设备进行对接区域的加固止水，直接采用正面土木对接的方式，成功实现了大直径泥水平衡式盾构机的地中对接。

## 1.4 本书主要内容

从国内外相关文献和工程经验可知，超大直径盾构隧道将面临许多难题，而国内缺乏针对超大直径盾构隧道相关技术的系统研究，超大直径盾构机推进所涉及的施工技术问题在我国乃至国际上都面临着很大的挑战。本书作者在系统总结和归纳近些年来在大直径盾构隧道研究成果以及施工关键技术的基础上，具体围绕以下章节展开。

第 1 章主要针对现代交通对隧道的新需求，介绍了世界范围内大直径盾构隧道的建设与发展，并对大直径盾构隧道技术在新时期下的发展革新进行了阐述。

第 2 章针对盾构机的选型、盾构机的分类、土压平衡盾构机的特性和泥水平衡盾构机的特性进行具体阐述，明确了盾构机选型的依据和原则，总结了盾构机总体布置与其他各环节之间的协调关系。

第 3 章讨论了泥水处理系统的设计依据、分类子系统的设计、技术参数的计算，泥水处理设备的分类，详细说明了泥水输送系统的组成，并结合工程实际确定了泥水管理监控的具体指标。

第 4 章介绍了高精度钢模的设计、制造和检验流程；对管片的原材料——高性能混凝土进行了详尽的说明，并对现阶段管片生产的新技术进行了总结。

第 5 章主要包括大直径盾构机始发接收、开挖面稳定、盾构机姿态管理、管片拼装技术、同步注浆技术以及特殊段掘进等内容，有效保障大直径盾构机的安全掘进。

第 6 章主要针对大直径盾构机内部结构及连接通道的相关关键技术进行阐述，主要包括内部结构施工与连接通道施工。

第 7 章主要介绍了盾构施工数据处理技术、盾构施工现场信息管理、盾构施工远程智能管控以及盾构机设备生命周期管理等内容，从信息化、智能化角度丰富完善大直径盾构隧道的科学、安全掘进。

第 8 章主要介绍大直径盾构施工的主要风险管理和应对措施，包括超前地质预报、刀具管理以及盾尾密封管理等内容，总结了大直径盾构隧道风险管理控制措施。

第 9 章以上海长江隧道、西雅图 SR99 公路隧道等 5 个世界典型大直径盾构隧道工程为例，分析讨论各工程的特色、难点以及关键技术等。

第 10 章主要介绍了地下空间未来发展新需求、盾构法隧道创新趋势，并提出盾构机施工智能化前景，从多个维度展现大直径盾构隧道的发展方向。

# 第2章　盾构机选型

盾构机选型是盾构法隧道能否安全、环保、优质、经济、快速建造的关键工作之一，而大直径盾构机选型应从安全可靠性、技术先进性、经济性等方面综合考虑。目前国内外大直径盾构工程常用的主要是土压平衡式盾构机和泥水平衡式盾构机两种类型，针对特定的地质条件，合理地选用大直径盾构机将有效降低施工风险。本章重点分析了盾构机的分类、土压平衡式盾构机的特性和泥水平衡式盾构机的特性，提出了超大直径盾构机选型的科学依据和原则，给出了盾构机总体布置与配套功能设置建议。

## 2.1　盾构机类型与特性

### 2.1.1　盾构机分类

盾构机种类可按照适用地层、平衡方式、隧道断面形状及大小等进行划分：

（1）按掘削地层类型，可分为软土盾构机、复合盾构机和硬岩盾构机。

（2）按切削面的加压平衡方式，可分为气压盾构机、土压平衡式盾构机和泥水平衡式盾构机。

（3）按隧道断面形状，可分为半圆盾构机、单圆盾构机、复圆盾构机、矩形盾构机和类矩形盾构机。

（4）按盾构机直径大小，可分为微型盾构机[$1\text{m} \leqslant \phi$（盾构机直径）$< 3.5\text{m}$]、小型盾构机（$3.5\text{m} \leqslant \phi < 6\text{m}$）、中型盾构机（$6\text{m} \leqslant \phi < 11\text{m}$）、大型盾构机（$11\text{m} \leqslant \phi < 14\text{m}$）和超大型盾构机（$\phi \geqslant 14\text{m}$）等。

根据现有的超大直径盾构工程实践，在软土、复合地层中以德国和日本生产制造的盾构机居多，在硬岩地层中以美国罗宾斯公司生产制造的盾构机居多。目前，常用的超大直径盾构机可分为土压平衡式盾构机、泥水平衡式盾构机和硬岩掘进机（TBM），见表 2-1。

超大直径盾构机类型、适用地层及应用实例 表 2-1

| 类 型 | 外 观 | 适用地层与应用实例 |
|---|---|---|
| 土压平衡式盾构机 | | ①适合于黏土、淤泥、粉砂土等低渗透性地层；通过土体改良可应用于砂砾、砂层和水组成的非均质土或不稳定的地层；合理配置滚刀数量可以适用于隧道断面局部含有软土和岩层的复合地层。<br>②应用实例：美国西雅图 SR99 公路隧道盾构机直径为 17.45m |
| 泥水平衡式盾构机 | | ①适用于砂、砂砾、高渗透性和高水压非匀质地层；合理配置滚刀数量可以适用于隧道断面局部含有软土和岩层的复合地层。<br>②应用实例：香港屯门—赤鱲角海底隧道盾构机直径为 17.6m |
| 硬岩掘进机（TBM） | | ①适用于单轴抗压强度超过 100MPa 的全断面硬岩；滚刀借助强大的接触压力切削岩屑。<br>②应用实例：加拿大尼亚加拉河引水隧道盾构机直径为 14.4m |

注：土压平衡式盾构机、泥水平衡式盾构机通过刀具的特殊配置可以广泛应用于隧道断面含有软土和岩层的复合地层，简称复合土压或泥水平衡式盾构机。

随着盾构机在隧道掘进中的使用日益频繁，为了适应更加复杂的地层，对盾构机进行了不同程度的“进化”。近年来，全球各大盾构机制造厂商都推出了不同种类的盾构机，从德国海瑞克混合式盾构机和多模式盾构机，到美国罗宾斯公司设计的跨模式（Crossover）系列盾构机。

海瑞克公司开发的混合式盾构机是对传统泥水平衡式盾构机的一大改进，混合式盾构机在非均匀地层中是高效率的掘进专家。在香港屯门隧道工程中，采用的直径 17.6m 的盾构机是一台混合式设备，不仅具备气包，可调节开挖面压力，还配备了多项创新技术以应对 5bar 的高水压。

多模式盾构机可以自由变换模式（图 2-1），兼具土压平衡和泥水平衡两种掌子面支撑模式，掘进模式可因地层条件的变化而改变，模式转换时间相对较短，并且成本较低。马来西亚吉隆坡 KV 地铁线路隧道是经典案例，采用双模盾构机成功解决了在喀斯特石灰岩地层中掘进的难题。

图 2-1 多模式盾构机

2015 年，美国罗宾斯公司推出了跨模式盾构机（图 2-2），可以使设备在“敞开式”与“封闭式”的运作模式间迅速转换，以适应不同的地层类型。跨模式盾构机主要包括 XRE（硬岩—土压）、XSE（泥水—土压）以及 XRS（硬岩—泥水），可根据地层条件的变化，灵活地从一种模式切换到另一种模式，以应对工程中的不同地层环境。

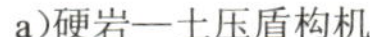

a）硬岩—土压盾构机

b）泥水—土压盾构机

c）硬岩—泥水盾构机

图 2-2　跨模式盾构机

## 2.1.2　土压平衡式盾构机特性

1）基本原理

土压平衡式盾构机的承压介质是密封土舱内的泥土，通过在机械式盾构机的前部设置压力舱板，使土舱和螺旋输送机内充满切削下来的泥土，控制推进速度和螺旋机的出土量，使土舱内的土体保持一定的压力，使之与开挖面的水土压力保持动态平衡。其工作原理为：刀盘旋转切削开挖面的泥土，通过刀盘开口进入土舱，泥土落到土舱底部后，通过螺旋输送机运到皮带输送机上，然后输送到停在轨道上的渣车上。盾构机在推进油缸的推力作用下向前推进。盾壳对挖掘出的还未施作衬砌的隧道起着临时支护作用，承受周围土层的土压、地下水的水压同时将地下水挡在盾壳外面。掘进、排土、施作衬砌等作业在盾壳的掩护下进行。土压平衡式盾构机由盾壳、刀盘、刀盘驱动、螺旋输送机、皮带输送机、管片拼装机、人舱、推进系统等组成，如图 2-3 所示。

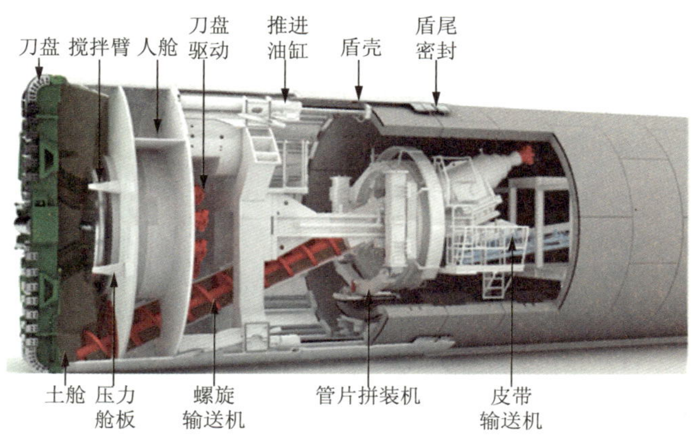


图 2-3　土压平衡式盾构机结构图

2）刀盘及刀具配置

超大盾构隧道开挖直径大，刀盘悬臂过长，受力不均匀性偏大，易导致刀盘及回转主轴承磨损。刀盘设计时，应充分考虑刀盘的结构形式、刀盘支撑方式、刀盘开口率、刀具的布置等因素的影响。

土压平衡式盾构机的刀盘结构形式可分为面板式、辐条式和辐板式，如图 2-4 所示。面板式刀盘适用于地下水压大、易坍塌土层、砂岩、风化岩及软硬不均等复杂多变的地层，且中途换刀安全可靠。其不足之处在于土舱内的测量土压力与开挖面土压力差异大、土压管理困难、土体流动性差、易产生结泥饼问题，最终导致刀盘磨损、推进困难及盾构机损坏等问题。

a）面板式刀盘

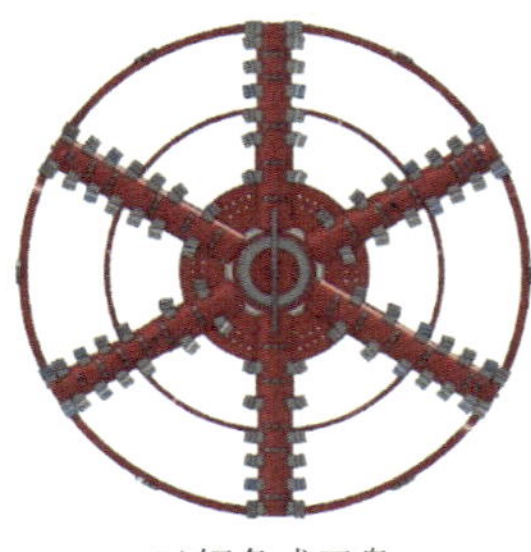

b）辐条式刀盘

c）辐板式刀盘

图 2-4　刀盘结构形式

辐条式刀盘适用于砂、土等单一软土地层，土压力接近于开挖面土压力，便于土压管理；土体流动顺畅，有利于防止黏土附着、黏结和堵塞，刀具负荷小，寿命长。其不足之处主要在于中途换刀安全性差，需加固土体，费用高；此外，刀盘的整体刚度较弱且安装滚刀对辐条宽度有要求，在风化岩及软硬不均匀地层或硬岩地层中应用受限。

辐板式刀盘兼有面板式和辐条式刀盘的特点。刀盘的选择应根据土质条件和施工条件决定，相对于小直径的土压平衡式盾构机，超大直径盾构机带来切削地层更复杂、刀盘更易磨损及开挖面稳定性控制更困难的风险，由于辐条式刀盘换刀困难和刀盘刚度小增加了沉降风险，超大直径盾构机刀盘形式通常选用面板式或辐板式。

刀盘的支撑方式有中心支撑方式、中间支撑方式、周边支撑方式三种，如图 2-5 所示。中心支撑是在轴心位置布置支撑，其优点是轴承结构小、密封面积小且质量易保证，缺点为刀盘周边刚度小，在大负荷、偏负荷作用下的变形大，不适合大直径盾构机。周边支撑是将刀盘支撑在盾构机周边壳体结构上，其优点是支撑刚度大，缺点为轴承直径与刀盘直径正相关且不能相差太大、密封结构复杂，对机械的制作和加工要求很高，一般仅用于小直径盾构机。中间支撑是通过中间梁来支撑刀盘的中间部分，这种支撑形式的刀盘刚度、强度及密封性介于中心支撑与周边支撑之间，其对刀盘驱动轴承及机械的制作要求适中，主要应用于超大型、大中型直径的盾构机。

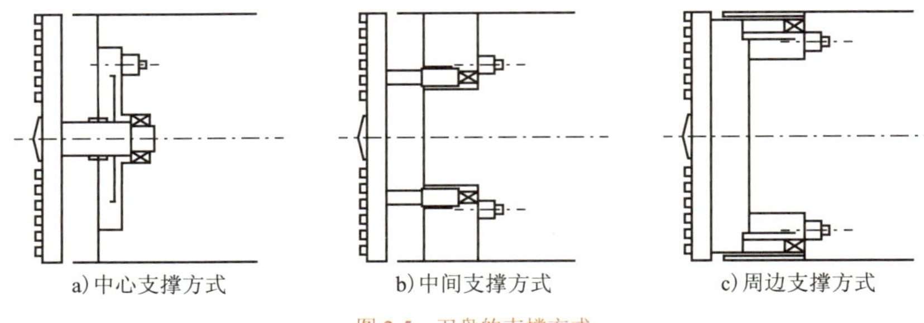


图 2-5 刀盘的支撑方式

刀盘的开口率是刀盘面板开口部分的面积与刀盘面积的比值，刀盘切削下来的渣土通过刀盘的开口槽流向土舱。开口率是土压平衡盾构机刀盘设计的重要指标，开口率太小会产生结泥饼、出土困难、总推力和总扭矩增大等问题，相反开口率太大则易产生地层损失偏大的问题，因此必须根据地质条件、开挖面的稳定性和挖掘效率来决定其形状、尺寸、配置。

刀具是否适用于工程地质条件直接影响盾构机的掘进效果，盾构机刀具一般按切削原理进行分类，如图 2-6 所示。

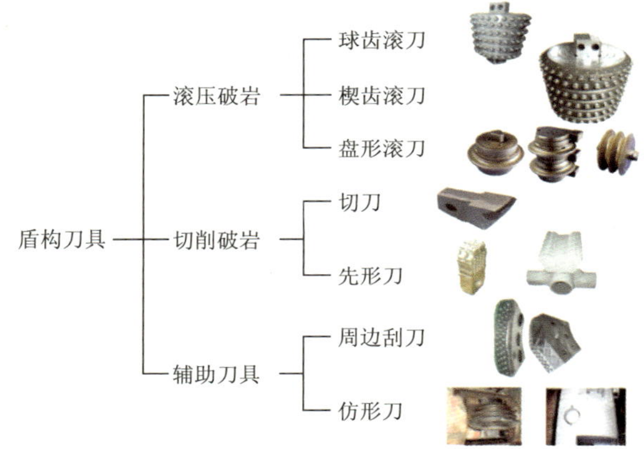


图 2-6 盾构机刀具的分类

滚动刀具通过滚动和滑动产生的挤压、剪切、研磨等方式破岩，根据刀具形状不同可分为齿形滚刀和盘形滚刀，目前常用的滚刀类型为盘形滚刀。盘形滚刀根据刀刃数分为单刃滚刀、双刃滚刀和多刃滚刀，破岩能力有所不同，见表 2-2。

**滚刀适用范围及安装位置** 表 2-2

| 类　型 | 适用地层条件 | 破岩能力(MPa) | 安装位置 |
|---|---|---|---|
| 单刃滚刀 | 硬岩、中硬岩 | >80 | 刀盘正面较大空间部位 |
| 双刃滚刀 | 软岩 | 30 ～ 80 | 刀盘中心或正面狭窄空间 |
| 三刃滚刀 | 软岩 | 30 ～ 80 | 刀盘中心或用作仿形刀 |

切削类刀具通过刮削、撕裂产生的剪切作用破岩。这类刀具的种类很多，比较常用的主要有刮刀、切刀、齿刀、先行刀等，见表 2-3。

切削类刀具适用范围及安装位置　　表 2-3

| 类　型 | 适用地层条件 | 安装位置 |
|---|---|---|
| 切刀 | 软土 | 刀盘开口槽两侧 |
| 刮刀 | 软土、硬岩中用作刮渣 | 刀盘弧形周边 |
| 中心齿刀 | 软岩 | 刀盘中心部位(可换装滚刀) |
| 正齿刀 | 软岩 | 刀盘正面(可换装滚刀) |
| 先行刀 | 松散体地层,如砂砾地层等 | 刀盘正面、超前切刀布置 |
| 鱼尾刀 | 软土 | 刀盘中心 |
| 仿形刀 | 软土地层中纠偏、转弯等 | 刀盘边缘 |

不同地层条件的刀具配置不同,如以上海、天津为代表的软土地区全部配置软土刀具;以北京、沈阳为代表的砂砾复合地层配置强度较高的先行刀具(如贝壳刀等);以广州、深圳为代表的硬岩与软岩不均匀的复合地层配置滚刀和切削刀具等。刀具布置在满足地层条件的同时还应考虑刀具间距、刀具高度、刀具均衡磨损、刀盘受力均衡等因素的影响。

3)土体改良添加系统及搅拌装置

土体改良是通过配置的膨润土添加系统或泡沫系统等向刀盘面、土舱内或螺旋输送机内注入水、泡沫、膨润土、高分子聚合物等添加剂,利用刀盘的旋转搅拌或螺旋输送机旋转搅拌使添加剂与土渣混合,从而使切削下来的渣土具有良好的流塑性、合适的稠度、较低的透水性和较小的摩擦力的施工方法。

超大直径盾构机开挖面大、土舱压力分布差异性大、切削土层多且复杂,易引起开挖面的不稳定。为缓解土压力非线性分布和各土层在物理力学性质上的差异性的不利影响,可在土舱内增设搅拌装置。

4)快速连续出土系统

螺旋输送机是土压平衡式盾构机的排土装置,由伸缩筒、出渣筒、液压马达、螺旋轴、出渣闸门等组成。其主要功能为:将土舱内的土体向外连续排出;形成密封土塞,阻止土体中水分散失,保持土舱土压稳定;调整向外排土的速度,控制土舱土压动态平衡,确保盾构机连续正常推进。皮带输送机将渣土从螺旋输送机的出渣口转运到停在轨道上的渣土车内。

针对超大直径土压平衡式盾构机在城市密集区排土难的问题,工程师研制出了快速连续出土系统,如图 2-7 所示。该出土系统的工作原理为:利用圆隧道管片的连接螺栓于隧道中架设同步延伸水平皮带输送机,由盾构机切削下的渣土经同步延伸水平皮带输送机运送至工作井的集土坑中,完成隧道内渣土的水平运输;利用垂直抓斗将集土坑中的渣土抓运至邻近地面的空中集土舱,完成工作井内渣土的垂直运送;渣土在空中集土舱内通过水平螺旋机搅拌均匀后,打开空中集土舱底部放料口处的阀门并控制出土速度,渣土受重力而落入下方的土方车内,完成空中集土舱渣土的垂直运送;土方车满载后则关闭放料口的阀门,满载的土方车便可移出,下一部土方车接续就位并预备装载,完成施工现场渣土外运。

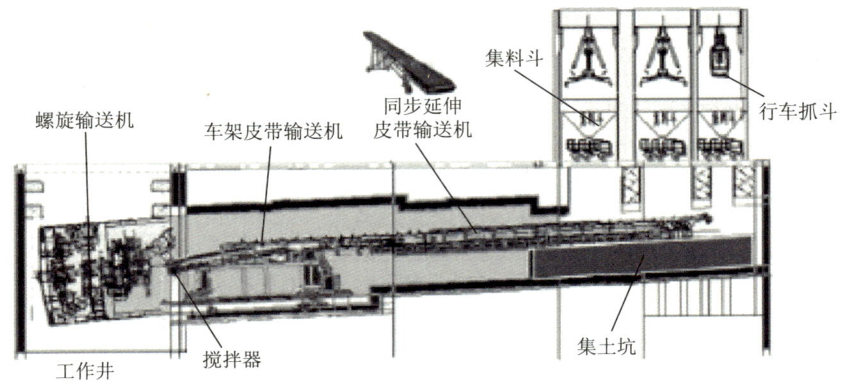


图 2-7 快速连续出土系统

5)盾尾密封

盾尾密封安装于盾壳尾部的内侧、位于盾尾与管片之间。盾尾止水采用钢丝刷密封装置,是集弹簧钢、钢丝刷及不锈钢金属网于一体的结构。盾尾油脂泵向每道钢丝刷密封之间供应油脂,以提高止水性能。超大直径盾构机一般采用三道钢丝刷加一道钢板刷形式的盾尾密封系统,如图 2-8 所示。

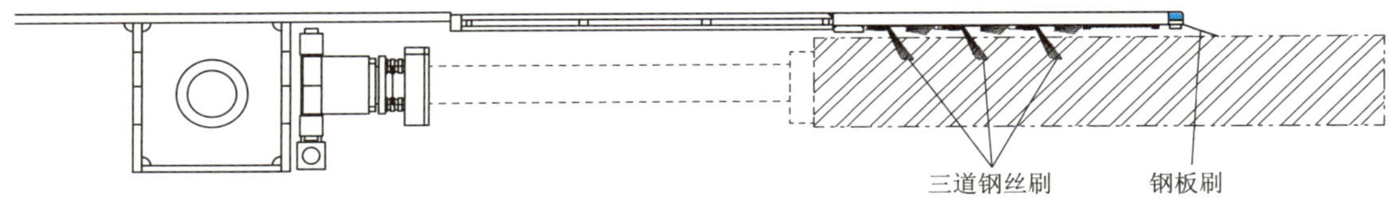


图 2-8 盾尾密封系统

## 2.1.3 泥水平衡式盾构机特性

1)基本原理

泥水平衡式盾构机是在机械式盾构机刀盘后设置隔板,在刀盘和隔板之间形成泥水压力舱,并将加压的泥水输送到泥水舱。当泥水舱充满一定压力的泥水后,在开挖面上形成一层泥膜,并通过加压作用和压力保持装置来确保开挖面的稳定。在泥膜形成的同时,刀盘不断旋转切削含有泥膜的土体,并将切削下来的土体与泥水舱内的泥水混合后,经搅拌装置搅拌后形成高浓度的泥水,然后由排泥泵及排泥管道输送到地面。其主要由盾壳、刀盘、密封泥水舱、盾构机千斤顶、电气及操作控制系统、注浆系统、管片拼装机、盾尾密封装置以及泥水环路等部分组成。

目前泥水平衡式盾构机有两种体系,即德国和日本体系。德国和日本体系的主要区别是:德国体系的泥水舱中设置了气压舱,日本体系的泥水舱则全是泥水。国内应用的超大直径泥水平衡式盾构机基本上是德国体系,其盾构机构造如图 2-9 所示。

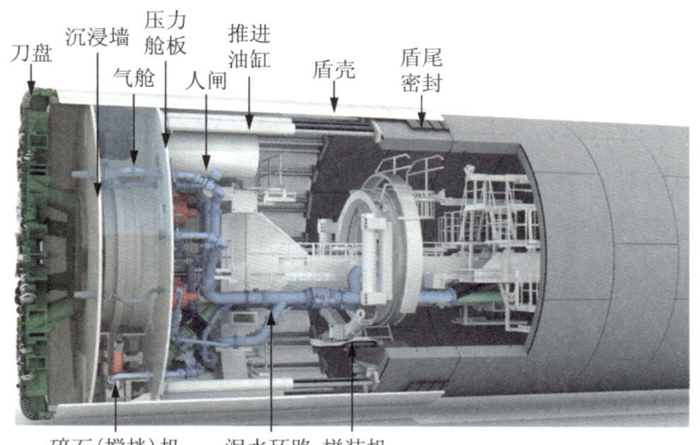


图 2-9　泥水平衡式盾构机结构图

2)刀盘及刀具配置

泥水平衡式盾构机一般采用面板式刀盘,刀盘支撑、刀具的选型与布置的原则及考虑因素与土压平衡式盾构机类似。国内越江、跨海隧道一般选用泥水平衡式盾构机施工,由于水下很难采取地层加固后开舱换刀,传统的带压进舱换刀风险巨大。出于安全考虑,在不接触外界泥水的封闭状态以及常压条件下操作,是刀具更换的首选要求。因此,超大直径泥水平衡式盾构机通常配备可常压更换的刀具。

刀具更换流程如图 2-10 所示。工作人员从主驱动中间进入刀盘辐臂,将升降架(带螺栓)连接到刀具的固定板上,松开固定板上的螺栓,随后,使用升降架(带螺栓)降低刀具,关闭隔压门;用新的刀具更换磨损的刀具,从隔压门后面将刀具提升到要安装的位置,最后将门打开,安装刀具。完成刀具更换后,支架将被转到下一个刀具的位置。

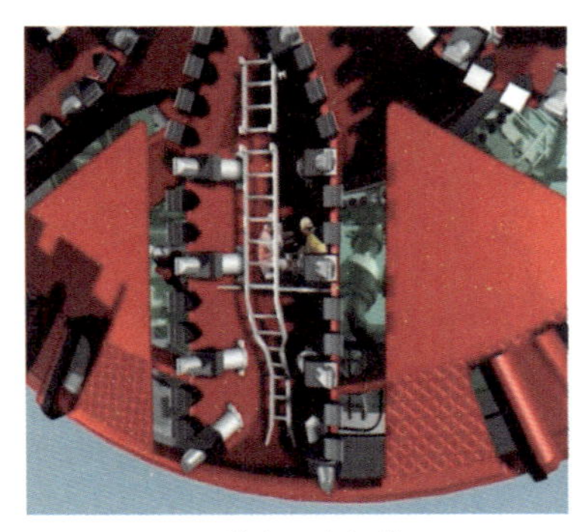

a)进入刀盘辐臂

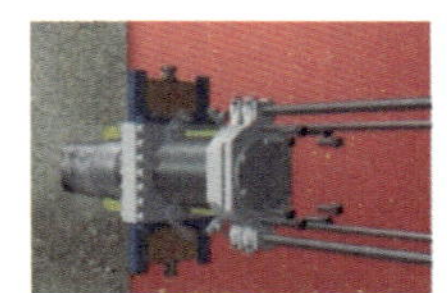

b)松开固定板上的螺栓

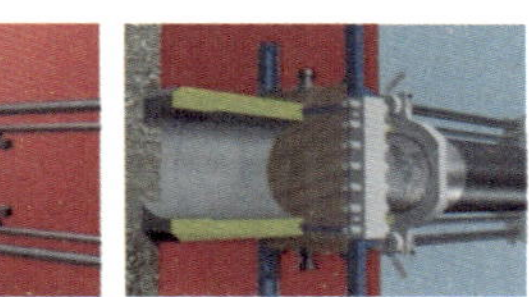

c)关闭隔压门

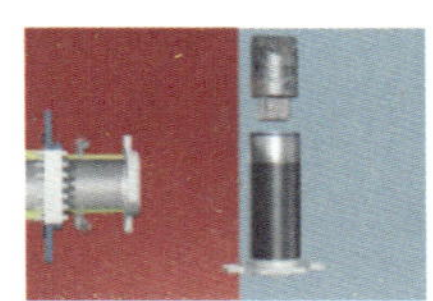

d)更换磨损刀具

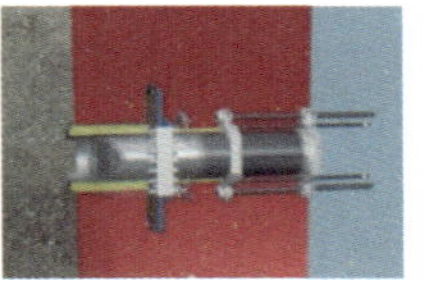

e)安装刀具

图 2-10　刀具更换流程示意图

3)泥水处理

泥水处理系统是泥水平衡式盾构机施工必不可少的配套系统,其过程是把达到指标要求的泥水用泵送入泥水平衡式盾构机开挖面,将泥水与盾构机切削土体混合后输送到地面进行分离和调整处理,经过处理后的泥水作循环利用,再被泵送进入盾构机开挖面,如此循环往复。随着城市对绿色环保要求的提升与对泥浆排放的管理日趋严格，传统的泥浆直接排放做法将被禁止，因此需引入离心机或压滤等措施实现干渣的排放。

当泥水压力大于地下水压力时，开挖面泥水理论上按达西定律渗入土壤，形成与土壤间隙成一定比例的悬浮颗粒。在“阻塞”和“桥架”效应的作用下，悬浮颗粒被捕获并积聚于土壤与泥水的接触表面形成泥膜。在泥水平衡理论中，泥膜的形成至关重要。

泥水系统通常由泥水输送系统和泥水处理系统两部分组成。

其中，泥水输送系统通常由送浆泵、排泥泵、管路、泥水控制阀组等组成。经过泥水处理系统处理并达到指标要求的泥水被暂存在调整槽，通过输送系统中设置在地面上的送泥浆泵送至盾构机开挖工作面。泥水平衡式盾构机排出包裹着切削渣土的泥水，由输送系统中安装在盾构车架上的排泥浆泵和隧道内的接力泵输送至设置在地面的处理系统。

泥水处理系统的作用是对泥水平衡式盾构机排出的泥水，通过分离处理去除大粒径颗粒，保存微小黏土颗粒，达到施工指标要求后由地面上的送泥浆泵输送到盾构机工作面，从而实现泥水循环的目的；经分离处理后的泥浆，如未达到泵送要求的指标，则要对经分离处理后的泥水进行处理，达到施工指标后方可实现泥水循环。

## 2.2　选型依据与原则

### 2.2.1　盾构机选型依据

盾构机选型应以工程地质条件、水文地质条件为主要依据，综合考虑隧道断面尺寸、掘进长度、埋深、线路的曲线半径、坡度、周边建（构）筑物及周边环境条件等因素。选型时的主要依据为：

（1）水文地质条件：岩土分层、各层特性指标参数和物理力学性质、地下水位、暗河暗浜等。

（2）沿线环境：场地条件、地形地貌、地上地下管线和建（构）筑物及其结构特性等。

（3）隧道设计参数：隧道长度、埋深、断面形状和尺寸、隧道内部结构类型、设计路线、线形、坡度等。

（4）施工条件：场地规模、施工用水用电、渣土排放以及建设工期等。

（5）宜用的辅助工法：如降水法、气压法、冻结法、钻爆法、注浆法等。

（6）技术经济性分析。

工程地质条件、水文地质条件中的渗透系数、岩土颗粒级配、地下水压对于盾构机的选型都是很重要的因素。地层渗透系数与盾构机选型的关系见图 2-11，根据国外的施工经验，当地层

的渗透系数小于 $10^{-7}$m/s 时，宜选用土压平衡式盾构机；当地层的渗透系数在 $10^{-7}$ ～ $10^{-4}$m/s 之间时，既可以选用土压平衡式盾构机，也可以选用泥水平衡式盾构机；当地层的渗透系数大于 $10^{-4}$m/s 时，宜选用泥水平衡式盾构机。盾构机类型与地层颗粒级配的关系见图 2-12，土压平衡式盾构机适用于黏土、淤泥质土及经改良后的粗砂、细砂土；泥水平衡式盾构机适用于砾石粗砂土及粗砂、细砂土。一般来说，细颗粒含量多，渣土易形成不透水的流塑体，容易充满土舱的每个部位，在土舱中可以产生压力，用以平衡开挖面的土体压力。当岩土中粉粒和黏粒的总量达到 40% 以上时，通常会选用土压平衡式盾构机，反之则选择泥水平衡式盾构机比较合理。粉粒的绝对大小通常以 0.075mm 为界。在地层中富含水时，根据施工经验，土压平衡式盾构机对高水压（0.5MPa 以上）的地层适应性差，螺旋输送机难以形成有效的土塞效应，排渣闸门处易发生渣土喷涌现象，引起土舱压力下降，导致开挖面坍塌。通常，当水压高于 0.5MPa 时，宜采用泥水平衡式盾构机，如采用土压平衡式盾构机应进行专门研究。

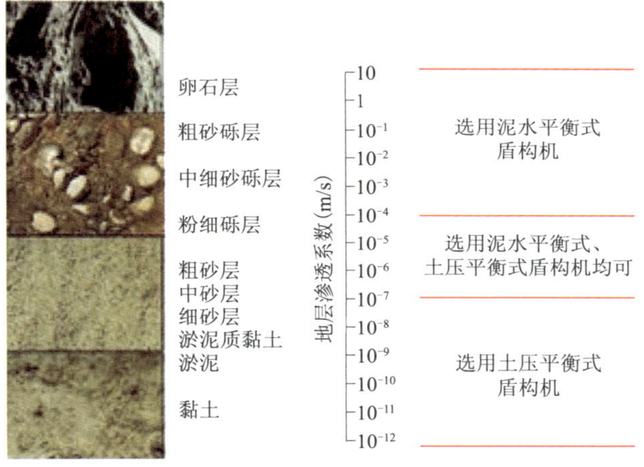


图 2-11　地层渗透系数与盾构机选型的关系

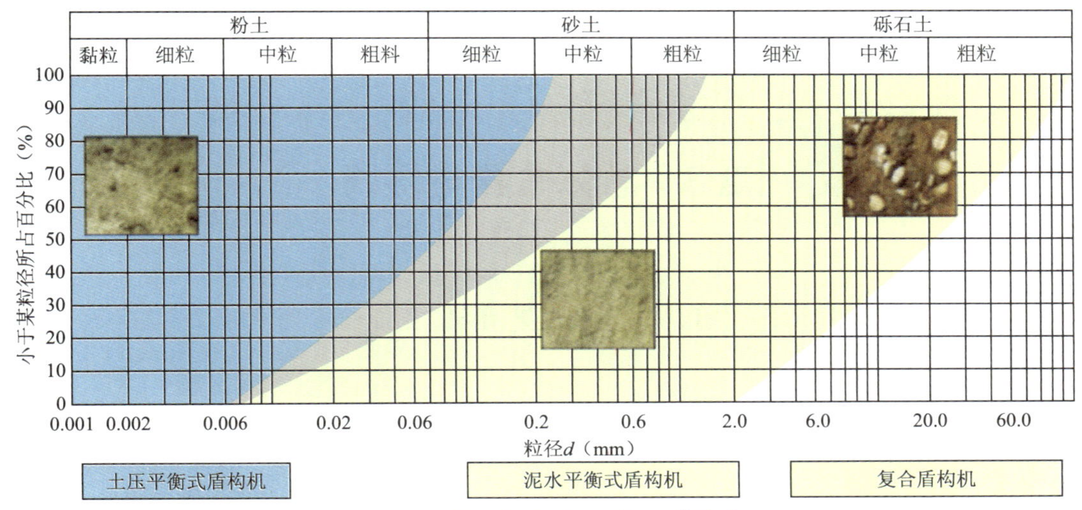


图 2-12　盾构机类型与地层颗粒级配的关系

盾构机选型的制约条件还有很多，必要时还需考虑相应辅助施工方法。

### 2.2.2 盾构机选型原则

盾构机选型正确与否是盾构隧道工程施工成败的关键。盾构机选型必须与工程地质紧密结合、与工程量及经济合理性相匹配，才能充分发挥盾构法安全、优质、快速的优势。盾构机选型时主要遵循下列原则：

（1）对工程地质、水文地质的适应性，确保施工绝对安全。

（2）盾构机的性能应能满足隧道外径、长度、线形、埋深、施工场地、周围环境等要求。

（3）盾构机的掘进能力与后续设备、始发基地等施工设备设施匹配。

（4）盾构机制造商的业绩、信誉与技术服务。

以上原则中应以选择确保掘削面稳定、施工安全的机型为最重要。对盾构机型式及其主要技术参数进行研究分析，在安全可靠的前提下，考虑技术先进性和经济合理性，以确保选择最佳的盾构施工方法和最适合的盾构机。为保证工程的顺利完成，对盾构机的选型工作应非常慎重，通常盾构机选型的主要流程为：

（1）根据设计断面参数进行盾构机初选。

（2）根据衬砌类型选择盾构机配套系统。

（3）开挖面稳定性校核。

（4）综合分析以下条件：①盾构机外径；②覆土厚度、地下水位；③土质条件，包括粒度、成层条件、各土质参数；④工期、造价、环境因素、设计线路、给排水、通风以及动力源等其他条件。

（5）辅助工法种类及适用性的校核，包括压气工法、降水法、化学注浆工法、冻结法等。

（6）机种和辅助工法的组合比较分析。

（7）隧道掘进机的选定。

## 2.3 总体布置与协调

### 2.3.1 高效施工条件下的盾构机车架布置

1）典型盾构机车架布置

大型盾构机的车架是其重要的组成部分，车架承载着盾构机供配电系统、液压动力系统、油脂润滑系统、注浆系统、预制构件及同步浆液等材料运输、管线延长等功能，同时还要保证施工测量及通风空间需求，在有限的空间内合理布置盾构机车架是高效施工的有效保证。

目前直径 15m 级盾构机主要为圆形盾构机，正常推进施工时，车架处于圆形管片衬砌内，为保证施工安全，车架外轮廓需要与管片衬砌之间保持一定的空间余量，通常不小于 30cm。车架布置受其制约所形成的圆形轮廓，一般称为设备圆，设备圆与管片衬砌圆同心，所有车架及安装的构件必须保证在设备圆以内（除与管片直接接触的船体），如图 2-13 所示，其中阴影部分表示安全空间。

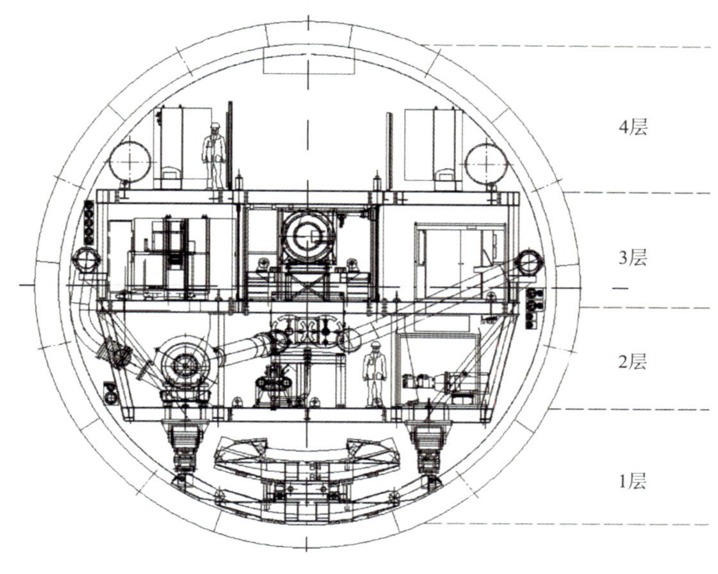


图 2-13　盾构机设备圆

车架行走机构有船体式、轮式等多种形式。

为了合理利用有限空间，提高施工效率，车架布置必须将所有系统进行综合考虑，采用分层布置，同时为了方便安装和拆解，盾构机车架通常分为 3 ～ 5 节。若节数太多，安装复杂，结构不紧凑，系统冗杂；若节数过少，单节车架过长，不利于小半径施工。

以沿江通道使用的海瑞克公司制造的直径 15.43m 泥水平衡式盾构机为例，该盾构机有 3 节车架，其中 1 号车架位于主机的后面，主要被分为 4 层，底层为车架行走轮子、船体及喂片机；2 层布置有泥水泵、浆桶、注浆泵、主液压油箱、动力站；3 层布置有油脂系统、变压器、配电柜及控制室；4 层为刀盘驱动控制柜、冷却系统、风管及测量通道。

2 号车架在 1 号车架和 3 号车架之间，形成一个联系梁（图 2-14），并布置了口字形构件安装行车、管片运输行车及同步施工部分构件。

3 号车架在位于口字形构件两侧的辅助船体上移动，随着盾构机的前进，后面的船体逐一移动到前部循环使用。3 号车架主要布置了泥水管路接管器、接管行车、工业用水、工业用气、废水管等软管卷盘、电缆卷盘、紧急发电机等，主要实现各种管路延伸、各种线缆安放等功能。

在 2 号车架和 3 号车架的区域，口字形构件上可以行驶普通卡车、双头车等工程车辆，可将管片及其他施工材料运送到前方的管片吊装部位。管片运输行车可将管片运送至喂片机后部的旋转平台上面，也可运送移动浆桶到1号车架前方。

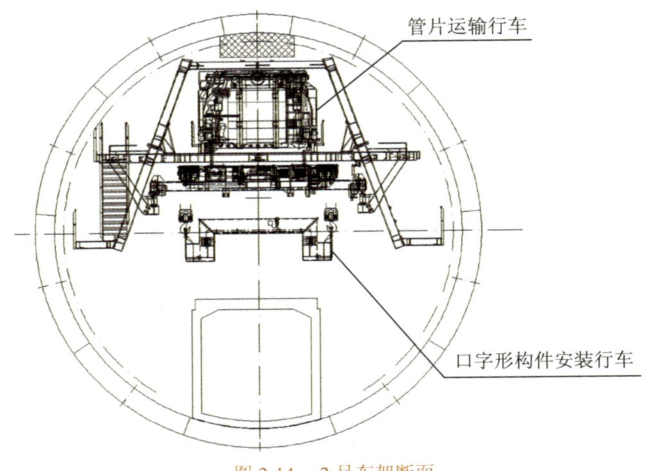


图2-14　2号车架断面

由于盾构机推进施工是一个循环式的工作流程，流程中的各个部分要求衔接紧密，因此运输车辆必须按照精确的空间和次序来调度、运行，设计独特的专用运输车辆连续运送管片、口字形构件、油脂等施工材料。这一切都是在车架上的各个系统完成的，合理的车架布置是高效施工的关键保障。

2）车架段的材料运输

在上述典型车架系统中，材料运输效率是高效施工的先决条件之一，超大型盾构机一般都伴随同步施工，一般运输车辆可通过口字形构件直接开进盾构机车架，实现快速运输（图2-15）。除特殊车辆双头车以外，一般工程车辆都会在盾构机车架内面临车辆调头问题。为了实现快速施工及工程安全的目标，在3号车架尾部增加一个车辆调头平台，如图2-16所示。

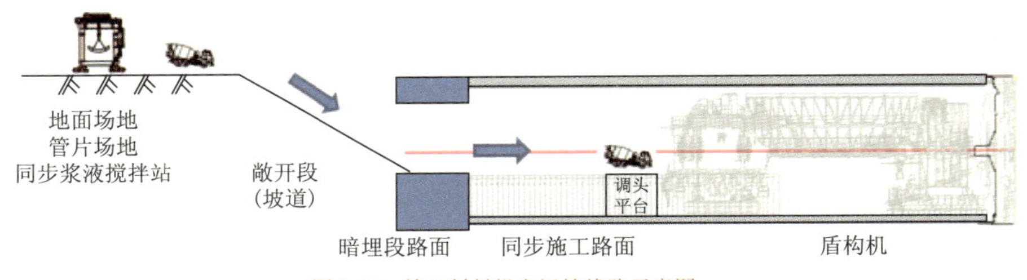


图2-15　施工材料纵向运输线路示意图

车辆调头平台拖拽在3号车架后部，安装有船体行走机构、船体吊运葫芦、管片行走挡轮等。可实现管片运输卡车、同步运浆车等工程车辆的调头作业，极大地方便了运输车辆运行，提高了施工效率。

同时，为了减少车辆进入车架的辆次，在车辆调头平台一侧的前部安装一台中转送浆泵（图2-17），搅拌车可直接开至调头平台，将同步浆液输送给中转送浆泵，由送浆泵通过管路直接泵送到 1 号车架的固定浆桶，不但减小了管片行车的工作压力，同时可实现管片及同步浆液同时分别运输，极大地提高了施工效率。

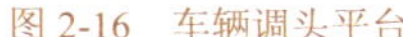

图 2-16　车辆调头平台

图 2-17　同步浆液中转送浆泵

## 2.3.2　盾构始发状态与暗埋段结构协调

在盾构始发前，盾构机本体及车架的主要系统已安装调试完毕。盾构机主机是直接在始发工作井内吊装，而盾构机车架主要安装在与工作井紧邻的暗埋结构段。车架安装前，暗埋段结构已完成。为保证车架顺利安装，暗埋段内部空间尺寸必须与盾构机车架尺寸相适应，即暗埋段内部宽度和高度必须大于车架设备圆的直径，并有一定的余量。同时要考虑到隧道出洞段平面线形，若是曲线出洞，需综合考虑隧道曲线半径、各车架长度及与暗埋段内部宽度的相对关系，保障盾构机推进施工顺利进行。此外，暗埋段底板坡度要与隧道轴线设计坡度相一致。

超大型盾构机车架尺寸都比较巨大，暗埋段顶板通常设计为 2 个吊装孔，吊装孔的尺寸要与车架的吊装尺寸相适应。前后端吊装孔对应车架的前端和后端，以便于车架安装施工，如图 2-18 所示。以 3 节车架的盾构机吊装施工为例，前端吊装孔主要用来吊装 1 号车架，后端吊装孔用来吊装 2 号及 3 号车架，2 号车架由后端吊装孔调入后，安放在钢结构上，通过临时轨道向前移动，与 1 号车架相连。3 号车架安装支腿，吊装在临时轨道上向前平移与 2 号车架相连。

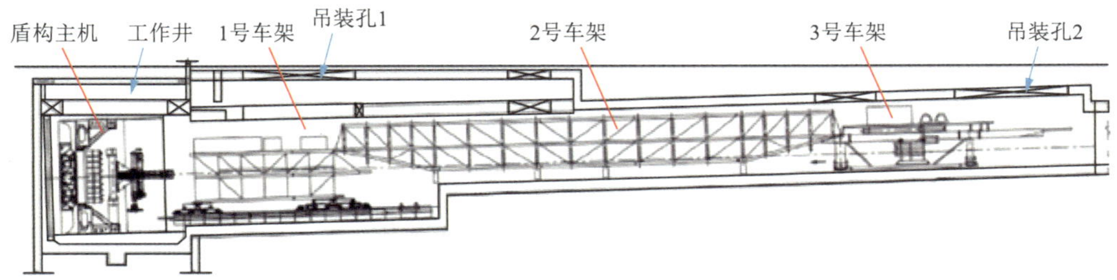


图 2-18　3 节车架盾构始发状态示意图

其中1号车架直接吊装在船体上，为放置船体，需在暗埋段前端的相应位置浇筑一段弧形段，半径与隧道管片内径一致；同时要注意高程、坡度与隧道轴线设计相一致（图2-19）。

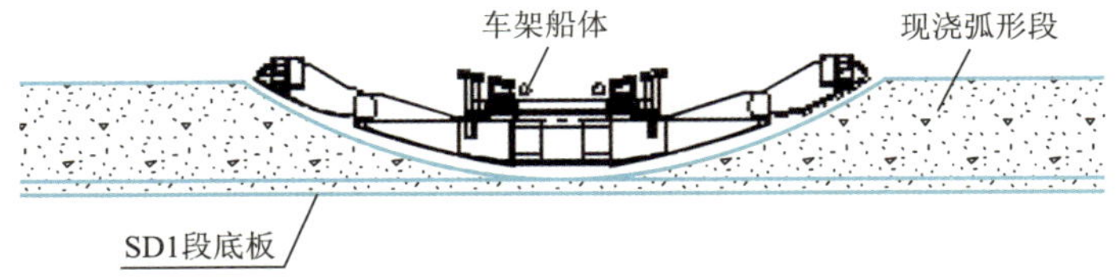


图2-19　船体弧形段浇筑

## 2.4　系统功能与配置

### 2.4.1　盾构机主机

盾构机由主机及车架系统组成，主机一般由刀盘、盾壳、主驱动、推进千斤顶、拼装机、盾尾系统等组成，体现了盾构机的综合能力，包括开挖直径、对地质条件的适应能力等。

刀盘一般需针对各个施工项目进行专门设计。根据所选盾构机的类型如土压平衡盾构机、泥水平衡盾构机等，结合工程所在地质条件如软土、复合地层、岩层等进行综合考虑，设计刀盘的尺寸、结构形式、开口率等，并合理配置刀具（图2-20）。

a）复合地层刀盘

b）硬岩地层刀盘

c）软土地层刀盘

图2-20　刀盘形式

刀盘结构应具有足够的刚度、强度，保证不利地质条件下掘进时不出现变形及超出正常的磨损。针对刀盘的磨损情况，设计中可采取一些保护措施，如设有不同数量的针对周边刀和刀盘外缘的保护性刀具；在刀盘表面及背面流动性大的位置及外缘周圈设有耐磨层，并配置相应的磨损检测装置等。

刀盘的构造、布局、刀盘开口的设计和刀具的布置要充分考虑到渣土的流动性，减少刀盘的磨损（图2-21）。

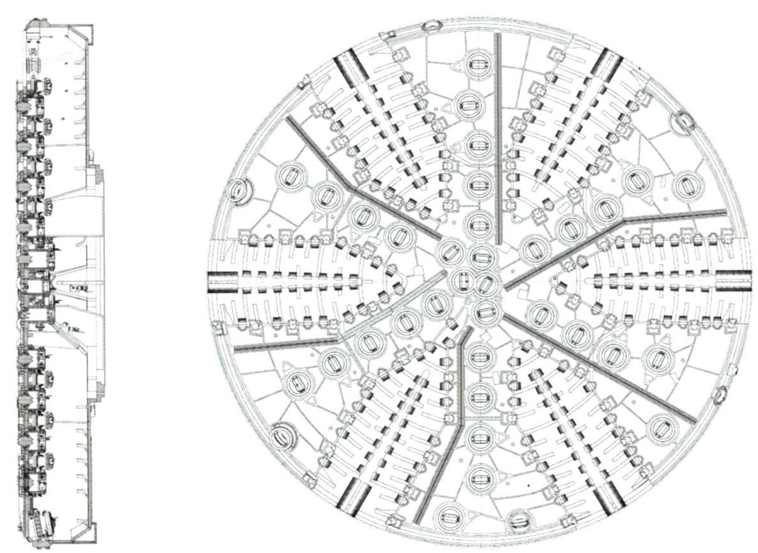

图 2-21　刀盘构造示意图

刀盘上可以安装不同类型的刀具以适应不同地层的开挖，主要刀具按刀具结构分类，常见类型有：滚刀、齿刀、切刀、刮刀、仿形刀、中心刀（图 2-22）。

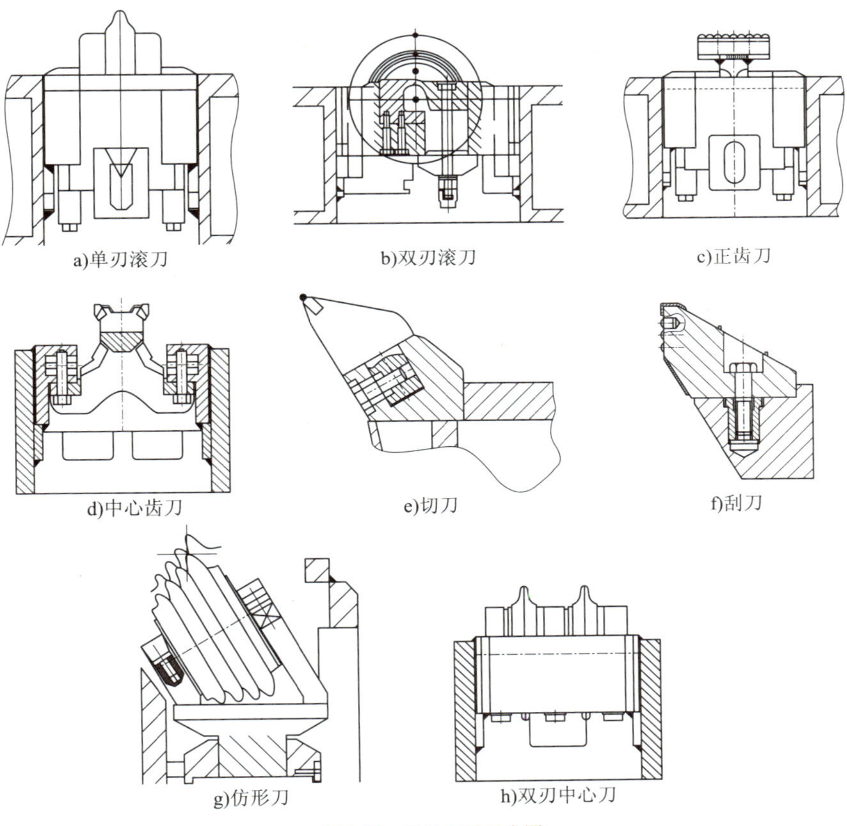


图 2-22　各种刀具示意图

其中，先行刀主要用于松动砂砾、黏土等地层，切削效率高，磨损小，同时起到保护切刀和刀盘体的作用。

滚刀用来挤压、破碎岩层。在区间含硬岩的复合地层，可配置双刃盘形滚刀，用于破碎硬岩。

切刀主要用于切削松散的土质，剥离掌子面上的泥土。切刀上面配有高抗磨损的硬质合金刀刃，刀体有耐磨焊接层保护。

周边刮刀安装在刀盘开口的外侧边缘，用来保证开挖直径，并间接防止刀盘体周边的磨损，周边刮刀的曲面设计有效地预防了洞顶的塌陷。周边刮刀配备了双层的硬质合金齿刃，增强了刀具掘进时的耐磨性。

同时，为了应对刀具磨损风险，一般刀具配置时设置了可更换刀具，根据更换环境不同，分为带压可更换刀具和常压可更换刀具。带压换刀施工时需要进入刀盘正面进行带压作业，风险高，操作难度大；常压换刀是在刀臂内完成，易操作，风险小，但常压可更换刀具所需安装空间较大，刀盘设计时需进行综合考虑。

在国内的超大直径盾构隧道中，2011 年之前主要以软土隧道为主，即使是建于 2007 年的南京纬七路隧道复合盾构也是采用的常压更换刮刀的刀盘，2011 年之后，随着直径 11m 以上尤其是 14m 以上超大直径盾构隧道从长三角地区向全国扩展，地质情况也越来越复杂。由于复合地层刀具磨损快，换刀频繁，为提高换刀的效率和安全性，大直径复合盾构机经常配置常压换刀刀盘。

盾构机刀盘驱动系统通常有液压驱动和电驱动两种方式，超大直径盾构机一般采用变频电机驱动方式，包括主轴承、大齿圈、小齿轮、变速箱、安全联轴器、驱动电机、主驱动唇形密封等主要构件。

刀盘驱动装置的设计必须考虑具有较大的刚性，以优化主轴承的寿命，为刀盘开挖提供稳定转速和足够的扭矩。

主驱动密封一般为多道唇形密封构成，具有较高的耐磨性。各道密封形成的空腔内注满密封润滑油脂，与唇形密封共同抵御外部水土压力，保证盾构机施工安全（图 2-23）。

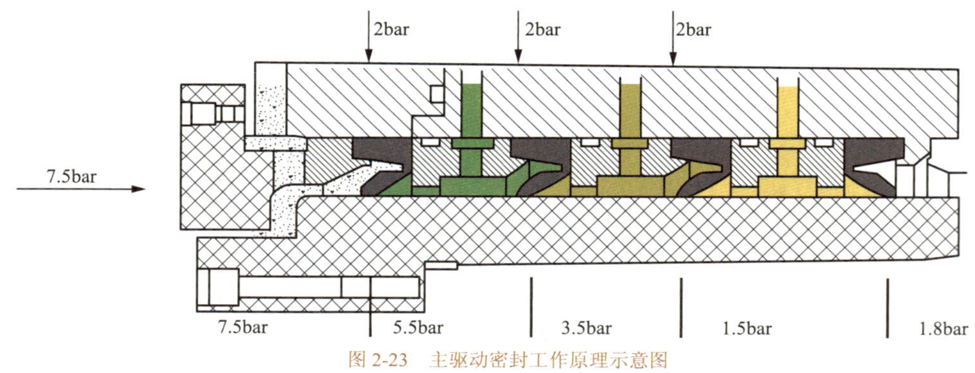

图 2-23　主驱动密封工作原理示意图

盾体由三部分构成：前盾、中盾及尾盾。为了适应曲线掘进，盾体的设计一般为倒锥形，即盾尾的直径要比中盾小一些，中盾比前盾的直径小一些。盾壳的钢结构设计按承受特定的土压力、静水压力和动载荷设计。一般采用高强度钢材 Q345B，具有足够的刚度和耐磨性。

盾尾一般采用特殊的“三明治”结构，该结构为两层钢板中间夹上增强结构刚度的焊接支撑条以承受工作压力。

以上海长江隧道直径 15.43m 盾构机为例，需要单次推进距离达 7.5km。为确保盾尾密封的安全，在盾尾的设计上，首次采用预留冰冻管、紧急化学注浆管结合紧急密封的方法。盾尾为 4 块焊接结构（为了运输方便），盾尾与盾体通过焊接的方式连接。盾尾密封由 3 道密封钢丝刷、1 道密封钢板刷和 1 道紧急密封组成，盾尾密封刷的最内两道可以更换（图 2-24）。

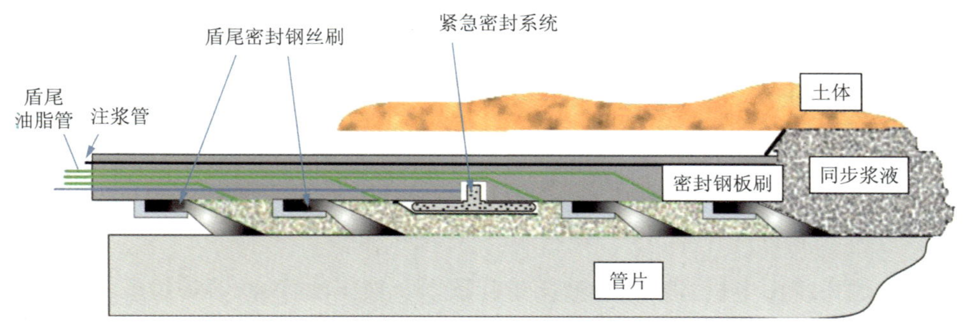


图 2-24　盾尾结构示意图

紧急密封是充气式膨胀密封，当注入压缩空气时（10bar），气囊膨胀达到密封的作用。紧急密封的作用首先是遇到盾尾大量漏水时进行紧急止水，其次是进行前面两道钢丝刷更换时可以保护管片安装区域，防止水流到盾构机内。

预留冰冻管是在盾尾最后端位置的沿盾构机圆周方向的一圈环管，在进行更换前两道钢丝刷之前，通过充入冰冻介质的方法对该部位的土体和水进行冰冻，保证更换钢丝刷的安全性。也可通过紧急注浆管压注化学浆液及时进行止水堵漏（图 2-25）。

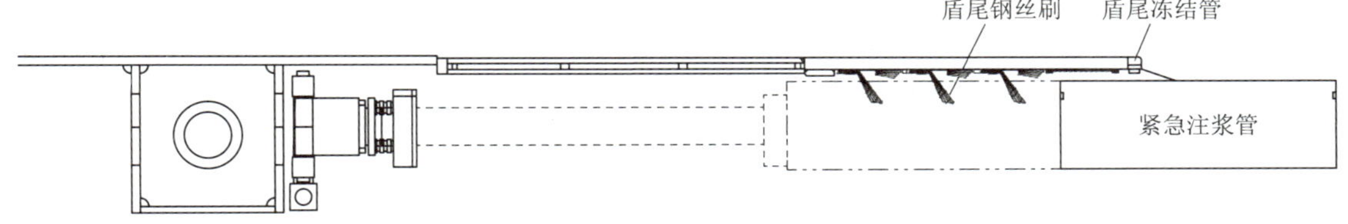


图 2-25　紧急注浆管

盾构机盾尾油脂压注系统是盾尾密封的重要组成，根据盾构机直径及盾尾密封形式，一般包含前、中、后 3 道盾尾油脂管路，每一道又分多个点对称分布在盾构机尾部，各分路油脂管均由 1 台盾尾油脂泵进行压注，由一总管输送到盾尾，连接各分路油脂管输送到盾尾密封装置的相应位置。

盾尾密封油脂对钢丝刷及钢结构有防锈、防蚀和减少磨损的功效，盾尾密封油脂的润滑和密封作用，可以有效地保护盾尾多道钢丝刷与弹簧钢片，又共同隔绝土层泥沙与注浆材料回流。盾尾油脂的压注一般采用压力和用量双重控制，要求与推进施工相互匹配，压力不宜过大，通过 PLC 自动控制系统实现盾尾油脂的同步压注（图 2-26）。

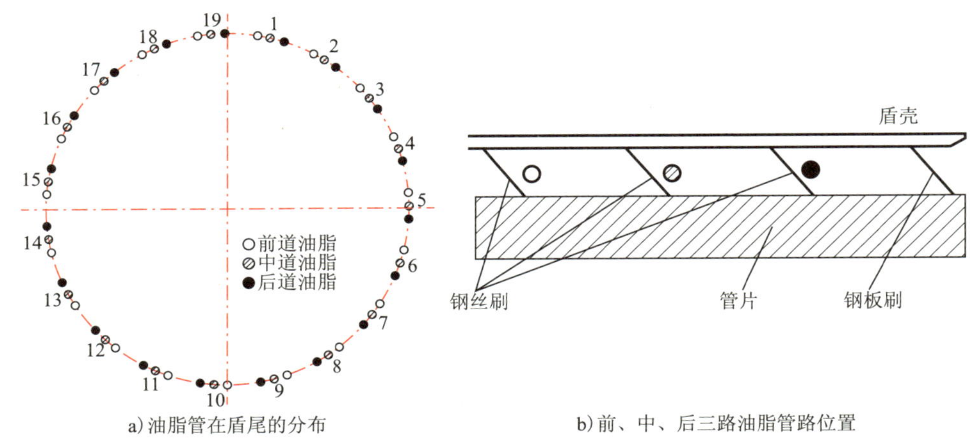


a）油脂管在盾尾的分布　　b）前、中、后三路油脂管路位置

图 2-26　盾尾油脂压注系统示意图

盾构机推进系统由电机、液压泵、液压千斤顶以及液压油管、滤芯等组成。液压千斤顶共 57 缸，每 3 缸组成 1 个单元，在盾构推进方向上顺时针编号为 1 ～ 19 号。在拼装模式下 1 ～ 19 号可单独被控制进行伸缩，方便进行管片拼装。推进模式下，1 ～ 19 号推进千斤顶被分为 6 个区域，方便推进控制各区域油压，以保证盾构机推进姿态（图 2-27）。每个区域内都有 2 缸千斤顶安装内置式传感器（一用一备），以实时测量千斤顶行程。盾构机推进千斤顶动力主要由一台 200kW 电机驱动双联泵提供，双联泵的最大工作压力为 350bar。

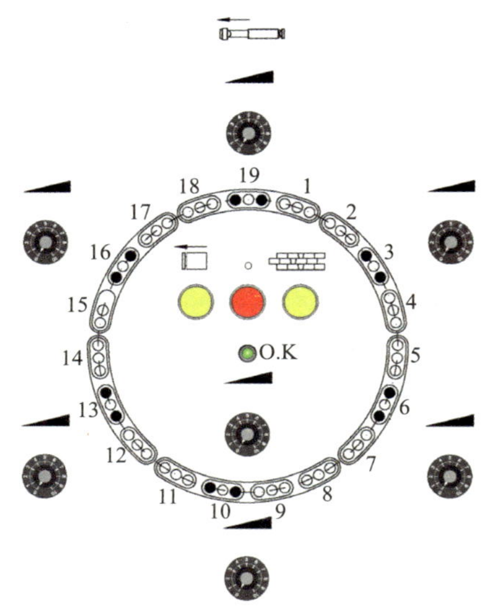


图 2-27　盾构机推进千斤顶控制面板

泥水循环系统是泥水平衡盾构机特有的关键系统（图 2-28），泥水系统由各种管路和泥水泵组成，通常有旁路、推进、逆洗三种工作模式。通过泥水循环，将调整好的新鲜浆液送至开挖面，与开挖下来的泥土进行混合后，运送至地面泥水处理场地，进一步过滤、分离处理，最终将渣土外运。

气平衡系统由压力测量变压器、调节站和控制站、补气和排气控制阀及管路构成（图 2-29）。为保证施工安全，一般有相同的两套系统，可进行平行切换。通过调节气平衡系统，对气泡舱压力进行调节和设定。施工中通过自动排气、进气使气泡舱压力接近定值，实现实时补偿的目的。

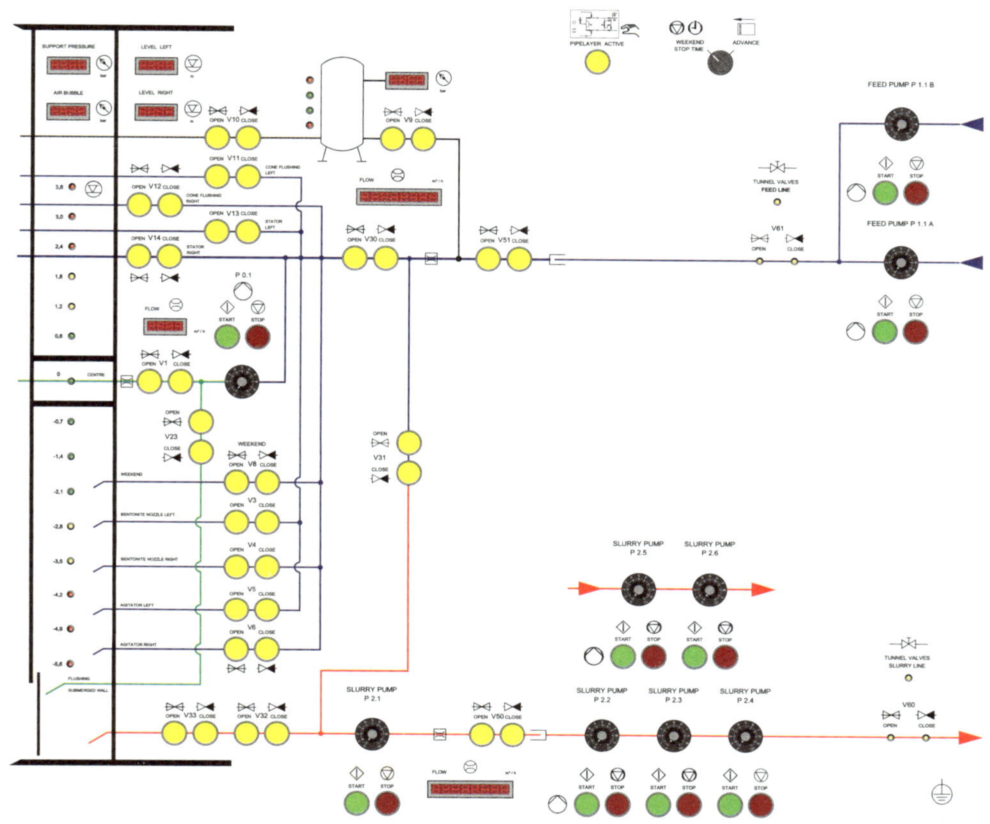

图 2-28　泥水循环系统

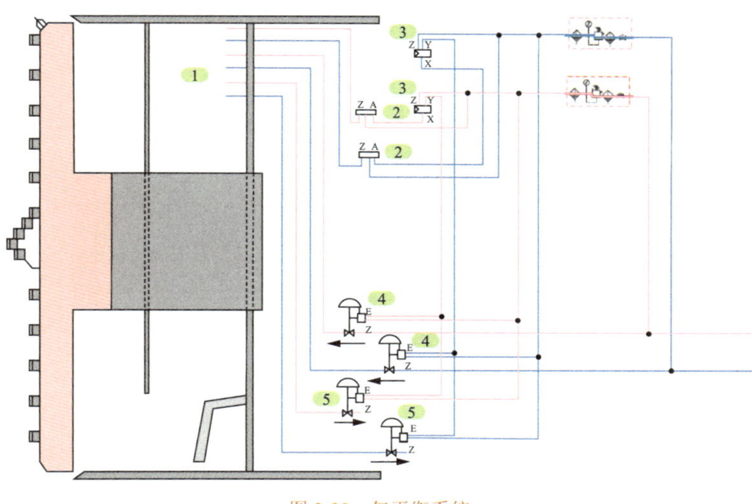

图 2-29　气平衡系统

1- 气包舱；2- 气压测量传感器；3- 控制调节器；4、5- 阀门

盾构机管片拼装一般是通过管片拼装机进行拼装施工。管片拼装机是一种具有多维运动能力的自动机械手臂，由专门的遥控器进行控制，通过真空吸盘等形式抓取管片，经过其

前后移动、旋转等调整将管片运送到指定位置，并且能对管片进行内翻、外翻等微小调整，实现管片的精确拼装。

拼装机上半周上有拼装平台，可供施工人员进行管片螺栓紧固（图 2-30）。

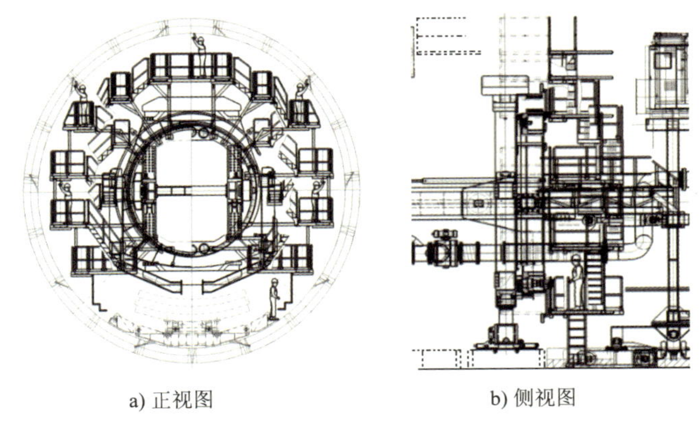

a) 正视图　　b) 侧视图

图 2-30　拼装机及拼装平台结构示意图

盾构机掘进施工时，为对施工产生的建筑空隙进行填充，需同步向盾构机尾部进行注浆。当前普遍采用单液浆。由专用注浆泵通过盾尾内的同步注浆管路分多路压注到脱出盾尾的管片与外部土体之间的建筑空隙，填充率一般控制在 110% ～ 120%。

超大直径盾构机的注浆管管路一般采用 6 路或 8 路，甚至更多。注浆管路呈对称分布。注浆系统一般由浆桶、注浆泵、注浆管路以及相应的控制系统组成。系统的压力由计数传感器采集数据反馈给施工人员，施工人员按施工要求，通过控制系统对注浆压力和注浆量进行控制。注浆压力及注浆量需要施工技术人员根据施工时的地面沉降、水土压力等监测数据进行实时设定（图 2-31）。

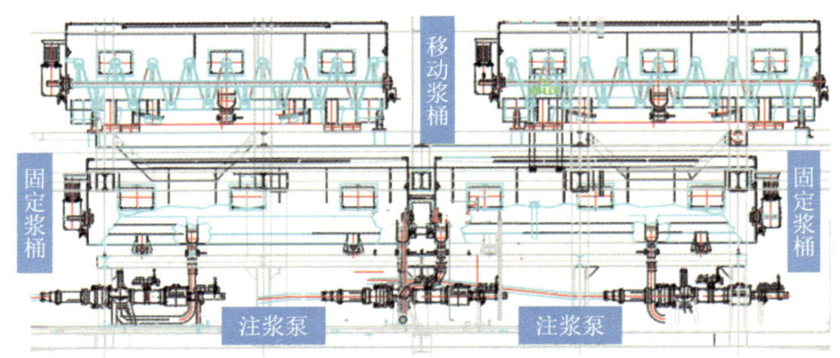


图 2-31　固定浆桶及注浆泵布置示意图

## 2.4.2　盾构机后配套系统

盾构机后配套系统是盾构施工的支撑系统，包括构件预制、同步浆液拌制、泥水处理及渣土外运、施工材料运输、管线延长、供配电、供水、供气、排污、同步施工、通风等。

1)场地布置

随着城市建设的发展,盾构施工场地越来越小,场地布置必须结合施工实际,综合考虑各方面因素,进行合理布局,尽量提高施工效率。一般情况下,盾构施工所用的管片等预制构件是单独在其他场地进行生产的,盾构施工现场需考虑预制构件的临时堆放问题,同时还要考虑泥水处理、渣土外运、配电站、同步浆液搅拌站等分系统的布置等问题。以超大直径泥水平衡式盾构机场地布置为例,除上述后配套系统外,还要包括管片堆放场地、空压机房、清水池、各类仓库等(图 2-32)。

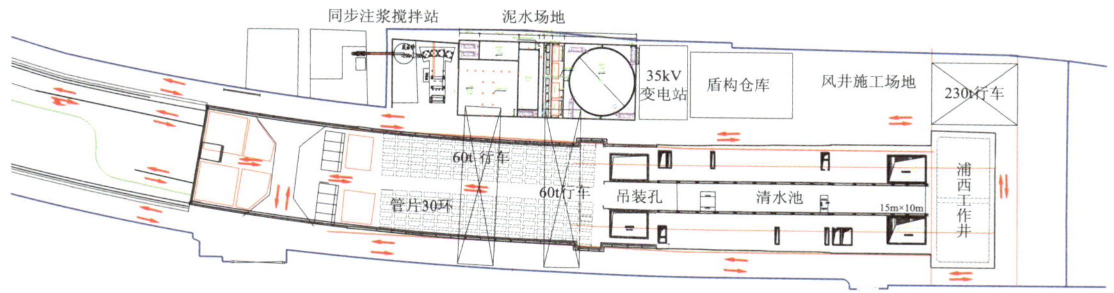


图 2-32 盾构施工场地布置

泥水处理场地占地面积大,设备多,系统复杂,需进行专业的设计布置;渣土外运有条件的可以考虑进行干土外运,也可结合施工实际,以泥浆形式进行水上运输。

管片场地、清水池以及空压机房充分利用暗埋段结构进行布置,可节约空间。管片场地布置要充分考虑到施工进度、止水带粘贴、吊装运输以及冬雨季施工等情况,进行合理布置。

2)同步结构施工

超大直径盾构施工一般采用盾构隧道掘进和内部道路结构同步进行的施工方式。

口字形预制构件由生产场地或临时堆放场地用行车吊运至双头卡车后通过暗埋段(或始发工作井)和已成隧道路面运输到盾构机车架,再用车架上的吊运设备吊至安装位置处进行安装(图 2-33)。水平运输至工作面后用盾构机 2 号车架上专用吊具翻转 90° 后安装就位。

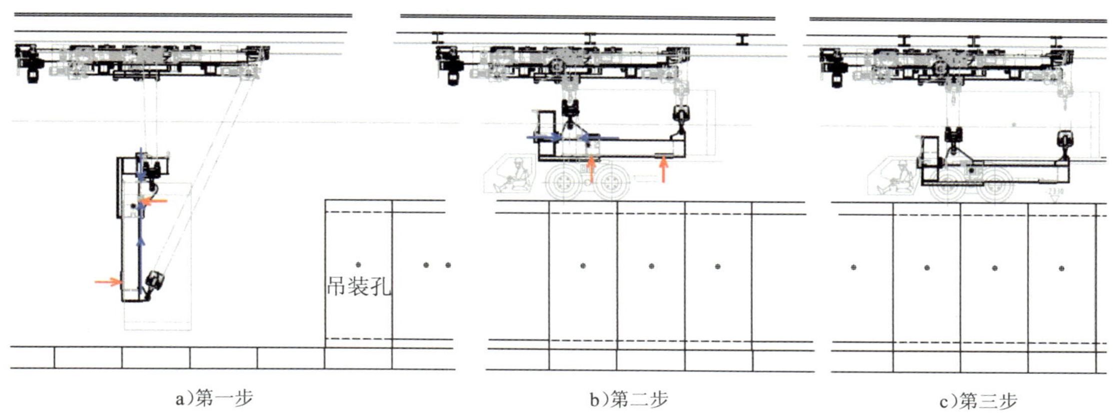


a)第一步 b)第二步 c)第三步

图 2-33 口字形预制构件安装

图 2-34　同步施工路面

为保证隧道内水平运输道路畅通，确保盾构机快速掘进，同步结构施工应当滞后车架100m，采用定型加工模板和快速拆装支架进行路面现浇结构施工（图 2-34）。

结构同步施工一方面起到施工阶段隧道抗浮作用，另一方面提供运输车辆行走基面，实现盾构机快速推进。在推进过程中随着盾构机与车架的前进，路面预制构件紧跟前部车架后方吊装施工。

3）隧道断面布置

隧道断面布置主要考虑合理利用空间，并考虑安全因素，井口通往盾构机的所有管线和隧道内照明等其他设施均布置在同步施工路面防撞侧墙以上，不影响隧道内道路同步施工（图 2-35）。

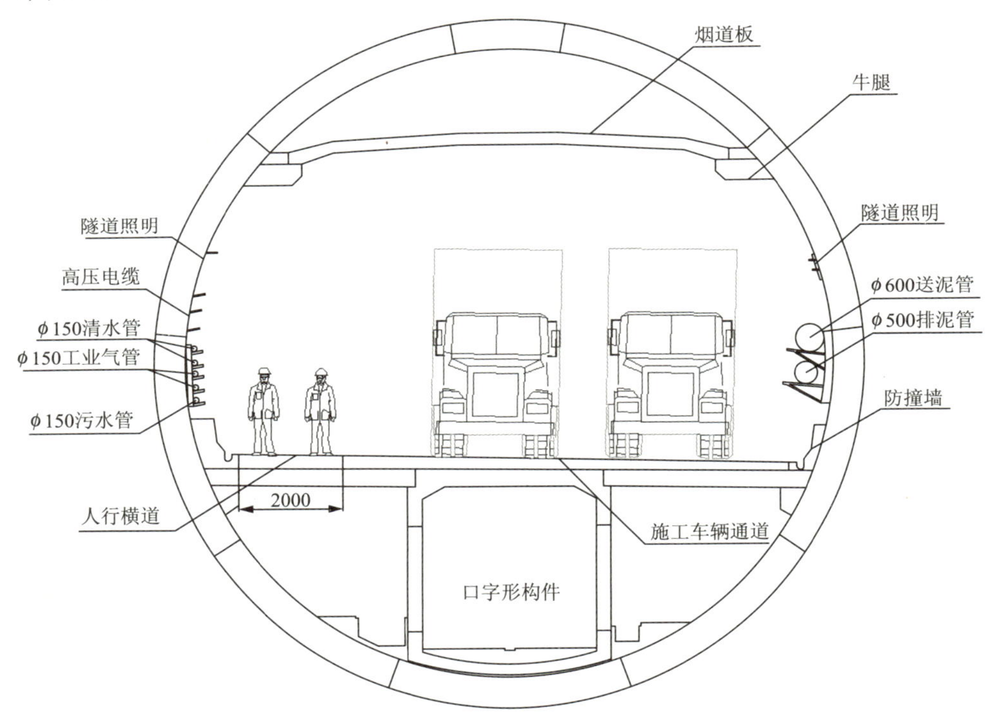


图 2-35　隧道断面布置（尺寸单位：mm）

（1）运输通道。盾构机推进时现浇路面分段分幅浇筑，在路面上划分出施工材料通道和人行通道。

（2）隧道照明。在隧道左、右上方一般每 6 环各布置 1 个灯架，照明电缆和灯具固定在上面。

（3）管路。隧道一侧布置送泥管和排泥管，用于盾构机推进泥水循环；隧道另外一侧布置冷却水管和空气管，为盾构机工作面提供水和压缩空气，再布置一条排水管，用于盾构机工作面污水排放。

（4）电缆、通信线路。高压和低压电缆、控制、通讯电缆等线缆布置在隧道中上部位的左右两侧。

（5）管线延长。随着盾构机地推进，需对架设在隧道内的管线不断延长，包括：进、排泥管、工业用水管、工业用气管、废水管、高压电缆、低压照明线路、通信光缆、Profibus 远程控制电缆等。

考虑运输及安装方便，管路一般每 10m 进行一次延长。进、排泥管有专用的接管器及移动软管，而水气管则用皮龙卷盘。盾构机前进向前每推进 10m 接管 1 次。各种线缆则在卷盘上不断放出，待整卷用完后进行续接。

4）施工运输

（1）地面至井下运输。通常，盾构机施工时敞开段和暗埋段结构如已完成，隧道管片、同步注浆浆液、预制构件等工程材料在地面装车后由专用车直接经敞开段和暗埋段运输至隧道内。

（2）隧道内运输。为了加快施工进度，在道路结构的同步施工中，随盾构机掘进在盾构机与车架之间同步架设口字形预制构件，作为运输通道，为确保安全，在口字形预制构件两侧安装卡车通行限位（图 2-36）。

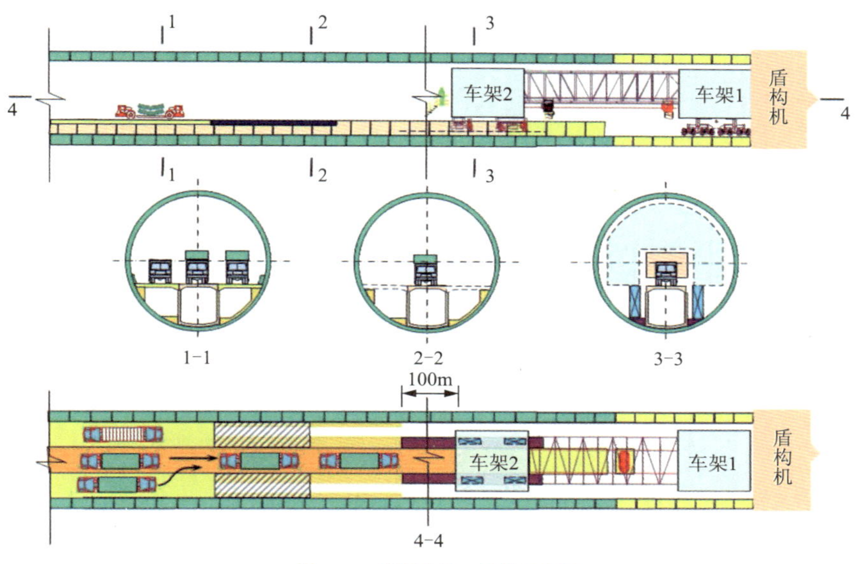


图 2-36　隧道内施工运输示意图

道路预制结构由双头卡车运至盾构机车架前方后，通过盾构机前、后节车架之间联系梁上的起重设备进行吊装。

管片由专用卡车经隧道路面运输至盾构机前、后车架之间的联系梁下，通过联系

图 2-37　储运管片工作示意图

梁上的起重设备将管片驳运到管片储运机构上，再由管片储运机构将管片输送到拼装区域（图 2-37）。

5）隧道内通风

超大直径隧道内，当盾构机进入上坡推进状态时，工作面产生的热量和潮气无法自然排出，成雾状聚集在工作面上，同时隧道内运输施工材料的重型卡车也将产生大量废气。此外，恶劣的空气环境对盾构机设备和工作人员的身体情况带来不良的影响，也会严重影响测量工作的顺利进行，因此隧道内通风显得尤为重要。

盾构机施工过程中，比较常用的一种通风方式是地面安装风机，通过风管将新鲜空气输送至盾构机施工工作面。现大直径盾构隧道施工普遍采用预制构件安装同步施工，可充分利用已安放好的口字形构件中间的通道，在盾构机始发井位置的口字形构件内部安装隧道专用轴流式通风机，将隧道外新鲜空气传送至车架尾部，通过后部车架上配备的通风系统将新鲜空气接力送到盾构机工作面（图 2-38）。

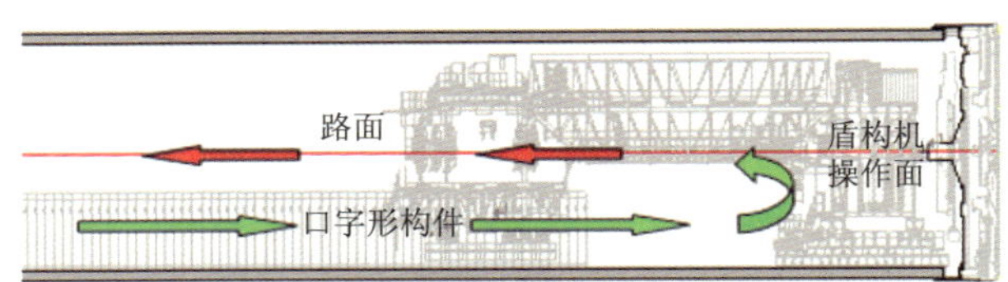


图 2-38　隧道内通风示意图

同时，在盾构机车架上层尾部左右两边各安装了一台风机，通过风管连接至机头，其转向可以进行选择，能够实现同时向前送风或向外排风，也可形成两台风机的小循环。

若隧道距离较长，内部起伏较多，可考虑在同步施工完成的路面增加一定数量的大直径射流风机向隧道外排风，与口字形构件内的送风通道形成通风循环，从而保证隧道内的空气质量。

# 第3章　泥水系统

泥水系统是泥水平衡式盾构机施工重要的组成部分，其作用是把达到指标要求的泥水用泵送入泥水平衡式盾构机开挖面，将泥水与盾构机切削的土体混合后输送到地面进行分离和调整处理，经过处理后的泥水作循环利用，再被泵送入盾构机开挖面，如此循环往复。大直径泥水平衡盾构机泥水系统一般包括泥水处理系统和泥水输送系统两大部分。其中常用的泥水处理设备根据处理流程可分为初级预处理设备、一级处理设备、二级处理设备和干化处理设备。

本章重点研究泥水处理系统的设计依据、分类子系统的设计、技术参数的计算、泥水处理设备的分类，详细介绍了泥水输送系统的组成，最后讨论了泥水管理监控的相关指标。

## 3.1　泥水处理系统

### 3.1.1　系统设计依据

盾构机掘进中泥浆质量的优劣会影响整个系统的运行及盾构机的掘进。泥浆顺利、快速循环，如同人体的血液持续不断，周而复始。为了泥水设备的泥浆运行平稳，必须深入了解隧道工程地层的特性，量身定制泥水设备，针对不同地层变化做出相应调整，确保盾构机随时获得充足合格浆液，保持其顺畅的推进。

泥水处理系统的设计依据主要包括以下 5 个方面：

（1）盾构机的技术参数。

（2）工程地质条件。

（3）工程规模、处理场与始发场地的相互关系。

（4）工程场地规模。

（5）工程周边环境。

其中最为关键的是设计项目的工程地质条件，所以在设计阶段必须对工程地质进行充分的研究和分析，了解地层的颗粒组成，可按照表 3-1 分类填写记录，并在各级分处理系统中设计、配置相应的处理能力，保证处理后的泥水满足盾构机施工的要求。

主要颗粒组成（样表） 表 3-1

| 地层代号 | 地层名称 | 各粒组含量（%） | | | | | 含水率（%） | 重度（$kN/m^3$） | 密度（$g/cm^3$） |
|---|---|---|---|---|---|---|---|---|---|
| | | >5mm | 0.075 ～ 5mm | 0.05 ～ 0.075mm | 0.02 ～ 0.05mm | ＜ 0.02mm | | | |

在充分统计、分析项目所涉及的各地层的粒径分布后，绘制成粒径的分布曲线来指导泥水分离站各级分离点的选型。通用的初级预筛分系统将 5mm 以上的粗颗粒进行处理，一级旋流设计的切割点适当小一些，通常考虑切割点为 60 ～ 75μm。这样可以减轻二级旋流的处理负担，同时也可以为二级旋流处理提供合适浓度的泥浆，以此来保证二级旋流的切割点。泥浆中小于 30μm 的颗粒，一般被称作可造浆颗粒。但是随着盾构机的推进，这部分颗粒的累计也会增加泥浆密度和黏度，从而影响泥浆的携渣性能和泵的负担。因此，二级旋流设计选型时，切割点选择 20 ～ 30μm，以延缓密度上升的趋势，减小新浆的消耗。

此外，一、二级旋流器的分级粒度都可以通过调整入料浓度、压力、溢流管径和底流口的大小来调整。在实际使用的过程中，可以根据不同的地层调节分割点以保留更多的有用颗粒。

## 3.1.2 系统总体设计

1）泥水处理方法

按泥水处理的原理分类，目前常用的泥水处理方法有自然沉淀法和机械固控分离法两大类。自然沉淀法是将通过排浆管运至地面的泥浆在沉淀池中进行重力沉淀，但是由于处理泥浆量大，同时在泥浆配置过程中，为了提高泥浆携带渣土和稳定开挖面的能力而添加了大量稳定剂，影响泥浆中土颗粒的重力沉淀速度。为了满足处理要求，往往需要设置多组沉降池，增大了工程的临时占地面积。而为了解决细小颗粒沉淀效果差的问题，通常还要往泥浆中加入大量的絮凝剂进行强化沉淀，而絮凝剂的添加导致外排的渣土存在环境污染的风险。

机械固控分离法因对泥浆具有的高效分离和结构紧凑的优点，在盾构机施工中应用广泛。通常的处理方式是通过振动筛或者滚筒筛筛除泥浆中大颗粒的部分，然后再通过水力旋流器和脱水筛对粒径较小的泥浆颗粒进行去除。处理后的泥浆进行采样分析，如达到施工要求即可进行循环使用，如未达标，则通过加入新鲜泥浆进行调整后再使用，而处理出来的废浆和弃渣就外运排放。随着城市对绿色环保要求的提升，对泥浆排放的管理日趋严格，传统的泥浆直接排放方式将被禁止，因此引入离心机或压滤等干化处理措施实现干渣排放势在必行。

自然沉淀法和机械固控分离法对泥浆的处理方式虽然不同，但是其目的都是将盾构机设备排出的泥浆去除渣土后继续利用，自然沉淀法对施工场地的规模要求较大，机械固控分离法设备成本和维护费用较高。所以在施工过程中可结合两者的特性进行适当的组合，达到提高处理效率，降低施工成本的目标，组合式泥水处理系统总体布置见图3-1。

图3-1 组合式泥水处理系统总体布置图

2)泥水处理流程

泥水处理系统主要包含泥水分离系统、调制浆系统、清水系统、弃浆(应急沉淀)系统等，处理流程见图3-2。

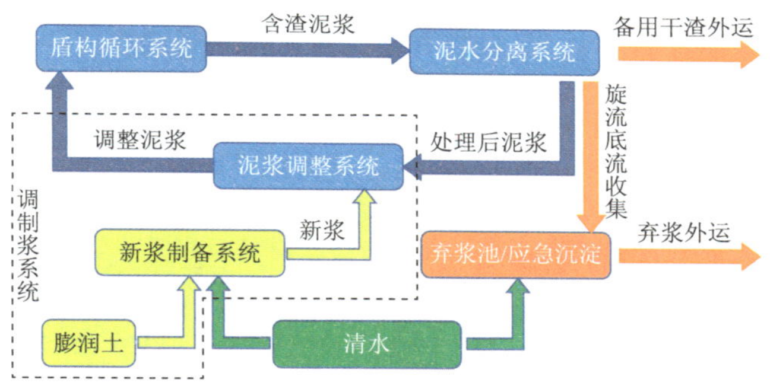


图3-2 泥水处理流程

3)泥水处理设计准则

为了使得泥水处理系统与盾构机施工更加匹配，施工效率更加高效、施工管理更加容易、施工成本更加可控，泥水处理设计理念也在不断进步和创新。

(1)重视“分离过程”设计。配置高频振动加速的振动电机和高分级效率的两级旋流器，既可以降低弃渣的含水率，便于渣土外运，又可以高效回收有用的高分子新浆材料，便于调制新浆。

(2)与盾构机施工“最佳匹配”设计。通过远程数据交互及相互监控，使得泥水处理操控系统与泥浆运输系统和盾构机掘进系统紧密互联，从而实现高效隧道施工作业，实现整个掘进系统的最佳性能。

(3)废浆“零排放”“少排放”设计。通过两级处理，基本做到废浆的“少排放”，同时，为了达到更高的环保要求，随着压滤系统或离心分离三级处理系统的加入，可以做到废浆的“零排放”。

(4)设备“集成化模块”设计。为了减少处理场的占地面积，便于运输、组装和拆卸，系统的主要部件采用集成化模块设计，使得功能分区更加明确、整洁。

(5)部件“耐磨”设计。对筛板、旋流器等关键部件进行耐磨设计，降低更换频率，延长设备的使用寿命。

(6)施工“隔音”设计。分离站采用全封闭隔音设计，并配置低噪声振动马达，把噪声降到最低，同时具备防尘和美观的功能。

## 3.1.3 分类子系统设计

1)泥水分离系统

机械式泥水分离系统设计的主要思路是盾构机排出的泥浆通过预分筛筛除直径较大的泥土颗粒，然后进入除砂旋流器，经除砂旋流器处理后的含有较小固相颗粒的溢流再进行二次除泥旋流处理。最后通过脱水筛等设备对除砂器和除泥器的底流浓缩为固相后进行废弃处理，浓缩过程中产生的水再次进入沉淀池中，其处理原理如图 3-3 所示。

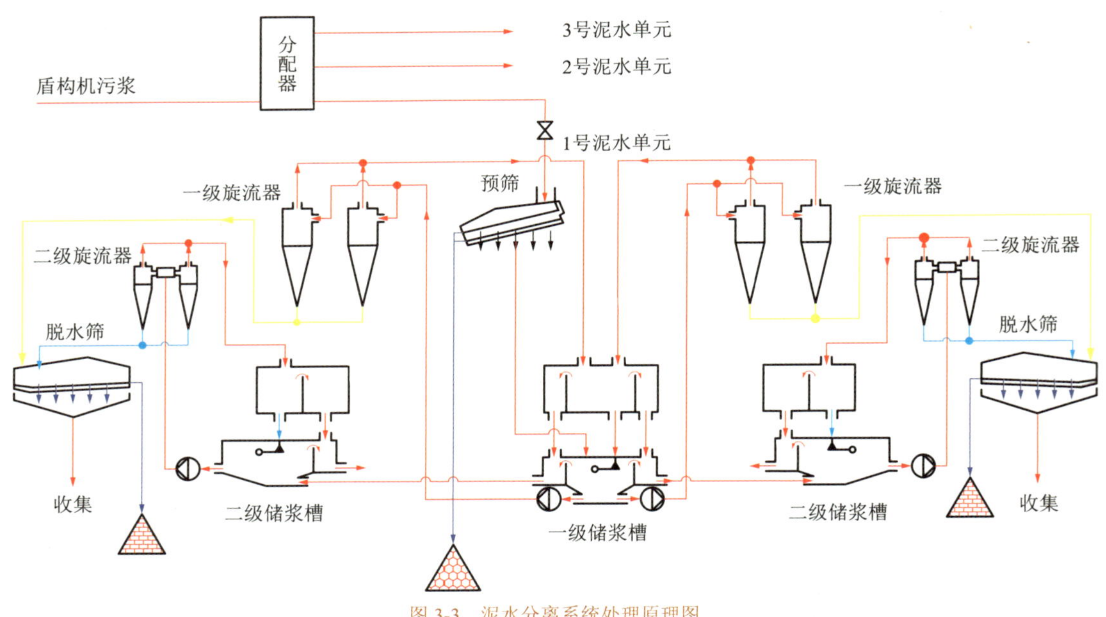


图 3-3 泥水分离系统处理原理图

图例：——表示泥浆处理路线；——表示泥浆一级处理后废浆；——表示泥浆二级处理后废浆；——表示外排渣料

集成化泥水分离设备如图 3-4 所示。

2)调制浆系统

调制浆系统在泥水平衡盾构机环流系统中具有“新陈代谢”的功能。在掘进的过程中，泥水循环中膨润土泥浆指标性能和浆液量一直在变化，尤其在细颗粒含量较高地层施工时，泥浆密度和黏度等指标变化更为迅速。这些指标及泥浆压力的控制是影响开挖面稳定最为重要的因素，因此泥水平衡盾构机的开挖面，必须由指标合适的泥浆形成泥膜并保持其稳定。拌制新浆，控制和调整环流的各项物理指标显得尤为重要。为保障施工生产掘进的顺利进行，应根据地质情况的变化及时调制和补充浆液，生产适合不同地层渣土的浆液。

调浆系统由不同功能单元的各类泥浆罐、输送泵、管路、控制设备和阀门等组成。制浆系统设计需考虑盾构机在最不利地层推进时，满足单日盾构机最大推进环数的新浆拌浆需求量和存储量，并结合新浆材料、拌浆工艺及场地情况合理安排制浆系统的土建结构、泥水管路及机电安装位置等。常用集成式调制浆设备见图3-5。

图3-4　集成化泥水分离设备

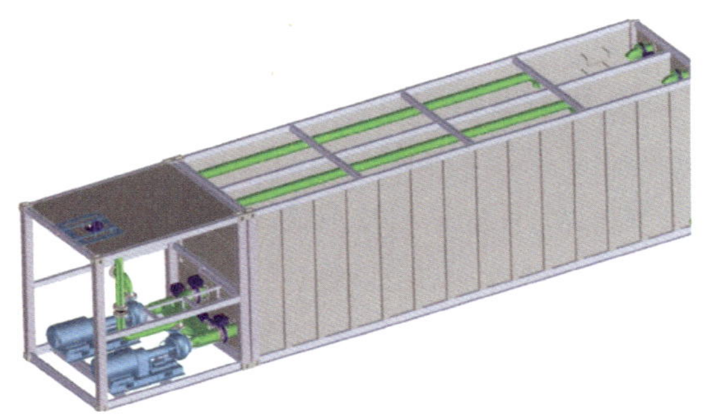

图3-5　集成式调制浆设备示意图

3)清水系统

清水系统主要是满足盾构机工业循环水、制浆系统、泥水分离系统及场地冲洗保洁等用水需求，包括取水和供水两部分(图3-6)。由于大直径泥水平衡式盾构机耗水量非常大，所以水源通常选择江河水，考虑水质的需求，清水系统中加入过滤装置即可。

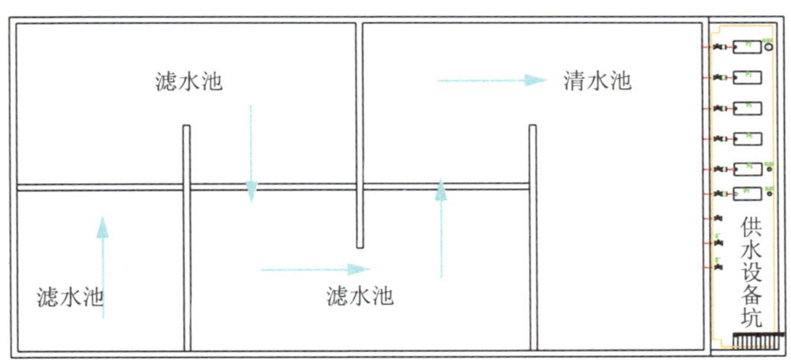


图3-6　清水池和供水设备坑布置示意图

4)弃浆系统

一般弃浆系统分为两大部分：

(1)弃浆为主的处理系统：经过旋流器潜流沉淀的废浆(厚浆)→集砂池→泵送→驳船运走；沉淀池的废浆(多余薄浆)→泵送→驳船运走。

(2)干渣排放为主的处理系统：集土坑→挖机辅助渣土车→外运；过多的清水→泵送

（自流）→ 市政管网外排。

5）废浆干化处理系统

通过泥浆分离主系统的二级处理后，基本可以做到废浆的"少排放"。但是为了达到更高的环保要求，通过压滤或离心分离等三级处理系统的加入，甚至可以做到废浆的"零排放"。

干化处理主要有压滤处理和离心处理两种处理方法，其中压滤处理系统采用箱式自动拉板压滤机，能够实现滤板压紧、过滤、压榨、反吹、洗涤、滤板松开、卸料等各道工序的自动化控制。该系统对场地的需求较大，但是耗能相对较小。离心处理系统采用卧螺离心机将进入高速旋转的转鼓内的混合泥浆在离心力场的作用下，在转鼓内形成一环形液流，固相颗粒在离心力作用下快速沉降到转鼓的内壁上，通过差速器产生转鼓和螺旋输送器的差速，由螺旋输送器将沉渣推送到转鼓锥端的干燥区，经过螺旋输送器的推力和沉渣离心分力的双向挤压，使沉渣得到进一步挤压脱水后，从转鼓小端出渣口排出，分离后的清夜经溢流口排出。离心处理设备对技术能力和添加剂的选择、使用等要求非常高，且耗能较大，但是对场地的要求相对较小。

废浆压滤和离心处理设备如图 3-7 所示。

a）压滤处理设备

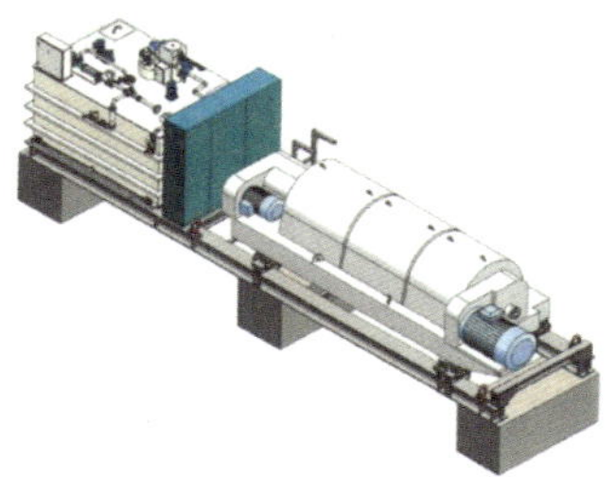

b）离心处理设备

图 3-7　废浆干化处理设备示意图

6）沉淀池应急处理系统

一旦机械固控设备出现故障，就有可能导致盾构工程全线停滞，为避免该情况的发生，减小设备故障造成的影响，在条件允许的情况下，可以专门设置沉淀池应急处理。

在设备发生故障时，可以将泥水直接排放至沉淀池，通过自然沉淀法对泥浆进行应急处理。处理后的循环泥浆再通过调整系统进行调整，确保进入盾构机开挖面的泥水能够达到施工要求。

## 3.1.4　技术参数计算

盾构机泥水处理系统参数计算包括物质守恒计算（泥水平衡式盾构机匹配能力计算）、旋流器处理能力计算、渣浆泵电动机功率计算、耗材计算（水、新浆材料等）、耗电量计算及设备总功率计算等。

1）设计计算参数

开挖直径：$D$、隧道截面积：$S_e$、掘进距离：$L$、掘进最大速度：$V_{max}$、管片环宽：$H$、原状土密度：$\rho_{SM}$、送泥密度：$\rho_B$、排泥密度：$\rho_S$、送泥流量：$Q_B$、排泥流量：$Q_S$、切削土体密度：$\rho$。

2）相关环流参数的计算

（1）单台盾构机环流出渣计算

①单位时间出渣体积：

$$Q_{SM}=S_e V_{max}$$

②单位时间出渣质量：

$$M_{SM}=S_e V_{max}\,\rho_{SM}$$

（2）单台盾构机环流循环泥浆计算

①排泥流量：

$$Q_S=Q_{SM}\cdot\frac{\rho_{SM}-\rho_B}{\rho_S-\rho_B}$$

②送泥流量：

$$Q_B=\frac{Q_S\cdot\rho_S-Q_{SM}\cdot\rho_{SM}}{\rho_B}$$

3）性能参数的设计计算

（1）泥水分离设备处理能力计算原则

①第一阶段：粗筛最大通过量必须大于排泥泵最大流量。

②第二阶段：一级旋流器最大处理量必须大于预筛后的流量。

③第三阶段：二级旋流器最大处理量必须大于一级旋流后的流量。

（2）旋流器处理能力计算

①旋流器处理能力计算：

$$Q=2.69nDd_i\left(\frac{20}{\alpha}\right)^{0.2}\Delta P^{0.5}\left[\rho_m\left(\frac{1.5D}{d_0}\right)^{1.28}-1\right]^{-0.5} \tag{3-1}$$

式中：$Q$——旋流器处理能力（$m^3/h$）；

$n$——旋流器个数；

$D$——旋流器直径（cm）；

$d_i$——旋流器进浆当量直径（cm）；

$\alpha$——旋流器锥角（°）；

$\Delta P$——旋流器进浆压力（MPa）；

$\rho_{\mathrm{m}}$——进浆浆液密度（g/cm$^3$）；

$d_0$——旋流器溢流管直径（cm）。

②旋流器分离粒度 $d_{50}$、分级粒度 $d_{\mathrm{m}}$ 计算。

$$d_{50}=1098.6D^{0.18}d_0^{0.32}d_i^{0.25}\mu_{\mathrm{m}}^{0.5}\left(\frac{\tan\alpha}{2}\right)^{0.5}(\rho_{\mathrm{d}}-\rho_{\mathrm{m}})^{-0.5}(3D-2d_0)^{-0.5}\Delta P^{-0.25} \tag{3-2}$$

$$d_{\mathrm{m}}=1.65d_{50}$$

式中：$d_{50}$——旋流器分离粒度（μm）；

$\mu_{\mathrm{m}}$——浆液的塑性黏度（Pa•s）；

$\rho_{\mathrm{d}}$——浆液中分散相密度（g/cm$^3$）；

$\Delta P$——旋流器进口压力（kPa）；

$d_{\mathrm{m}}$——旋流器分级粒度（μm）。

（3）振动筛筛分能力计算

①单元振动筛物料筛分能力计算。

直线振动筛物料运行速度 $v$ 的理论计算公式：

$$v=K_{\mathrm{v}}\lambda\omega\cos\delta\ (1+\tan\delta\tan\alpha) \tag{3-3}$$

式中：$v$——物料运行速度（mm/s）；

$K_{\mathrm{v}}$——综合经验系数，一般取 0.75 ～ 0.95；

$\lambda$——单振幅（mm）；

$\omega$——振动频率（rad/s）；

$\delta$——振动方向角（°）；

$\alpha$——筛面倾角（°）。

直线振动筛处理量 $Q$ 的理论计算公式：

$$Q=3600bvh \tag{3-4}$$

式中：$Q$——振动筛处理量（m$^3$/h）；

$b$——筛机有效宽度（m）；

$h$——物料平均厚度（m）；

$v$——物料运行速度（m/s）。

②单线振动筛出渣能力计算。

根据单元振动筛物料筛分能力，配置相应的组数，最终满足在振动筛这一级预筛处理过程的处理能力，如下式：

$$n=\frac{K_1Q_{\mathrm{SM}}}{Q} \tag{3-5}$$

式中：$n$——单元振动筛组数；

$K_1$——初级预筛处理系数，一般取 0.4 ～ 0.45。

4）物质平衡计算

根据工程地质资料，初步选型一级旋流器和二级旋流器，计算得出各地层物质平衡表（以软土地层为例）。

（1）进泥水

①质量浓度：

$$P_{D1}=\frac{G(\rho_1-\rho_w)}{\rho_1(G-\rho_w)}\times 100\%$$

②送泥体积：

$$V_1=\frac{Q_1}{v} \quad (m^3/m)$$

③送泥质量：

$$W_1=\rho_1 V_1 \quad (t/m)$$

④固相质量：

$$ww_{a1}=W_1 P_{D1} \quad (t/m)$$

⑤固相体积：

$$wv_{a1}=\frac{ww_{a1}}{G} \quad (m^3/m)$$

⑥水质量：

$$ww_1=W_1(1-P_{D1}) \quad (t/m)$$

⑦水体积：

$$wv_1=\frac{ww_1}{\rho_w} \quad (m^3/m)$$

⑧合计并校核：

$$Ww_1=ww_{a1}+ww_1 \quad (t/m)$$

$$Wv_1=wv_{a1}+wv_1 \quad (m^3/m)$$

$$\rho_1=\frac{Ww_1}{Wv_1} \quad (t/m^3)$$

（2）切削土体

①密度：

$$\rho_3=\frac{G(\omega+1)}{G(\omega+1)} \quad (t/m^3)$$

②体积：

$$V_2=\frac{\pi D^2}{4} \quad (m^3/m)$$

③质量：

$$W_2 = V_2 \rho_3 \qquad (\mathrm{t/m})$$

④固相质量：

$$ww_{a2} = \frac{W_2}{1+\omega} \qquad (\mathrm{t/m})$$

⑤固相体积：

$$wv_{a2} = \frac{ww_{a2}}{G} \qquad (\mathrm{m^3/m})$$

⑥水质量：

$$ww_2 = \frac{w_2 \omega}{1+\omega} \qquad (\mathrm{t/m})$$

⑦水体积：

$$wv_2 = \frac{ww_2}{\rho_w} \qquad (\mathrm{m^3/m})$$

⑧合计并校核：

$$Ww_2 = ww_{a2} + ww_2 \qquad (\mathrm{t/m})$$

$$Wv_2 = wv_{a2} + wv_2 \qquad (\mathrm{m^3/m})$$

$$\rho_2 = \frac{Ww_2}{Wv_2} \qquad (\mathrm{t/m^3})$$

（3）排泥水

①颗粒组成。

a. 大团颗粒质量和体积：

$$ww_{y3} = ww_{a2} y \qquad (\mathrm{t/m})$$

$$wv_{y3} = \frac{ww_y}{G} \qquad (\mathrm{m^3/m})$$

式中：$y$——大团颗粒占土量的百分比。

b. 小团颗粒质量和体积：

$$ww_{s3} = ww_{a2}\, s \qquad (\mathrm{t/m})$$

$$wv_{s3} = \frac{ww_s}{G} \qquad (\mathrm{m^3/m})$$

式中：$s$——小团颗粒占土量的百分比。

c. 黏土微颗粒质量和体积：

$$ww_{c3} = ww_{a2} c + ww_{a1} \qquad (\mathrm{t/m})$$

$$wv_{c3}=\frac{ww_c}{G}\qquad (m^3/m)$$

式中：$c$——黏土颗粒占土量的百分比。

②水质量：

$$ww_3=ww_1+ww_2\qquad (t/m)$$

③水体积：

$$wv_3=\frac{ww_3}{\rho_w}\qquad (m^3/m)$$

④合计并校核：

$$Ww_3=ww_{y3}+ww_{s3}+ww_{c3}+ww_3\qquad (t/m)$$

$$Wv=wv_{y3}+wv_{s3}+wv_{c3}+wv_3\qquad (m^3/m)$$

$$\rho_3=\frac{Ww_3}{Wv_3}\qquad (t/m^3)$$

（4）分离处理

①振动筛 / 滚筒筛预筛处理筛上物：

$$ww_y=ww_{y3}\qquad (t/m)$$

$$wv_y=wv_{y3}\qquad (m^3/m)$$

②二级处理旋流沉砂口：

$$ww_s=ww_{s3}\qquad (t/m)$$

$$wv_s=wv_{s3}\qquad (m^3/m)$$

③进入调整池的泥水颗粒：

$$ww_c=ww_{c3}\qquad (t/m)$$

$$wv_c=wv_{c3}\qquad (m^3/m)$$

④流失水。

a. 振动筛 / 滚筒筛区域：

$$W_g=wv_y\frac{G-\rho}{\rho-\rho_w}\qquad (m^3/m)$$

b. 二级旋流设备区域：

$$W_c=wv_s\frac{G-\rho}{\rho-\rho_w}\qquad (m^3/m)$$

⑤进入调整池的泥水量：

$$V_t=wv_c+(wv_3-W_g-W_s)\qquad (m^3/m)$$

⑥进入调整池的泥水密度：

$$\rho_t=\frac{wv_cG+(wv_3\rho_w-W_g-W_s)}{wv_c+(wv_3-W_g-W_s)}\qquad (t/m^3)$$

⑦稀释水：

$$W_s=\frac{V_t(\rho_t-\rho_l)}{\rho_l-\rho_w} \qquad (m^3/m)$$

（5）弃浆

①每环弃除多余泥水：

$$Q_b=\frac{[(V_t+W_s)V_{max}-Q_B]H}{V_{max}} \qquad (m^3/r)$$

②滚筒筛及集土坑弃浆量：

$$Q_q=\frac{(wv_y+W_g+wv_s+W_c)\ H}{V_{max}} \qquad (m^3/r)$$

5）渣浆泵配套电机功率计算

$$N=\frac{n_{安}\rho_m QH}{102\eta_{泵}\eta_{传}} \tag{3-6}$$

式中：$N$——渣浆泵电动机功率（kW）；

$n_{安}$——安全系数；

$\rho_m$——泵吸浆液密度（$g/cm^3$）；

$Q$——泵工作流量（L/s）；

$H$——旋流器工作扬程（m）；

$\eta_{泵}$——泵的效率（%）；

$\eta_{传}$——电机至泵的皮带传动效率（%）。

在上述参数的选择时，需充分考虑施工阶段可能发生的一些特殊工况，选取足够的安全系数，确保施工过程中设备的稳定运行。

## 3.2 泥水处理设备

常用的泥水处理设备根据处理流程划分为初级预处理设备、一级处理设备、二级处理设备和干化处理设备。

### 3.2.1 初级处理设备

作为泥水分离处理过程的第一步，初级处理设备非常关键，通常有振动筛和滚动筛两种，其主要功能是在处理流程中对泥浆进行预分离，筛除大颗粒的渣土和石块，通过筛分后可筛除绝大多数 3 ～ 5mm 以上的泥土颗粒，筛分后的泥浆进入储存筒内等待下一级分级处理，所筛除的物料运至渣土场进行外运处理。

（1）初级振动筛处理设备

带双层聚氨酯筛板、配置高频振动电机的初级振动筛用于筛分盾构机排出的卵石、砾石、黏土团、粗砂等固相颗粒，同时为了解决黏土结团可能造成的筛板的堵塞问题，应当设计一套高压清水冲刷系统。根据大直径盾构机泥水循环的流量，配置筛板的振动筛分面积，一般每套具备 1200 ～ 1600m³/h 的处理能力。初级振动筛处理设备见图 3-8。

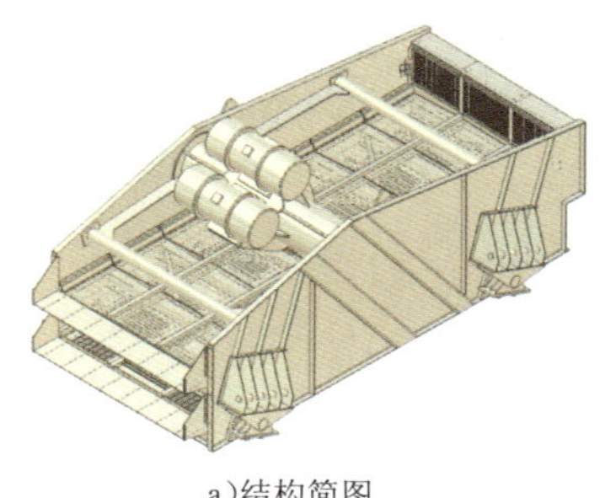

a）结构简图

b）处理效果

图 3-8　初级振动筛设备

（2）初级滚动筛处理设备

通过筒体直径、内层直径、长度、转速、功率和筛网长度的设计和调整，满足泥水平衡式盾构机处理泥水的能力，每台滚动筛可以达到 1200 ～ 1600m³/h 的处理能力。设备采用链动传动，外层选用简易可更换式带孔的不锈钢编织网，配有防冲击消压箱，并配置水刀式高压清洗系统。初级滚动筛处理设备见图 3-9。

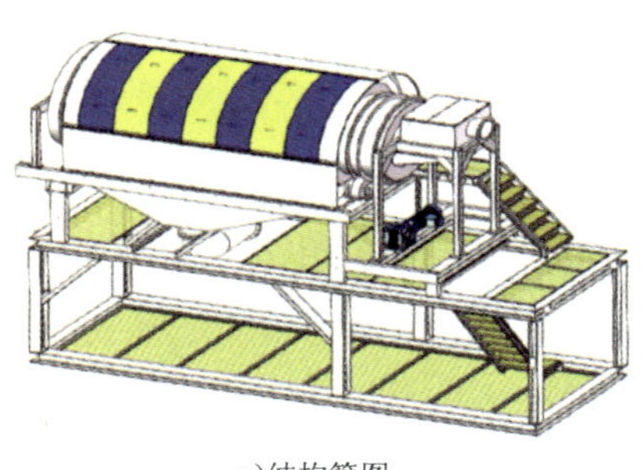

a）结构简图

b）处理效果

图 3-9　初级滚动筛设备

## 3.2.2　一级处理设备

一级处理设备通常采用大直径旋流器，旋流器的旋流分离粒度为 60 ～ 75μm，可选用全耐磨橡胶内衬，具有使用寿命长、分离精度高等特点。旋流器加装鱼尾吸虹装置，可保证底流浓度的稳定性，提高分离效果。单套旋流器的处理能力为 180 ～ 220m³/h，常用一级处理设备见图 3-10。

a）设备实物

b）局部照片

图 3-10　一级处理设备

图 3-11　二级处理设备

## 3.2.3　二级处理设备

二级处理设备多选用小直径旋流器，旋流器的旋流分离粒度为 18 ～ 25μm，可以根据不同的地层通过调节底流口的通径和进浆压力进行调整。单个二级旋流器的处理能力为 20 ～ 25m³/h。常用二级处理设备见图 3-11。

## 3.2.4　干化处理设备

（1）脱水筛

一级旋流和二级旋流分离出的固相颗粒，被排放至脱水振动筛进行脱水，然后通过卸渣槽进行排弃。脱水振动筛和初级振动筛一样配备高振动加速度的振动电机以及超大的筛网面积，脱水性能极佳。筛孔尺寸可以根据不同地质进行快速的更换。由于高振动加速度的作用，脱水后的弃渣适合卡车运输，不会再产生漏浆等二次环境污染问题。脱水筛的能力可以通过调整脱水筛板面积进行改变，一般可以达到 200 ～ 300m³/h 的处理能力。相对而言筛上物的含水率偏高，但基本可以直接外运。常用干化脱水筛设备见图 3-12。

（2）压滤机

压滤机通常配合絮凝剂一起使用，通过在泥水弃渣槽中添加絮凝剂并搅拌，使弃渣中细颗粒结合形成絮凝物，促进沉淀。压滤机则将絮凝物的大部分孔隙水排出，形成可以搬运的结块。常见的脱水方式有加压脱水和真空脱水两种。加压脱水利用泵和空压机对絮凝物加压，通过滤布脱水；真空脱水是在绷紧滤布的旋转鼓筒内加负压，利用其压力差进行脱水。压滤设备的处理能力可以通过调整滤板的面积和组数进行改变，一般单机具备 8 ～ 15m$^3$/h 的处理能力（干渣）。相对而言滤出物的含水率极低，满足直接外运的要求。

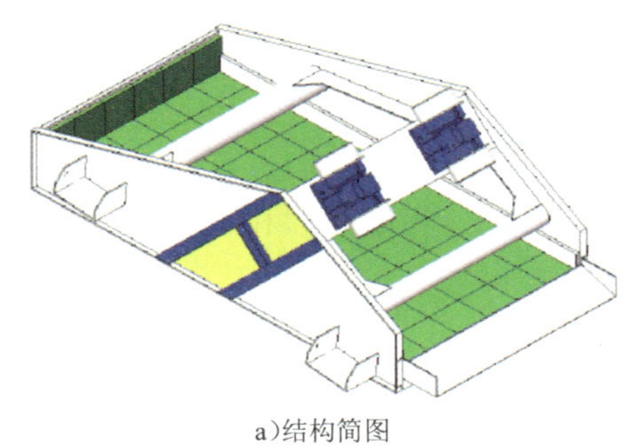
a）结构简图

b）处理效果

图 3-12 脱水筛设备

（3）离心机

泥浆离心机是利用离心沉降原理对弃浆进行固液脱水分离，弃浆在离心力的作用下固相颗粒被推向转鼓内壁，通过螺旋推料器上的叶片推至转鼓排渣口排出；液相则通过转鼓大端的溢流孔溢出。如此不断循环，以达到连续分离的目的。离心机的处理能力较大，一般单机具备 50 ～ 70m$^3$/h 的处理能力（干渣）。相对而言分离处理后的渣土的含水率偏高，但基本可以直接外运，常用干化离心机设备见图 3-13。

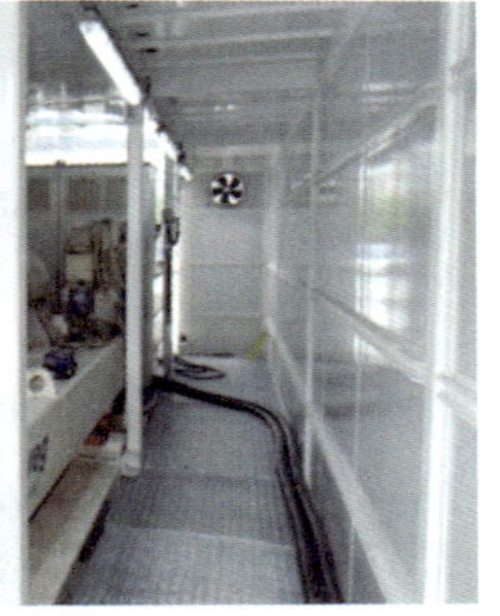
a）设备实物

b）处理效果

图 3-13 离心机设备

## 3.3 泥水输送系统

泥水输送系统由送排泥泵、送排泥管、延伸管路、辅助设备组成。系统采用 $P_{1.1}$ 主送泥浆泵，将泥水处理系统中调整池内具有一定密度的优质泥浆送入隧道施工的盾构机密封隔

舱，盾构机刀盘切削下来的泥土经过 $P_{2.1}$ 排泥泵或一系列排泥接力泵将泥浆排出隧道，输送至地面泥水处理系统进行处理、调整、处理后的泥浆一部分被废弃，另一部分进入调整池与新鲜浆液混合后通过送泥管进入盾构机开挖面，如此循环使用完成对隧道的掘进施工。

## 3.3.1 系统计算依据

泥水输送系统的计算依据主要是项目的地质条件、项目环境条件和选用盾构机的技术参数等，简单概括见表 3-2。

泥水输送系统施工参数表　　表 3-2

| 序号 | 名称 | 符号 | 序号 | 名称 | 符号 |
|---|---|---|---|---|---|
| 1 | 盾构机切削直径 | $D$ | 11 | 泥水处理场与工作井距离 | $L_1$ |
| 2 | 盾构机掘进速度 | $S$ | 12 | 工作井深度 | $H$ |
| 3 | 最小切口水压 | $P_{cmin}$ | 13 | 泥水处理场与工作井高差 | $h$ |
| 4 | 最大切口水压 | $P_{cmax}$ | 14 | 送泥流体真密度 | $\rho_1$ |
| 5 | 水压波动值 | $P_{cs}$ | 15 | 送泥流体密度 | $\rho_2$ |
| 6 | 送泥泵扬程效率 | $\delta_s$ | 16 | 地层含水率 | $\omega$ |
| 7 | 排泥泵扬程效率 | $\delta_p$ | 17 | 土颗粒真密度 | $\rho_3$ |
| 8 | 送泥管径 | $d_1$ | 18 | 送泥浆泥水密度 | $\delta_1$ |
| 9 | 排泥管径 | $d_2$ | 19 | 母液密度 | $\delta_0$ |
| 10 | 隧道长度 | $L$ | | | |

## 3.3.2 送排泥流量的计算

流入管路内的泥水流动方式因流体粒径、密度、流速而异。若粒径、密度变大，则管路内由重力不同而产生上下浓度差，形成非均质流动；若流速小，则会产生粒子沉淀；若流速大则粒子会因跃动而形成混流。因此泥水管路中的泥水流速必须保持在临界值以上，因为低于临界值时，泥水中的颗粒会产生沉淀导致管路堵塞，尤其是排出泥水产生的堵塞更为严重。因此在计算确定泥水管路输送中的临界流速后，从排泥泵系列中选取适当送排泥流量及功率的泵。根据杜郎德临界沉淀流速公式可确定临界流速。

（1）送泥管（$d_1$）内流速：

$$v_1 = \frac{Q_1}{\frac{1}{4}\pi d_1^2} \tag{3-7}$$

（2）排泥管（$d_2$）内流速：

$$v_2 = \frac{Q_2}{\frac{1}{4}\pi d_2^2} \tag{3-8}$$

(3)排泥管内临界沉淀速度:

$$V = F_L \sqrt{\frac{2gd_2(\rho_3 - \rho_2)}{\rho_2}} \tag{3-9}$$

式中:$F_L$——泥浆浓度确定系数,一般取1.5;

$g$——重力加速度($m/s^2$),取$9.8m/s^2$。

常用的各类地层的临界流速取值为:砂层取3.8m/s,黏土取3.5m/s,岩层取4m/s。

如果排泥管内流速大于临界沉淀速度,则说明预定的排泥流量可行。

## 3.3.3 送排泥水管直径的确定

送排泥管直径由送排泥土最大粒径、泥水浓度、流量等决定,通常盾构机直径和管道直径之间的关系如图3-14所示。

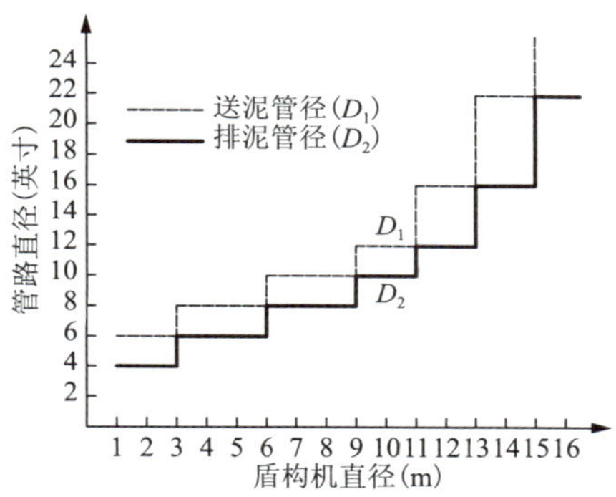


图3-14 盾构机直径和管道直径之间关系示意图(1英寸=2.54cm)

## 3.3.4 泵轴功率和电机功率的选定

选定符合各种泵的电机时,由于各个专业厂家具有各自的特色,所以都不尽相同,一般公式为:

$$\begin{cases} M = \dfrac{0.163\gamma QH}{\eta_0 \tau} \\ M' = 1.25M \end{cases} \tag{3-10}$$

式中:$M$——泵轴功率(kW);

$\eta_0$——泵效率;

$M'$——泵电机功率(kW);

$\tau$——效率减小率。

泵的选择还应注意泵的叶轮片形状与片数，以及泵的转速和扬程等指标。

### 3.3.5 送排泥全扬程的确定

1）排泥全扬程确定

（1）掘削断面积 $A$：

$$A=\frac{\pi}{4}\times D^2$$

（2）土层含泥量 $K$：

$$K=\frac{100}{100+\rho_3\omega}\times 100\%$$

（3）掘削土砂量 $q$：

$$q=\frac{AS}{100}$$

（4）掘削土砂量中的干砂量 $G$：

$$G=A\times\frac{S}{100}\times\frac{K}{100}$$

（5）排泥流量 $Q_2$ 和送泥流量 $Q_1$：

$$Q_1=Q_2-q$$

（6）送泥浓度 $C_1$：

$$C_1=\frac{\delta_1-\delta_0}{\rho_1-\delta_0}\times 100\%$$

（7）排泥浓度 $C_2$：

$$C_2=\frac{C_1\left(Q_1+100G\right)}{Q_2}$$

（8）排泥密度 $\delta_2$：

$$\delta_2=\delta_0+\frac{\rho_2-\delta_0}{100}$$

（9）排泥管的水头损失系数 $J_{m2}$：

$$J_{m2}=10.666\times G_2^{-1.85}d_2^{-4.87}\left(\frac{Q_2}{60}\right)^{1.85}\delta_2$$

（10）排泥管的相当直管长 $L_2$：

$$L_2=\left(L+H-\frac{D}{2}+1+h\right)\alpha$$

式中：$\alpha$——排泥管长度当量系数，取 1.05。

（11）排泥管的总抵抗损失 $H_{f2}$：

$$H_{f2}=J_{m2}L_2$$

（12）吸入扬程 $H_{s2}$：

$$H_{s2}=P_{cmin}\frac{10}{\delta_2}$$

（13）全扬程 $H_2$：

$$H_2=H_{f2}+H-\frac{D}{2}+h-H_{s2}+\left(h_{f0}-2\right)+\left(h_{f0}-4\right)$$

（14）排泥泵需要的总扬程 $H_{T2}$：

$$H_{T2}=\frac{H_2}{\delta_P}$$

式中：$\delta_P$——排泥泵扬程效率，取 0.93。

2）送泥全扬程确定

（1）送泥管的水头损失系数 $J_{m1}$：

$$J_{m1}=10.666G_1^{-1.85}d_1^{-4.87}\left(\frac{Q_2}{60}\right)^{1.85}\delta_1$$

（2）送泥管的相当直管长 $L_1$：

$$L_1=\left(L+H-\frac{D}{2}+1\right)\alpha$$

（3）送泥管的总抵抗损失 $H_{f1}$：

$$H_{f1}=J_{m1}L_1$$

（4）吸入扬程 $H_{s1}$：

$$H_{s1}=p_{cmax}\frac{10}{\delta_1}$$

（5）全扬程 $H_1$：

$$H_1=H_{f1}-(H-\frac{D}{2})+H_{s1}$$

（6）送泥泵需要的总扬程 $H_{T1}$：

$$H_{T1}=\frac{H_1}{\delta_S}$$

式中：$\delta_S$——送泥泵扬程效率，取 0.98。

### 3.3.6 送排泥接力泵位置的确定

（1）排泥接力泵位置的确定

在盾构机掘进过程中，送排泥管路需不断伸长，管阻亦随之增大。为了保证管路中恒定流速大于临界流速，排泥泵 $P_{2.1}$ 的转速应随时做相应的改变。当 $P_{2.1}$ 泵达到最大扬程时，需增加中间接力泵 $P_{2.n}$。

排泥接力 $P_{2.n}$ 泵设置位置（吸入扬程按最小值 10m 计算）为：

$$L_{P2.n}=\frac{\delta_P(H_{P2.1}-10)}{J_{m2}} \tag{3-11}$$

根据上述计算结果可以确定排泥接力泵的位置，可以在此基础上根据实际泵的使用情况确定排泥接力泵的位置。

（2）送泥接力泵位置的确定

与排泥接力泵同理，当 $P_{1.1}$ 泵达到最大扬程时，送泥管路需增加中间接力泵 $P_{1.n}$。

送泥接力 $P_{1.n}$ 泵设置位置（吸入扬程按最小值 10m 计算）为：

$$L_{P1.n}=\frac{\delta_s(H_{P1.1}-10)}{J_{m1}} \tag{3-12}$$

根据上述计算结果可以确定送泥接力泵的位置，可以在此基础上根据实际泵的使用情况确定送泥接力泵的位置。

## 3.4 泥水管理监控

### 3.4.1 泥水指标管理

泥水指标管理主要是根据盾构机推进过程中泥水指标变化情况进行泥水指标调制，以满足盾构掘进施工要求。

1）泥水指标

（1）密度

泥水的密度是一个主要控制指标。掘进中进泥水密度不宜过高或过低：泥水密度过高将影响泥水的输送能力；泥水密度过低将影响开挖面的稳定。

泥水密度的范围应在 1.15 ～ 1.25（1.30）$g/cm^3$ 之间，下限为 1.15$g/cm^3$，上限根据施工的特殊要求（盾构机在砂性土中施工、保护地面建筑物、盾构机穿越浅覆土层等）而定，最高可达 1.30g/cm$^3$。

（2）黏度

泥水的黏度是另一个主要控制指标。从土颗粒的悬浮性要求来讲，要求泥水的黏度越高越好，考虑到泥水处理系统的自造浆能力，随着推进环数增加，泥浆越来越浓，密度也呈直线上升：而黏度的增加并非说明泥浆的质量越来越高，若在砂性土中施工，黏度甚至会下降。因此，泥水黏度的范围应保持在 18 ～ 25Pa•s 之间。

考虑到黏度的调整有一个过程，故在泥浆黏度为 18s 时（调整槽黏度），即可逐渐增加新鲜浆液，添加量的多少视黏度下降的趋势而定。

（3）含砂量

泥水处理的目的是去除绝大部分 20μm 以上的泥土大颗粒。因此，在泥水处理中，工作泥浆中的含砂量同样也是一个重要指标。通常的含砂量指标需控制在 20% 以内。

（4）析水量和 pH 值

析水量和 pH 值是泥水管理中的一项综合指标，它们在更大程度上与泥水的黏度有关，悬浮性好的泥浆意味着析水量小，反之意味着析水量大。

泥水的析水量须小于 5%，pH 值须呈碱性。降低含砂量、提高泥浆的黏度，是保证析水量合格的主要手段。

在砂性、粉砂性土中掘进时，由于工作泥浆不断地被劣化，就需要不断地调整泥水的各项参数。而在黏土、淤泥质黏土中掘进时，由于黏性颗粒不断增加，使排放的泥浆浓度越来越高，添加适当清水进行稀释则成为主要手段。

2）泥水配比

在施工过程中，现场须配备泥水土工试验室与泥水控制室。施工阶段每一环推进前要测试调整槽内工作泥浆的指标，及时调整至满足施工要求为止，并记录在案。这样持续几环后，就可得出泥水指标的变化趋势，在指导配比的基础上再作微小的调整。因此，泥水监控是一个动态变化过程，要注意泥水指标的变化趋势，使之稳定在某一区域内。

盾构机始发前，制备一定方量的初始推进循环泥浆，以满足盾构机始发要求。推进开始后，往调整槽中加入新浆，调整泥水指标，使其满足施工要求。

### 3.4.2　泥水控制和监控系统

泥水处理系统通常采用可编程逻辑控制器（PLC）集成控制整个泥水处理系统和制调浆系统的工作流程，并且实时监控各个系统的工作状态，如振动筛、一二级旋流器送浆泵的启停、泥水处理系统各个浆池的液位，新浆系统的流量，盾构机实时的进浆、排浆密度等均可以在 PLC 进行控制。PLC 控制系统和监控系统整合在泥水处理系统操作室内。

泥水处理系统操作室通常设计在泥水处理场地上，方便工作人员通过观察窗口或巡视实时发现泥水处理系统的异常振动或者声响，便于问题的及时发现和处理。

泥水处理系统的操作模式可以选择自动、手动和维护模式。

当设备自动运行时，泥水处理系统设备和盾构机关联，当收到盾构机启动信号后，操作人员指令开启设备，设备根据生产流程的要求按规定的顺序和连锁关系依次启动或停止设备。

当设备显示手动模式时，泥水处理系统各级处理设备可按照手动控制进行启停。

在维护模式下，设备部分远程功能被锁定，单个设备必须在本地的模式下进行启停。基于安全的考虑，在维护完成之后，维护人员需在本地解锁以及在控制室重置之后才能进行下一步的操作。

此外，操作屏幕上可显示整个生产系统的工艺流程及各设备的运行状态；系统运行出现故障时，能即时报警，显示故障的发生部位，实现故障设备关锁，并具有故障记录处理等功能。

泥水处理系统、调浆系统、新浆拌制系统、各个浆池的液位等分成不同的界面显示，清晰明了。泥水处理场地设有多个高清闭路电视监控点位，供操作人员实时监控各点位的情况。

# 第4章　管片制作

管片是隧道的重要组成部分，盾构管片质量直接关系到隧道的整体质量和安全。大直径盾构隧道管片与普通管片不同，具有体积大、重量大、分块多等特点。研究大直径管片制作的工艺、所用的材料和生产技术具有十分重要的工程意义。因此，本章将介绍大直径盾构机高精度钢模的设计、制造和检验流程；对制作管片的高性能混凝土进行了系统分析与验证，同时结合工程实践详细阐述全生命周期内大直径盾构管片的质量管理。

## 4.1　高精度钢模

大直径管片钢模通常是双楔通用型设计，采用斜向直芯棒和预埋内螺母凸台构造管片手孔。由于直径超大，导致分块弧长较大，整个钢模侧板是狭长结构，制作过程中需注意控制其变形。目前各大钢模制造商的钢模在结构形式、振捣方式、开合方式上都各有特点，国外较多采用柔性设计，模具使用过程中宽度可调整；而国内则基本采用刚性设计，宽度无须调整。开启方式主要是铰接式和平移式两种。

大直径高精度钢模新工艺流程见图4-1。

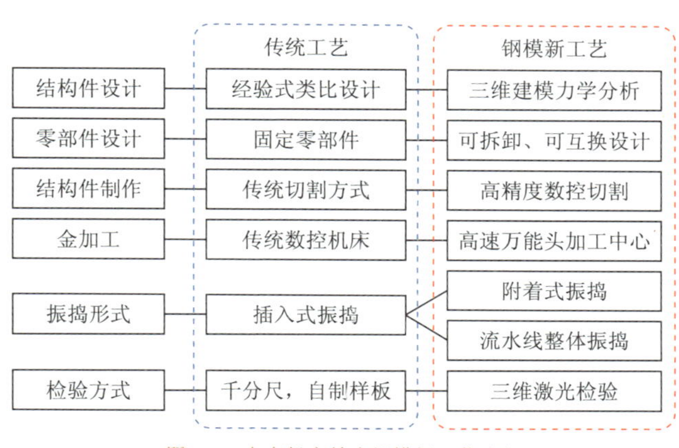


图4-1　大直径高精度钢模新工艺流程

## 4.1.1　高精度钢模设计

1）管片结构形式

衬砌环一般采用双楔形通用环形式，厚度一般在 500mm 以上，并在管片环面迎千斤顶处设一凸面，提高其局部抗压能力。管片环向、纵向一般采用斜螺栓连接。

图 4-2 为直径 15m 上海长江隧道管片成环图。它的衬砌圆环分为 10 块，即 7 块标准块（B）、2 块邻接块（L）和 1 块封顶块（F）。在 650mm 厚管片环面迎千斤顶处设一高 4mm 的凸面，管片环与环间用 38 根 M30 的纵向斜螺栓相连，块与块间用 2 根 M39 的环向斜螺栓相连，环间采用错缝拼装的形式。

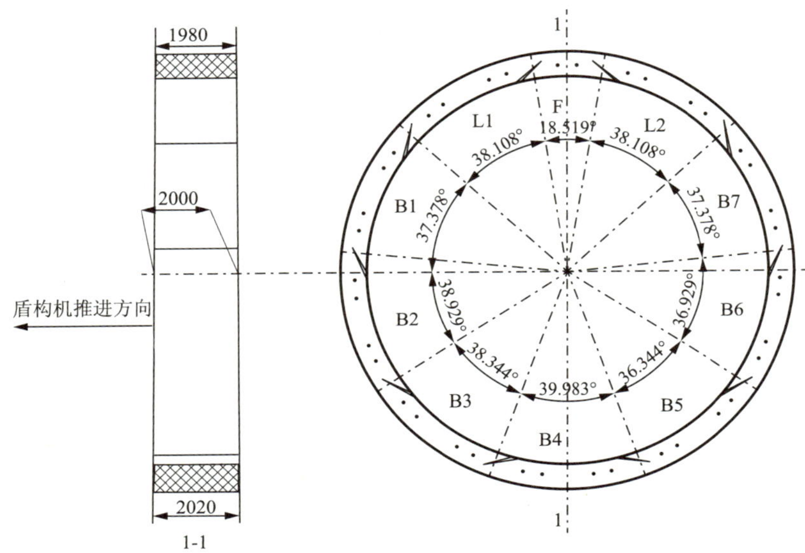


图 4-2　上海长江隧道管片成环示意图（尺寸单位：mm）

2）钢模的结构形式

钢模由底座、侧板、端板及辅助零部件（预埋装置、开启装置、传动机构、锁紧机构、模芯芯棒装置、盖板）等组成（图 4-3）。底座、端板、侧板（俗称三大件）通过锁紧机构连接成一体，形成的内腔空间即为管片的实际形状和尺寸。钢模的高精度是保证混凝土管片各项尺寸精度要求的必要前提，钢模的功能要求如下：

（1）底座、端板、侧板均为钢结构焊接件，采用不退火工艺技术。底座四侧面进行金加工，弧面不进行金加工；端板、侧板则均进行金加工。

（2）底座、端板、侧板三者的连接采用螺栓锁紧形式。

（3）侧板的开合方式为滚轮导轨推拉方式；端板的开合采用铰页形式，开启角度为 15°～20°；盖板采用分块式，用夹具与端侧板固定。

（4）剪力销预埋件、预紧力钢管等埋件根据工程需要选择。

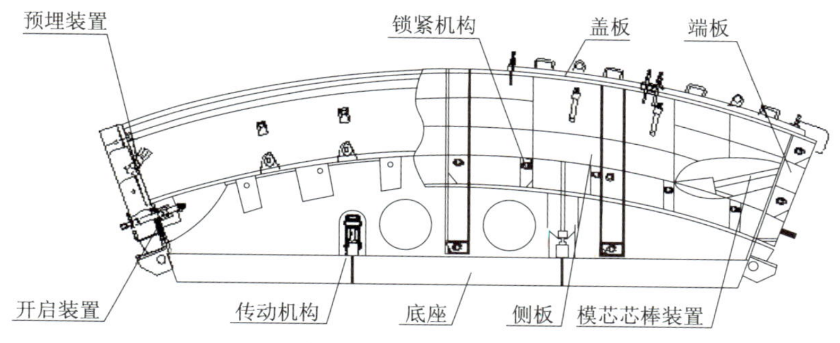


图 4-3 钢模结构示意图

3)钢模设计要点

与一般钢模相比,大直径管片的钢模弧长较长,重量增加,对钢模设计提出了更高的要求,需要解决因弧长较长而造成的钢模侧板结构狭长、不稳定、易产生扭曲变形的问题。而弧长较大,会使底座的弧面精度难以保证,底座与侧板之间密封的可靠性也受到影响;管片重量加大,钢模底座的受力情况改变,对钢模底座的强度、刚度提出了更高要求。

(1)钢模变形及精度控制

对大直径钢模的结构进行三维力学分析,以确定其制造工艺,减小结构变形。钢模结构精细化设计,保证钢模精度,其中型腔宽度公差 ±0.5mm,型腔弧长公差 ±0.7mm,环面角度公差 ±0.02°,端面角度公差 ±0.01°。采用三维激光扫描检测技术,准确全面获取装配后管片模具的环宽、弧长、深度等关键尺寸,为控制钢模变形、提高整体精度以及确保管片制作质量提供可靠的数据支撑。

(2)钢模结构的密封形式

钢模结构的密封设计,需满足侧板、端板与底座各配合处密封的可靠性。

(3)钢模配件的互换设计

由于隧道施工不同工况的需要,往往需要生产几种特殊规格的管片,如果另行设计新钢模会增加制造成本,因此在钢模设计中需考虑配件的互换,使得同一套钢模可以生产多种类型管片。主要包括对剪力销、预紧力装置等进行可互换结构钢模设计,以方便不同类型的管片生产。

4)三大件结构设计和三维力学分析

钢模的底座、侧板和端板是钢模上最重要的三个部分,需采用科学合理的结构设计,以满足钢模成本和功能上的需求,并通过建立三维计算模型,进行力学分析。

(1)底座设计

底座是钢模的基准,底座(图 4-4)主要由弧面板、端侧面板、内外贴板及底部钢结构组成,底座各部位的尺寸决定了整个管片钢模的内腔宽度、弧弦长、端面角度以及弧面角度,是保证钢模整体精度的关键,其制作关键是控制其弧面尺寸和两端面之间的角度 $\alpha$。

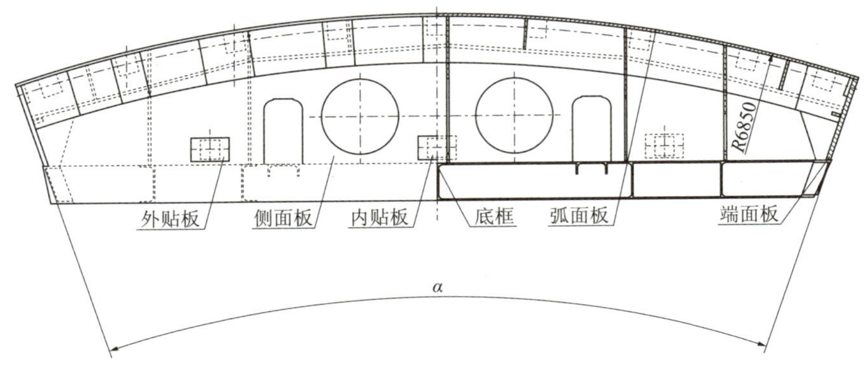


图 4-4　底座示意图(尺寸单位:mm)

底座高度需在满足弧面高度的基础上,适应机床加工高度,一般高度不超过 1000mm。弧面板在满足强度、刚度要求的同时,还需兼顾与侧板密封条的匹配。底座的底部框架是由槽钢组成的钢结构,要求与地面平稳接触,同时为保证整体的精度,底座整体的扭曲变形必须严格控制在 1mm 以内。

(2)侧板设计

侧板的主要作用是控制管片的侧面形状和弧弦长,侧板(图 4-5)主要由面板、背部加固框架、侧板开启脚等组成。侧板结构件整体上较薄、较长,这种结构存在失稳变形问题,因此设计需采取加固方法,在面板背部的适当位置增加相当数量的加强筋。

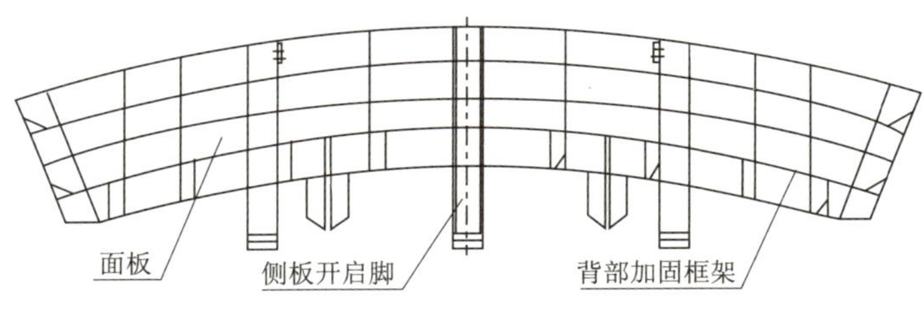


图 4-5　侧板结构件示意图

侧板型腔面(图 4-6)需要既能保证钢模整个侧面的平面度,又能有效保证浇筑管片后的实际尺寸。在型腔面各凹凸榫两端要进行 45° 倒角,便于与端板拼装。

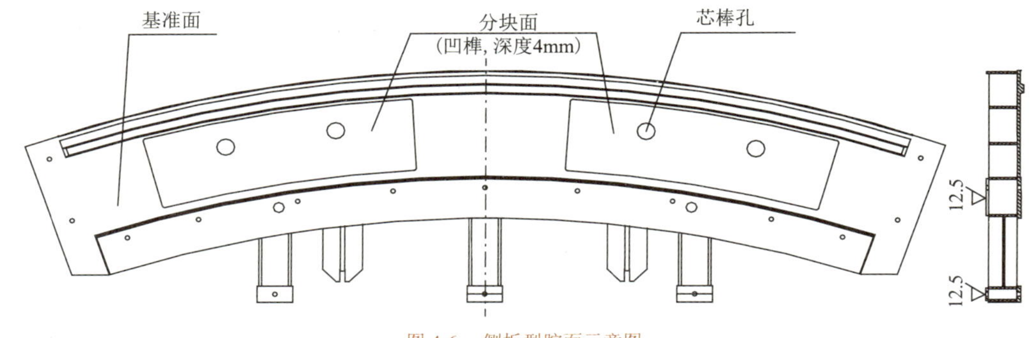


图 4-6　侧板型腔面示意图

（3）端板设计

端板（图4-7）的主要作用是控制管片的端面形状和弧弦长。端板的设计与侧板相似，主要由面板、背部的加固框架以及与底座的连接脚组成。

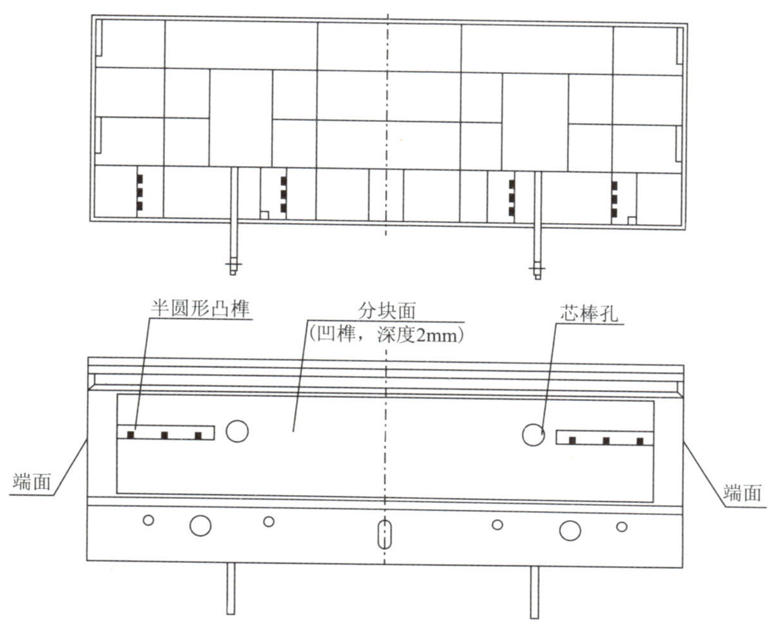


图4-7 端板示意图

（4）安全性分析

通过计算机三维数值模拟技术，分析混凝土浇筑对钢模的强度和刚度以及疲劳寿命的影响，从而实现超大直径钢模的优化设计。钢模的底座、侧板、端板是形成钢模主体结构的最重要的部件，因此有必要对三大件的强度、刚度进行安全性分析。

建立结构件的三维数值模型，分析结构件的安全性能。上海长江隧道管片钢模的安全性分析结果见图4-8，分析结果表明钢模的底座、侧板、端板安全性能满足要求。

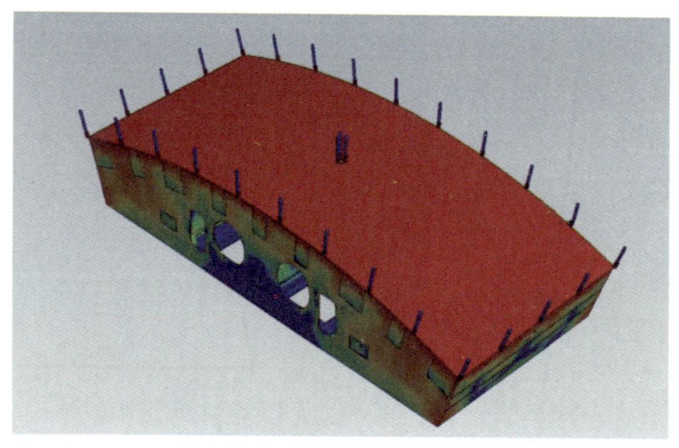

图4-8 底座在70°C下安全性分析

5)其他零部件设计

(1)模芯及预埋件装置设计

相邻管片间的连接均采用斜向螺栓连接，一端有预埋螺母，在另一端通过手孔将螺栓与预埋螺母连接，如图 4-9 所示。

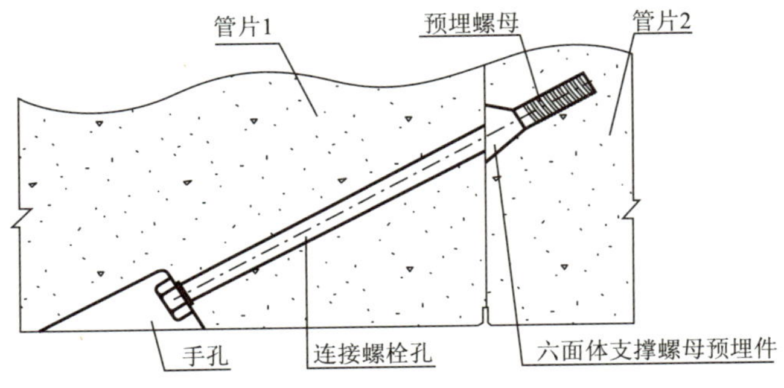


图 4-9　管片连接示意图

根据管片要求，设计模芯及预埋件装置如图 4-10 所示。

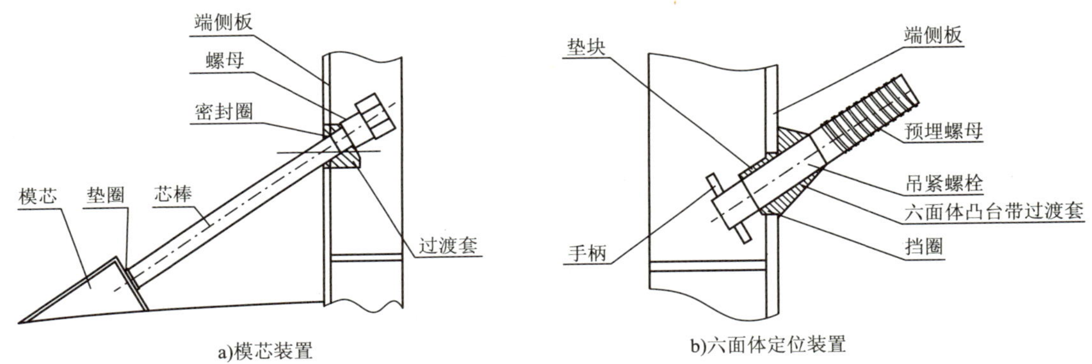


图 4-10　模芯及预埋件装置示意图

六面体预埋件是为了在管片浇筑时承载预埋塑料螺母，将其固定的装置采用六面体与过渡套一体化设计(图 4-11)，可解决开斜孔和六面体定位难的问题。

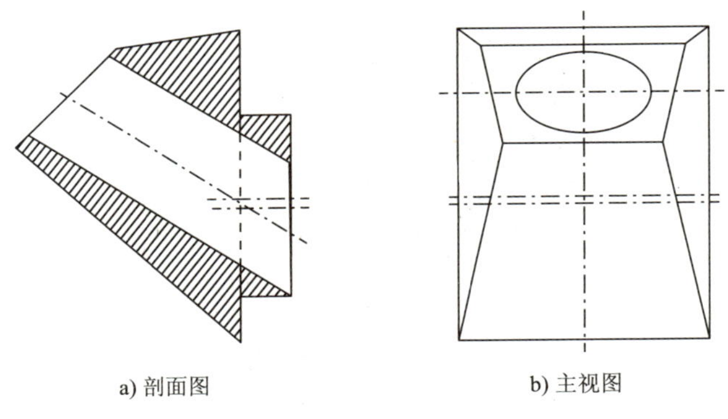


图 4-11　六面体预埋件示意图

（2）型面多变形管片的钢模互换设计

①剪力销钢模与通用钢模的互换。

剪力销钢模是指管片浇筑中在钢模侧面增加的预埋件，使管片成型后形成相应的剪力销孔，安装剪力销，达到管片的设计要求。通用钢模则没有该预埋件，此部分在面板上为平面。在侧板上设计 $\phi60$ 的孔，而剪力销钢模的台座和通用钢模的圆柱闷头外径也都为 $\phi60$（图4-12）。在侧板外侧增加一个连接套，直接与侧板焊接固定，两种形式可以互换，并且焊接位置均在连接套上，不与侧板接触，可防止在焊接时侧板型腔面的局部变形。

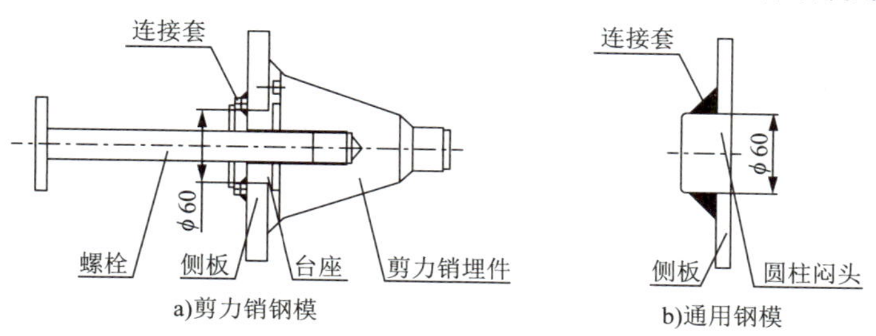


图4-12　剪力销钢模与通用钢模互换示意图

②预紧力钢模与通用钢模的互换。

预紧力钢模就是在钢模侧板上增加手孔预埋件，并在两侧手孔之间预埋无缝钢管，使管片浇筑成型后形成手孔和连接螺栓孔，便于特殊需要的管片的连接。将手孔预埋件用螺母与侧板固定，两侧手孔预埋件在侧板合拢时将无缝钢管固定，见图4-13。

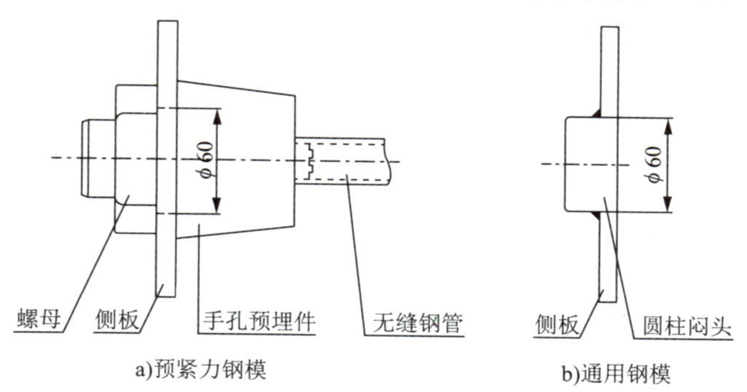


图4-13　预紧力钢模与通用钢模互换示意图

## 4.1.2　高精度钢模制造

1）钢模三大件的结构件制作及金加工

（1）底座的结构件制作及金加工

底座前后的两块侧面板采用高精度的数控切割机进行切割下料，底座圆弧面精度控制要求两端1000mm范围内间隙为0，中间间隙不大于0.5mm。

(2)侧板、端板结构件制作及金加工

面板采用数控火焰切割机进行下料。面板平面度控制在 1mm 以内。

端侧板结构件制作采用不退火去应力金加工,可有效避免因大量焊接使工件产生较大的内应力从而影响端侧板的金加工精度,甚至导致工件的变形或形成裂缝。结构件制作的步骤如下:

①用计算机数字化三维造型软件做出端侧板的实体造型。

②加工基准底平面。

③加工面板型腔面。

④采用特殊刀具进行粗加工。

⑤精加工型腔面、销孔。

⑥采用专用快速修光刀具,配合新型喷射设备,进行超精细加工。

最终各平面及平行平面间的平整度在 0.05mm 以内,表面粗糙度达到 Ra1.6。

2)钢模总装

钢模总装是保证钢模精度的关键,通常采用装配平台结合样板同步使用的方法。双楔形钢模的端板两侧面与底座是在数控加工中心一体加工的,直接采用立式安装技术。端板与底座一体加工结束,即可开始总装工序。步骤如下:

(1)用样板测量钢模内径的弧弦长,误差应小于 0.2mm。

(2)装配侧板。侧板高度位置应与端板高度位置一致,并用深度千分尺测量,误差应在 0 ~ 2.5mm 之间,然后定位并锁紧。端侧板环面角度公差精度须在 ±0.02° 之间,端面角度公差精度须在 ±0.01° 之间。

(3)安装侧板传动机构和端板开启装置,且必须灵活无卡阻现象。

(4)安装模芯装置及预埋件装置和相关零部件。

总装完成后,须对钢模的内腔宽度及高度、弧弦长,模芯棒的距离、角度、高度,六面体预埋件的角度、位置,结合面的间隙,合模状况等项目进行复验。

### 4.1.3 高精度钢模检验

总装过程中应采用高精度的样板进行弧弦长的检测,采用精度为 0.01mm 的千分尺进行内腔宽度的测量,采用精度为 0.02mm 的深度尺检验钢模深度。由于双楔形钢模的特殊性,钢模任一宽度的值均不相等,因此应在每个钢模上选取 10 个宽度进行测量,确保数据的正确性、有效性。

为确保钢模总体的精度,增加了对钢模环面角度、端面角度的精度要求,并对环面角度的检测进行了研究,制作了检测的样板,借助样板测量间隙尺寸进行角度换算。

如图 4-14 所示，$\beta$ 为端面角度，即端板与底座的夹角，$\beta$ 的公差要求为 $\pm0.01^\circ$。$\alpha$ 为环面角度，即侧板与底座的夹角，$\alpha$ 的公差要求为 $\pm0.02^\circ$。在钢模上直接测量角度没有直接工具，须转化为长度测量。如图 4-15 所示，当高度为 351.5mm，夹角为 0.02° 时，$x=351.5\times\tan0.02^\circ=0.12$mm。

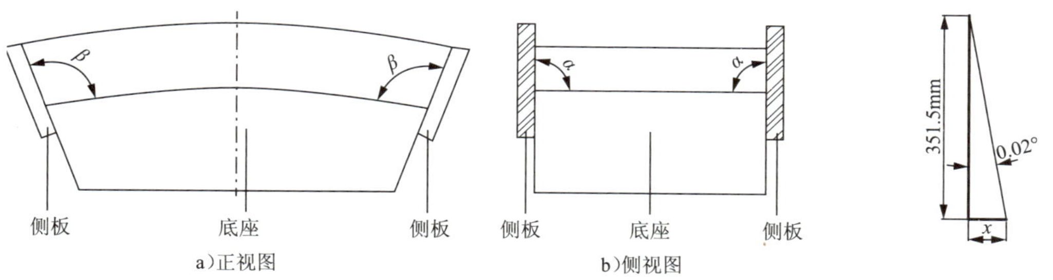


图 4-14　钢模端面角度和环面角度示意图

图 4-15　根据高度及夹角转化成长度

设计的一块环面角度样板如图 4-16 所示，样板由数控机床加工制造，保证 4 个接触点两两水平或垂直，其有效宽度应小于钢模的内腔宽度。

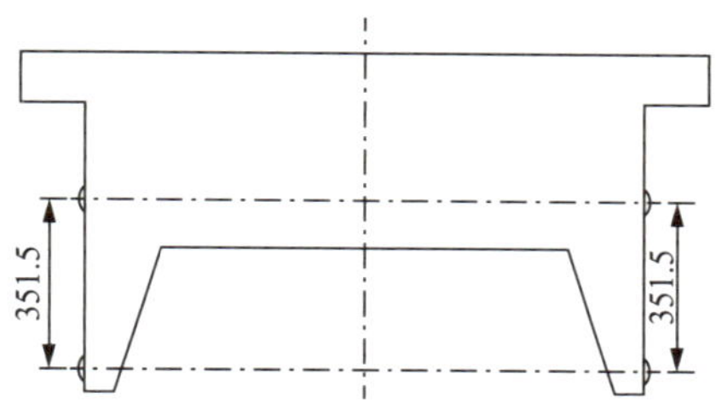


图 4-16　环面角度样板示意图（尺寸单位：mm）

将样板置于每个钢模中心线的位置，可以计算出一个理论宽度差。如图 4-17 所示，钢模上一测量点的宽度小于下一测量点，理论值为 0.4mm，单边就为 0.2mm。在 0.02° 的角度公差范围内，其间隙尺寸为（0.2±0.12）mm。在检测时，间隙在此范围内，环面角度即符合设计要求。

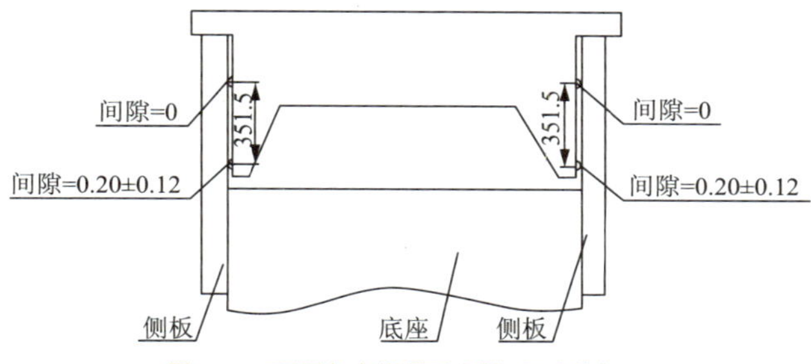


图 4-17　环面角度测量示意图（尺寸单位：mm）

$\beta$ 端面角度的检测，在检验过程中利用弧长的检测样板和垫块相结合，采用与环面角度检测时同样的间隙测量法进行检验。

最终验收应采用 VMT 测量仪再次检测（检测方法详见第 4.3.2 节）。

# 4.2 高性能混凝土

与其他混凝土结构相比，影响管片混凝土耐久性的因素更为复杂，既有来自隧道内部空气环境的侵蚀，又有来自外部土体和水质环境的侵蚀，尤其是地下水中含有大量腐蚀性介质，这些腐蚀性介质在混凝土表面吸附和沉积，导致混凝土的局部被严重侵蚀破坏。因此合理配制高性能混凝土，是提高管片耐久性及隧道使用寿命的关键。

大直径混凝土管片一般采用高性能混凝土（HPC）。高性能混凝土具备高强度、高抗渗透、高抗裂、高耐久等综合技术指标要求。经过对大量超大直径隧道管片预制的试验研究及工程应用，在高性能管片混凝土制备技术方面已经逐渐形成一定的经验积累。随着大直径隧道管片生产工艺的日趋成熟，同时伴随着原材料研究的深入和互联网技术的发展，高性能混凝土配置技术也在不断优化，形成了大量的新技术，如图4-18所示。

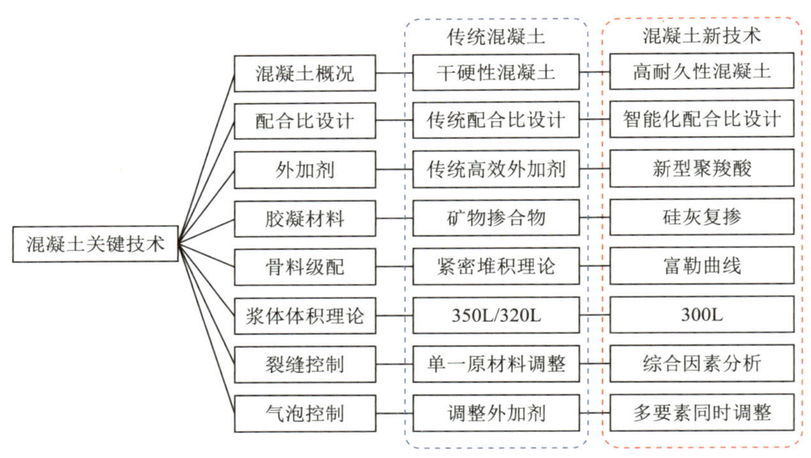

图4-18　大直径管片混凝土关键技术

## 4.2.1 高性能混凝土指标

目前大直径盾构隧道管片混凝土自防水设计均要求采用高性能混凝土，其结构使用年限一般为100年，要求管片混凝土具有良好的耐久性能，因此绝大部分管片混凝土都采用了优质粉煤灰和磨细矿渣的双掺技术，以降低水化热，改善硬化混凝土的性能。

为满足工程的进度和质量需求，对管片混凝土提出了高早强、便于快速振捣、收水施工高可塑性的要求。根据传统的混凝土设计路线，即考虑混凝土的抗裂性、抗氯离子侵蚀性、抗高压水渗性、抗碳化等特性，同时对混凝土的密实度也提出了很高的要求，具体指标如下：

（1）混凝土强度等级达到 C60。

（2）混凝土抗渗等级为 P12。

（3）胶凝材料用量 400 ～ 500kg/$m^3$。

（4）水胶比不大于 0.35。

（5）总碱含量不大于 2.5kg/$m^3$。

（6）氯离子含量不超过胶凝材料总量的 0.06%，且不得使用含有氯化物的防冻剂及其他外加剂。

（7）混凝土氯离子扩散系数为 $3.0\times10^{-12}m^2/s$。

（8）超大尺寸单体管片质地均匀、表面光滑、无裂缝。

根据上述指标，管片生产一般采用常规材料配制、低水胶比、以大掺量复合矿物掺合料为主要技术措施的干硬性混凝土，见表 4-1。

混凝土配合比设计　表 4-1

| 水胶比 | 胶凝材料(kg) | | | | 外加剂 | 骨料 | 工作性 |
|---|---|---|---|---|---|---|---|
| | 水泥 | 矿粉 | 粉煤灰 | 总胶凝 | 减水率(%) | 砂率(%) | 坍落度(mm) |
| 0.28 ～ 0.32 | 250 ～ 350 | 90 ～ 200 | 45 ～ 100 | 450 ～ 500 | ＞ 20 | 34 ～ 38 | 60±20 |

干硬性混凝土要达到一定密实度，必须使其液化至接近密实的表观密度，其力学特性才能发挥出来，并满足结构设计所要求的力学性能和耐久性能，在实际应用过程中也会提出更高的振捣要求。

## 4.2.2　高耐久性混凝土

混凝土耐久性是指混凝土抵抗环境介质作用并长期保持其良好的使用性能和外观完整性，从而维持混凝土结构的安全和正常使用的性能。一般来说隧道管片病害可分为有害盐类侵蚀、高水压侵蚀及混凝土碳化等。因此管片混凝土提出高耐久性要求，主要可分成混凝土抗裂性、抗氯离子侵蚀性、抗高压水渗性以及抗碳化性能四项指标，见表 4-2。

高耐久性混凝土检测项目　表 4-2

| 编号 | 检测项目 | 检测方法 | 检测标准 |
|---|---|---|---|
| 1 | 抗裂性能 | 抗裂试验 | L-V |
| 2 | 抗氯离子侵蚀性 | RCM 法 | ＜ $3.0\times10^{-12}m^2/s$ |
| 3 | 抗高压水渗性 | 抗渗试验 | ＞ P12 |
| 4 | 抗碳化性能 | 快速碳化试验 | ＜ 1.0cm |

1）混凝土抗裂性

混凝土管片在预制过程中不可避免地会出现裂缝，产生裂缝的主要原因是由于混凝土水化速度不均匀、温度内应力或混凝土局部失水不均匀。此外，管片混凝土的蒸养工艺加快了胶凝材料水化反应和混凝土水化热的产生，内部温度急剧上升导致管片产生裂缝。根据裂缝产生的原因可分为收缩裂缝和温度裂缝两种。

针对以上两种裂缝，可通过掺合料的复掺技术降低混凝土水化热、减缓混凝土水化热的集中释放；通过优化蒸养工艺可减少管片与外界的温差引起的温度应力；通过提高混凝土浇筑过程的匀质性来降低混凝土内部裂缝的产生概率。同时还可通过浆体控制技术减少混凝土表面浆体，或者利用外加剂来提高混凝土表面的保湿能力，从而减少混凝土表面的微裂纹现象。

2)抗氯离子侵蚀性

钢筋混凝土结构在使用寿命期间可能遇到的最危险侵蚀介质是氯离子（$Cl^-$）。管片结构同时与地下水、土层、空气接触，处于干湿交替状态，氯离子侵蚀引起钢筋锈蚀是影响管片结构耐久性的主要因素。氯离子侵蚀的特征是氯离子从表面扩散到内部钢筋，然后穿透钢筋表面的氧化膜，产生电化学腐蚀。氯离子虽不构成腐蚀产物，在腐蚀中也不消耗，但作为腐蚀介质载体给腐蚀起了催化作用。

混凝土结构在氯离子环境中的耐久性主要取决于混凝土的密实度、保护层厚度、配筋和环境条件等。为阻止钢筋被氯离子穿透发生锈蚀，就要维持混凝土的高碱性与钢筋的钝化状态，因此提高混凝土的密实度可有效降低氯离子侵蚀的危害。通过采用低水胶比的技术路线，调整粗细骨料的级配以降低混凝土孔隙率，并采用高性能外加剂优化气孔结构以逐步提高混凝土密实性。

3)抗高压水渗性

高压水渗性是指混凝土抵抗承压水渗透、扩散或迁移的难易程度，它在一定程度上反映了混凝土内部孔隙的大小、数量以及连通情况。高压水的渗透既对混凝土自身结构造成一定破坏，又充当其他有害离子的载体，加速混凝土的侵蚀。

混凝土连通孔主要是由于混凝土内部水分在水化过程中逐步形成的，采用低水胶比可以减少混凝土内部的自由水。另外，通过外加剂可以优化混凝土内部孔隙的结构，减小混凝土孔隙的孔径，起到提高混凝土抗渗性能的作用。

4)混凝土碳化

混凝土碳化是指混凝土中的碱与环境中 $CO_2$ 发生化学反应生成 $CaCO_3$ 的过程。碳化反应中和了混凝土材料中的碱性物质，导致混凝土 pH 值降低，破坏钢筋表面的钝化膜形成的电位差，造成电化学腐蚀。随着锈蚀的加剧，会导致混凝土开裂、结构强度降低等问题。混凝土的抗碳化能力与自身密实度有密切关系，其密实度越高，混凝土中可供 $CO_2$ 扩散的通道（如孔隙等）越少，则其抗碳化能力越强。

## 4.2.3 混凝土新技术

1)配合比设计方法

通过对大直径隧道管片的混凝土配合比设计试验的数据分析研究，使 HPC 配合比设计更合理。HPC 配合比设计需要考虑的因素较多，如耐久性、强度、工作性、体积稳定性以及经济性等，其涉及的原材料组分也更多、更为复杂。

采用计算机建立相关的计算程序与数据库，使 HPC 的配合比设计程序化、系统化。通过对原材料基准、关键设计参数与预期效果的输入，给出试验设计配合比。

以实测粗骨料的松堆积密度为出发点，通过数据库中混凝土粗细骨料、水、各类掺合料和水泥各组分之间的数据整理分析，确定适合的用水量、各类矿物掺合料的掺量，形成一个闭合的、具有反馈和调节能力的高性能混凝土配合比设计程序，最后通过试验反馈至程序化设计系统进行拟合。确定高性能混凝土的基准配合比流程如图 4-19 所示。

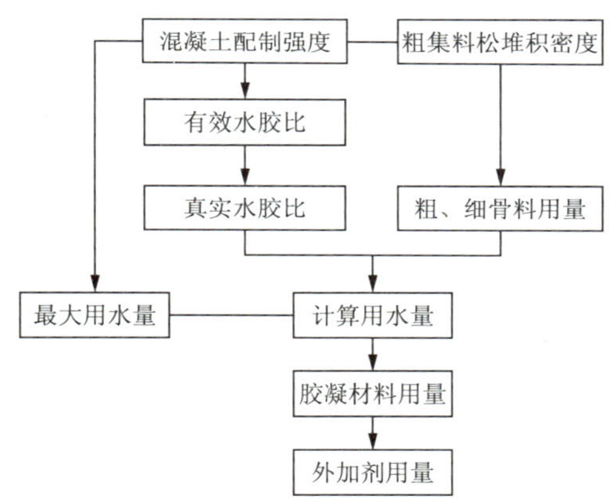


图 4-19　管片高性能混凝土基准配合比流程图

随着 HPC 配合比设计以及程序化设计技术的逐步成熟，通过合理的数据模型，针对水胶比、复掺比例、骨料级配以及浆体比例进行参数设计再进行试验拟合，规避了依靠专家判断或类比经验的人为影响因素。针对试验拟合过程中出现的偏差，再补充到数据库中，进行质量纠偏，以达到 HPC 的试验结果与配合比设计预期统一的目的。

2)高性能外加剂

由于超大直径隧道管片的单体管片体积较大，外弧面的面积大，对管片混凝土弧面塑性提出很高的要求。同时考虑到管片外弧面需要进行收面工艺，因此管片混凝土的和易性是外加剂选择的主要考虑因素。

为保证混凝土的高强度、低水胶比和低用水量，外加剂的减水率必须超过 20%，由于外加剂母料性能的限制，大多管片混凝土采用脂肪族外加剂和聚羧酸型外加剂。

脂肪族外加剂具有特殊的流态性能、敏感度低、流动度变化小的优势，大量运用于管片混凝土工程中。而聚羧酸型外加剂虽然具有减水率高、混凝土坍落度保持好、混凝土收缩率低等性能优势，但由于其自身过高的敏感度，导致在应用时会发生较大波动，不利于生产稳定。近年来，对混凝土高强度、高流动性的要求愈加严格，促进了聚羧酸减水剂技术发展，而脂肪族外加剂因其主成分溶解性差、复配可行性低而逐渐降低了市场占比。

随着对降低聚羧酸型外加剂敏感度和聚羧酸种类的深入研究，目前市场上的聚羧酸外加剂已发展成第三代高性能外加剂。

聚羧酸外加剂与混凝土中胶凝材料的适应性良好，使混凝土具有超出预期的高性能。现有聚羧酸外加剂不仅可以规避高温环境下坍落度保持性不足、温度敏感性强等问题，更是解决了高掺合料、低水胶比混凝土黏度高以及对砂、石骨料的含泥量敏感性强等问题。

聚羧酸混凝土管片具有以下特点：

（1）外加剂可形成均匀的溶液、不易发生沉淀。

（2）比不同组分、比例的胶凝材料适应性更强。

（3）同等掺量下，聚羧酸高性能外加剂减水率远高于其他外加剂。

（4）保证混凝土各项性能的前提下，提高触变性，降低施工难度。

3）掺合料复掺技术

在胶凝材料中，除水泥以外的掺合料混合物，称为复合掺合料。管片混凝土中加入复合掺合料，有利于改善混凝土的黏聚性、水化作用（减少水泥的水化热，降低混凝土的温度），提高混凝土的后期强度，有利于改善混凝土的内部结构、密实度和工作性，粒子密集堆积，降低孔隙率，改善孔结构，对提高混凝土的抗腐蚀能力和延缓混凝土的性能退化有较大的作用，尤其是矿物细料对抑制碱—集料反应更为重要。

复合掺合料主要以粉煤灰、磨细矿渣微粉为主，研究经验表明火山灰质材料粉煤灰和磨细矿渣微粉等混合材料，同时掺入在水化过程中均会产生大量的CSH凝胶，凝胶中包含许多细小的凝胶孔和毛细孔，能够发挥出比单掺更好的抗渗性能、抗裂性能和抗氯离子扩散性能等。但是其掺和量也存在一定限值，在超出限值后不仅不能继续提高混凝土各项性能，反而会导致混凝土的早期力学性能进一步降低。

为了快速测定复合掺合料对混凝土抗氯离子扩散性能的影响以确定其适宜用量，用7d龄期的混凝土试样采取交流阻抗谱的方法对氯离子扩散进行评价，其优点是引起扩散的浓度梯度由电极反应本身所产生，而不是由人为制造。使用交流电场会产生很小的浓度差，不至于对整个测量系统产生大的扰动。

4）富勒曲线拟合技术

管片混凝土中的粗骨料一般均采用连续级配的碎石，不同粒径的粗骨料以不同级配组合，构成混凝土的基本骨架。粗骨料的粒形、颗粒组成及其他性能，对混凝土力学性能、收缩与徐变、耐久性等都有着非常重要的影响。其中，骨料良好的颗粒级配，能够最大限度地减少骨架堆积孔隙率，降低砂浆及胶凝材料用量，从而可以减小混凝土的干缩，降低水化热，提高体积稳定性和耐久性。除此之外，良好的骨料级配可以在用水量相同的情况下，提高混凝土的和易性及其使用性能。因此，不仅是寻求骨料的最佳粒径，在混凝土生产中快速地确定不同粒级骨料的合理搭配比例，并保持骨料级配的稳定性也是十分重要的。

在超大直径隧道管片混凝土中，一般选用紧密堆积理论为基础以进行骨料用料与级配的计算。

按照最大密实度的原理，采用 5 ～ 25mm 和 16 ～ 31.5mm 的石子混凝土（其比例为 3 : 7）形成连续级配。混合级配有利于提高管片工作性，混合后的级配测试值见表 4-3。

混合后的级配测试值　表 4-3

| 筛孔尺寸 | 粒径（mm） | | | | | | | |
|---|---|---|---|---|---|---|---|---|
| | 40 | 31.5 | 25 | 20 | 16 | 10 | 5 | 2.5 |
| 累计筛余率（%） | 0 | 2 | 27 | 71 | 88 | 96 | 98 | 99 |

近年来，传统紧密堆积理论的骨料级配在实际应用过程中往往会受到原材料波动的影响，导致无法达到预期效果。采用富勒曲线理论进行研究，探索粗骨料不同搭配与组合，可获得最大的堆积密度和最小的孔隙率。以富勒级配颗粒组成为标准，用不同规格粗骨料的主导粒径颗粒含量计算碎石的搭配比例，在其固有颗粒级配的条件下，可以获得向富勒级配靠近的颗粒组成；与富勒级配相比，各粒级偏差绝对值之和越小其密实度越大。

富勒级配曲线是一种理想曲线，实际矿料应允许有一定的波动。在实际应用中指数不应是一个常数（富勒公式指数为 0.5），故将富勒最大密度曲线改为 $n$ 次幂的通式，其表达式为：

$$P_i = 100\left(\frac{d_{\mathrm{i}}}{D}\right)^n \tag{4-1}$$

式中：$P_i$——孔径为 $i$ mm 筛的累计通过量（%）；

$d_{\mathrm{i}}$——骨料各级粒径（mm）；

$D$——混合骨料的最大粒径（mm）。

根据大量试验，发现 $n = 0.3 \sim 0.5$ 时，具有较好的密实度。

针对管片混凝土中一般采用的 5 ～ 25mm 的连续骨料，可以分别筛取 5 ～ 10mm、10 ～ 16mm、16 ～ 20mm、20 ～ 25mm 四种单粒级碎石，通过以指数为 0.5 的富勒公式计算结果配制混合样品（表 4-4）。

5 ～ 25mm 富勒级配粗骨料的颗粒组成　表 4-4

| 富勒公式指数 | 各粒组所占比例（%） | | | | 松散堆积 | | 紧密堆积 | |
|---|---|---|---|---|---|---|---|---|
| | 20 ～ 25mm | 16 ～ 20mm | 10 ～ 16mm | 5 ～ 10mm | 密度（$kg/m^3$） | 空隙率（%） | 密度（$kg/m^3$） | 空隙率（%） |
| 0.5 | 19.10 | 17.08 | 30.31 | 33.51 | 1564 | 42.50 | 1682 | 38.18 |

富勒曲线拟合技术可用计算机进行计算，只要输入粗骨料筛析数据即可快速得出配合比结果。通过筛析准确的碎石数据可进行微小调整，以各粒级偏差绝对值之和的增减或变化幅度来确定是否需要调整。而要实现粗骨料最佳的搭配组合，碎石本身合理的颗粒级配是关键。应依据富勒级配要求制定出粗骨料颗粒级配控制标准，在生产过程中加以控制。

为了保证合理的颗粒级配要求，一些发达国家的砂料、石料都是分级供应的，使用时按要求自行级配，按富勒曲线拟合技术分级投料。目前双级配骨料掺和的技术逐步成熟，经过富勒曲线优化后，采用 5 ～ 25mm 和 16 ～ 31.5mm 以 7 : 3 的比例进行混合，不仅保证了混凝土强度等级，更是保证了生产过程混凝土质量稳定性。

5）浆体控制技术

混凝土浆体是指混凝土中胶凝材料和水的体积之和，可由下式计算而得：

$$V_p=V_w+V_c+V_{ma} \tag{4-2}$$

式中：$V_p$ ——浆体体积（$m^3$）；

$V_w$ ——水体积（$m^3$）；

$V_c$ ——水泥体积（$m^3$）；

$V_{ma}$ ——掺合料体积（$m^3$）。

新拌混凝土的和易性主要由混凝土浆体体积和浆体的流变性能决定。其中浆体体积会对混凝土的抗渗性、体积稳定性甚至混凝土表面裂缝都起到关键作用。当混凝土的浆体体积过大时，会增大混凝土内部的水化热和不均匀收缩，易产生较大的体积变形，造成收缩应力，对混凝土抗裂性能不利；而当混凝土浆体体积过小，浆体对骨料的包裹性不足，不利于新拌混凝土的施工，同时也易出现骨料之间黏结力不足的问题。因此，在管片预制行业对于高性能混凝土存在着两种互相矛盾而又必须统一兼顾的基本性能：高抗渗性和高体积稳定性（较小的收缩和徐变），为确保两种性能同时最优化，存在一个最佳的浆体体积。

大直径隧道管片预制过程中，通过胶凝材料的比选以及新型外加剂的应用，成功打破 350L 最佳浆体体积的约束，将浆体控制在 320L 浆体之下，达到混凝土高抗渗性与高体积稳定性的要求，同时伴随着浆体体积减少，在施工过程中管片成品的表面裂缝都明显减少。

随着近年来聚羧酸外加剂市场的不断扩大，相应的复配技术日趋成熟，聚羧酸外加剂对管片混凝土的可控调整作用越来越重要。根据指标要求，大直径管片混凝土的最大胶凝材料总量不宜超过 500kg/$m^3$，同时还需考虑大体积混凝土受水化热高且集中的不利影响，320L 浆体体积控制约束也逐渐受到挑战，部分大直径隧道管片的混凝土浆体体积已经控制在 310L 之内。

通过提高新拌混凝土浆体的流变性能，从而改善混凝土和易性，提高混凝土的触变性，更易满足现场施工要求。流变性能的提高会直接影响对混凝土浆体体积的要求，可以在更低的混凝土浆体体积下满足混凝土骨料的包裹性要求，同时兼顾更好的流动性，可认为混凝土浆体控制在 300L 以下也可以满足今后的管片预制要求。

6）裂缝控制技术

隧道管片在生产过程中，因材料、工艺、设备、环境等因素的影响，会出现收缩裂缝，这将极大的影响管片的抗压强度、抗渗强度，给后续的修补工作带来很大的麻烦。此外，管片的裂缝将会直接影响隧道结构安全性能、使用性能，必须采取措施将裂缝控制在允许限度之内。对于大直径隧道管片，其混凝土用量大，水泥水化热大，更容易造成裂缝，更需要严格控制，预防裂缝的产生。

（1）管片出现裂缝的原因分析

①荷载。

作用于管片的荷载分为直接荷载和变形荷载，由荷载引起的裂缝称之为荷载裂缝。直接荷载是指混凝土管片在荷载直接作用下，应力达到或者超过其强度值使得混凝土出现开裂破坏的现象；变形荷载是由于外部环境因素变化，包括湿度变化、酸碱度变化等，导致结构承受的应力超过规范值而引起的裂缝。据相关的研究分析，直接荷载引起裂缝的比例在 20% 左右，而受变形荷载引起的裂缝占大多数，约占所有裂缝的 80% 左右。

②温度变化。

温度变化导致混凝土管片出现裂缝，即温度裂缝，主要包括环境外部的温度变化与混凝土内部温度变化。环境温度变化主要体现在季节性温差，例如夏季施工时，遇到强降温，导致混凝土管片内外凝固不均匀，产生温度应力导致混凝土开裂。此外，温度变化快导致混凝土表面失水过快造成裂缝收缩加速，最终造成难以修复的裂缝。混凝土内部温度变化表现为管片内部混凝土硬化释放大量的水化热，使内部温度升高并膨胀，而在管片表面因为散热较快，处于冷却收缩状态，这样内外温差过大，造成温度梯度变化较大，导致表面产生拉应力而出现裂缝。特别是作为大隧道管片，其体积较大，热传递效果不佳，更容易因内外温差变化导致裂缝产生。

③设备工艺。

在生产过程中，因设备工艺使用或者操作不当，也容易引发裂缝产生。在管片制作时，当混凝土入模后，会有大量的热产生，水蒸气外散，混凝土中的水分在捣振施工时向表面泌出，集中在管片侧面和侧板的结合处，经过蒸养后水分散失较多，更容易造成裂缝产生。

④原材料配合比。

混凝土作为管片生产的基本材料，其原材料的品质会极大地影响管片的质量。例如，混凝土中水分含量的变化对管片影响十分明显，如果水分含量过低，混凝土会快速凝固造成捣振施工无法操作；如果水分含量过高，混凝土在模具中凝固时有大量的气泡集中在侧板上，并且蒸养后水分散失严重，导致大量收缩裂缝产生。此外，混凝土施工过程中水灰比过大、混凝土离析、配合比不当、振捣不良等原因都会造成混凝土浇筑后发生塑性变形与塑形收缩，最大可达其体积的 1%；水泥水化产生 $Ca(OH)_2$ 吸收空气中的 $CO_2$ 形成 $CaCO_3$，产生收

缩，碳化收缩与干缩共同作用会导致混凝土表面开裂；混凝土骨料中碱含量若超过国家规定的标准也会产生破坏混凝土结构的裂缝。

（2）裂缝控制技术措施

①严格控制混凝土原材料质量。

混凝土管片生产原材料主要有水泥、水、砂子、石子和一定的外加剂，宜采用水化热低，各项指标稳定的水泥，例如425号硅酸盐水泥，可以防止水化热过高导致的裂缝。此外，为保证混凝土的和易性，采用骨料粒径范围在5～25mm之内的粗砂，方便混凝土的泵送和搅拌。外加剂应选用高效的缓凝剂和减水剂，确保良好的黏聚性和和易性。

②调整混凝土的配合比。

混凝土的配合比直接影响管片成型质量，是控制混凝土裂缝的重要条件，可从如下几个方面考虑：首先，控制水泥的用量，在满足抗渗性和强度的前提下，减少水泥的用量以降低水化热。其次，用粉煤灰等活性掺合料，粉煤灰可以减少温度裂缝出现的概率，在混凝土中掺加水泥用量20%以下的粉煤灰，延长凝结时间，改善其强度耐久性和抗渗性。严格控制水灰比，工程实践证明，水的用量每增加10%，管片的强度会降低20%左右，黏着力降低10%左右，干缩增加25%左右，控制水灰比，适当减少水的用量，可以有效提升抗渗性，并且避免混凝土泌水干缩现象。此外，还要对混凝土坍落度进行调控，坍落度大，骨料沉降速度快，沉降趋于稳定后，阻碍砂浆继续沉降，形成外部泌水，多余的游离水逐渐蒸发，在混凝土中形成毛细孔道，导致缝隙出现。

③改进施工与养护工艺。

改进振捣工艺，避免因振捣不均匀产生的质量问题，降低出现裂缝问题的概率。此外，还需优化调整养护工艺，确保混凝土快速硬化，确保管片强度符合设计要求，防止管片出现收缩裂纹，当管片的强度达到设计要求后吊入水中养护一周。

④减小环境因素的影响。

减小环境因素的影响主要针对温度和湿度两个方面。在混凝土中加入冰块，保持较低的温度，以免失水过快；尽量在气温较低的环境中施工，保证管片较好的凝固；重视管片初期养护，在管片浇筑完毕后到脱模之前的这段时间内混凝土凝固时要放出大量的热，要做到勤洒水养护，以确保混凝土均匀凝固。

7）混凝土气泡控制技术

在大隧道管片中，气泡的存在将严重影响隧道的安全使用性能，主要有：

①外观：气泡的存在严重影响管片的外观。

②强度：气泡极大地降低了混凝土的致密性，使其强度下降，研究表明混凝土强度与孔隙多少成正比，即管片内气泡越多，管片整体强度越差。

③耐久性：管片表面气泡的存在等于减少了钢筋保护层的有效厚度，降低了混凝土管片的耐腐蚀性能，尤其是在地下水丰富的隧道中，管片耐久性受到严重威胁。

④渗水通道:管片侧面气泡存在较多时,即便使用止水带防水,凹陷的气泡易形渗漏通道,严重的会造成隧道内部漏水,危害隧道结构安全。

(1)管片表面气泡形成的原因

①原材料。

在混凝土中,水泥、减水剂、骨料颗粒形状大小都会对气泡产生有极大的影响。水泥中如果存在木钙、二乙二醇、丙二醇等带有引气效果的混杂型助磨剂,经过搅拌后引入的不均匀气泡,难以排除;混凝土减水剂中存在的化学物质,如聚羧酸等,会在混凝土中引入大量均匀分布且稳定而封闭的微小气泡。如果减水剂厂家为节约成本,使用廉价低质的引气剂,则会在混凝土管片中形成较大的气泡,甚至形成联通性大气泡。外加剂中有不合理的增稠组分,会导致混凝土料过于黏稠,振捣时气泡难以排出。

②混凝土配合比。

混凝土配合比的改变,将会极大的影响坍落度。当混凝土坍落度偏大时,自由水相对较多,管片因为曲面特征,混凝土入模后不能充分振捣,管片内大量气泡无法排出;若坍落度过小,难以振捣,气泡也难以排出。

③生产工艺。

模具与振捣系统对气泡的影响最为显著。混凝土在钢模中凝固要产生热量,原来混凝土中的水分受振捣棒的挤压也要排出来,这些水分集中在模具的侧面,因钢模密封性良好,并且侧面设置有止水条槽和定位棒槽,且模具内壁异型凸起结构多,导致气泡堆聚,不易排出。混凝土在欠振与漏振的条件下会出现气泡集聚或气泡残留的现象。

(2)管片表面气泡的防治

①合理控制坍落度。

坍落度对混凝土凝固后的强度和气泡的产生影响很大,在配制混凝土时要严格控制坍落度。特别是混凝土从搅拌站运输到浇筑振捣工位需要一定的时间,在此过程中,混凝土会部分凝固,造成坍落度损失。因此需要在混凝土配制时加一定量的缓凝剂,减缓坍落度的损失。

②严格控制振捣质量。

目前国内大多采用人工振捣。人工操作时,因钢筋骨架与管片模具之间间隙较小,操作不当易造成振捣不充分,气泡集聚。通过复合式振捣方式进行振捣处理,即模具自带附着式振捣器振捣和人工振捣两种方法结合,以附着式振捣为主,人工振捣为辅的方式可对管片气泡防治起到良好的效果。

除此之外,通过多次试验,探索水泥品种、砂率、水胶比、脱模剂等对混凝土管片气泡的影响,最终发现:水泥品种对混凝土表面气泡的影响不大;砂率对混凝土表面气泡的影响较明显;水胶比对混凝土表面气泡的影响较明显;脱模剂对混凝土表面气泡的改善效果明显,且明显优于液压油。

# 4.3 管片生产新技术

大直径隧道管片具有尺寸大、重量重及精度要求高等特点，以上海北横通道管片为例，其直径达到15m，每环混凝土用量约58m$^3$，而地铁管片直径仅为6.6m，每环混凝土用量仅为8 m$^3$左右。由此可见，采用自动化流水线生产大隧道管片难度大，要求高，需对传统的生产工艺进行革新，以适应生产要求。近年来管片生产新工艺技术见图4-20。

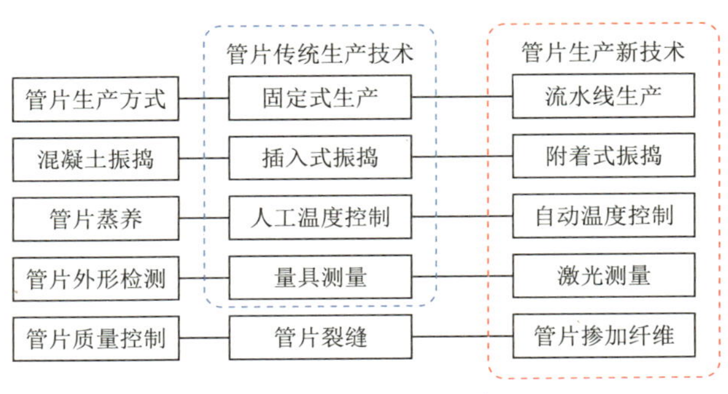


图4-20 管片生产新技术

## 4.3.1 管片生产流水线技术

管片生产流水线技术是以智能控制系统为核心，控制模具在生产线上循环运行，利用机车或平移小车在轨道上依次经过各个工位，以实现管片生产的全过程，生产流程如图4-21所示。生产流水线分为五大系统：钢筋骨架运送系统，混凝土上料系统，混凝土浇筑振捣系统，模具传送系统和蒸汽养护系统。在上述系统的协作运行之下，自动流水作业，实现大直径隧道管片标准化生产，提高生产效率。

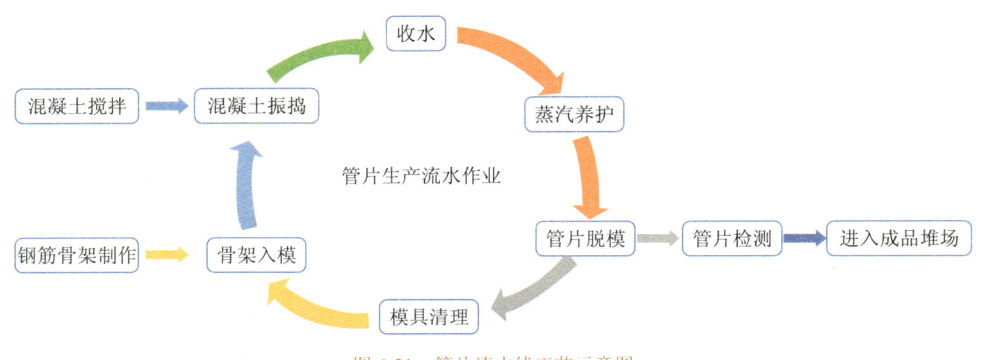


图4-21 管片流水线工艺示意图

在管片的流水线生产过程中，不同工位之间的设置及配合是流水线顺利生产的重要保障。钢筋骨架经过加工后，由传输系统运送至模具入模工位，并吊放至清理养护的模具中；混凝土经过上料系统传输至混凝土浇捣工位，经过浇捣、振动、收水后，运送至蒸养窑进行蒸养；蒸养过后，管片经过脱模、质检后出厂。模具经过清理养护后进入下一个循环，完成流水线生产过程。

采用自动化流水线技术生产管片具有以下优点：

（1）降低生产能耗

与传统的生产模式相比，流水线耗技术能够实现钢筋骨架入模、管片脱模等工序定点进行，并且涉及吊装区域小，混凝土浇筑无须行车参与，大幅降低了行车运行时间，有效降低生产能耗。

（2）提高管片质量

流水线生产模式下，工人定点工作，熟练程度容易提高，质量易控制。与此同时，蒸养过程可通过控制系统升温降温，控制更加精细可靠。

（3）提高管片生产自动化流水线的通用性

流水线上可根据工程需要，将不同规格的模具放置在通用模具小车上，模具工位定距，从而实现不同规格管片的共线生产。此外，采用通用模具小车，方便模具维修，当某一模具出现问题时，仍然可以保证流水线的正常运转。

（4）提高生产效率

传统生产方式每天每套模具只能生产 1 ～ 2 次，同时因生产场地占地面积较大，照明与蒸养等能耗较高，导致成本较高。而采用流水线生产方式每天每套模具能生产 2 ～ 3 次，产量是传统生产方式的 1.5 倍，提高生产效率。同时通过合理规划生产区域，科学布置蒸养区域，有效提高土地利用率。

1）工位设计与布置

管片生产流水线中，不同工位的工作时间是影响整条生产线运行效率的关键，对管片流水线工位设计与布置十分重要。结合大直径隧道管片的特点，按照不同需求，可划分为 8 道工序，每道工序根据所需时间的不同，布置不同数量的工位。

工序 1：脱模、起吊混凝土管片，一般布置 1 个工位。

工序 2：模具清理、涂刷脱模剂，一般布置 1 ～ 2 个工位。

工序 3：钢筋骨架入模，一般布置 1 个工位。

工序 4：预埋件安装、合模，一般布置 1 个工位。

工序 5：浇筑、振捣混凝土，一般布置 1 个工位。

工序 6：初次收面，一般布置 1 个工位。

工序 7：自然养护，一般布置 2 ～ 3 个工位。

图 4-22　大直径管片生产流水线

工序 8：二次收面及收光，一般安排在预养窑内布置工位。

经过二次收面后，将半成品运送至蒸养窑进行蒸养处理。不同工位之间，需相互配合，相互协作，高效完成流水线生产。管片生产流水线如图 4-22 所示。

2）控制系统

控制系统由电脑软件通过可编程控制器（Programmable Logic Controller，PLC）控制各个驱动电机完成相应的动作。控制系统作为整条流水线的大脑，所有的动作指令均由其发出，并且要做到生产线的各个步骤协调一致，其中包括：模具的移动、钢筋骨架的运输、蒸养窑的升降与温度控制、振动台的顶升与下降等。当每个动作到位后都有相应的传感器或接近开关把动作反馈给 PLC，PLC 做出判断后执行下一个动作，以完成智能化控制的过程。

智能化控制系统的应用，极大地方便了生产过程的管理，使得管片的生产过程全部都在掌控之中，实现标准化管理，避免人工操作带来的误差。按照生产过程的需求，可将控制系统划分为：PLC 自动控制系统、监控系统、温度控制系统、模具类型智能识别系统。不同系统之间相互协作，完成流水线智能化生产过程。管片流水线控制系统如图 4-23 所示。

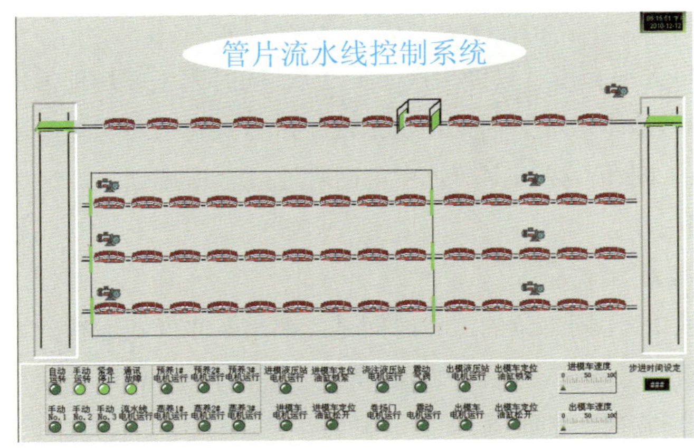

图 4-23　管片流水线控制系统

3）钢模平移机构

钢模的平移机构主要实现钢模的横向移动，优化流水线设计，使不同工位之间配合更为密切。例如，模具经过清理、养护后运送到钢筋骨架入模工位时，会与钢筋骨架运输的线路重合，而通过钢模平移机构，可以将钢筋骨架与模具从不同方向运输至同一工位，进行钢筋骨架的入模操作。钢模的推进系统与平移机构都由 PLC 系统控制，并由接近开关和光电开关进行精确定位，有效提高流水线运转效率及可靠性。

流水线生产过程中，任何一道工序出现问题，都将会导致整个生产线陷入停滞状态，造成其他工位延时作业，降低流水线生产的效率。通过引入钢模平移机构，在必要工位增加导轨或通用模具小车，将出现故障的钢模移出流水线，既不影响流水线运行，也方便模具维修。管片流水线平移机构如图 4-24 所示。

4 )混凝土浇筑振捣系统

混凝土浇筑振捣系统是完成管片浇筑成型的重要组成单元，主要包括封闭式浇筑室、浇筑控制台、托举台、混凝土料斗、自动门、液压系统、振捣系统。

在混凝土浇筑振捣过程中，振捣系统对混凝土的密实性差、气泡等缺陷的消除起到十分重要的作用。目前主流的振捣方式有整体式振动、插入式振动及附着式振动。三种振捣方式不同，效果也有区别，整体式振动与插入式振动因边角难以振捣密实，往往导致产生一些缺陷；附着式振动则通过振动器的均匀分布，转速及频率的调整，达到对混凝土振捣密实的目的，从而被广泛应用。此外，多种振动方式组合使用，能够有效地降低坍落度，减少管片内部和表面气泡，进一步提高管片质量。管片流水线浇筑振捣如图 4-25 所示。

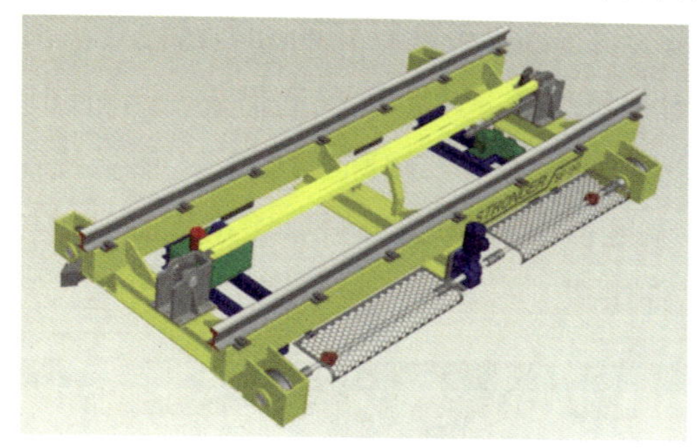

图 4-24　管片流水线平移机构

图 4-25　管片流水线浇筑振捣

5 )养护系统

养护系统包括全封闭蒸汽养护室、行走钢轨及传送系统、温度自动控制系统。对比传统生产模式，流水线智能养护系统改变了传统蒸养罩养护方法，克服了密封性差，蒸汽易逃逸，蒸养温度不宜控制等缺点，并通过计算机智能控制静养区和蒸养窑的温度以及湿度等，有效控制蒸汽使用量，节约生产成本。蒸汽养护室内设置温度传感器，通过传感器将温度信号反馈至中央控制电脑，来调节蒸汽电子阀的开启程度。流水线智能蒸养系统的应用，在提高流水线运行效率的同时，也提高了产品质量。

## 4.3.2　三维检测技术

三维检测技术是指利用各种测量仪（全站仪、激光跟踪仪、扫描仪等），在计算机的操控下，完成产品的实时三维坐标测量，并进行数据处理，得到检测结果的技术。

该技术使用高精度的仪器获取大量的测量点，最大可能地逼近模型的表面形状，并通过一系列计算，最终得到钢模及管片的尺寸数据，达到控制其质量的目的。钢模及管片的多方面的几何信息有助于更客观、全面地评价管片质量，有效把握生产中应注意的环节。

1）三维检测技术原理

激光跟踪三维检测技术是建立在激光干涉长度测量和角度精密测量基础上的极坐标测量系统。其工作基本原理是在目标点上放置一个反射器，跟踪头发出激光射到反射器上后反射到跟踪头，当反射器移动时，跟踪头调整激光发出方向来对准目标。在上述过程中，反射光束被检测系统所接收，测算目标的空间位置。

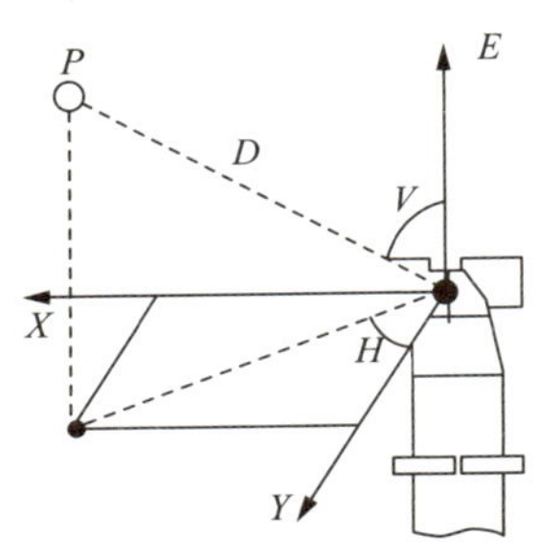

图 4-26 激光跟踪仪坐标测量原理示意图

简而言之，激光跟踪三维检测技术就是跟踪一个空间中运动的点，并确定该点的空间坐标，根据其运动轨迹来绘制出三维模型。通过激光跟踪绘制的三维模型与设计管片模型进行对比检测。测量点的空间坐标运用极坐标测量原理确定，即通过水平方向角度 $H$、竖直方向角度 $V$ 及点到跟踪仪的直线距离 $D$ 来确定，测量原理见图 4-26。

2）三维检测系统组成

激光跟踪测量仪（图 4-27）由球形固定反射器、支撑、卡盘、跟踪器测量头、信息传输的线缆、综合整理信息的微控制单元（MCU）、用于温度补偿的温度传感器、连接控制单元与电脑并输送信息的网线、CAM2 软件工作界面等元件组成。

针对隧道大尺寸构件的几何参数，采用连续数据处理软件（MPS-STEC），可直接输出管片精度的几何评定报告。

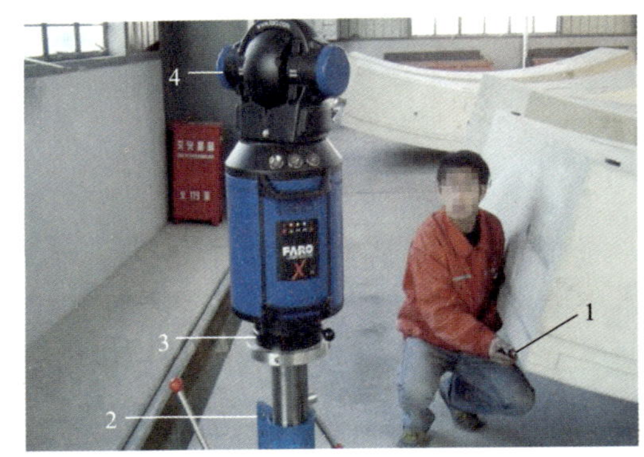

图 4-27 激光跟踪仪实物图

1- 球形固定反射器，将实测物体通过激光反射回跟踪仪；2- 支撑设备，可根据实测物体高度进行调节；3- 卡盘，用于固定跟踪仪；4- 跟踪器测量头，用于发射激光、处理信息等

（1）CAM2 软件通过管片点数据的采集，完成平面、弧线的测量；运算生成 8 个测量角点，完成迭代，形成测量数值报告，见图 4-28。

（2）MPS-STEC 软件由读入数据、分析运算、最佳适配、生成报表等模块组成。读入数据模块读入型面点三维坐标；分析运算模块由点构建线、面等几何要素，通过各几何要素之间的运算求取被测量面；最佳适配模块对比实际测量模型与 CAD 模型；生成报表模块采用通用 PDF 格式的报表，以数字和图形两种方式输出各项测量结果，并打印输出报表（表 4-5），生成模型如图 4-29 所示。

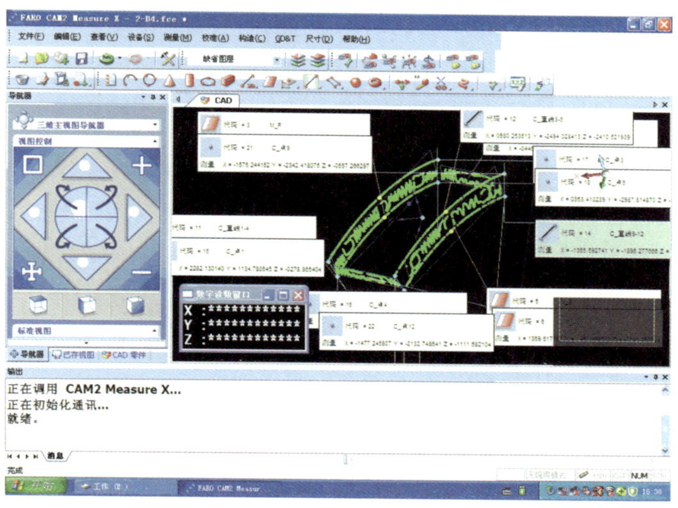


图 4-28 CAM2 软件工作界面

MPS-STEC 软件报表

表 4-5

| 项目 | | 测量值 | 设计值 | 差值 | 精度要求 |
|---|---|---|---|---|---|
| 纵向最佳平面(mm) | 左 | 0.16 | 0.00 | 0.16 | ±0.50 |
| | 右 | 0.13 | 0.00 | 0.13 | ±0.50 |
| 环向最佳平面(mm) | 前 | -0.10 | 0.00 | -0.10 | ±0.50 |
| | 后 | -0.09 | 0.00 | -0.09 | ±0.50 |
| 平行度(mm) | 内半径 | 0.18 | 0.00 | 0.18 | ±2.00 |
| | 外半径 | 0.17 | 0.00 | 0.17 | ±2.00 |
| 宽度(mm) | 线段 1-7 | 1494.47 | 1494.35 | 0.12 | ±0.3 |
| | 线段 4-10 | 1495.09 | 1495.14 | -0.05 | ±0.3 |
| | 线段 2-8 | 1497.54 | 1497.40 | 0.14 | ±0.3 |
| | 线段 5-11 | 1497.79 | 1497.77 | 0.02 | ±0.3 |
| | 线段 3-9 | 1501.55 | 1501.33 | 0.22 | ±0.3 |
| | 线段 6-12 | 1501.04 | 1501.14 | -0.10 | ±0.3 |
| | 线段 1-7 与线段 4-10 平均 | 1494.78 | 1494.75 | 0.04 | ±0.3 |
| | 线段 3-9 与线段 6-12 平均 | 1501.30 | 1501.24 | 0.06 | ±0.3 |
| | 平均值 | 1497.91 | 1497.86 | 0.06 | ±0.3 |
| 厚度(mm) | 线段 1-4 | 480.16 | 480.00 | 0.16 | -0.15 ~ +1 |
| | 线段 7-10 | 480.61 | 480.00 | 0.61 | -0.15 ~ +1 |
| | 线段 3-6 | 480.43 | 480.00 | 0.43 | -0.15 ~ +1 |
| | 线段 9-12 | 480.42 | 480.00 | 0.42 | -0.15 ~ +1 |
| | 平均值 | 480.41 | 480.00 | 0.41 | -0.15 ~ +1 |
| 弧长(mm) | 线段 1-4 | 480.61 | 480.00 | 0.61 | ±0.40 |
| | 线段 7-10 | 480.43 | 480.00 | 0.43 | ±0.40 |
| | 线段 3-6 | 480.42 | 480.00 | 0.42 | ±0.40 |
| | 线段 9-12 | 480.41 | 480.00 | 0.41 | ±0.40 |

3)三维检测方法

混凝土管片之间接触面能否密切、有效地贴合，将直接影响到盾构机推进和隧道的质量。导致管片之间是否贴合的因素有：

(1)管片的内外半径。

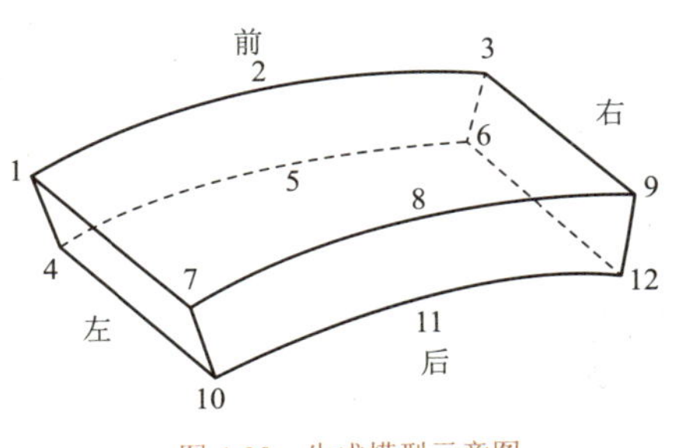

图 4-29　生成模型示意图

(2)环面角度和平整度。

(3)端面角度和平整度。

(4)螺栓孔直径与孔位。

(5)螺栓孔与螺母不同轴度。

(6)防水衬垫和密封条沟槽的深度和宽度。

采用激光跟踪测量仪能精确地测量以上所有的项目。检测时,只需将管片简化为 4 个接触面及内外 2 个弧面组成的圆环片段 4 个平面及 4 条弧线,共 12 个点。

4)三维检测技术应用

目前,业内已经开始将激光跟踪三维检测技术应用于钢模及管片的三维测量,以达到管片高精度的质量控制。

选取一片管片,运用激光跟踪三维检测技术进行检测,数据以报表项目输出(表 4-6 和表 4-7),可反映出构造模型与理论数模的偏差,见图 4-30。

平面之间的角度偏差(单位:°)　　表 4-6

| 图　示 | 项　目 | 差　值 | 精度要求 |
|---|---|---|---|
| | 圆心角 | -0.01 | ±0.01 |
| 边角(°) | $\alpha_L$ | 0.01 | ±0.02 |
| | $\alpha_F$ | -0.01 | ±0.02 |
| | $\alpha_R$ | 0.01 | ±0.04 |
| | $\alpha_B$ | 0 | ±0.04 |
| 纵向角度(°) | $\beta_{LF}$ | 0 | ±0.01 |
| | $\beta_{LB}$ | 0.01 | |
| | $\beta_L$ | -0.01 | |
| | $\beta_{RF}$ | -0.01 | |
| | $\beta_{RB}$ | 0 | |
| | $\beta_R$ | 0 | |

管片的环宽、厚度和弧长(单位:mm)　　表 4-7

| 项　目 | | 差　值 | 精度要求 |
|---|---|---|---|
| 纵向最佳平面 | 左 | -0.05 | ±0.10 |
| | 右 | -0.03 | |
| 环向最佳平面 | 前 | 0.12 | ±0.50 |
| | 后 | 0.13 | |
| 平行度 | 内半径 | 0.42 | ±2.00 |
| | 外半径 | 0.18 | ±3.00 |
| 宽度 | 线段 1-7 | 0.40 | ±0.40 |
| | 线段 4-10 | 0.26 | |
| | 线段 2-8 | 0.34 | |
| | 线段 5-11 | 0.32 | |
| | 线段 3-9 | 0.35 | |
| | 线段 6-12 | 0.14 | |
| | 线段 1-7 与线段 4-10 平均 | 0.37 | |
| | 线段 3-9 与线段 6-12 平均 | 0.25 | |
| | 平均值 | 0.37 | |

续上表

| 项　　目 | | 差　值 | 精度要求 |
|---|---|---|---|
| 厚度 | 线段 1-4 | 1.81 | ±2.50 |
| | 线段 7-10 | 1.71 | |
| | 线段 3-6 | 1.86 | |
| | 线段 9-12 | 1.20 | |
| 弧长 | 弧长 1-2-3 | 0.16 | ±0.50 |
| | 弧长 4-5-6 | -0.44 | |
| | 弧长 7-8-9 | 0.26 | |
| | 弧长 10-11-12 | -0.02 | |
| 扭曲 | | 0.03 | ±3.00 |

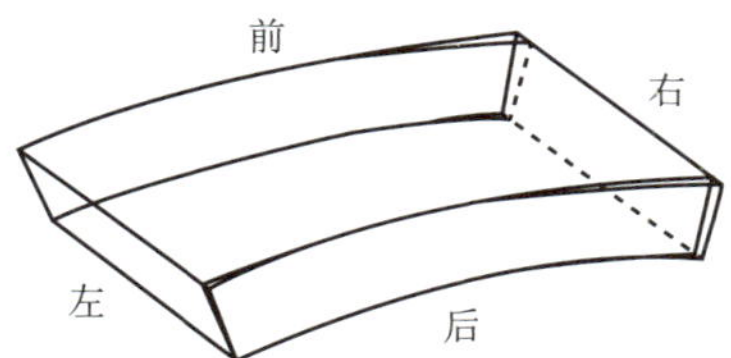


图 4-30　构造模型与理论数模偏差示意图

## 4.3.3　管片生产振捣技术

1)振动方式

振动工序的控制是整个生产过程中最为重要的关键环节,关系到管片的密实度、光滑度、平整度、气泡情况等内部及外观质量。其对管片外观质量,即管片裂缝、气泡、空洞与蜂窝、外弧面平整光滑度影响最为直接。

大直径隧道管片与小直径管片相比,主要差别在于其大体积对于振动工艺的选择有所不同。目前管片生产振动工艺主要有三种:插入式振动方式、附着式振动方式和振动台整体振动。

(1)插入式振动方式

使用软轴和电机直驱带动偏心块在振动棒内部振动,激振力可传递到以振动棒为中心,半径为 350mm 范围以内的混凝土中。由于振动作用范围有限,操作者需在不同位置插入振动棒,使各插入点附近混凝土受到激振作用的范围被相互有效覆盖,达到混凝土被基本均匀振动的效果(图 4-31)。

(2)附着式振动方式

内弧面钢板在安装于其下的附着式振动器的带动下做类似鼓膜被敲击时一样的振动,振动传递到与之接触的混凝土中被扩散。其振动扩散作用距离大概 700mm,须在模具内弧面下方布置多个振动器,使相邻振动器之间的作用范围被相互覆盖(图 4-32)。

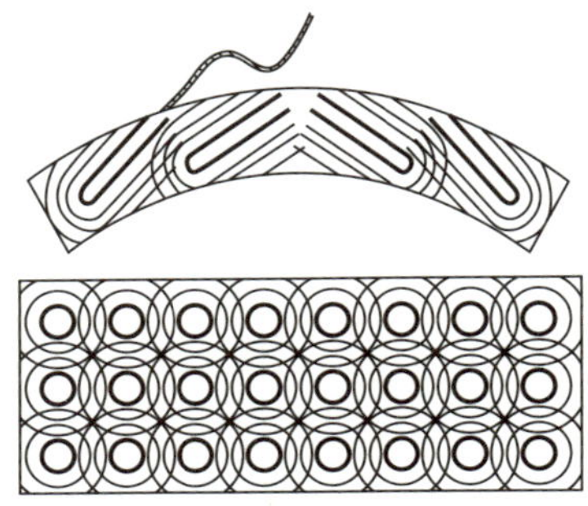
图 4-31 插入式振动能量传播示意图

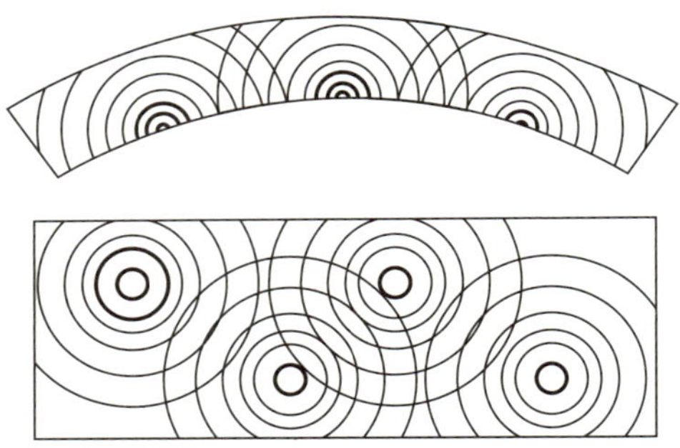
图 4-32 附着式振动能量传播示意图

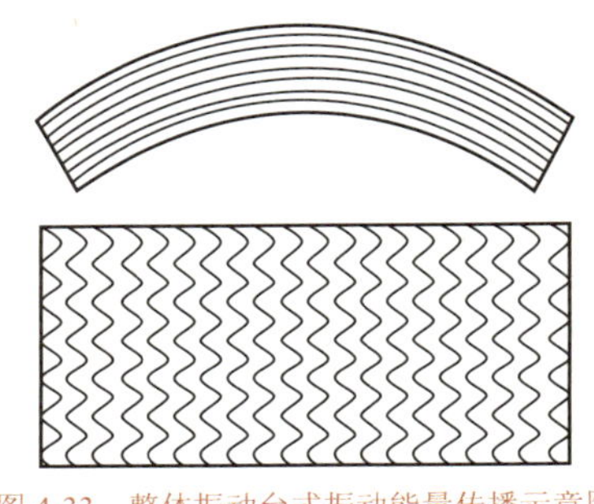
图 4-33 整体振动台式振动能量传播示意图

(3)整体振动台振动方式

高刚性模具被夹持在整体振动台的浮动台，变频控制的电机强制驱动振动马达驱动浮动台分阶段做变频变幅振动，模具内的混凝土被强制上下振动，而由于模具内弧面弧拱及端头板在上下振动过程中又产生水平分力作用于混凝土，混凝土的摊铺速度明显快于其他方式，混凝土内部的均质性也明显优于其他方式(图 4-33)。

2)不同振动工艺的特性和适用情况

三种大直径隧道管片振动工艺的优缺点见表 4-8。

三种振动方式的优缺点　　表 4-8

| 项目 | 插入式振动 | 附着式振动 | 整体振动台振动 |
|---|---|---|---|
| 优点 | 前期投资小、节约成本 | 管片质量较好、操作人员要求低 | 管片质量好、操作人员要求低 |
| 缺点 | 对操作人员要求较高、管片质量较低 | 前期投资较高、模具要求高、耐磨性差 | 前期投资高、模具刚度要求高 |

通过对三种管片振动工艺的优缺点的比较，可以得到三种振动工艺的适用情况。

(1)插入式振动方式适用于对混凝土入模条件一致性要求不高、生产速度低的固定台座法生产。

(2)附着式振动方式适用于对模具寿命要求低、环保要求低、混凝土均质性要求低的项目。

(3)整体振动台振动方式适用于对模具寿命要求高、生产强度高、管片精度要求高、环保要求高、混凝土均质要求高的项目。

由于大直径管片本身体积大，所需钢模模具也要求体积大，如果采用整体振动台振动，会造成模具成本过高，并且振动所需动力也极高，不适合大直径管片生产。附着式振动管片质量较好且稳定、对操作人员要求低，适合大批量流水线生产。插入式振动适合固定台座生产的方式，是由于固定台座法生产模具分布面积较大。由此分析，若采用固定台座法生产，则优先选择插入式振动；若采用流水线式生产，则优先选择附着式振动。

## 4.3.4　管片智能蒸养技术

蒸汽养护是指管片生产过程中为了提高混凝土早期强度，加快模具周转速度，继而提高生产效率，是混凝土预制构件常用的生产工艺。

混凝土浇筑后，如果放置在气候炎热、空气干燥的环境中，不及时进行养护，混凝土中水分会蒸发过快，形成脱水现象，会使已形成凝胶体的水泥颗粒不能充分水化，不能转化为稳定的结晶，缺乏足够的黏结力，从而会在混凝土表面出现片状或粉状脱落。此外，在混凝土尚未具备足够的强度时，水分过早的蒸发还会产生较大的收缩变形，出现干缩裂纹。因此混凝土浇筑后初期阶段的养护非常重要，混凝土终凝后应立即进行养护，干硬性混凝土应于浇筑完毕后立即进行养护。

混凝土的蒸汽养护可分静停、升温、恒温、降温四个阶段，混凝土的蒸汽养护应分别符合下列规定：

（1）静停期间应保持环境温度不低于 5℃，浇筑结束 4 ～ 6h 且混凝土终凝后方可升温。

（2）升温速度不宜大于 10℃ /h。

（3）恒温期间混凝土内部温度不宜超过 60℃，最高不得超过 65℃，恒温养护时间应根据构件脱模强度要求、混凝土配合比及环境条件等通过试验确定。

（4）降温速度不宜大于 10℃/h。

1）管片智能蒸养系统

在国内隧道管片蒸养工艺的控温方式普遍通过人工调节蒸汽管上的开关，从而达到管片的升温、恒温、降温的目的。该方式存在工作量大、温度控制精度不高、能源浪费严重、管片易出现裂纹（尤其在冬季）等问题。智能温度控制系统主要是采用智能温度控制器，根据工艺要求通过计算机编制升温、恒温、降温温度控制程序，控制管片的蒸养，并配合计算机完成记录的打印、查询不同用户的登录管理及批量控制工作，操作更加方便直观，系统更加人性化（图 4-34）。

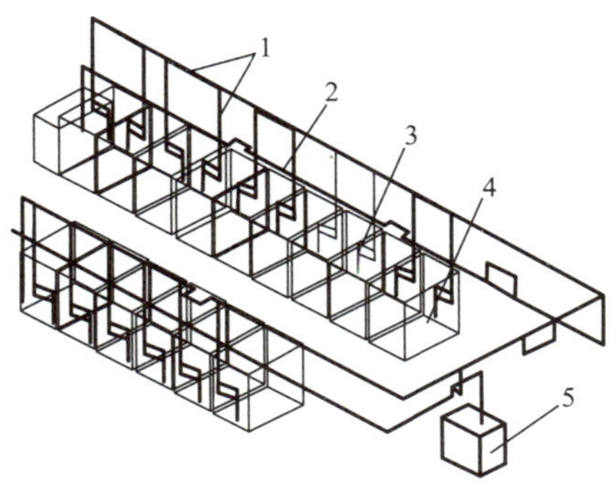


图 4-34　智能控制系统管线立面布置示意图

1- 线槽；2- 蒸养总管；3- 蒸养支管；4- 蒸养罩；5- 蒸养控制室

2)管片智能蒸养系统的应用

管片智能蒸养系统已经投入使用，该系统可自动选择多种温度曲线的智能设置模式，符合管片制作的实际特点，满足工艺要求；从工作量、温度控制精度、管片内在质量及能效利用方面都优于传统的蒸养工艺。

(1)蒸养罩供汽装置

蒸养罩的大小根据管片钢模的大小决定，蒸养罩是可移动的。每只蒸养罩内安装1个温度传感器(也可根据情况设置多个)，传感器应设置在蒸养罩中上部，单只蒸养罩前端安装了供汽装置，如图4-35所示。在正常情况下，上面一个截止阀(备用)通常处于关闭状态，下面一个截止阀是常开的。电磁阀在正常情况下是关闭状态，在接收到控制器指令后，阀门开启并开始供汽。

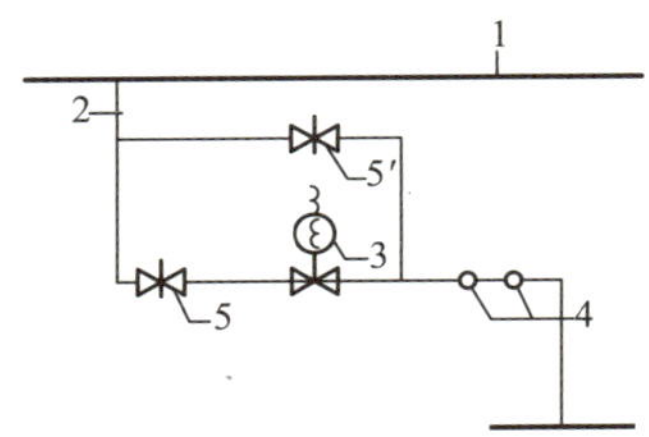


图4-35 蒸养罩前端安装的供汽装置示意图

1-蒸汽总管($\phi$50)；2-蒸汽管($\phi$25)；3-电磁阀；4-蒸汽管($\phi$15进蒸养罩)；5-截止阀；5′-截止阀(备用)

(2)蒸养室布置

①风幕机隔热。

在蒸养室出入口上方安装工业风幕机(图4-36)进行隔热，利用风幕机在钢模上方产生的持续高速气流从而形成空气门，将蒸养室内的空气与外界隔绝，形成两个独立温度区域，从而起到隔热的效果。

②扇叶式设备干蒸。

根据蒸养室情况，布置扇叶式加热管道(图4-37)，蒸汽通过管道后加热散热片，达到将蒸养室内空气进行均匀加热的目的。同时应将蒸汽控制在蒸养管道内部，从而减少蒸汽的冷凝面积，确保不会因为蒸汽大量在蒸养室内冷凝而造成热量的浪费。

图4-36 蒸养室出入口风幕机

图4-37 扇叶式加热管道

③隔热材料保温。

使用耐火隔热岩棉来填充塑钢板空隙，通过隔热棉改善墙壁的隔热效果。

### 4.3.5 纤维混凝土应用技术

纤维混凝土作为一种新型混凝土复合材料，可改善并增强混凝土的性能。将纤维混凝土应用于大隧道管片中，能够提高管片的品质，增强安全性能指标，提升工程的质量。

1）混杂纤维混凝土管片的优势

混杂纤维混凝土是一种新型复合建筑材料，具有优良的力学性能，不仅能提高耐蚀、耐疲劳性能，还具有良好的耐火性能和优良的阻裂作用。

利用钢纤维、聚丙烯纤维（图4-38）取代混凝土管片中的部分或全部钢筋，制备得到的混杂纤维混凝土管片具有诸多优势，这些优势包括：

（1）提高了管片的力学性能，在韧性、弯曲和抗剪强度等方面效果明显。

（2）使管片的抗损坏性能提高，避免其在运输与拼装过程中发生破损。

（3）取代钢筋就减少甚至免去了钢筋骨架加工，降低了人工费用，同时混杂纤维混凝土养护周期短，减少了生产耗能。

（4）混杂纤维混凝土管片的生产可降低钢模具的损耗，提高管片的工业化生产速度，产量可提高一倍以上。

（5）良好的防水性和耐久性，显著降低了后期维护费用。

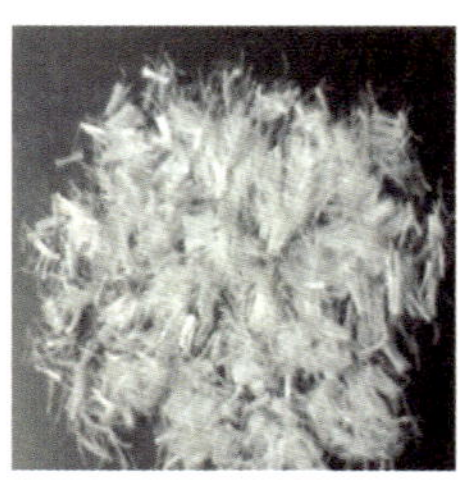
a)聚丙烯细纤维

b)聚丙烯粗纤维

c)钢纤维

图4-38　纤维图片

综上所述，混杂纤维混凝土性能优异，能够较为全面的弥补普通钢筋混凝土管片的不足。目前纤维增强混凝土的主要方式有两种：①高弹性模量短纤维增强混凝土，其代表纤维是钢纤维；②低弹性模量短纤维增强混凝土，其代表纤维是聚丙烯纤维和尼龙纤维。纤维的存在能够阻碍混凝土内部裂纹以及宏观裂缝的产生，对改善基体混凝土的抗裂性能具有极大的促进作用，同时其各项力学性能与普通混凝土相比能也有较大提高和改善。

2）混杂纤维管片的应用

在欧洲各国，混杂纤维混凝土管片技术日趋成熟，在隧道工程中应用较多，表4-9总结了部分国际工程实例。

国外混杂纤维混凝土应用实例　　表 4-9

| 工程名称 | 国　家 | 长度(m) | 管片宽度(m) | 管片厚度(cm) | 施工年份(年) |
|---|---|---|---|---|---|
| Metrosud Naples | 意大利 | 2600 | 1.2 | 30 | 1998—2010 |
| Meteor | 法国 | 4500 | 1.6 | 40 | 1993—1995 |
| Eole | 法国 | 3400 | 1.4 | 35 | 1992—1998 |
| Essle | 德国 | 2400 | 1.5 | 40 | 1990—1996 |
| CRTL | 英国 | 2000 | 1.2 | 30 | 2001—2005 |

我国对钢纤维增强混凝土管片方面的研究已形成了有效的理论及相关规范，并已经在重点城市进行了实际的工程应用研究，但对于钢纤维与聚丙烯纤维混合的纤维混凝土应用于大隧道管片的研究才刚刚开始，所以研发新型混杂纤维高强混凝土管片，提出完整的管片设计与施工方法能够进一步提高隧道管片的力学性能和耐久性能，具有良好的产业化前景。

## 4.4　全生命周期质量管理

目前我国已开始大力推行工业化建筑，装配式建筑作为工业化建筑的一种，因其质量保证率高、建造速度快、环境污染少等优势，逐渐被重新关注，市场规模也迅速扩大，但当前的装配式建筑因其长期缺少共享信息的全方位平台，导致无法真正地实现产业化。未来通过将信息化技术、自动化技术、现代管理技术与制造技术相结合，可改善甚至改变构件生产企业的经营、管理、产品开发和生产等各个环节，实现真正意义上的建筑产业化。

隧道管片数字信息化是指针对隧道管片的生产制造过程所有的信息建立数字化模型，通过设计优化（BIM）、生产制造（RFID）、物流追踪（GPS）、隧道施工（VR、AR）以及隧道运营（RS、GIS）等五个方面中的管片情况建立预制混凝土管片数字信息系统。

1）管片全生命周期管理系统

管片全生命周期管理系统包含管片的设计、生产、仓储、运输、安装、运维等多个环节。该系统是以企业资源计划为根本对象，以建筑信息模型（BIM）、物联网中的 RFID 为关键技术，将建筑工业化与信息化有机融合而形成的产物。系统以物联网的 RFID 技术为纽带对 PC 构件生命周期中各个环节的关键信息进行实时记录和跟踪，将 BIM 技术与系统的管理软件平台相融合，形成构件全生命周期的数据信息资料库，对管片的生产、堆放、维护、运输和使用等全过程进行质量和进度的监控以及主动指导，通过智能预警和优化降低工程风险，提高工程效率和质量。

2）系统组成

管片全生命周期管理系统采用三层架构：应用层、传输层、感知层，具有基础信息采集、数据传递共享和智能管理决策三大功能（图 4-39）。

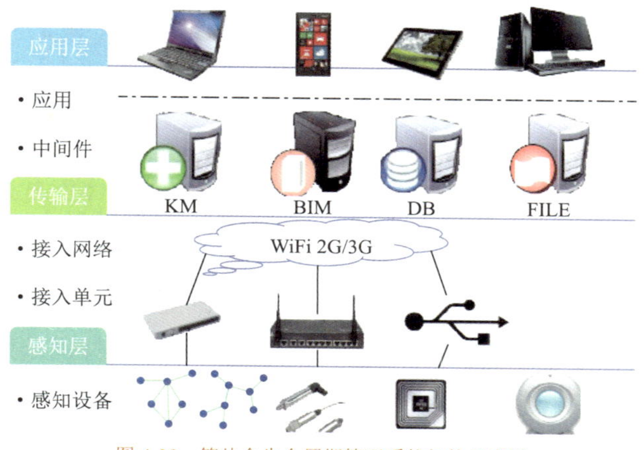


图 4-39　管片全生命周期管理系统架构示意图

（1）应用层包括应用系统、软件以及中间件，通过云服务器及数据交换插件与前端功能层实现交互。

（2）传输层主要分为接入网络和接入单元，围绕数据交互插件，将手持机采集的信息和用户需求上传至云端，将查询结构和决策结论从云端传至用户。

（3）感知层主要以 RFID 手持机为中心，由信息记录软件引导完成构件基础信息读取和采集工作。决策平台各级管理人员通过浏览器登录管理决策系统，查看记录并获取各项决策建议。

3）管理系统的功能

（1）硬件设备

①隧道管片的专用芯片（图 4-40）。

信息芯片安装于管片注浆孔上，芯片内可存储管片编码，具有读写功能。每当管片起吊完成之后拧在管片压浆孔上，具有安装维护方便、适应性强、读取方便、数据安全可靠等特点。

②管片信息采集设备（图 4-41）。

管片信息采集与跟踪设备是通过手持机、专用蓝牙模块以及摄像设备组成，具有携带方便、信息输入方便、芯片读取灵活、可适应多种施工环境等特点。

③平板电脑。

为了方便操作人员在施工现场快速记录生产过程中的各类信息，采用触摸式平板电脑，通过专门的应用程序可以完成信息输入、信息查询、芯片信息读写等功能。

图 4-40　管片专用信息芯片

图 4-41　管片信息采集设备

（2）软件功能

软件系统由安装在各个终端机上的信息输入系统和安装在服务器上的信息管理系统组成。信息管理系统，主要功能是对输入的数据进行管理，由原材料信息管理模块、生产过程信息管理模块、产品检测信息管理模块、管片标识管理模块组成，各类第三方检测报告通过该系统上传。由于设置在服务器端，所有联网电脑都可以方便访问，从而实现信息的存储、查询、分析等功能。

①原材料信息管理模块。

该模块对管片各类原材料信息进行管理，将包括钢筋、混凝土原材料、预埋件等原材料的相关质量资料进行数字化处理，如原材料资料录入界面（图 4-42）。

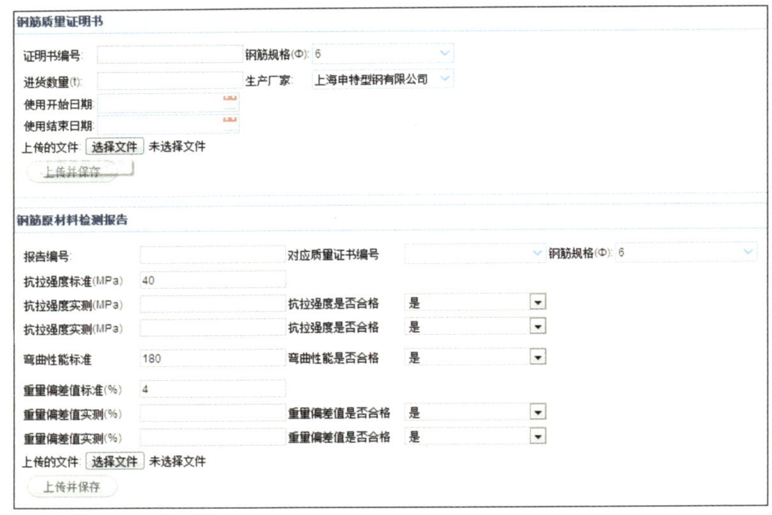

**钢筋质量证明书**

证明书编号　　钢筋规格(Φ): 6
进货数量(t)　　生产厂家　上海申特型钢有限公司
使用开始日期
使用结束日期
上传的文件　选择文件　未选择文件
上传并保存

**钢筋原材料检测报告**

| | | | | | |
|---|---|---|---|---|---|
| 报告编号 | | 对应质量证书编号 | | 钢筋规格(Φ): | 6 |
| 抗拉强度标准(MPa) | 40 | | | | |
| 抗拉强度实测(MPa) | | 抗拉强度是否合格 | 是 | | |
| 抗拉强度实测(MPa) | | 抗拉强度是否合格 | 是 | | |
| 弯曲性能标准 | 180 | 弯曲性能是否合格 | 是 | | |
| 重量偏差值标准(%) | 4 | | | | |
| 重量偏差值实测(%) | | 重量偏差值是否合格 | 是 | | |
| 重量偏差值实测(%) | | 重量偏差值是否合格 | 是 | | |

上传的文件　选择文件　未选择文件
上传并保存

图 4-42　原材料资料录入界面

②生产过程信息管理模块。

该模块对管片生产过程中的信息进行管理，将钢筋加工、钢筋骨架情况、钢筋骨架入模合模情况、混凝土浇筑情况、管片蒸养情况等质量数据进行数字化管理，如管片钢筋加工质量资料录入界面（图 4-43）。

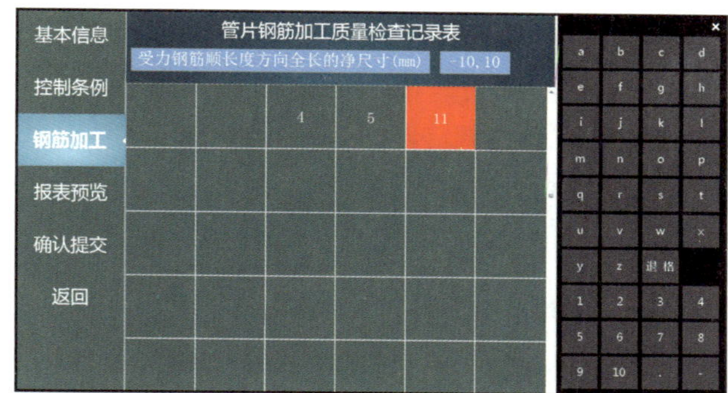


图 4-43　管片钢筋加工质量资料录入界面

③产品检测信息管理模块。

该模块对管片完成后的产品检测信息进行管理，将管片尺寸、管片检漏试验、管片水平拼装检测等检测数据进行数化管理，如水平拼装资料录入界面（图 4-44）。

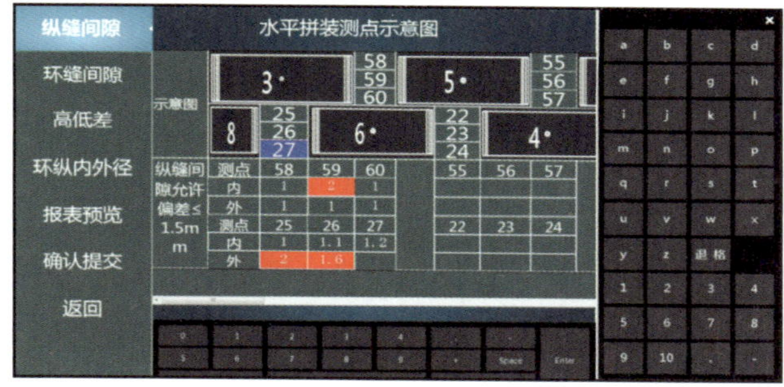


图 4-44　水平拼装资料录入界面

④管片标识管理模块。

该模块对每块管片进行独立的标识，在系统里建立一套管片标识体系，使其与相关的质量资料对应（图 4-45）。同时将生成的标识通过二维码的方式黏贴在管片表面，使得每块管片拥有独立的信息追溯代码（图 4-46）。

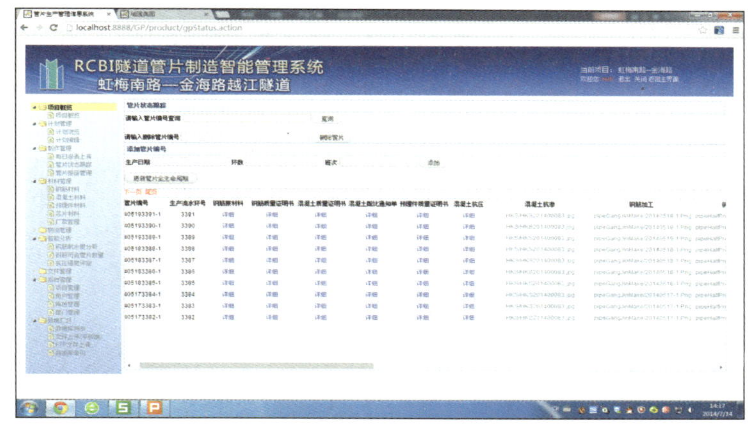


图 4-45　管片编码标识管理界面

图 4-46　管片二维码标识

对完成后的产品检测信息进行管理，将管片尺寸、管片检漏试验、管片水平拼装检测等检测数据进行数字化管理。

4)管片全生命周期管理系统的应用

“虹梅南路—金海路通道工程”的管片生产采用了管片全生命周期系统管理，管理流程如图4-47所示。

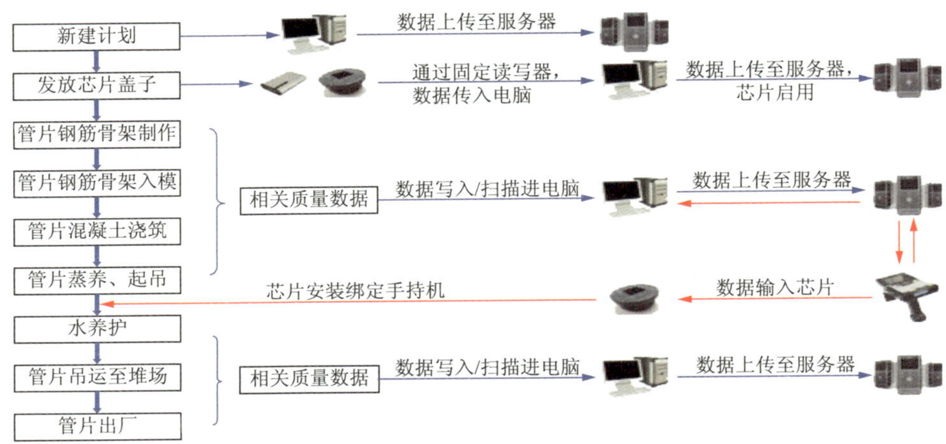


图4-47　管片全生命周期系统管理流程示意图

在施工过程中的几个关键工艺节点，采用管片全生命周期系统的管理方法，提高了信息的完整性和质量的可追溯性。管片信息化系统的应用具有以下优点：

(1)全过程信息覆盖

从原材料进厂到成品出厂，直到变为隧道衬砌，所有过程均有记录可查，隧道管片的生产过程如图4-48所示。

a)钢筋原材料成型

b)管片钢筋骨架制作

c)管片浇筑成型

d)管片养护、堆放

e)管片拼装成为隧道衬砌

图4-48　管片生产过程

（2）信息数据动态及时

输入至服务器的数据可以立即被各个部门检索，可以更加及时地了解生产、质量状况，并及时做出调整。

（3）质量信息可追溯

传统管片的资料根据批次划分，无法体现出每块管片生产过程中的质量情况。通过对每块管片进行独立编号，建立检索规则，使得每块管片均能够有相应的资料对应，提高可追溯性，管片信息检索系统如图 4-49 所示。

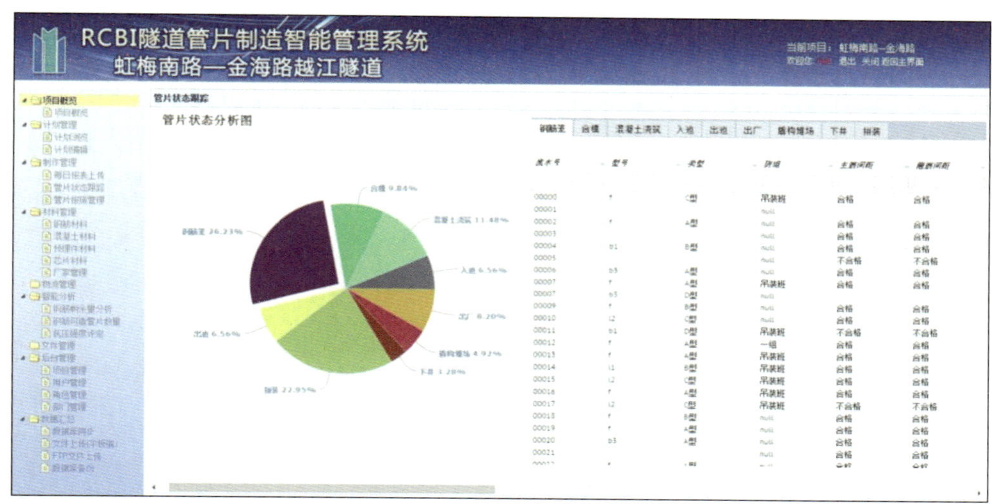


图 4-49　管片信息检索界面

（4）信息资料寿命长

管片信息化系统将生产中的过程控制资料、检验检测资料等录入电脑存储至服务器后，可变成图片及数据资料永久保存。电子化数据有着安全性高、储存时间久、查找容易等特点，可以确保数据资料有着和隧道相同的寿命。

# 第5章　盾构掘进

大直径隧道开挖过程中对土体造成的扰动将远大于常规直径隧道，因此，需要对盾构掘进的各项技术进行改良与创新，以应对不同特殊工况，保证开挖过程中的施工稳定。本章主要针对大直径盾构掘进、拼装、注浆等若干关键施工技术进行介绍，主要包括大直径盾构始发接收、开挖面稳定、盾构姿态管理、管片拼装技术、同步注浆技术以及特殊段掘进等内容。

## 5.1　盾构始发接收

### 5.1.1　地基处理

由于施工工艺的要求，需要完全破除洞门围护结构后，盾构才能始发或接收，因此，必须对洞门附近一定范围内的土体进行处理。主要目的是增强地基土的强度和自立性，避免在盾构机始发和接收施工过程中发生水土流失等不利现象，确保人员、设备及环境安全。

如果洞门外侧的地基加固质量存在薄弱点，在破除洞门过程中很可能发生水土向井内渗漏，从而造成洞门周围地面沉降，影响盾构机施工和周围环境安全。相反，如果加固土体强度太高，又会给刀盘切削带来困难，引起机器的故障并影响工程进度。

1)加固体稳定性理论分析方法

(1)基于板块理论的分析方法

该分析方法的思路来源于日本 JSG GROUT 协会所采用的计算加固体厚度的理论(图 5-1)。该理论中假定加固体为整体板块，加固体厚度可表示为：

$$h=\left[\frac{K_0\beta pd^2}{4\sigma_t}\right]^{\frac{1}{2}} \tag{5-1}$$

式中：$p$——封门中心处的水土压力合力，$p=p_a+p_w$；$p_a$——土压力；$p_w$——水压力；

$d$——封门直径；

$\sigma_t$——加固土体的极限抗拉强度；

$K_0$——安全系数；

$\beta$——计算系数；

$h$——加固体厚度。

令 $K_s = K_0\beta$，代入式（5-1）中可得：

$$K_s = \sigma_t \frac{4h^2}{pd^2} \tag{5-2}$$

当 $K_s > 1$ 时，加固体稳定，反之加固体不稳定。在 $\sigma_t$ 确定的情况下，通过量测并计算封门中心处的水土压力 $p$，可计算得到安全系数 $K_s$ 大小。

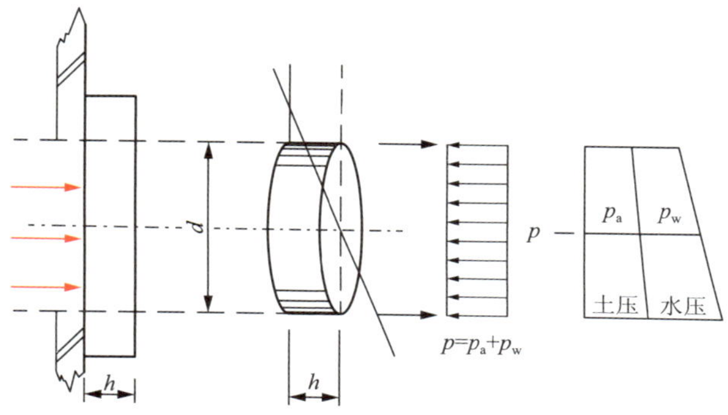


图 5-1　加固体板块理论计算模型

（2）基于弹塑性静力学理论的分析方法

基于弹塑性静力学理论的分析方法，以弹塑性力学中的薄板理论为基础。图 5-2 所示为等厚薄板，在弹性力学理论中，直角坐标系下的等厚薄板在面荷载 $q(x,y)$ 的作用下，薄板弯曲的基本方程为：

$$\nabla^2\nabla^2 w = \frac{q}{D} \tag{5-3}$$

式中：$D$——板的抗弯刚度（kN/m），$D=\dfrac{Eh^3}{12(1-\nu^2)}$。

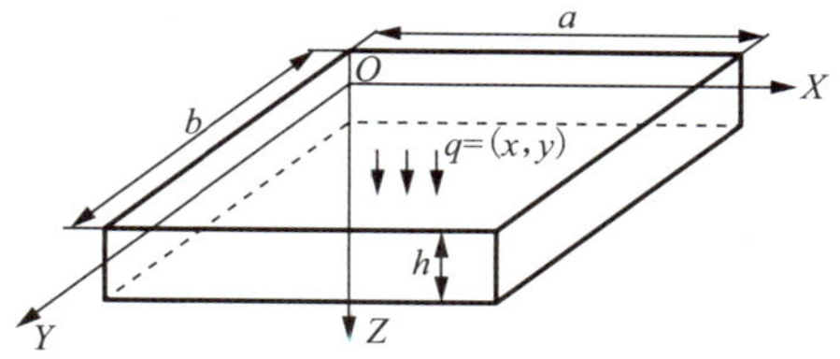


图 5-2　直角坐标系中的等厚薄板

将加固土体视为厚度为 $h$ 的周边简支的弹性圆板，并将加固体侧边所受土压力与水压力简化为均布荷载 $q$ 考虑，如图 5-2 所示，则式（5-3）经过坐标转换可得：

$$\left(\frac{\partial^2}{\partial r^2}+\frac{1}{r}\frac{\partial^2}{\partial r}\right)\left(\frac{\partial^2 w}{\partial r^2}+\frac{1}{r}\frac{\partial w}{\partial r}\right)=\frac{q}{D} \tag{5-4}$$

在 $r$=0 处，挠度和内力为有限值。根据薄板理论可知，最大挠度和最大弯矩都发生在板中心，结合简支薄板的边界条件 $\begin{cases}(w)_{\mathrm{r=d/2}}=0\\(M_{\mathrm{r}})_{\mathrm{r=a}}=0\end{cases}$，可知，相应最大弯曲应力为：

$$(\sigma_{\mathrm{r}})_{\max}=(\sigma_{\theta})_{\max}=\frac{6M_{\mathrm{r}}}{h^2}=\frac{3(3+v)qa^2}{8h^2}=\frac{3(3+v)q\left(\frac{d}{2}\right)^2}{8h^2} \tag{5-5}$$

式中：$v$——加固体泊松比；

$q$——经简化的外侧水土压力均布荷载。

则边界处的剪应力最大值为：

$$\tau_{\max}=\frac{q\left(\frac{d}{2}\right)}{2h} \tag{5-6}$$

设 $K_{\mathrm{s1}}$、$K_{\mathrm{s2}}$ 分别为最大弯曲应力和最大剪应力的计算安全系数，令 $\sigma_{\max}=\sigma_{\mathrm{t}}/K_{\mathrm{s1}}$，$\tau_{\max}=\tau_{\mathrm{s}}/K_{\mathrm{s2}}$，可得：

$$K_{\mathrm{s1}}=\frac{32\sigma_{\mathrm{t}}h^2}{3qd^2(3+v)} \tag{5-7}$$

$$K_{\mathrm{s2}}=\frac{4h\tau_{\mathrm{s}}}{qd} \tag{5-8}$$

加固体整体安全系数不应超过最大弯曲应力与最大剪应力对应安全系数，因此 $K_{\mathrm{s}}=\min\left(K_{\mathrm{s1}},K_{\mathrm{s2}}\right)$。

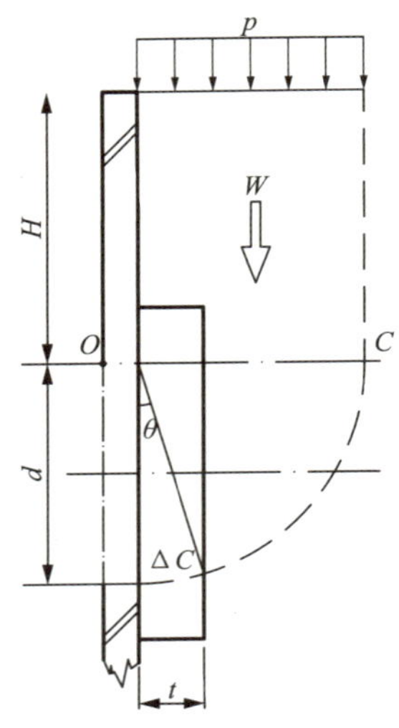

图 5-3 滑移失稳理论计算模型

（3）基于滑移线理论的分析方法

前两种分析方法均从微观的角度对加固体稳定进行判断，而基于滑移线理论的分析方法则是从整体角度对加固体稳定性进行判断（图 5-3）。模型中加固土体在地面荷载 $p$ 和上部土体作用下可能沿某滑动面向洞内整体滑动，假定滑动面是以顶点 $O$ 为圆心，开洞直径 $d$ 为半径的圆弧面，则引起的下滑力矩为：

$$M=M_1+M_2 \tag{5-9}$$

式中：$M_1$——上覆土体自重引起的下滑力矩（kN•m），$M_1=\frac{1}{2}\gamma Hd^2$；

$M_2$——滑移圆环线内土体的下滑力矩（kN•m），$M_2=\frac{1}{3}\gamma d^3$。

土体产生的抵抗下滑力矩为：

$$M_{\mathrm{d}} = M_{\mathrm{r}} + \Delta M_{\mathrm{r}} \tag{5-10}$$

式中：$M_{\mathrm{r}}$——土体改良以前的抵抗力矩（kN•m），$M_{\mathrm{r}} = \frac{1}{2}c\pi d^2 + Hcd$；

$\Delta M_{\mathrm{r}}$——土体改良以后增加的抵抗力矩（kN•m），$\Delta M_{\mathrm{r}} = \Delta c\theta d^2$。

加固土体的抗滑移安全系数为：

$$K_{\mathrm{s}} = \frac{M_{\mathrm{d}}}{M} \tag{5-11}$$

（4）基于扰动理论的分析方法

加固横断面的尺寸确定可借鉴注浆工法中注浆范围的计算方法，即根据挖掘隧道时，断面周围产生的塑性范围（或松动范围）进行推算，其中塑性范围 $R$ 可由隧道上部松动的方法计算得到。在挖掘过程中，土体应力失去平衡，在掘削端面的周围将产生附加应力。如图 5-4 所示，在 $a<r<R$ 范围内，根据摩尔包络线破坏条件，并结合塑性松动圈应力平衡和破坏条件，可得平衡方程：

$$\begin{cases} \sigma_{\theta} - \sigma_{\mathrm{r}} = 2c \\ \dfrac{\partial \sigma_{\mathrm{r}}}{\partial r} = \dfrac{(\sigma_{\theta} - \sigma_{\mathrm{r}})}{r} \end{cases} \tag{5-12}$$

代入注浆加固边界条件 $r = R$，$\sigma_{\mathrm{r}} = \sigma_{\mathrm{m}}$，$r = a$，$\sigma_{\mathrm{r}} = 0$ 得到：

$$\ln R + \frac{R\gamma_{\mathrm{t}}}{2c} = \frac{H\gamma_{\mathrm{t}}}{2c} + \ln a \tag{5-13}$$

式中：$R$——到塑性范围外侧的距离（m）；

$\gamma_{\mathrm{t}}$——上覆加固土体的平均重度（kN/m$^3$）；

$c$——改良土体的黏聚力（kPa）；

$H$——到隧道中心的覆盖层换算厚度（m）；

$a$——掘削半径或盾构机外径（m）。

根据公式（5-13）可以获得塑性范围 $R$ 的大小，进而指导盾构机始发接收加固体的设计。

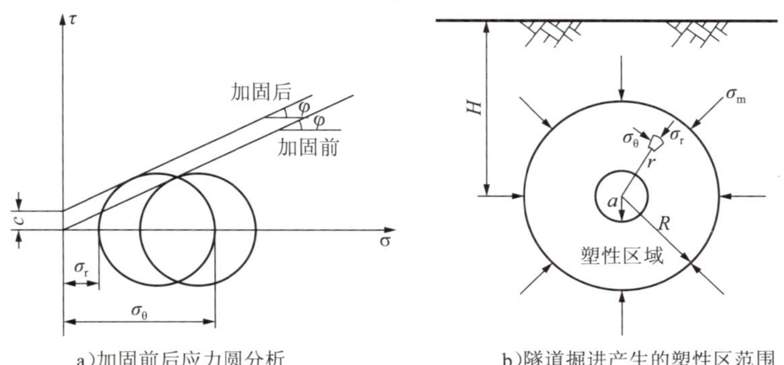


图 5-4　扰动理论计算模型

2)地基处理主要方法

对于盾构机始发接收而言,主要使用的地基处理方法见表 5-1,包括深层搅拌桩、高压旋喷、全方位高压喷射(MJS)、地层冰冻和井点降水地基处理等。

地基加固主要方法　　表 5-1

| 加固方法 | 工法特点及适用范围 | 施工要点 | 现场实例 |
| --- | --- | --- | --- |
| 深层搅拌桩 | ①对土体扰动较小;②水泥与土得到充分搅拌,且桩体全长无接缝,止水性好;③对周边建筑和地下管线影响小;④适用软土地基加固 | 大直径隧道常采用三轴搅拌:①桩径:850mm;桩间搭接:250mm;强度≥0.8MPa;②钻杆下沉速度0.6～0.8m/min;提升速度1～1.2m/min(与注浆速度匹配);③特殊地层,如承压水层,需要进行周边套打 | |
| 高压旋喷桩 | ①浆液注入的部位和范围可控,搭接紧密,抗渗性能好;②可调节注入参数以获得满足设计需求的固结体③设备轻便、操作容易、施工所需空间小;④施工可能会影响附近管线及构筑物;⑤适用砂土、黏土、淤泥土及人工填土地层 | 大直径隧道常采用三重管双高压旋喷桩,与常规高压旋喷桩相比,水泥浆压力≥25MPa。①桩径:1200mm;桩间搭接:400mm;强度≥1.0MPa;②气压:≥0.7MPa;水压:≥32MPa;③浆液喷射钻杆提升速度:10cm/min | |
| 全方位高压喷射桩 | ①可"全方位"喷射注浆;②桩径大,桩身质量好,超深施工有保证;③对周边地面沉降等环境影响小;④适用岩层、砂卵石土、黏土、淤泥土及人工填土地层 | ①桩径:2000mm～3000mm;②浆液压力:≥40MPa;③空气压力:0.7MPa;④回抽速度:80m/min(全圆);⑤地内压力控制系数一般按1.3～1.6考虑 | |
| 冻结法 | ①土体加固强度高、止水性能好;②施工周期长、造价高;③土体的冻融对地面的隆沉有一定影响;④适用于含水高的砂性土层中,在越江隧道的工程中较为多用 | ①盐水流量及盐水温度监测;②冻结温度监测;③未冻土孔隙水压力监测以及后期融沉监测;④解冻时产生的融沉沉降,可采取注浆方式解决 | |
| 降水法 | ①井点布置灵活、使用方便;②施工速度快,见效快;③个别井管破坏不会影响整个系统;④适用于含水高的砂性土层 | ①抗突涌稳定性计算验算;②井点个数及深度;③降水井开启时周边环境监测;④备用发电机 | |

深层搅拌桩是软土地基加固常用的方法之一。该方法利用搅拌桩机将水泥喷入土体并充分搅拌,使水泥与土拌和均匀,从而提高土体强度。其中,深层搅拌机根据搅拌轴数分为单轴和多轴深层搅拌桩机。在大直径隧道施工过程中,始发和接收加固多采用三轴搅拌桩,深度一般在18m以上,根据隧道埋深的不同,深层搅拌桩在加接钻杆的情况下,最深成桩深度可达60m。

高压旋喷桩即利用高压射流破坏土体结构,使土体与固化材料浆液混合搅拌后凝结成高强度固结体的一种加固地层的方法。目前，高压旋喷法的基本工艺有单管法、二重管法、三重管法和多重管法等。大直径隧道施工中，多选择三重管双高压旋喷作为始发和接收的加固形式。

全方位高压喷射（MJS）在传统高压喷射注浆工艺的基础上，采用了独特的多孔管和前端成浆装置，实现孔内强制排浆和地内压力监测，并通过调整强制排浆量来控制地内压力，大幅度减少对环境的影响，是一种新型的地基加固方法。

冻结法通过人工钻孔制冷，利用循环的低温冷媒将需要开挖的土体进行冻结，使其成为强度高的止水帷幕，达到加固效果。按照冷却地层的方式，可以分为直接冻结和间接冻结。直接冻结采用液氮冻结，间接冻结采用盐水冻结。按照冷却位置的方式，可分为水平冻结和垂直冻结。当用其他方法难以达到稳定开挖面土体时，采用冻结法可取得较好的效果。

降水法通过排除地下水以稳定开挖面土体，是防止地下施工流沙产生的有效措施，与其他疏干排水方法相比更为经济。但采用降水法时，一般均由地面向下打井点，所以其使用的范围、地区受到了限制。一般用于盾构机施工始发、接收阶段，在水泥系加固区周围设置辅助降水井，减少始发接收期间地下水对施工范围内的渗入量，保证始发、接收过程中洞门凿除的安全。

3）地基加固区范围

加固土体不仅需要满足强度和稳定性要求，在盾构机始发和接收时，地基加固范围的确定也尤为重要。加固范围主要包括加固区纵向长度、横向宽度和竖向深度三个方面，如图 5-5 所示。

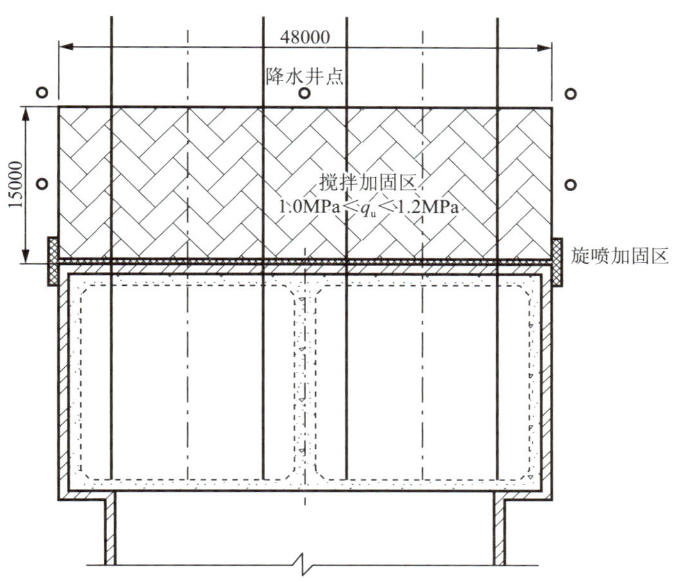


图 5-5　地基加固区范围示意图（尺寸单位：mm）

根据大直径隧道始发和接收的经验总结，加固区纵向长度一般取 $L$= 盾构机本体长度 +$D$，其中 $D$ 为管片环宽。横向宽度和竖向深度可以根据加固体稳定性理论分析进行确定。

## 5.1.2 洞门止水

盾构机在始发和接收过程中，洞口与盾构机壳体将形成环形的建筑空隙。为了防止盾构机始发推进时土体从该间隙中流失，影响开挖面土体的稳定性以及工作井和盾构机内的施工，应在洞口设置洞圈密封装置。洞圈密封装置常用止水箱体密封。止水箱体分为外置式箱体和内置式箱体。外置式箱体是在洞圈预埋钢板上焊接一个箱体结构，在此箱体内安装橡胶帘布带、环板、铰链板等组成的密封装置，并设置注浆孔，作为洞口防水堵漏的预防措施，如图 5-6 所示。内置式箱体是在洞圈预埋钢板上预留凹槽，在凹槽内安装帘布带、环板、铰链板等，如图 5-7 所示。由于盾构机始发接收时埋深不尽相同，箱体受力工况会有产生差异，应根据不同工况条件选择外置式或内置式箱体结构作为洞门止水密封装置。

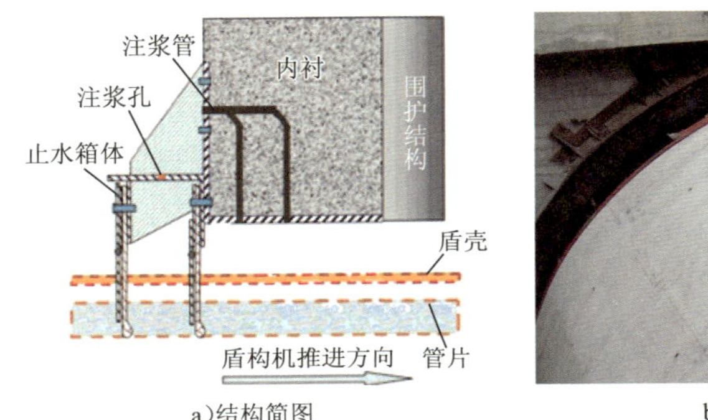

a）结构简图

b）盾构始发时外置式箱体

图 5-6 外置式止水箱体示意图

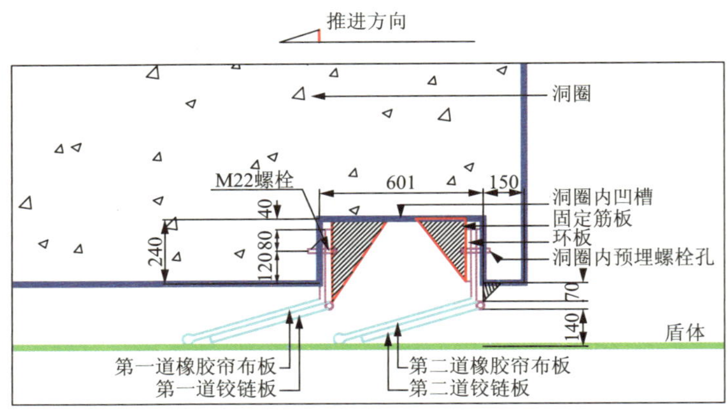

图 5-7 内置式止水箱体示意图（尺寸单位：mm）

## 5.1.3 盾构始发

1）*盾构机基座*

如图 5-8 所示，大直径盾构机始发基座一般采用现浇混凝土基座，上面铺设盾构机导向轨道，其次在基座与洞门接口处延伸导向轨道。

图 5-8　盾构机始发基座

始发基座定位放样时需要保证：

（1）基座中心线以实测洞门中心为参照；基座前端与洞门止水装置距离约 1m，便于底部洞门封堵。

（2）曲线段始发时，通过拟合，选择轴线的割线或者切线方向定位基座，以保证盾构机始发后与隧道轴线的偏差最小且在规范允许范围内。

（3）纵向坡度与隧道轴线纵坡一致。

（4）现浇混凝土基座在浇筑前应设置预埋铁件，两侧设置水平支撑，中间设置人行孔。

盾构机在始发直至盾尾脱离导向轨道期间不宜进行纠偏，应结合小半径曲线始发的轴线偏差和洞门圈密封装置的止水效果，根据轴线的割线方向进行盾构机基座精准放置，如图 5-9 所示。同时在基座两侧加设水平支撑，防止基座、轨道受力不均匀后产生变形或断裂。

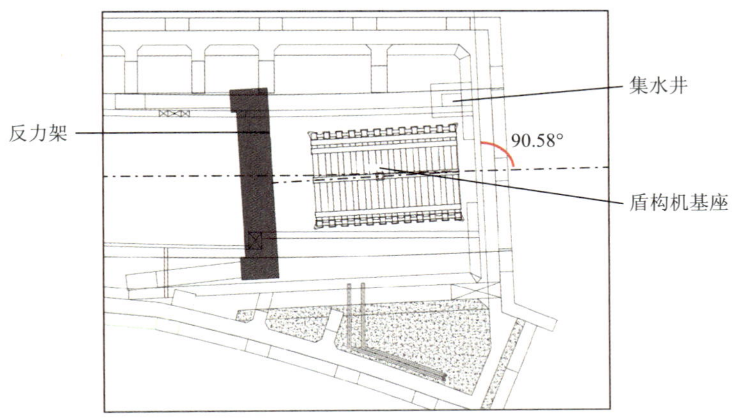


图 5-9　基座按轴线割线放置示意图

2）盾构机后靠

如图 5-10 所示，盾构机后靠结构为现浇八边形钢筋混凝土结构或者钢结构后靠，盾构机始发推进时的反力要通过盾构机后靠传递到工作井和暗埋段相应结构上。

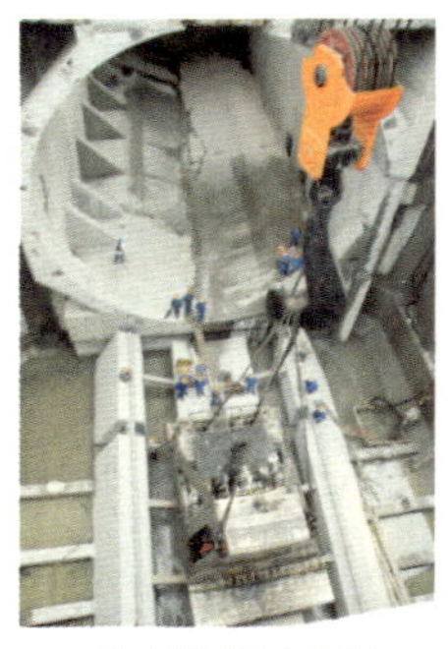

a)钢筋混凝土后靠

b)钢结构后靠

图 5-10　盾构机后靠

3)盾构始发施工流程

盾构始发具体施工流程见图 5-11,若始发加固区周围布设降水井,降水井开设完成后,需立即进行抽水试验,并出具相应报告。洞门凿除前,开启降水井,保证水位降至施工要求。降水过程中需保证用电以及备用水泵正常运作,确保降水不中断。

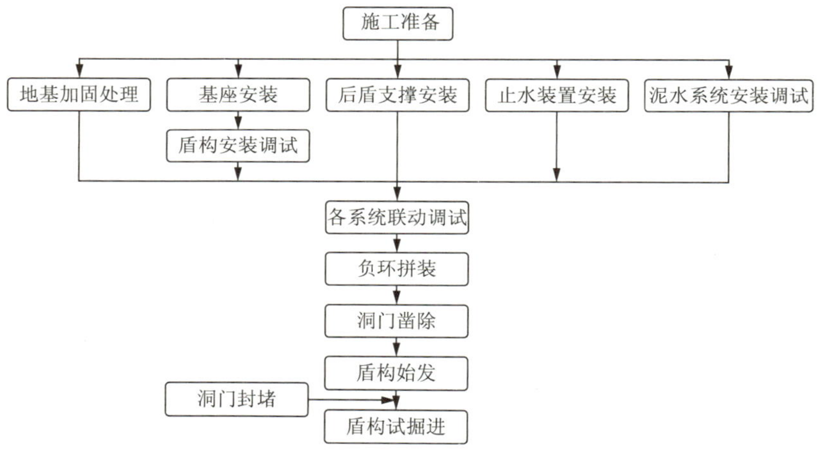


图 5-11　盾构始发施工流程

(1)地基加固效果验收

①水泥系加固验收。

盾构机洞门凿除前对地基加固进行验收,加固强度达到设计要求指标后,进行加固区垂直取芯和斜孔取芯,同时在洞门上开设“米”字形水平样洞探孔,如图 5-12 所示,查看样洞渗漏情况以及土样取芯情况,判断加固区土体加固效果。水平探孔深度必须超过工作井围护结构厚度,进入加固土体内,一般深度为 3m。特殊情况下也可采取斜孔取芯,以判断加固区整体效果。

确认水平探孔无明显渗漏后,才能进行始发洞门凿除施工,否则应采取加固措施。水泥系加固区可采取注浆加固,冻结法加固区可采取回填、回冻方式加固。

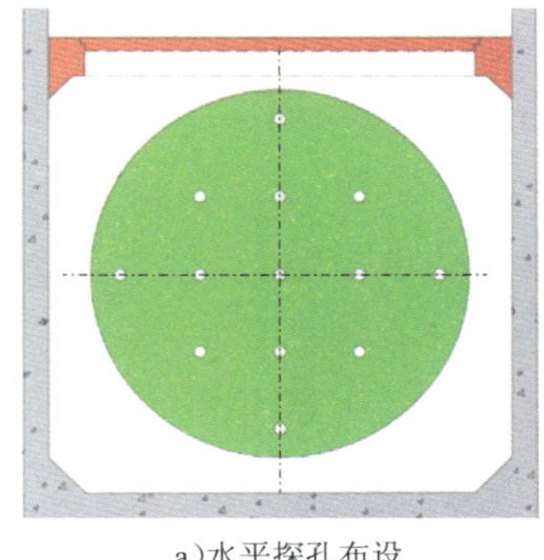
a)水平探孔布设

b)水平探孔效果

图 5-12　洞门水平探孔

②冻结法加固验收。

洞门凿除前对冻结法加固进行验收，观察垂直测温孔以及洞门样洞测温孔温度是否达到设计要求。

（2）负环拼装

负环管片数量应根据工作井长度设置。为确保负环的整体刚性、提高管片拼装的平整度、减少管片碎裂现象，负环管片宜设置为闭口环且采用错缝拼装。

①第一环负环拼装。

第一环负环的定位相当重要，对后续管片拼装起着基准面的作用，故应尽量控制好管片的整圆度、坡度、环面平整度。第一环负环拼装前，必须在盾尾部位焊接定位块，且定位块应在盾构下部 180° 范围内均匀布设 9 处（图 5-13）。

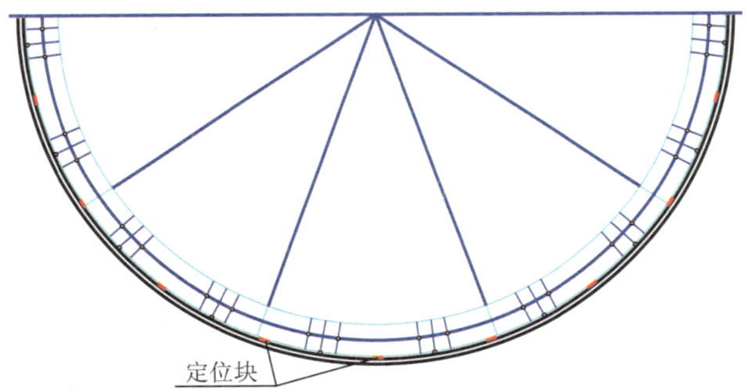


图 5-13　定位块示意图

首先进行落地块的拼装，然后按照各标准块→邻接块→ F 块的顺序进行其余管片的拼装。两块邻接块拼装要注意开口尺寸，便于 F 块的顺利插入。

②盾尾刷涂抹盾尾。

第一环负环推出前，必须对盾尾刷进行盾尾油脂的涂抹。在涂抹前检查钢丝刷的情况，清除钢丝刷内的异物。盾尾初涂油脂采用人工手抹，涂抹时采用特殊工具进行均匀涂抹，要使钢丝刷的间隙内充满油脂，以保证盾尾刷的使用寿命。

③负环推出及连接加固。

每环负环拼装结束后须拧紧纵向和环向螺栓并且将内弧面预埋件(图 5-14)焊接牢固。完成上述工作后方可将负环整体推出。

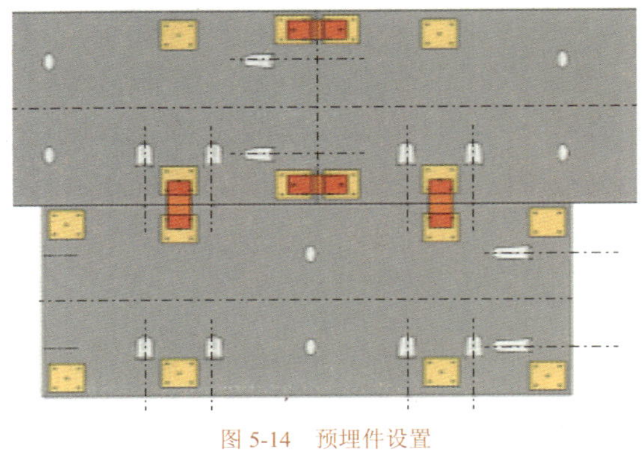

图 5-14 预埋件设置

负环推出前在盾尾内垫块及盾尾后部的基座导轨上涂抹黄油,减小摩擦力。推进时要注意千斤顶行程的一致性,勤测勤纠。

每环拼装时均须及时拧紧环向螺栓、纵向螺栓,并且要通过预埋钢板将管片进行纵横向连接加固,加强负环管片的整体刚度。

当管片露出盾尾时,及时架设水平横撑及 45° 斜撑,保持成环管片的真圆度,同时管片底部与基座之间的空隙也填充混凝土,这样将负环与基座连为整体,增强其整体受力情况,如图 5-15 所示。

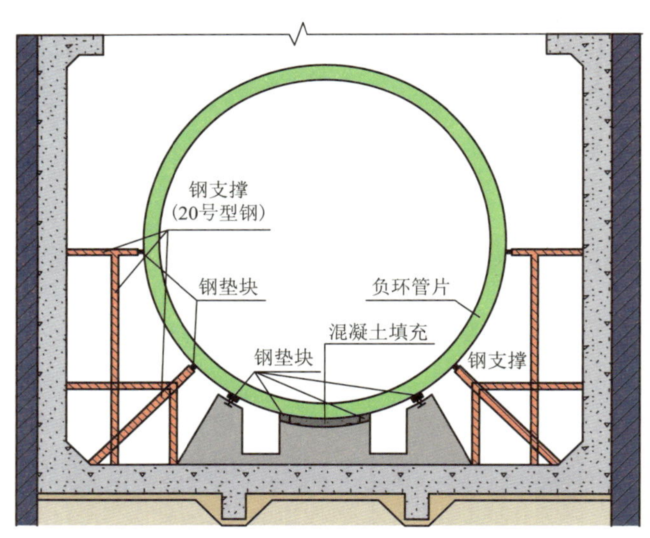


图 5-15 负环支撑加固示意图

负环推到目标位置后(最后一环负环靠到混凝土后靠),其与后靠之间不均匀间隙用钢板垫实,再浇筑一圈砂浆。

当盾构机以小半径曲线始发时，对脱出盾尾的负环及时焊接筋板，在曲线方向的另一侧加强水平支撑，防止负环位移。

（3）洞门凿除

始发洞门利用风镐分层粉碎的方式进行凿除处理。连续墙主体部位分两次凿除，第一次凿除应在盾构机安装阶段，第二次凿除应在盾构机刀盘即将到达洞门止水装置前。凿除时应严格控制每次凿除深度，每次凿除厚度为 500mm 左右。凿除过程中对洞门内的内排钢筋、外排钢筋依次作割除处理。

（4）加固区内始发推进

始发遇到曲线半径较小时，会造成盾构始发与洞门圈水平夹角较大的问题，因此需要对止水箱体加工尺寸进行模拟计算，保证洞门的一次性封堵。同时，止水箱体设计时需考虑盾构机与止水箱体间的间距，防止止水箱体变形，如图 5-16 所示。

图 5-16　止水箱体加工

根据已知的盾构始发姿态，对盾构机掘进轴线进行曲线拟合，并通过不同选型对盾构机推进轴线偏差进行模拟，确保成形隧道质量。

盾构始发靠近土体时，再次检查洞口止水装置的密封效果确保盾构始发安全。泥水平衡式盾构机在刀盘靠近土体前需建立泥水平衡，对洞口止水要求高，因此止水箱体密封的效果检查尤为重要。

盾构机加固区内掘进时必须开启搅拌机，同时严格控制施工参数。

①严格控制正面支撑压力：由于盾构机靠近加固土体，土体有一定的自立性和强度，切口压力的设定可偏低，同时结合刀盘扭矩、总推力、沉降报表和其他施工参数进行分析、调整。就泥水平衡式盾构机而言，为了防止泥水后窜至工作井内等不利状况，应按照下限值设定切口水压，但必须能维持正常的泥水循环。

②控制推进速度：由于盾构机处于加固区域，为有效控制推进轴线并保护刀盘，盾构机的推进速度不宜过快，应使盾构机缓慢稳步地向前推进。盾构机在加固区内推进时，宜将速度控制在 10mm/min 左右。

③泥水管理：泥水平衡式盾构机施工中，开挖面的稳定主要依靠高质量的泥膜。加固区内推进过程中泥水要求：密度为 1.10 ～ 1.18g/cm$^3$；黏度为 16 ～ 18s（漏斗黏度）。始发施工中，观察止水装置是否存在漏水现象，必要时压注 HS 材料进行堵漏。另外，在保证可以提供足够符合标准的泥水的同时，还必须对泥水排放工作做好充分准备，做到泥水系统运转的稳定畅通。当盾构机穿越加固区进入原状土体后，在提高切口压力的前提下，应适当提高泥水指标：密度为 1.10 ～ 1.30g/cm$^3$；黏度为 18 ～ 20s（漏斗黏度）。

（5）洞门封堵

盾尾机壳体进入箱体后，该部位的建筑空隙突变增大，在该阶段要严格监控箱型止水密封装置的实时情况。背覆预埋钢板环管片脱出盾尾 150 ~ 200mm（止水帘布板仍作用在盾尾壳体上）即可进行洞门封堵工作，防止土体从间隙中流失而造成地面的塌陷，如图 5-17 所示。同时，在盾构机盾尾脱离洞圈约 10 环后，在控制注浆压力的前提下通过洞门预留注浆孔进行填充性注浆，直至填充饱满。

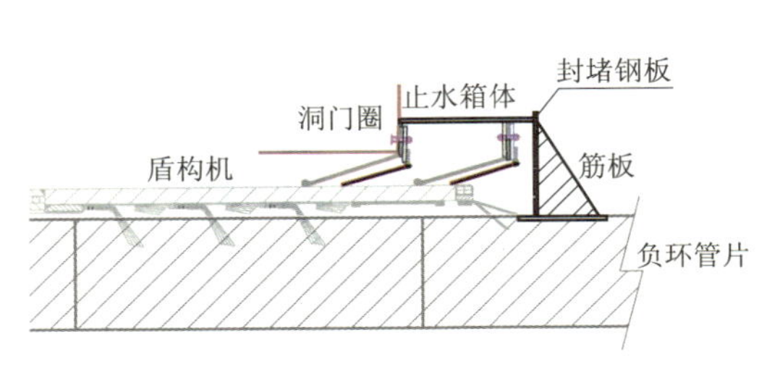


a）结构简图

b）现场施工

图 5-17　洞门封堵施工

（6）监测控制

盾构机基座段推进过程中，应加强对盾构机姿态的控制，严格按照直线推进要求，即左右两侧千斤顶行程差一致，进行施工。

①洞门封堵完成后，对止水箱体和洞圈进行灌浆，盾构机脱离此范围后对洞圈进行压注单液浆，防止洞圈范围内负环位移。

②曲线段推进过程中引起的地层损失及纠偏次数有所增加，加大了对土体的扰动。在曲线段推进时应严格控制同步注浆量。每环推进时根据施工中的变形监测情况，随时调整注浆量。注浆过程中，必须严格控制浆液的质量及注浆量和注浆压力，注浆未达到要求时盾构机暂停推进。

③小半径曲线施工过程中安排专人对盾构机车架轮子进行纠偏，确保车架基本处于水平状态。

4）车架转换

（1）车架进行转换时，盾构机需长时间停机。因此，在车架转换前，需对停机位置进行优选，应尽量选择地层条件好、周边环境影响小的区域进行车架转换。

（2）当车架从车架段结构非落深区行进至落深区台阶前，需在结构底板台阶下方圆隧道内弧面的基座区内布置钢结构平台，在车架完全行进至该平台之后，进行行走机构转换作业。安装标准段行走构件，拆除临时行走轮及钢结构平台，如图 5-18 所示。

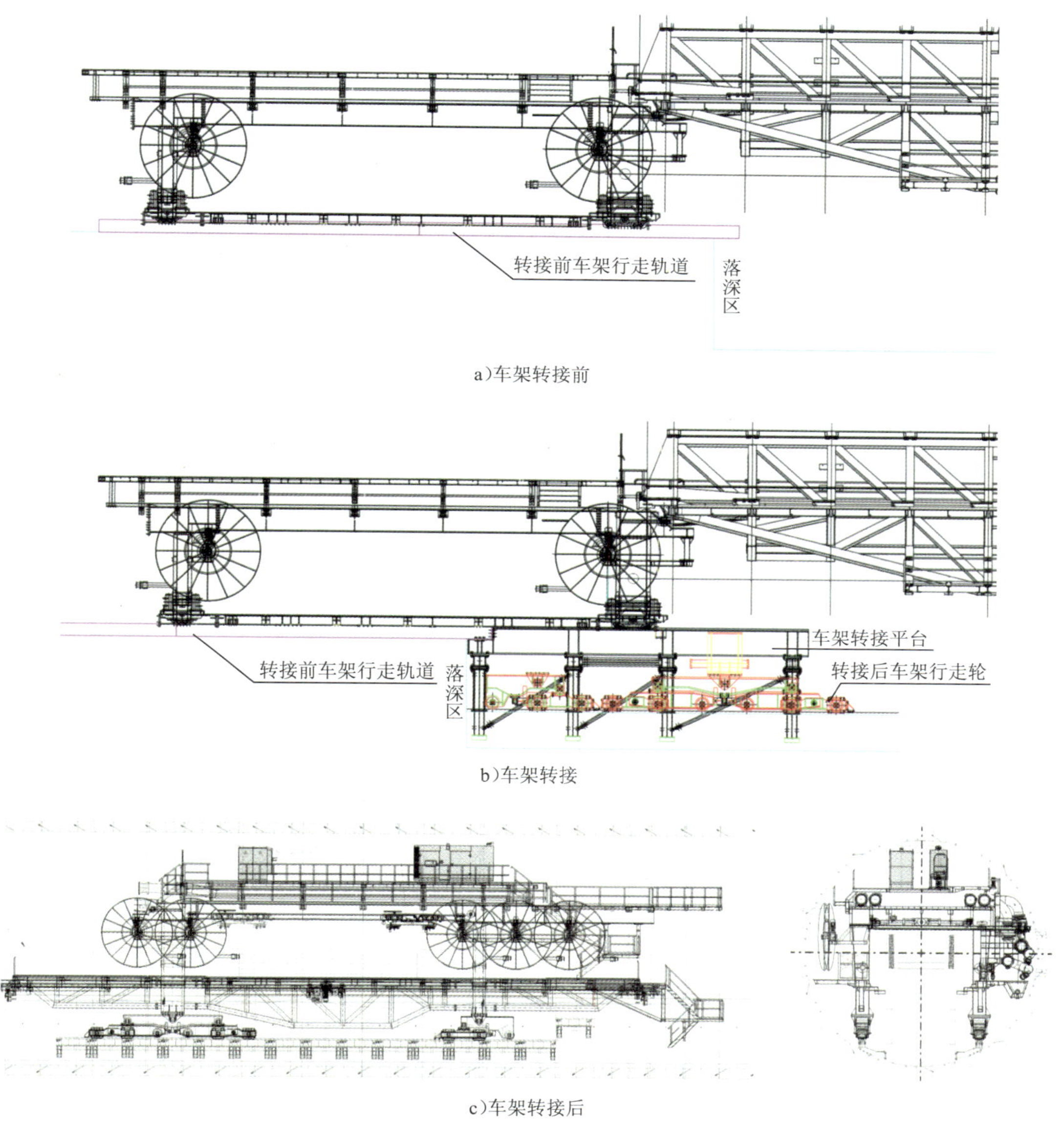


a)车架转接前

b)车架转接

c)车架转接后

图 5-18　车架行走机构转换示意图

（3）车架转接后，隧道内垂直运输和水平运输方式均转为正常方式。

## 5.1.4　盾构接收

1）接收基座

（1）钢基座：钢基座作为接收基座，易于安装及拆卸，适用于盾构机整体调头和平移，且可循环使用，利用率高。钢基座安放过程中必须设置牢固支撑保证其稳定性（图 5-19）。

（2）砂浆基座：砂浆基座强度低，一般为 M5 ～ M10，易于盾构机切削和后期凿除，适用于水中进洞。砂浆基座的承载力也需进行核算。盾构机切削砂浆基座如图 5-20 所示。

图 5-19　钢基座安放

图 5-20　盾构切削砂浆基座

（3）钢筋混凝土基座：钢筋混凝土基座承载能力强。混凝土基座安放时要根据盾构机姿态复核基座轨道高度和角度，避免接收时盾构机铲轨道。

2）洞门密封装置

如图 5-21 所示，接收前应在洞门圈内预留的凹槽内布置气囊。盾构接收时，气囊充气打开以防止洞圈内泥沙涌入。气囊安装前需要进行现场充放气实验，保证气囊的气密性。

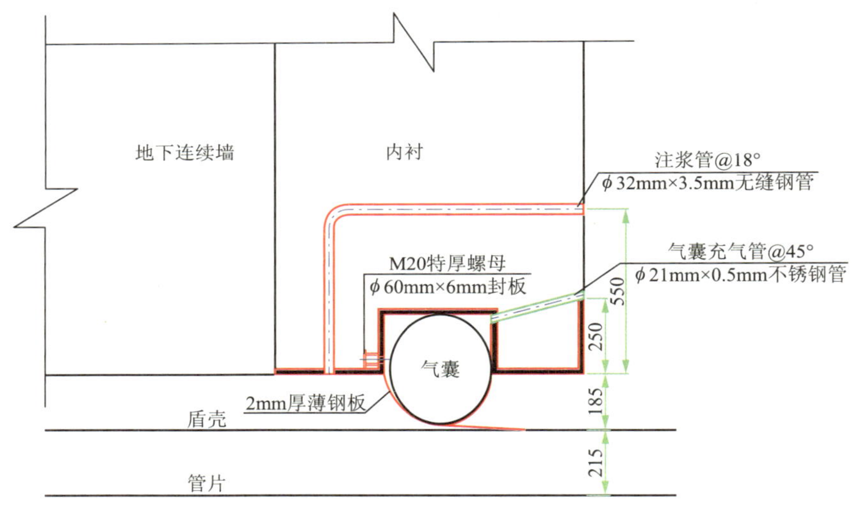


图 5-21　气囊打开示意图（尺寸单位：mm）

洞门凿除过程中，要注意对气囊进行保护，防止因损坏影响密封装置的效果。

3）定向测量

盾构机贯通前的定向测量是复核盾构机所处的方位、确认盾构机姿态、评估盾构机进洞时的姿态、拟定盾构机进洞段的施工轴线、推进坡度的控制值和撰写施工方案的重要依据，使得盾构机在此阶段的施工中始终能够按预定的方案实施，以良好的姿态进洞。

盾构机推进至距离进洞 200m 左右时，应进行一次定向测量，其内容应包括地面控制网复测、接收井门洞中心位置测定、竖井联系测量和井下导线测量。

4）特殊环管片

一般而言，管片在进洞段需要加强纵向连接整体性，常用的是纵向连接长螺杆或连接钢板，距离为进洞段 20 环。

为了保证盾构机进洞后的洞门封堵，在洞门圈位置必须设置背覆钢板的特殊环管片，因此必须提前加工 1 环特殊环。特殊环管片背面应满覆钢板，并在迎千斤顶环面布设钢板。

5）盾构接收施工流程

盾构接收施工流程如图 5-22 所示。

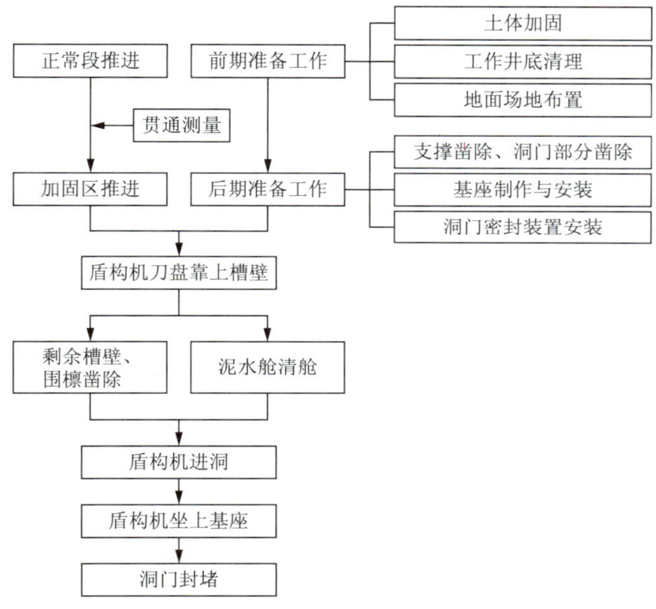

图 5-22　盾构机接收施工流程

（1）地基加固效果验收

洞门凿除前对地基加固进行验收，验收方法与盾构机始发相同。在洞门上开设“米”字形水平样洞探孔，以查看样洞渗漏情况以及土样取芯情况，判断加固区土体加固效果。确认无明显渗漏才能进行接收及洞门凿除施工，否则应采取补加固措施。

（2）降水或冻结施工处理

若进洞加固区周边设置有降水井，则降水井开设完成后，需立即进行抽水试验，并出具相应报告。洞门凿除前，开启降水井，保证水位降至方案要求。降水过程中需保证用电并配套备用水泵，确保降水不中断。同时须对周边环境进行密切监测，盾构机接收施工结束后应及时停止降水施工。

若采用冻结法进行补强加固，则在盾构机掘进至临近冻结区域时，停止推进，拔除冻结管至盾构机上方 1m 后恢复冻结，待盾构机完成接收后，再进行解冻、拔管、回填等工序。

（3）接收加固区内推进

主要施工参数控制：

①轴线控制：以洞口中心为目标，偏差值控制在 ±20mm 以内，保持管片与盾壳之间的间隙，使该间隙尽量均匀。

②推进速度：宜控制在 10mm/min 左右。

③正面支撑压力：正面支撑压力根据出土量及总推力情况逐步调整。泥水平衡式盾构机此阶段泥浆池逐步采用清水代替泥浆，以实现清舱目的。

④同步注浆：在接收加固区内，同步浆液应使用早强浆液，且同步注浆量与正常掘进段相同。为了保证注浆管路不堵塞，应及时对浆桶进行清洗。此阶段还应做好压力补偿注浆工作，确保管片周围空隙能完全得到填充。

⑤做好接收段 20m 范围内成环管片螺栓复紧工作，并加强管片环缝之间的连接加固，保证成环管片在接收施工中能够达到强度与刚度要求。

⑥加快信息反馈速度，并加强作业人员之间的联系和交流，以实时化、信息化的手段提高施工精度和质量。

（4）支撑压力释放

当盾构机推进至贴近洞门处地下连续墙时，正面支撑压力应逐步释放为 0，并清空土舱。

（5）洞门凿除

当盾构机靠近进洞工作井围护结构，且正面支撑压力释放完成后，再开始洞门凿除工作。如图 5-23 所示，接收洞门凿除采用人工结合镐头机分工作面分层凿除方法。洞门凿除要连续施工，尽量缩短作业时间。一旦盾构机靠上槽壁，即开始洞门凿除工作。

a）人工剥除混凝土

b）镐头机凿除

图 5-23　接收洞门凿除

（6）盾构机水中接收

进入工作井后，盾构机主要依靠盾构机本体自重、井内水的浮力、基座支撑力和管片的支撑反力保持稳定施工。因此，水中接收过程中的施工控制主要是保证这 4 种作用力的平衡。在洞门部分凿除后，需对工作井内加水。由于浮力大小和盾构机进入工作井的体积和泥水液位高度有关，在盾构机进入工作井的不同阶段均需要调节井内泥水的液位，确保泥水对盾构机的浮力大于盾构机的自重和管片之间摩阻力之和。

①工作井内掘进。

a. 水中接收过程中，洞门凿开后大量泥水会从泥水舱泄入工作井，如图5-24所示。此时应停止推进，将泥水循环系统切换为旁路模式，待稳定后再根据刀盘中心的压力传感器设定气泡舱压力，重新开启泥水循环系统进行推进，且循环时应保证进泥流量、排泥流量接近。同时，应安排井内液位观察员值班，随时与盾构机司机进行沟通，以调节进排泥流量，保证工作井内泥水液位不变。

图5-24 盾构机水中进洞接收

b. 盾构机刀盘进入工作井密切观察盾构机与止水装置的相对位置，以防盾构机拉坏止水装置。

c. 井内推进过程中同样必须做好同步注浆、压力补偿注浆、管片复紧等工作。

d. 水中接收时，接收基座一般采用砂浆基座。

②盾尾脱离洞口。

a. 通过管片上的注浆孔进行压密注浆，填充管片与洞门间的间隙。

b. 注浆完成后，工作井内抽水、清理泥土。

③洞门封堵。

水中接收时，应先逐步降低工作井内液位，对盾壳与洞门间进行钢板焊接后，对洞圈建筑空隙进行注浆。注浆完成后，盾构机前移至盾尾完全脱离洞口环后，立即进行洞门封堵，再进行洞门封堵注浆。

## 5.1.5 盾构调头

盾构调头采用PLC整体同步顶升技术，通过调整可移位式盾构机基座搁架（与盾构机连为一个可动单元），达到盾构机的下降调平、平移、旋转、顶升调坡的目的。

1）调头流程

盾构调头流程如图5-25所示。

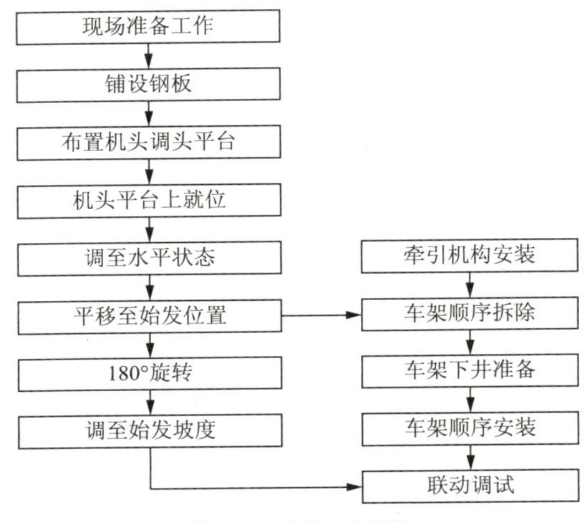


图5-25 盾构调头流程

2）调头装置安装调试

（1）找平、铺设钢板

工作井施工完毕，对工作井底板进行找平处理后，底板上满铺16mm厚钢板，各块钢板之间采用坡口焊，并保证接缝平整牢固。

（2）钢板固定

为防止盾构机整体平移、旋转过程中造成的钢板错位，钢板铺设完毕后，应利用钻机对钢板钻孔，同时在混凝土底板上相对位置钻孔，植入钢筋至混凝土底板并对钢板进行固定，植筋深度不小于400mm。

（3）铺设钢结构基座

根据隧道设计中心线，定位基线，在接收工作井安装钢结构基座搁架、顶升千斤顶及可控悬浮式滑动装置。完成基座搁架安装之后，利用纵横向支撑固定基座搁架，如图5-26、图5-27所示。

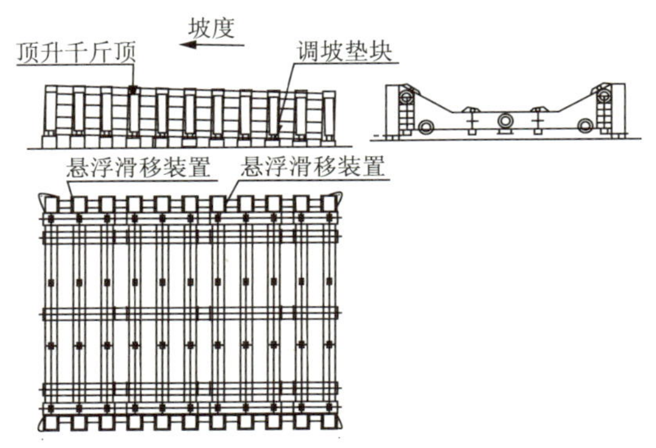


图5-26 基座搁架安装形式示意图

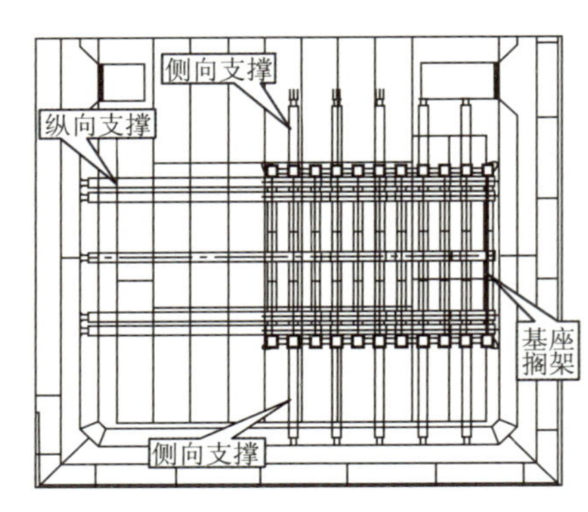


图5-27 基座搁架支撑形式示意图

（4）调坡与试顶升

液压设备进场后，按照实际顶升的千斤顶布置与分组情况，对整个基座搁架进行预顶升、落坡模拟顶升等调试步骤，确保设备进入基坑后能够一次性顶升成功。

试顶升后，再进行正式顶升。盾构机在接收工作井进行下降调坡时采取“先调整成水平状态，然后整体下落”的方法。

3）操作要点

平移、旋转施工示意如图 5-28 所示。

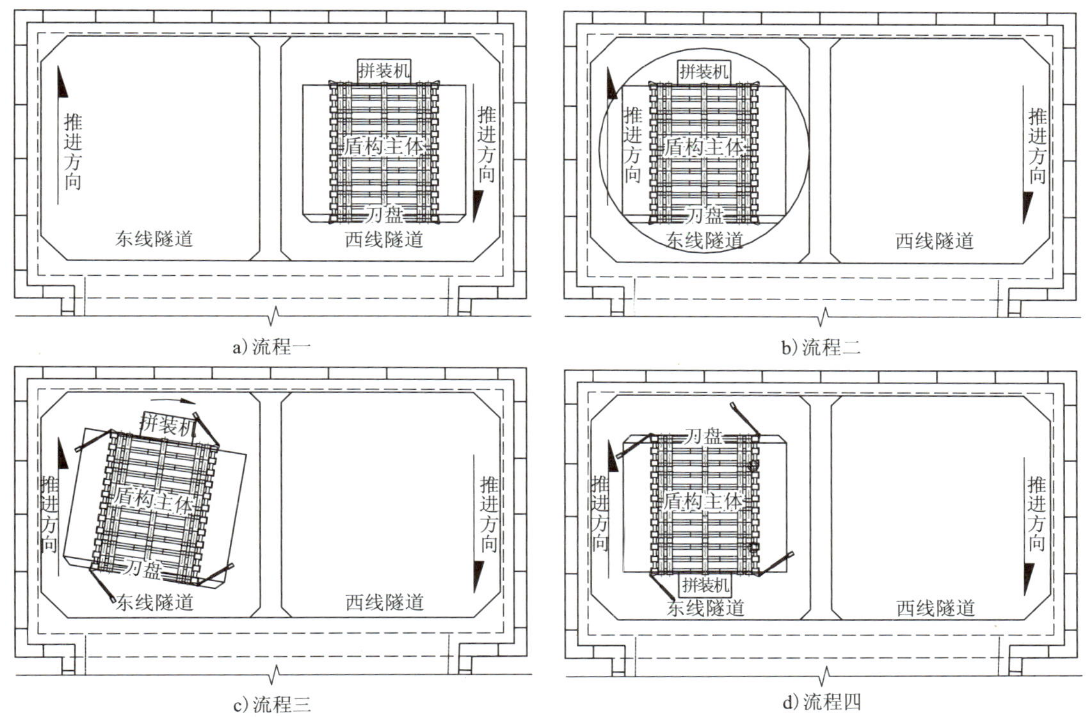


图 5-28　盾构机平移、旋转示意图

平移、旋转施工中，要控制如下要点：

①平移距离为理论计算值，现场平移施工前，要根据土建施工方提供的基点，现场测量放出平移轨迹线，及时发现问题，避免现场实际情况变化较大，导致平移时井壁与壳体发生碰撞而无法顺利施工。

②因工作井空间有限，所以旋转施工时要求精确控制盾构机的中心位置，除电脑监控外，要在搁架及盾构机壳体上做标识线，用经纬辅助测量，以确保控制盾构机平移距离的准确性。

③为控制平移方向的准确性，平移时应设置限位装置。

# 5.2 开挖面稳定性

盾构机主要通过前方刀盘旋转切削土体，千斤顶向前顶进而达到掘进的效果。刀盘前方区域土体称为开挖面（或掌子面），受到来自盾构机的支护压力。当开挖面受力过大时，将发生被动破坏，前方土体表现为隆起，当开挖面受力过小，将发生主动破坏，前方土体表现为塌陷。工程中常将开挖面的主动破坏与被动破坏统称为失稳，会造成巨大的环境问题和施工质量问题。如何将支护压力维持在合理的区间内，保证开挖面的持续稳定，是盾构法隧道施工技术的关键性问题。根据平衡方式的不同，盾构机可以分为土压平衡式与泥水平衡式两类，其对应的开挖面稳定机理也有所不同。

## 5.2.1 土压平衡式盾构开挖面稳定

1）开挖面稳定机理

如图 5-29 所示，土压平衡式盾构机利用安装在盾构机前的全断面切削刀盘，将正面土体切削下来进入刀盘后方的贮留密封舱内，并使舱内具有适当压力与开挖面水土压力平衡，以减少盾构机推进对地层的扰动，从而控制地表沉降。若是盾构机压力舱内泥土压力过大就会引起掌子面上部地层的隆起；若泥土舱压力过小，对开挖面施加的压力不足以支持其稳定性，会使土体松弛进而塌陷，引起地表下沉。因此，开挖面稳定的关键在于开挖面支撑力范围的合理确定。

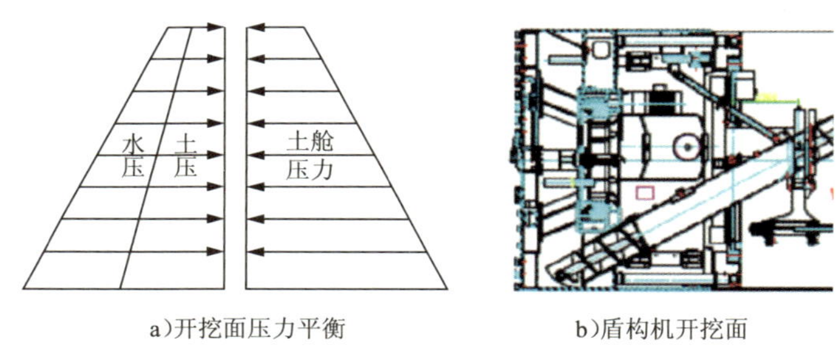


a）开挖面压力平衡　　b）盾构机开挖面

图 5-29　土压平衡式盾构机开挖面稳定机理示意图

2）开挖面稳定的影响因素

（1）盾构机施工对土体的扰动

盾构机掘进对周围地层的影响主要包括土体的应力释放、含水率、体积或孔隙水压力的变化。土体的变形不是因为土体颗粒受外力而变形，而是土体颗粒之间的位置变化，位置变化也将影响土体的力学参数。在原来处于稳定状态的地层中，盾构机掘进时将导致地层周围原始应力状态发生改变，使周围的土体出现加载或卸载等复杂的力学行为，土体的原有平衡状态受到破坏，从而对土体产生扰动。

盾构机掘进过程中土体的应力变化主要由以下阶段引起：

①盾构机开挖面前的土体应力变化。

②盾构机开挖面上的土体应力变化。

③盾构机掘进时与土体之间的摩擦力引起的土体应力变化。

④管片脱离盾尾时产生的空隙引起土体应力的变化。

⑤地应力恢复时土体长期流变引起土体应力的变化。

盾构机前进要靠后座千斤顶的推力，只有盾构机千斤顶有足够的力量克服前进过程中所遇到的各种阻力，盾构机才能前进；同时这些阻力反作用于土体，产生土体附加应力。引起土体扰动的阻力主要为盾构机外壳与周围土体的摩擦力 $F_1$，切口切入土层的阻力 $F_2$，盾构机与配套车架间的摩擦力 $F_3$，管片和盾构机之间的摩擦力 $F_4$，开挖面土体的主动土压力 $F_5$ 等，具体情况如下：

当千斤顶总推力 $T \geqslant F_1+F_2+F_3+F_4+F_5$ 时，盾构机开挖面前方土体受到加载并产生弹塑性变形，产生挤压扰动区，开挖面受挤压作用引起土体压缩并使土体前移和隆起，此时盾构机正常工作；当千斤顶总推力 $T< F_1+F_2+F_3+F_4+F_5$ 时，盾构机处于静止状态，这一状态对应开挖面前方土体未被及时支撑或土体严重超挖的情况，土体应力释放并向盾构机压力舱内临空面滑移，地表出现沉降。

盾构机推进过程中盾壳与周围土体之间产生摩擦阻力，该阻力会在盾壳土体中产生剪切扰动区，该区的范围较小。在剪切扰动区以外，由于盾尾建筑空隙的存在，土体向间隙内移动，引起土体松动而使地表下沉；盾构机上方土体由于自重和地面超载往下移动而形成卸载扰动区；盾构机下方土体由于隆起而形成卸载扰动区。

盾构机施工对周围土体的扰动可以分为两种形式：

①开挖面或侧向土体受挤压作用引起土体压缩并使土体前移和隆起。

②开挖面超挖和盾尾间隙的存在引起土体的松动、塌落而导致地表沉降。土体的扰动范围及扰动程度由盾构机的施工状态决定，当土压力大、推速快、排土量少时，则土体受挤压形成塑性区，扰动范围由欠挖土量以及土性决定；当土压力小、推速慢、排土量大时，则土体易形成松弛区，其范围由超挖土量以及土性决定。

（2）开挖面的支护压力

土压平衡式盾构机开挖面的稳定主要是靠正面支护压力，即盾构机前方土舱内的土压力来维持，因此正面支护压力的合理与否直接决定开挖面是否稳定。盾构机施工过程中，开挖面稳定是通过开挖舱内渣土堆积作用得以实现的，实际掘进过程中，开挖面支护压力不可能始终保持恒定的理想状态，而是始终处于一个不断变化的状态，影响支护压力变化的主要原因有：

①地层多样性：盾构机掘进过程中，开挖面前方土层条件会不断变化，不同的地层条件下，同样的开挖面支护压力会产生截然不同的效果。支护压力大小的确定与土层条件、地下水情况、开挖方式、隧道直径与埋深等密切相关。这种实际情况的存在本身要求开挖面支护压力不断变化以满足施工过程中不同开挖方式的要求。

②舱内土体流动性：进入开挖舱的渣土流动状态不尽相同，掘进过程中"闭塞""结泥饼"等问题的出现将会导致支护压力出现极大的变化。同时由于添加材料应用相关研究技术上的不成熟，使得开挖舱内的土达不到较稳定的流动状态，也会对开挖面支护压力的控制产生影响。

③隧道直径和埋深的影响：盾构机在地下掘进的过程中，引起的土体附加应力极其复杂。盾构机向前推进时引起前方和侧向土体附加应力，使得盾构机周围土体处于主动状态或被动状态，推进后又将发生弹性恢复。掘进引起的土中附加应力不仅与土体的物理参数有关，而且与盾构机施工参数关系密切。盾构机施工的直径越大，对整个断面的支护难度更大；埋深较浅时支护压力一般按照全覆土进行计算，但埋深较大时，计算支护压力时需考虑一定的土拱效应。

3）开挖面稳定措施

稳定开挖面的措施主要是控制开挖舱内水土压力保持在目标范围内。

水土压力控制通过调整盾构机掘进速度以及控制螺旋输送机的转速和排土量来实现。螺旋输送机的转速自动控制又可分为体积控制和土压控制。体积控制是指螺旋输送机的转速由与盾构机掘进速度成正比的挖土量来控制，土舱压力控制是指螺旋输送机的转速由压力舱内泥土压力保持一定水平来控制。在对土舱压力进行控制和管理时，一般根据地层特性和地面环境确定土舱压力的控制范围。

（1）盾构机针对性设计

①土舱内搅拌装置。

大直径盾构机具有开挖面尺寸大、土舱压力分布差异明显、切削土层多且复杂等问题，易引起开挖面的不稳定。为缓解土压力非线性分布和各土层在物理力学性质存在差异的不利影响，可在土舱内增设搅拌装置，如图5-30所示。

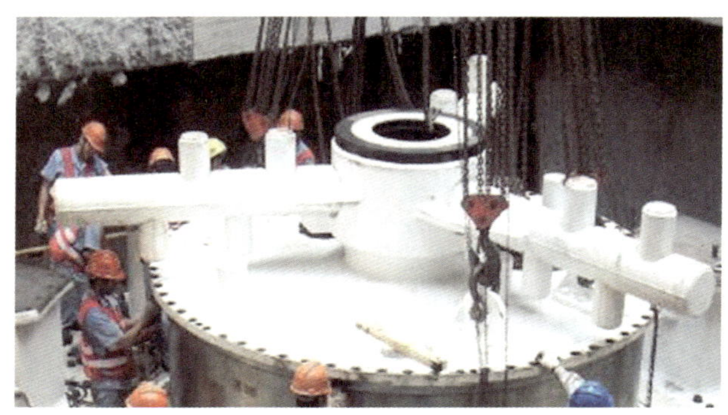

图5-30　土舱内搅拌装置

②开挖面渣土改良。

由于盾构机顶部覆土、水土压力(承压水层)的影响,盾构机掘进过程中开挖面有突涌风险,给土舱压力控制增加了难度。土舱压力波动太大,会增加正面土体的扰动,导致正面土体的流失,因此应尽可能减少切口土压力的波动。向开挖面注入一定量的渣土改良剂(泡沫或膨润土),可降低前方土体的透水率,改善其流塑性,更好地控制土舱压力。

a. 泡沫改良:泡沫改良技术是利用发泡剂与压缩空气作用产生的泡沫,注入盾构机的土舱、刀盘和螺旋机内与土体混合,对土体进行改良。由于泡沫的注入,土颗粒被弹性外围所包裹,形成一个三相体系。土体颗粒间的稠度与摩擦力减小,土体在变形范围内具有理想的塑性状态,为控制开挖面的支护压力提供可能。随着土舱内压强的降低,颗粒结构中的气体将发生膨胀,土舱内土体在附加压力下产生变形;当土舱内压强增大时,土体的空隙体积将会减少,进而避免了刀盘扭矩的上升。

泡沫的微观示意如图5-31所示。

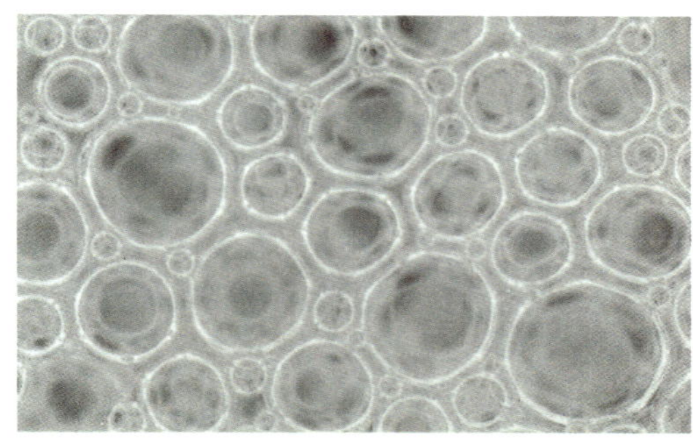

a)泡沫原液结构

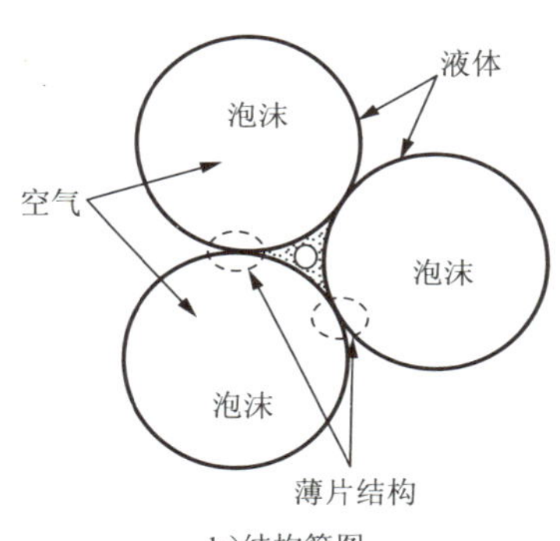


b)结构简图

图5-31 泡沫的微观示意图

在泡沫的使用上,主要有以下参数:泡沫浓度(泡沫原液与水混合的体积比)、发泡率(泡沫混合液在压缩空气作用下膨胀的体积倍数)、注入率(泡沫注入与改良土体的体积比),泡沫注入土体试验如图5-32所示。

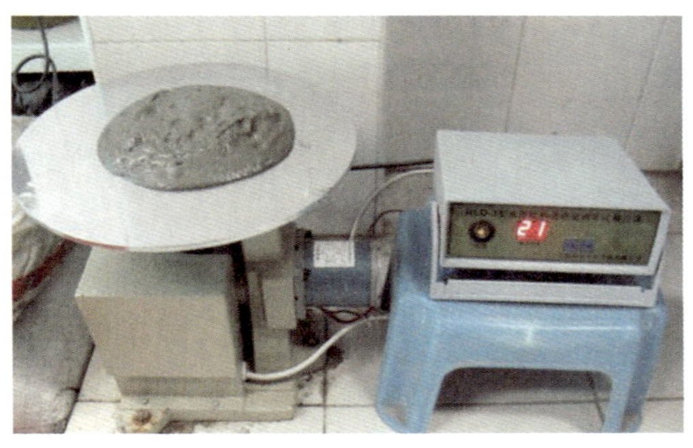


a)原始土体流动度

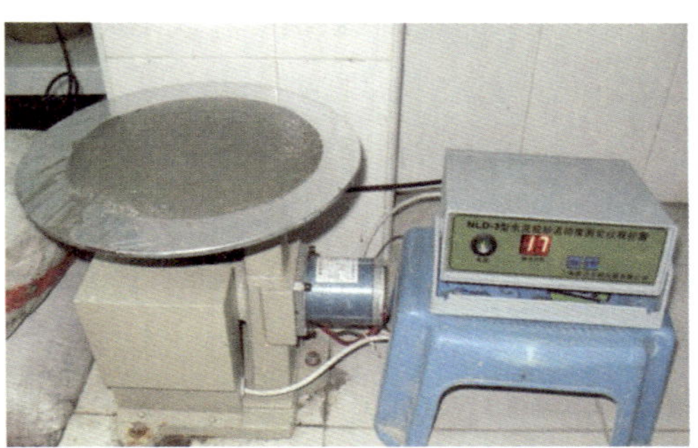


b)改良土体流动度

图5-32 泡沫注入土体试验

b. 膨润土改良：膨润土具有吸湿膨胀性、低渗性、高吸附性及良好的自封闭性能。向土舱内注入钠基膨润土溶液时，可以增加土舱内土体的流动性，在刀盘转动切削土体的过程中起到护壁的作用，有利于保持土舱内土压平衡，从而避免开挖面的土体坍塌，保持掘进的持续顺利进行。

c. 聚合物改良：早期盾构法隧道施工中所采用的聚合物一般由普通膨润土加入纯碱、CMC（羧甲基纤维素钠）等高分子链聚合物材料复配而成。

③螺旋机防喷措施。

在大埋深承压水作用下，螺旋机有喷涌的可能。因此，在推进过程中应当首先应做好开挖面的渣土改良，降低其透水率，杜绝喷涌隐患；可以将螺旋机闸门开口度设置在 50% 以内，防止大规模的喷涌；如发生喷涌，则立即关闭螺旋机闸门，通过土舱胸板及向螺旋机内注入口注入紧急止水材料，切断水流通道，使螺旋机恢复土塞效应。

（2）支护压力设定

开挖面的稳定是通过保持开挖舱内的土舱压力来保证的，为了改善开挖舱内渣土特性，通常在开挖面处加入膨润土等润滑材料，经过改良后的泥土充满压力舱和螺旋输送机内以保持与开挖面的土压力相平衡。

土舱压力设定的原则是使设定值控制在主动土压力和被动土压力之间。如果实际土舱压力小于主动土压力，则盾构机前部土体因应力松弛造成地层损失，地面将发生沉降；如果设定值大于被动土压力，则盾构机前部土体因应力集中造成地表隆起。土舱压力的高低最终以盾构机施工轴线上方的地面既不隆起、又不塌陷为宜。

另外，如果土舱压力与静止土压力相差较大，会造成土体的扰动，因此结合实际情况应尽可能地接近静止土压力值。

正面平衡压力：

$$P=K_0（\gamma_{土}-\gamma_{水}）h_{土}+\gamma_{水}h_{水} \tag{5-14}$$

式中：$P$——平衡压力（包括地下水）（kPa）；

$\gamma_{土}$——土体的平均重度（kN/m$^3$）；

$\gamma_{水}$——水的重度（kN/m$^3$），取 10kN/m$^3$；

$h_{水}$——隧道中心埋深（m）；

$h_{水}$——地下水位至隧道中心深度（m）；

$K_0$——静止土压力系数。

盾构机在掘进施工中均可参照以上方法来取得平衡压力的设定值，具体施工设定值根据沉降监测数据进行不断地调整。

（3）出土量控制

$$V=\frac{\pi}{4}\times D^2\times L \tag{5-15}$$

式中：$D$——隧道开挖直径(m)；

$L$——每环环宽(m)。

盾构机推进出土量应根据实际施工过程中的参数总结分析，确定出土量的最合适值。

在掘进过程中，动态观测本环出土量曲线与统计曲线的变化情况。当发现出土量过大时，应立即查看地面沉降和支护压力。此外，也可以利用探测装置，调查土体坍塌情况，在查明原因后应及时调整有关参数，确保开挖面的稳定性。

隧道中架设同步延伸水平皮带输送机，由盾构机切削下的渣土经此同步延伸水平皮带输送机运送至工作井的集土坑中，完成隧道内渣土的水平运输。

(4)地面沉降监测控制

盾构机掘进过程中产生的地表变形大致分为以下三种：

①盾构机到达之前引起的地表变形。在盾构机达到测点之前，开挖对土体的扰动将导致土体应力状态的变化，进而引起土体隆起或沉降。

②盾构机到达时的地表变形。开挖面土体所受的水平支护应力可能大于或小于原始静止土压力，进而引起开挖面前方土体的隆起或沉降。

③管片脱出盾尾时产生的地表变形。管片脱离盾尾后，在隧道开挖壁面和管片衬砌周围形成环形空隙，可能会因同步注浆压力、注浆量的设置而引起地表的变形。

盾构机掘进施工过程中需按监测结果及时反馈，合理调整施工参数并采取相应的技术措施，最大限度地减少地层移动，地层损失率一般控制在5‰以内。对于特殊部位，则根据保护要求适当提高沉降控制标准，以确保施工安全与周围环境的稳定。

## 5.2.2　泥水平衡式盾构开挖面稳定

1)开挖面稳定机理

泥水平衡式盾构机施工时以泥水压力来平衡开挖面的土压力和水压力，从而保持开挖面的稳定。前方新注入浆液在开挖面形成弱透水性泥膜，保持泥水压力有效作用于开挖面。在开挖面，随着加压后的泥水不断渗入土体，泥水中的砂土颗粒填入土体孔隙中，形成渗透系数非常小的泥膜。由于泥膜形成后减小了开挖面的压力损失，泥水压力可有效地作用于开挖面，从而能够防止开挖面的变形和崩塌，并确保开挖面的稳定性。

泥水加压式盾构机是通过压力舱内泥水的压力与特性来维持开挖面的稳定性。通过一定压力注入开挖面的泥浆会在开挖面上形成一个难透水的泥膜或渗透壁，在泥膜两侧围岩内的水土压力通过泥浆压力得到平衡从而有效地维持开挖面的稳定性。泥浆微粒子向开挖面前方渗透可增加土的黏聚力，有利于保持开挖面的稳定性。因此，选择最佳的泥水压力对开挖面的稳定至关重要。如果泥水压力过小，开挖面在围岩土压力、水压力的作用下就会发生破坏；而压力过大时，泥水会在透水性良好的砂土中渗透逸散，泥水压力超过土的抗剪强度后会在地基中形成劈裂裂隙从而造成冒浆的严重后果。

泥浆的比重、黏性、稳定性和过滤特性决定泥膜形成的快慢和泥膜的质量。一般来讲泥浆的比重越大越有利于开挖面的稳定性。但是在长距离隧道开挖中，过大的比重不但会引起泥浆输送泵的超负荷，还会增加泥水处理的难度。比重过小时将出现大量逸泥，进而增加泥膜和渗透壁形成的难度。在透水性良好的饱和砂土中，泥水的过滤特性尤为重要，泥水中微粒子的大小与土中孔隙大小的相对关系直接决定了泥膜形成的难易程度。微粒子过小使得泥水只在地基中渗透而不形成泥膜，微粒子过大又会造成在送泥管和压力舱内的沉淀和淤堵。

当泥水压力大于地下水压力时，在土壤间隙中将形成一定比例的悬浮颗粒。泥水按达西定律渗入开挖面土体后，悬浮颗粒随泥水渗入到土体颗粒间的孔隙中，在"阻塞"和"架桥"效应的作用下，这些悬浮颗粒受分子间范德华力作用而被捕获，并积聚于土壤与泥水的接触表面形成泥膜，如图 5-33 所示。随着时间的渐渐推移，泥膜的厚度不断增加，渗透抵抗力逐渐增强。当泥膜抵抗力远大于正面水土压力与泥水压力之差时，会产生泥水平衡效果；当泥水压力小于泥膜前水土压力时，泥膜难以形成，土体崩塌松弛。

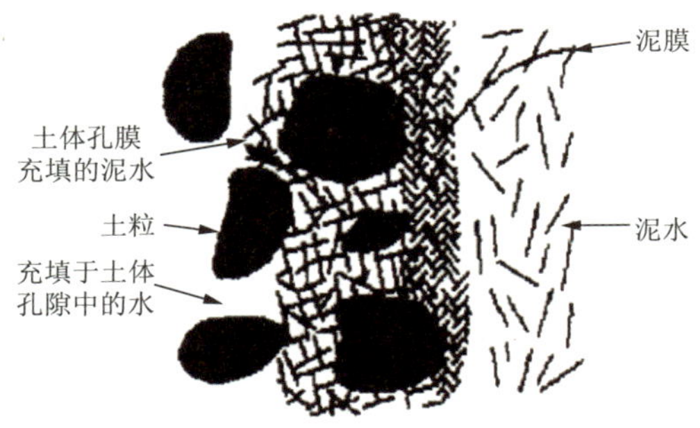


图 5-33 泥膜形成示意图

随着加压后的泥水不断渗入土体，泥水中的砂土颗粒填入土体孔隙中，可形成渗透系数非常小的泥膜（膨润土悬浮液支撑时形成一滤饼层）。同时，由于泥膜形成后减小了开挖面的压力损失，泥水压力能够有效地作用于开挖面，从而防止开挖面的变形和崩塌，确保开挖面的稳定。因此，在泥水平衡式盾构机施工过程中，设定泥水压力和控制泥水质量是两个关键步骤。

为了能有效地在刀盘开挖面上施加泥水压力，要求在泥水压力和地下水压力差的作用下，悬浮在泥水中的膨润土颗粒能在开挖面上快速形成一层不透水的泥膜，以防止泥水压力损失，并阻止刀盘正面的土体颗粒向盾构机内流动。刀盘开挖面上泥膜的有效形成对提高开挖面的稳定起到极其重要的作用，特别是自稳能力差、均匀系数小的无黏性砂土。

对于渗透系数小、内聚力较大的黏性土，泥水几乎很少渗入土体。这有两方面的原因，其一，黏性土本身透水性差，能够有效地阻止泥水的渗透；其二，对于含蒙脱石等矿物成分较多的黏性土，其中的蒙脱石黏粒遇水有显著的水理作用，在泥水压力作用下，开挖面上自然形成一层胶凝状的泥膜。因此，泥水平衡式盾构在此类土层中掘进时，泥水压力能有效的作用在开挖面上，而刀盘切削下的土体经泥水分离处理后保留下来的悬浮颗粒也能够作为泥水成分被充分利用，从而减少膨润土等泥水材料的添加。而对于渗透系数大的无黏性土，为了防止泥水压力的损失，需要在开挖面上形成一层泥膜，以防止泥水穿过土体颗粒间的孔隙而渗入到土层较深范围内，导致泥水用量大、泥水压力不稳定的情况产生。此时，需要在泥水中添加较大剂量的膨润土。添加了膨润土的泥水，在粉质土或砂质土中一般情况下能有效地形成泥膜。但是，对于颗粒更粗的土体，有时还需要添加其他材料来增加密度和黏度，保证泥膜的形成以防止泥水进入土层而使泥水压力损失。因此，对于渗透系数大的无黏性砂质土层，泥膜的形成对于保持开挖面泥水压力稳定和刀盘正面土层稳定非常重要。

此外，盾构机推进中刀盘开挖面土体的稳定性除了与泥水压力和泥膜的上述作用有关外，还包括刀盘对于土体的支护作用。因此，严格来讲，刀盘开挖面土体的稳定是由盾构机推力（主要由刀盘传递）和泥水压力共同作用的结果。其中，泥水压力主要承担刀盘之间开口范围内土体的稳定性，刀盘作用范围内的土体主要由盾构机刀盘承担。

2）开挖面稳定的影响因素

（1）泥膜的形成

泥浆是通过聚合物和活性土之间配合各种非活性土以产生作用的聚合物（正电胶泥水体系）。泥浆在压力差作用下，渗透层表面形成致密且有强度的泥膜，起到降低泥水滤失量，稳定开挖面的作用。从微观机理分析，泥膜的形成是活性颗粒间的相互作用的结果。带正电的活性颗粒，易分散悬浮于水中，颗粒表面带有不小于 35mV 的正电荷，对极性水分子会产生定向作用，将水分子极化，使其在周围形成稳固的水化膜。水化膜的外沿显正电性，而黏土颗粒带负电荷，将在水里产生类似作用。因此当两个带有强水化膜的粒子靠近时，将在整个空间内形成由水分子稳定的均匀稳定体，又称为“复合体”。无数个“复合体”组合即形成了稳定体系。

如图 5-34 所示，泥水中带正电的活性颗粒粒子与开挖表面带负电的土体黏土颗粒形成无数个复合体。当失水发生时便有较多的带正电的活性颗粒紧贴在开挖面的表面，将表面的无机阳离子排斥，形成一层具有正电位的势能层，这种带正电荷的势能层在开挖面瞬间完成，随着掘进的不断进行，不断形成保护膜，从而保证开挖面的稳定性。带正电的活性颗粒溶液对黏土有抑制能力，活性颗粒会使黏土表面的阳离子远离，层间阳离子连同水化膜一起离去，使黏土矿物质层间分散、减弱。同时使水分子在两种电荷的作用下有序排列，减小水分子的运动范围，使得黏土吸水性得以抑制。

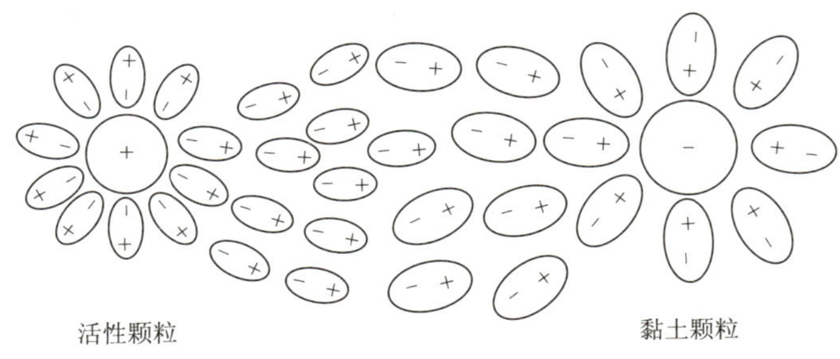

图 5-34　活性颗粒粒子水化膜与黏土颗粒水化膜结合示意图

从宏观分析，为了能有效地在刀盘开挖面上施加泥水压力，要求在泥水压力和地下水压力差的作用下，悬浮在泥水中的土颗粒能在开挖面上很快形成一层不透水的泥膜。一方面防止泥水压力损失，另一方面还阻止了刀盘正面的土体颗粒向盾构机内流动。因此，刀盘开挖面上泥膜的有效形成对提高开挖面的稳定起到极其重要的作用。

当刀盘刀头将泥膜切削后，新的泥膜很快形成，保持着开挖面的稳定性。为了可靠而迅速地形成泥膜，使压力有效地作用于开挖面，泥水应具有以下特性：

①泥水的密度：为保持开挖面的稳定，将开挖面的变形控制到最小限度，泥水密度应达到一定水平。从理论上讲，泥水密度最好能达到开挖土体的密度。但是，大密度的泥水会引起泥浆泵超负荷运转以及泥水处理困难；而小密度的泥水虽可减轻泥浆泵的负荷，但泥粒渗漏量增加，泥膜形成慢，对开挖面稳定性不利。因此，在选定泥水密度时，必须充分考虑土体的地层结构，在保证开挖面的稳定的同时也要考虑设备的能力。

②含砂量：在强透水性土体中，泥膜形成的快慢与掺入泥水中砂粒的最大粒径以及含砂量有密切的关系，这是因为砂粒具有填堵土体孔隙的作用。为了充分发挥这一作用，砂粒的粒径应比土体孔隙大而且含量适中。

③泥水的黏性：泥水必须具有适当的黏性，以收到以下效果。

a. 防止泥水中的黏土、砂粒在泥水舱内的沉积，保持开挖面稳定。

b. 提高黏性，增大阻力防止逸泥。

c. 使开挖下来的弃土以流体输送，经后处理设备滤除废渣，将泥水分离。

泥浆的作用如下：

a. 充满被挖掘的空间，通过压力差浸入土体内，堵塞水的通道。

b. 平衡地层侧向压力，在开挖面形成泥膜，维持开挖面稳定，防止地层坍塌。

c. 抑制地层黏土水化分散，防止因水化分散导致黏土层膨胀垮塌而造成盾构机推进不能正常进行。

d. 使土渣悬浮，将土渣携带出地面。

（2）泥膜质量

从泥水平衡理论中可以看出，在泥水平衡式盾构机掘进过程中，尽快形成渗透系数很小的泥膜是一个相当关键的环节。对泥膜形成机理的分析表明：泥膜的形成既与泥水质量有关，也与土层性质有关。泥水质量包括泥水最大粒径、泥水配比、泥水浓度、泥水压力等内容，而土层性质包括土体类型、土体颗粒直径和土体渗透性等内容。所以，泥膜的形成是泥水质量与土层性质相互作用的结果。

①泥水最大颗粒粒径：由于泥膜依靠堵塞和架桥效果形成，因此泥水中含有的粒子的最大直径对这种效果影响很大。只有泥水的最大颗粒粒径与土体渗透系数、土体粒径之间相互匹配，才能有利于泥膜的形成。土层、渗透系数与泥水最大粒径的相互关系见表 5-2。

**土层、渗透系数与泥水最大粒径的相互关系**　　表 5-2

| 土层名称 | 粗砂 | 中砂 | 细砂 | 粉砂 |
|---|---|---|---|---|
| 渗透系数（$cm \cdot s^{-1}$） | 1 ～ 90 | 1 ～ 9 | （1 ～ 9）×$10^{-1 \sim -2}$ | （1 ～ 9）×$10^{-3}$ |
| 泥水最大颗粒粒径（mm） | 0.84 ～ 2.00 | 0.42 ～ 0.84 | 0.074 ～ 0.42 | ＜ 0.074 |

②颗粒级配：泥水的颗粒级配对泥膜的形成也具有较大影响。最佳的泥水颗粒粒径分布形式需通过大量试验来确定。与注浆问题类似，泥膜的形成、析水问题与黏度和孔眼堵塞效应有关。泥水土颗粒粒径大于原状土有效粒径的 1/10 时，泥水不能渗入原状土体中；泥水土颗粒粒径大于原状土孔隙的 1/3 时，泥水不能通过原状土孔隙。在施工中充分利用刀盘掘削下来的土体颗粒成分与新浆液混合后，形成的泥水悬浮液来形成泥膜，平衡开挖面。

③泥水密度：泥水密度与黏度、析水度和泥水配比关系密不可分。泥水密度提高能使泥水屈服值升高，同时能使泥膜的稳定性增强，高密度的泥水可以产生高质量的泥膜。随着土层的不同而改变泥水的密度，其调整范围为 1.2 ～ 1.25g/cm³。在黏性土中泥水密度可小些，在砂性土（砂或沙砾等土层）中泥水密度则大些。掘进过程中泥水密度不宜过高或过低，前者将影响泥水的输送能力，后者将破坏开挖面的稳定性。泥水密度的范围应在 1.15 ～ 1.25g/cm³，上限根据施工的特殊要求而定，在砂性土中施工、盾构机穿越浅覆土层、保护地面建筑物等，可达 1.30g/cm³，甚至可达 1.35g/cm³。泥浆密度和黏度的提高使得泥膜中的粗细颗粒紧密结合在一起，孔隙小，致密性高。

（3）泥水压力的设定

土体一经盾构机开挖，其原有的应力被释放，并将产生向应力释放面的变形。此时，为控制地基沉降，保持开挖面稳定，必须向开挖面施加一个相当于释放应力大小的力，如图 5-35 所示。

开挖面泥水平衡关系式如下：

$$P_s + P_w \leqslant P_m \tag{5-16}$$

式中：$P_s$——盾构机中心处土体的侧向压力（kPa）。

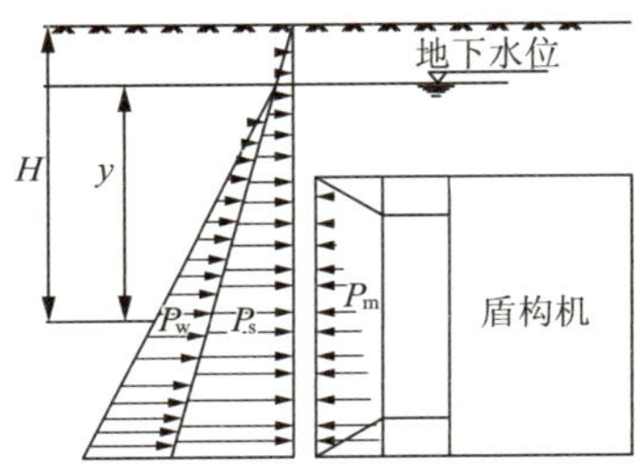


图 5-35　泥水平衡式盾构机开挖面稳定机理示意图

$P_w$ - 水压力，$P_w=\gamma_w y$（$y$ 为地下水位到盾构机中心的距离）（kPa）；$P_m$ - 泥水压力，取盾构机顶泥水压力和盾构机机底泥水压力的平均值（kPa）

根据朗肯土压力公式，其主动土压力为：

$$P_s=\sum_{i=1}^{n}H_i\gamma_i\tan^2\left(45°-\frac{\varphi_i}{2}\right)+2c_i\tan\left(45°-\frac{\varphi_i}{2}\right) \tag{5-17}$$

式中：$H_i$——第 $i$ 层土的厚度（m）；

$\gamma_i$——第 $i$ 层土的重度，地下水位以上取土的天然重度，地下水位以下取土的浮重度（$\gamma'_i=\gamma_i-\gamma_w$）（$kN/m^3$）；

$c_i$——第 $i$ 层土的黏聚力，当土体为砂性土时，则 $c_i=0$；

$\varphi_i$——第 $i$ 层土的内摩擦角（°）。

施工中应根据不同的土层设定不同的泥水压力。泥水压力的合理设定对于稳定刀盘正面土层至关重要。但是由于泥水压力受泥水质量、泥水密度和泥水配比等因素的影响，实际掘进过程中刀盘正面泥水压力常常是波动的，这就需要控制泥水压力在一定的范围之内，以便于施工人员对泥水压力设定的操作。

3）开挖面稳定措施

泥水平衡式盾构机在掘进过程中，泥水不断循环，开挖面的泥膜因受大刀盘的切削而处在“形成—破坏—形成”的过程中。由于地层的变化等因素，开挖面的平衡是相对的。在泥水加压式盾构机掘进施工中，开挖面稳定性是最重要的管理项目之一，直接影响隧道的施工质量。合理地进行泥水管理、切口水压管理和同步注浆管理，控制每环掘削量是开挖面稳定的必要保证。考虑到日系及欧系盾构机的区别，根据其类型的不同通常采用下述方法对开挖面的稳定状况进行判断。

（1）日系泥水平衡式盾构机

①掘削土砂量 $W$ 控制。

根据地质情况计算每环掘削土砂量 $W$，将所求得的理论掘削量作为控制每环实际切削土砂量的大致目标。

a. 实际切削土砂量 $W'$。

实际切削土砂量是通过中央控制室的掘进管理系统，直接显示在系统操作界面上，它能较真实的反映实际掘削过程中的掘削土砂量。

b. 实际切削土砂量 $W'$（干砂量）与偏差流量 $\Delta q$ 的关系。

偏差流量指标是反映开挖面切削状态的一个指标，其瞬时计算公式：

$$\Delta q=\Delta q_1-(\Delta q_0+Av) \tag{5-18}$$

式中：$\Delta q$ ——单位时间偏差流量（$m^3$/min）；

$\Delta q_1$——单位时间排泥量（$m^3$/min）；

$\Delta q_0$——单位时间送泥量（$m^3$/min）；

$A$ ——盾构机刀盘面积（$m^2$）；

$v$ ——掘进速度（m/min）。

由上式可以看出，当偏差流量 $\Delta q$ 为正值时，盾构机处于“超挖”状态，土砂量比标准值大；偏差流量 $\Delta q$ 为负值时，盾构机处于“欠挖”状态或者是漏浆，土砂量比标准值小。

c. 切削量的判断方法。

在相同工况，地质状况较为接近的情况下，统计 10 ～ 30 环泥水质量较好且每环掘进后盾构机切口上方地面沉降量较小的切削量，并将统计值输入计算机。在掘进过程中，动态观测本环切削量曲线与统计曲线的变化情况。当发现切削量过大时，应立即检查泥水密度、黏度和切口水压。此外，也可以利用探测装置，调查土体坍塌情况，在查明原因后应及时调整有关参数，确保开挖面的稳定性。

②溢水量检查。

溢水量是验证泥水浆液质量的一个较好的方法。根据施工经验，泥水平衡式盾构机施工过程中认为较高质量的泥水溢出量为 $6.2A$（$L/m^2\cdot h$），其中 $A$ 为切削断面积（$m^2$）。当掘削停止时，中央控制室观测单位时间内的累计值，如果泥水溢出量大于 $6.2A$（$L/m^2\cdot h$），则应检查泥水质量和管路系统泥浆情况。

③地表沉降与信息反馈。

地表沉降也是反映盾构机开挖面稳定性的一个方面。因此需在盾构机掘进沿途布置沉降测点，跟踪测量因盾构机掘进而引起的地表沉降情况。一般每天需对盾构前 10 ～ 20m、盾构后 30 ～ 50m 轴线影响范围内的各沉降点进行监测。同时，也应对 30 ～ 50m 以后的各点进行定期测量，直至沉降稳定为止。开挖面不稳定而产生的地表沉降往往发生在盾构机切口上方，这时应检查泥水质量以及切口水压。当盾构机后方发生较大沉降时，多数是由于同步注浆不足所致，这时应提高同步注浆率，改善注浆效果。

④开挖面水压信号检查。

在检查开挖面水压时，应注意检查开挖面水压信号传感器，有时会因为管路堵塞而影响正常采集数据。

(2)欧系泥水气压平衡式盾构机

与日系泥水平衡式盾构机控制措施的主要区别：

①由于存在气泡舱，可通过精确控制气泡舱液位波动范围，减小对开挖面的扰动，达到稳定开挖面的目的。

②泥水流量偏差较大时，可通过气体及时补充或排放，主动调节气泡舱液位，实现开挖面压力的稳定。

## 5.3 盾构姿态管理

盾构机姿态管理是以隧道设计轴线为标准，在测量系统(图5-36)的辅助下，结合管片拼装情况，通过液压推进系统等实时控制盾构机的空间状态，使成型隧道偏差控制在合理范围内的一种施工方法。

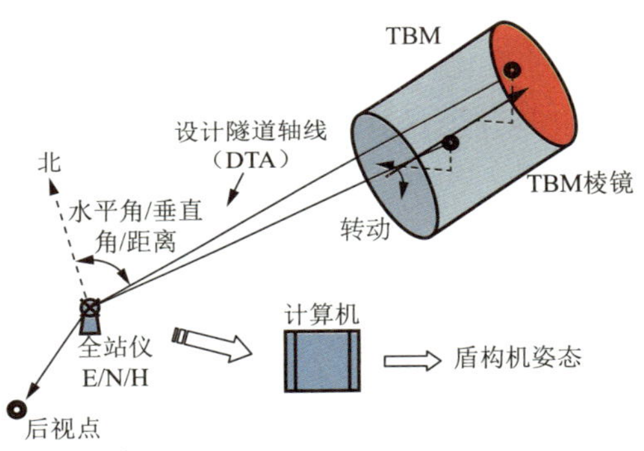


图5-36 盾构机姿态控制示意图

这一过程中盾构机的空间状态即为盾构机姿态，通常采用水平偏差、高程偏差、俯仰角、方位角、滚转角和切口里程等参数描述。因此，盾构机姿态管理是盾构机掘进过程中重要的环节，直接影响成型隧道轴线偏差及管片拼装工况。在实际的施工过程中，主要通过掘进测量技术对以上各参数进行测量计算，数据精度要求见表5-3。

盾构机姿态参数精度要求 表5-3

| 名 称 | 单 位 | 精度要求 |
|---|---|---|
| 水平偏差 | mm | 1 |
| 高程偏差 | mm | 1 |
| 俯仰角 | ′ | 1 |
| 方位角 | ′ | 1 |
| 滚转角 | ′ | 1 |
| 切口里程 | m | 0.01 |

盾构机姿态管理的成败主要取决于对盾构机掘进趋势的预判和掌控。公路隧道平面和高程偏差规范要求见表 5-4。错误的掘进趋势一旦形成，需要一个长期的过程进行纠偏，不仅影响施工进度，而且还会对隧道质量和环境安全产生影响。例如轴线偏差较大时，过度的纠偏会对前方土体产生过大的扰动，加剧地表沉降影响。不均匀的千斤顶推力也可能会造成管片错台、碎裂渗水等质量问题，严重的甚至会影响隧道整体结构。

公路隧道平面和高程偏差规范要求 表 5-4

| 项 目 | 允许偏差（mm） | 检验方法 | 检查频率 |
| --- | --- | --- | --- |
| 管片拼装平面偏差 | ±75 | 全站仪测中线 | 1 点 / 环 |
| 管片拼装高程偏差 | ±75 | 水准仪测高程 | 1 点 / 环 |
| 成型隧道平面偏差 | ±150 | 全站仪测中线 | 1 点 /10 环 |
| 成型隧道高程偏差 | ±150 | 水准仪测高程 | 1 点 /10 环 |

## 5.3.1 盾构姿态影响因素

在大直径盾构机施工过程中，盾构机姿态偏差可能导致超挖甚至错误掘进，进而引发管片错位等一系列工程问题。其中，可能导致盾构机姿态偏差的主要影响因素包括盾构机性能、管片布置方式、环境地质条件与施工工艺。

1）盾构机性能

盾构机的性能直接与姿态调整相关。主要表现在盾构机设备的可操作性、盾构机调向的灵敏度、盾构机设备的配置水平（测量系统、注浆系统、超挖刀等）。

盾构机的推进系统基本类似，一般由 2 油缸或 3 油缸组成一组的多组千斤顶推进。因调向需要，把众多千斤顶分区，目前大直径盾构机主要分为 6 个区。各区可单独控制油压，实现对盾构姿态的精确控制。

盾构机的灵敏度主要表现在调向和转弯方面。为满足小半径曲线段盾构施工的调向和管片拼装的需要，盾构机设计中有 2 种不同方式的铰接机构：一种是主动式盾构机铰接，即铰接油缸位于推进油缸前部，可以主动调节铰接油缸的行程，改变前盾的掘进方向，如图 5-37a）所示；另一种是被动式盾构机铰接，即铰接油缸位于推进油缸外圈，只能通过对盾尾的牵引力变化，一定程度上改变盾尾，前盾的方向控制仍由推进油缸决定，如图 5-37b）所示。

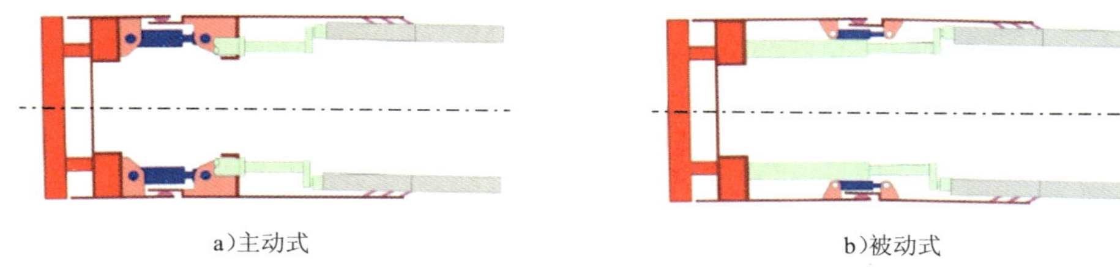

a）主动式　　b）被动式

图 5-37 盾构机铰接系统示意图

盾构机测量系统对姿态变化至关重要。自动测量系统比较直观地将盾构机所需要的数据全部汇集显示在仪表盘上，使用方便，同时应定期对测量系统进行人工复核。

盾构机注浆系统的主要功能在于及时将盾尾建筑间隙充填以防止沉降。一般大直径盾构机有12个注浆孔，平时启用6个，备用6个。注浆的过程也可以辅助调整盾构机姿态。需要注意的是盾尾间隙也是调向的关键，一旦没有间隙或超大间隙则调向困难，也可能损坏管片，因此应尽量保持盾构机姿态与管片姿态一致，盾尾间隙合理均匀。

此外，在小曲线轴线施工中，一般还设置有超挖刀或仿形刀辅助调向。超挖刀的开启量为一定值平均超挖；仿形刀可以按需超挖，更智能化。

2）管片布置方式

在设计方面主要关注建筑限界的要求、施工误差范围、纵坡设置情况、管片楔形量的设计以及一些特别说明和要求。其中建筑限界和施工误差是控制盾构机姿态的标准，并据此采取针对性纠偏措施。

管片在盾构法施工中作为盾构机向前掘进的后盾支撑，决定了盾构机前行的主要方向。管片的楔形量是盾构机姿态控制的重要依据。

大直径盾构法施工中主要采用的是通用楔形管片，如图5-38所示。通过旋转封顶块的位置改变楔形量的方向，从而调整上下左右的超前量，控制成型隧道轴线。

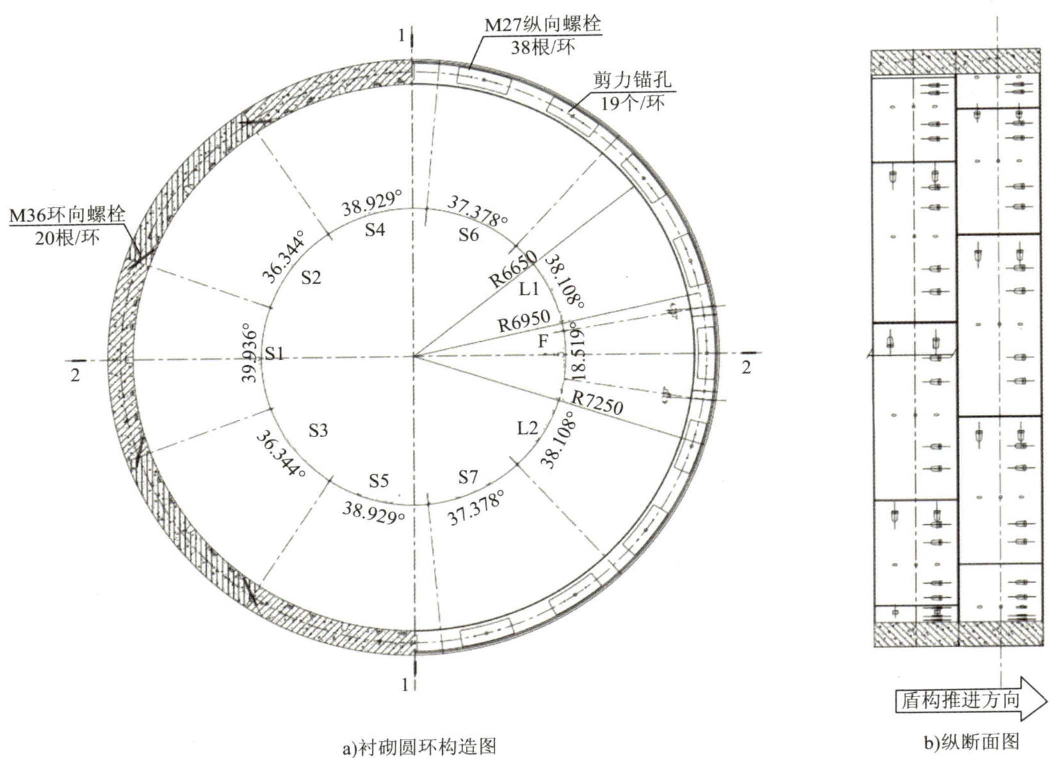


图5-38　楔形管片示意图（尺寸单位：mm）

3）环境地质条件

对于掌子面出现软硬不同土质的情况，如果在松软土质侧的千斤顶推力未及时调整，盾构机将呈现出向松软土质陷入的趋势，在推进过程中将造成盾构机姿态偏离设计轴线，导致姿态偏差较大。为防止上述情况的出现，在保证盾构机正常掘进的前提下，应调节各区油缸压力，同时观察各区油缸行程显示，减小盾构机掘进过程中向一侧偏移的趋势，达到控制盾构机姿态的目的。

4）施工工艺

在盾构机掘进和管片拼装过程中，切口压力、掘进速度、出土量等施工参数的控制及管片选型、超挖刀等技术措施都是盾构机姿态变化的决定性因素。在施工过程中，对各项技术措施的选用都应当严格计算，实时监控。

例如在盾构机进入曲线段前应提前调整每环的纠偏量和管片楔形量，确定良好的趋势，避免进入曲线段后急纠猛纠。

## 5.3.2　盾构姿态纠偏管理

1）纠偏量的计算

如图 5-39 所示，曲线段中盾构机理论纠偏值为 2$\delta$，由每环掘进中左右千斤顶行程差控制。

$$\frac{B-\delta}{B+\delta}=\frac{R-r}{R+r} \tag{5-19}$$

式中：$B$——管片宽度（m）；

$R$——隧道线路半径（m）；

$r$——隧道半径（m）。

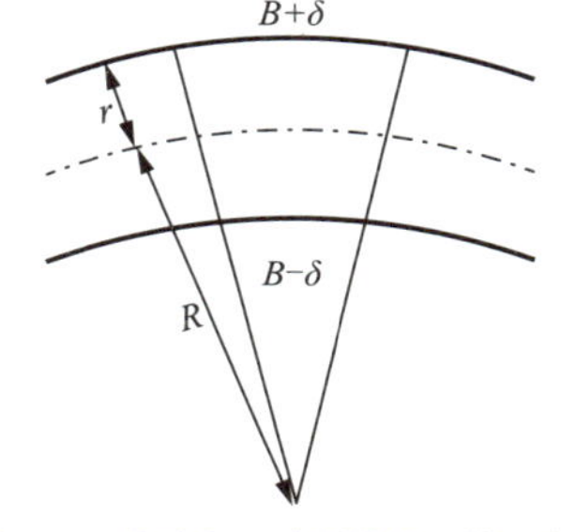

图 5-39　曲线段理论纠偏量计算示意图

当盾构姿态已经偏离轴线较大时，不可通过急纠猛纠追求切口偏差立即回归正常，而应当先改变不良的姿态趋势，调整盾构姿态至与设计轴线平行的可控趋势，再进行常规纠偏，修正切口偏差。

2）管理措施

（1）合理设定施工参数

正确设定盾构机切口压力，尤其是硬岩或砂性土地层中应有针对性地采用高分子聚合剂、泡沫剂或膨润土等进行掌子面土体改良，确保渣土流塑性良好，避免掌子面压力异常波动造成的盾构姿态突变，同时严格控制出土量，避免超挖或欠挖引起的各方向阻力不均，确保盾构姿态稳定。

（2）纠偏量控制

掘进过程中应对千斤顶起始行程、终止行程做好记录，根据上文纠偏量计算公式，合理调整每一环的千斤顶行程差。严格监控各分区油压，不可急纠猛纠，应当平稳掘进时纠偏。同时，可通过纠偏量的计算确定当前环管片楔形量，保证衬砌环后盾受力均匀。

(3)正确使用超挖刀和铰接千斤顶

复合地层中，可使用超挖刀对掌子面进行局部超挖，改善盾构姿态趋软避硬的不利趋势；小曲线半径下，盾构姿态趋势不良时可使用铰接千斤顶快速纠偏。

(4)施工测量复核

井下观测台应做到勤换勤测，特别是曲线段中需提前做好准备，避免通视条件不佳下盲推。并按规定里程距离做好联系测量复核。

(5)滚转角控制

盾构机滚转角指盾构机盾体相对于预先设定水平线的摆动夹角，通常以 mm/m 或°为单位，可以简单计算盾体外径部位的环向位移量，进而得出盾构机允许的滚动角。通过改变刀盘旋转转向的方式可以调整盾构机滚动角，通常刀盘逆时针旋转产生负的滚动角，顺时针旋转产生正的滚动角。

## 5.3.3 盾构姿态自动测量

盾构姿态测量内容包括方位角、俯仰角、滚转角和空间位置(横向水平偏差、竖向垂直偏差)及里程。大直径盾构机一般分为前盾、中盾和盾尾，通过测量计算前盾的前点圆心和盾尾的后点圆心的坐标来得出盾构姿态。

在实际施工测量中常用的盾构姿态测量方法有人工测量方法与自动测量方法。其中，人工测量方法包括标尺法、三点法；自动测量方法包括激光法、棱镜法，以下针对自动测量方法进行详细介绍。

1)激光法

随着科学技术的发展，激光导向技术已开始用于隧道掘进工程中。其原理就是使用有良好直线性光束的激光在盾构机内部进行投射，使操纵者及时了解盾构机的偏离、偏转情况，并随时纠正推进方向，保证施工质量，提高施工速度。

目前采用的导向系统主要有 VMT、PPS、演算工房三种。

(1)激光导向系统的主要作用

盾构机在掘进中，由于地层阻力、刀盘切削反作用力及推进千斤顶作用力之间存在差异，盾构机可能会偏离既定的中心，对工程质量和进度造成负面影响。盾构机施工的激光导向系统能够随时指出盾构机的推进方向，使司机能控制机器按预定的设计线路顶进。

①可以通过隧道设计的几何元素计算出隧道的理论轴线。

②通过测倾仪测量盾构机的滚动和俯仰角度并予以显示。

③在显示屏上随时以图形直观显示盾构机轴线相对于隧道设计轴线的准确位置，便于操作者根据偏差随时调整盾构机掘进的姿态和位置，使盾构机的掘进轴线逼近隧道设计轴线。

④掘进一环后，从盾构机 PLC 自动控制系统获得推进油缸的伸长量数值，依此计算出上一环管片的管环平面位置，输入盾尾间隙数据后，计算出这一环适合拼装的管片类型。

⑤可以从数据库中查阅各环的掘进姿态及其他相关资料。

⑥通过解调器和电话线与地面办公室的电脑建立联系，将盾构机掘进数据传输到地面，便于工程管理人员实时监控盾构机的掘进情况。

（2）激光导向的工作原理

激光导向装置如图 5-40 所示。将激光发生器固定在已成型的隧道内壁上。利用激光导向技术发射出来的直线光束，投射到盾构机里的靶板上，再用某种支持系统，以一种简单易见的形式指出盾构机顶进的方向。激光测量线是一束容易看见的明亮的红光束，投射到盾构机内的塑料靶板上是一个红光点。司机根据激光投射的光点与靶上预先设计好的隧道中心线位置是否相符来调整盾构机上、下、左、右的位置。设备以固定参考点激光器发出的光束为基准计算掘进机的位置。知道掘进机的位置后就可以计算出与设计轴线的偏差。为了测量掘进机的位置，需要使用两个包含传感器的装置，即目标靶和倾斜计。这两个装置通过电缆及配电箱与控制单元相连，配电箱为传感器提供电源，其中目标靶测量激光束击中的位置及其入射角，倾斜计测量盾构机两个方向上的偏转角度。

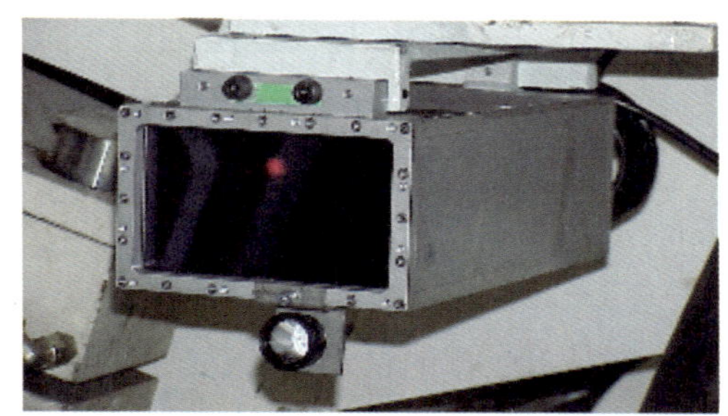

图 5-40　激光导向装置

（3）激光导向系统的组成

图 5-41 所示是 VMT 公司开发的 SLS-TAPD 自动测量系统，该系统主要有激光经纬仪、电子激光靶、控制箱、计算机及其他配套硬件和软件组成。

①激光经纬仪：激光经纬仪（Leica TCA1103/ART/GUS64）是同时测量角度（水平和垂直）和距离的测量仪器，并能发射出一束可见红色激光。激光经纬仪临时固定在安装好的管片上，随着盾构机的不断向前掘进，激光经纬仪也要不断地向前移动，这被称为移站。

②黄色盒：主要是为全站仪和激光器提供电源，也为连接全站仪和主控室的 PC 机的通讯数据传输。

③电缆鼓：当盾构机向前推进时，激光全站仪和安装在盾构机上的其他设备间的距离会增大，因此需要用带有滚动装置的电缆鼓。

④ ELS 靶：激光靶则被固定在中盾之内，用以接收激光束。ELS 靶参考平面上布满传感元件，可以传递入射角的上下倾角、左右倾角和入射点对于 ELS 靶的中心线的旋转角。激光经纬仪发射出激光束照射在激光靶上，激光靶可以判定激光的入射角及折射角，另通过

激光靶内测倾仪，用来测量盾构机的滚动和倾斜角度。

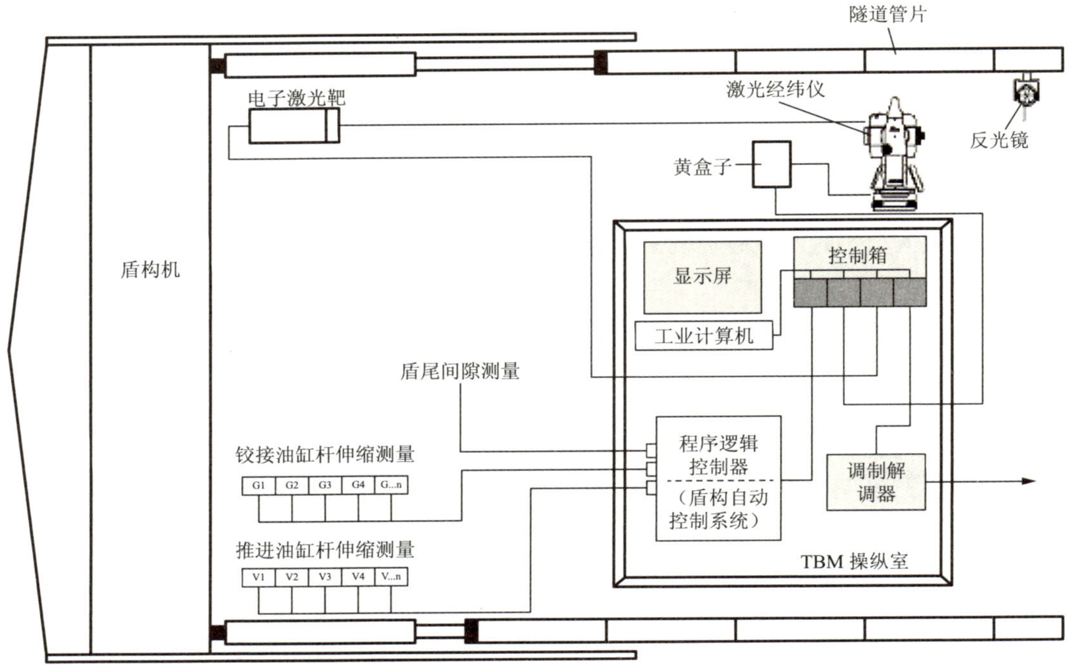


图 5-41 激光导向系统整体示意图

⑤盾尾间隙自动测量控制器单元：当前安装管片和盾构机的盾尾之间的间隙由安装在管片安装机区域的仪器测得。

2）棱镜法

盾构掘进棱镜法导向是通过在盾构机内部布设标志，建立它们与盾构机切口、盾尾的相对位置关系，通过自动测量这些标志点的三维城市坐标，根据相对关系反算出切口、盾尾的三维城市坐标，最后将切口和盾尾中心的三维城市坐标与 DTA 比较，得到盾构机偏离设计轴线的具体程度。

盾构机掘进姿态实时测量的关键部件是测量仪器和双轴倾斜仪。

测量仪器可以采用 TCA1800 全站仪或 1200 系列的徕卡全站仪，具有自动目标识别（ATR，Automatic Target Recognition）功能，自动搜寻目标功能，自动跟踪移动目标的功能。在能见度低，人眼不能寻找目标时，仪器仍能测量。

倾斜仪可采用 TSR 系列倾斜仪，不仅可以在震动、冲击和不同的温度环境下达到 0.0005°（1.8s）的精度，而且其测角范围也可达到正负 5°（TSR）和正负 10°（TSR10）。

系统包括：

①安装在 TBM 上的照准目标，棱镜组。

②带有自动目标识别的（ATR）Leica TCA 1203/1800 全站仪。

③双轴电子倾斜仪。

④后视棱镜。

⑤工业计算机（至少带有两个 COM 口）。

⑥连接电缆（计算机至电子倾斜仪，全站仪至计算机）。

其连接情况如图 5-42 所示。

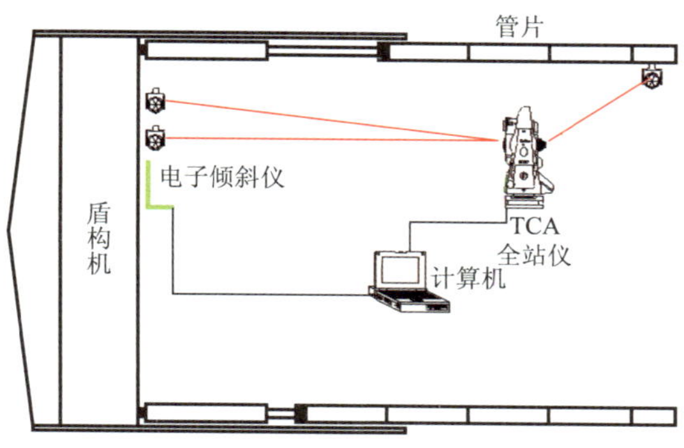


图 5-42　棱镜导向系统整体示意图

# 5.4　管片拼装技术

管片拼装技术与盾构机姿态管理相辅相成，是成型隧道质量最主要的控制点。如图 5-43 所示，因为管片拼装位于盾构机的盾尾内，所以会不可避免地受到盾构机姿态的限制。

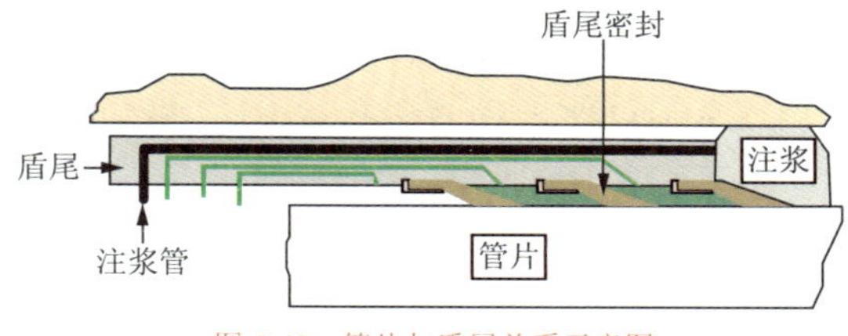


图 5-43　管片与盾尾关系示意图

管片的端面应尽量垂直于盾构机轴线，以使盾构机的推进油缸能垂直地推在管片上，这样可以使管片受力均匀，掘进时不会使管片破裂。同时也要兼顾管片与盾尾之间的间隙，避免盾构机推进时，盾尾密封钢丝刷损坏管片。

盾构机应尽量根据设计线路进行掘进，避免产生不必要的偏差。在实际掘进过程中，因为地质不均匀、推力不均匀等原因，盾构机的姿态经常会偏离隧道设计线路。当盾构机偏离设计线路进行纠偏时，要特别注意管片型号的选择，避免因盾尾间隙过小而造成管片破损等事故。如果盾构机偏离了设计线路，在纠偏过程中不能过急，为了保证盾构机的铰接密封、盾尾刷密封工作良好，同时也为了保证管片不受损坏，盾构纠偏过程中不能有太大的调整量。一个掘进循环内盾尾间隙的纠偏值宜控制在 ±8mm 内，否则转弯环管片的偏移量跟不上盾构机的纠偏幅度，盾尾会挤坏管片。

## 5.4.1 管片选型依据

大直径盾构机通常采用错缝拼装，管片选型即选择合适的“拼装点位”。所谓“拼装点位”是指管片拼装时封顶块所在的位置。如图5-44所示，转弯环在实际拼装过程中，可以根据不同的拼装点位来控制不同方向上的偏移量及盾构隧道的曲线走向，从而实现隧道的轴线控制。

| 管片型号 | R19 |
|---|---|
| 上超前量(mm) | 0 |
| 下超前量(mm) | 40 |
| 左超前量(mm) | 20 |
| 右超前量(mm) | 20 |

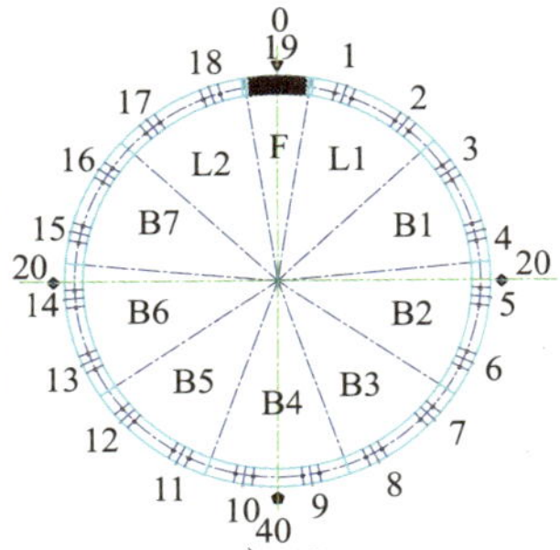

a) R19

| 管片型号 | R18 |
|---|---|
| 上超前量(mm) | 1.08 |
| 下超前量(mm) | 38.92 |
| 左超前量(mm) | 13.51 |
| 右超前量(mm) | 26.49 |

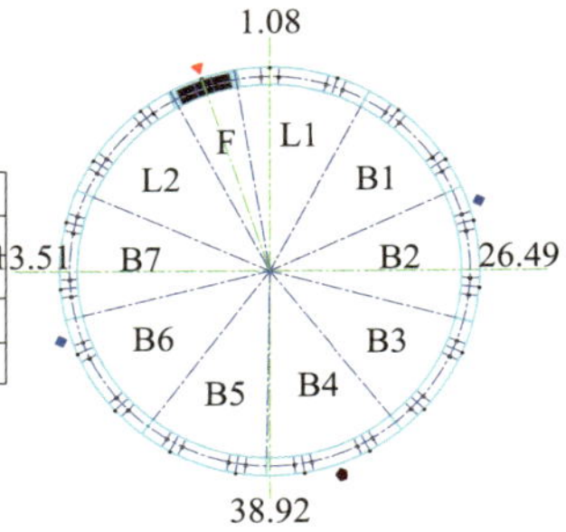

b) R18

| 管片型号 | R14 |
|---|---|
| 上超前量(mm) | 21.65 |
| 下超前量(mm) | 18.35 |
| 左超前量(mm) | 0.07 |
| 右超前量(mm) | 39.93 |

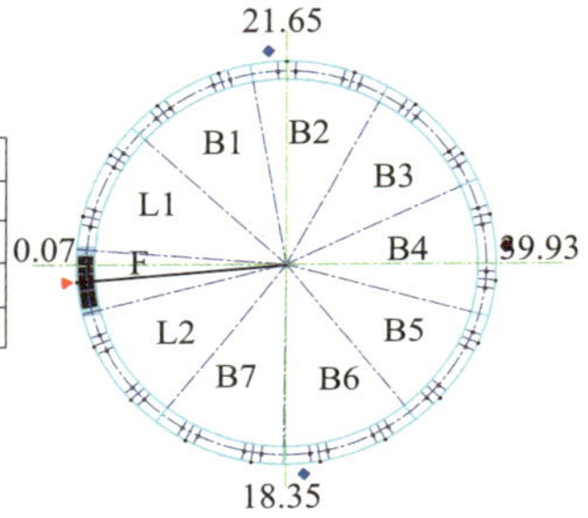

c) R14

| 管片型号 | R13 |
|---|---|
| 上超前量(mm) | 28.03 |
| 下超前量(mm) | 11.97 |
| 左超前量(mm) | 1.68 |
| 右超前量(mm) | 38.32 |

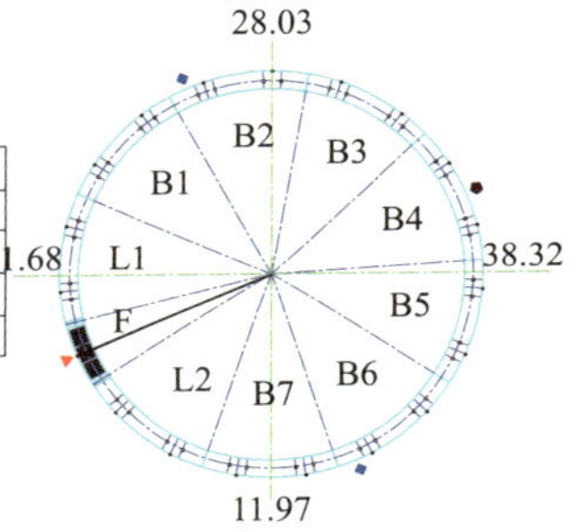

d) R13

| 管片型号 | R9 |
|---|---|
| 上超前量(mm) | 39.73 |
| 下超前量(mm) | 0.27 |
| 左超前量(mm) | 23.29 |
| 右超前量(mm) | 16.71 |

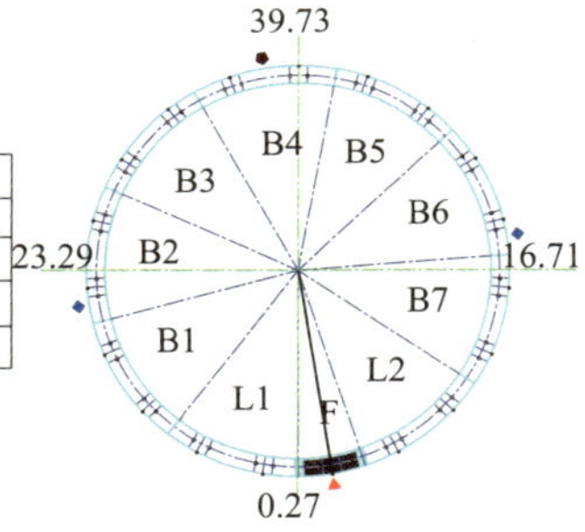

e) R9

| 管片型号 | R8 |
|---|---|
| 上超前量(mm) | 37.59 |
| 下超前量(mm) | 2.41 |
| 左超前量(mm) | 29.52 |
| 右超前量(mm) | 10.48 |

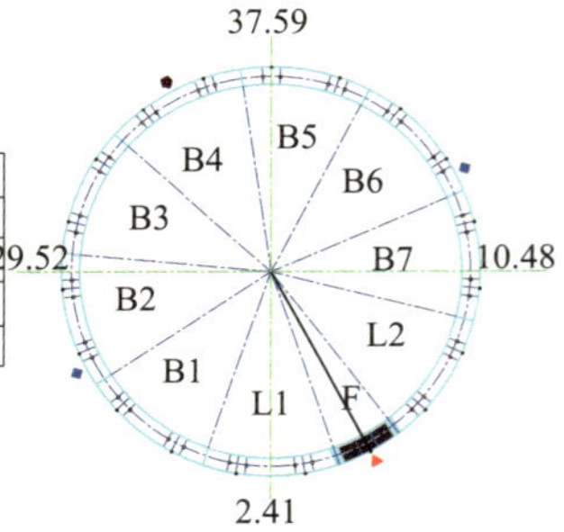

f) R8

| 管片型号 | R4 |
|---|---|
| 上超前量(mm) | 15.09 |
| 下超前量(mm) | 24.91 |
| 左超前量(mm) | 39.39 |
| 右超前量(mm) | 0.61 |

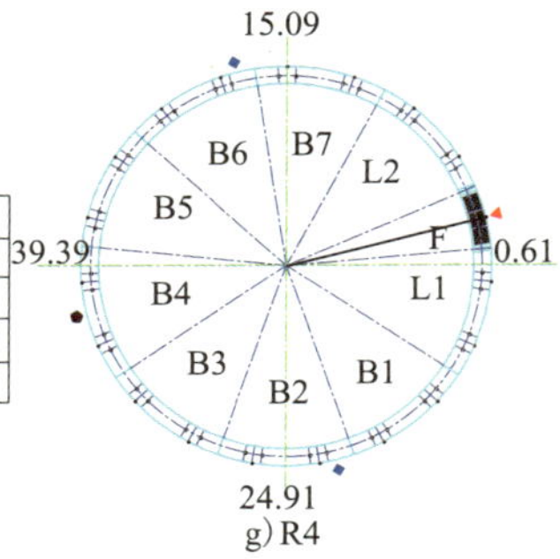

g) R4

| 管片型号 | R3 |
|---|---|
| 上超前量(mm) | 9.06 |
| 下超前量(mm) | 30.94 |
| 左超前量(mm) | 36.74 |
| 右超前量(mm) | 3.26 |

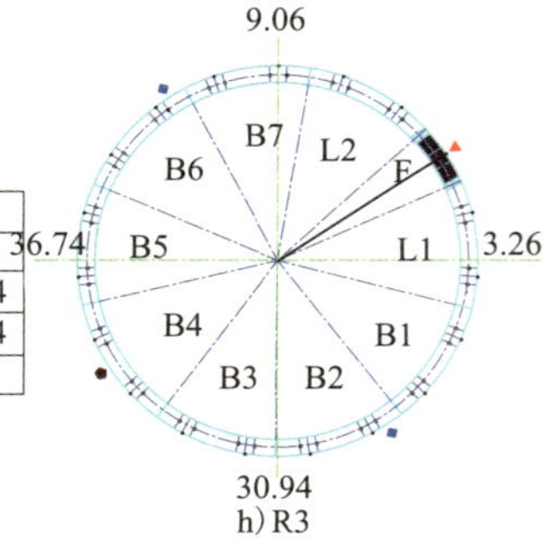

h) R3

图5-44 拼装点位计算示意图

影响管片选型的主要因素包括：

（1）隧道设计线形。

（2）盾构机姿态（偏离中线的位置及其趋势）。

（3）盾尾间隙。

（4）油缸行程、铰接油缸行程。

（5）可用封顶块的位置（满足通缝数量及其他设计、安全要求）。

（6）通缝数量应满足设计要求（通常为 2 环不大于 3 环，3 环不出现连续通缝）。

实际施工中一般先根据设计楔形量编制拼装点位计算表，每一环推进完成后根据以上因素进行选型计算，并选择最佳点位拼装。

## 5.4.2　管片选型软件

管片选型软件能够根据实际推进情况快速判断出封顶块的位置，并依据当前环的管片信息，准确预测出后 3 环的楔形管片选型，提高轴线控制精度。

管片选型软件可以根据采集系统内的一些相关数据，如千斤顶行程差、盾构机姿态、上一环的封顶块位置、通缝情况等，并结合盾尾间隙，通过图表显示出当前管片选择后的走向趋势以及通缝情况，选型软件界面如图 5-45 所示。

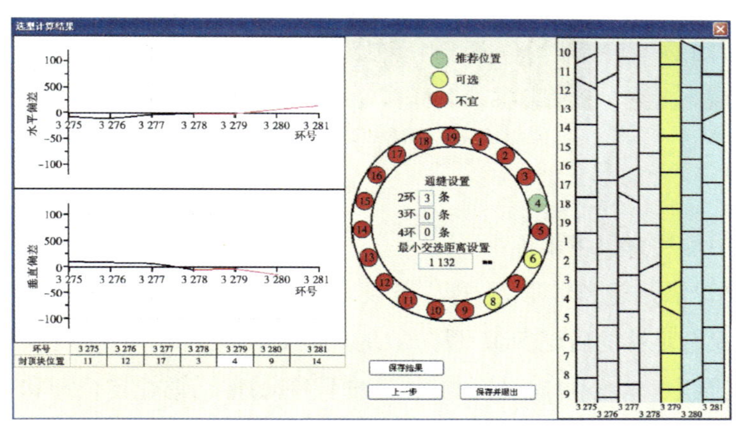


图 5-45　管片选型软件界面

## 5.4.3　管片拼装工艺

管片拼装质量控制措施包括：

①加强进场管片的检查，不使用存在破损、裂缝的管片。

②止水条及软木衬垫粘贴前，将管片进行彻底清洁，以确保其粘贴稳定牢固。施工现场

管片堆放区设有防雨淋设施。

③下井吊装管片和运送管片时注意保护管片和止水条，以免发生损坏。

④管片安装前对管片安装区进行清理，清除污泥、污水以保证安装区及管片相接面的清洁。

⑤非管片安装位置的推进油缸与管片安装位置的推进油缸不能同时收缩。

⑥管片安装时必须运用管片安装的微调装置将待装的管片与已安装管片块的内弧面纵面调整到平顺相接以减小错台，调整时动作要平稳，避免管片碰撞破损。

⑦管片安装质量应以满足设计要求的隧道轴线偏差和有关规范要求的椭圆度及环缝、纵缝错台为标准进行控制。

管片拼装控制要点如图 5-46 所示。

a) 防水材料粘贴

b) 检查粘贴质量

c) 吊运下井

d) 运至盾构机

e) 运至盾尾

f) 盾尾清理

g) 伸缩油缸、管片就位拼装

h) 螺栓连接，管片脱离盾尾

i) 二次紧固螺栓

图 5-46　管片拼装控制要点

同时，拼装中应注意以下事项：

①管片选型以满足隧道线形为前提，重点考虑管片安装后盾尾间隙要满足下一掘进需要的间隙值，确保有足够的盾尾间隙，以防盾尾直接接触管片。

②管片旋转至上一块管片时，控制旋转速度和移动速度，防止定位棒和剪力销损坏。

③对于采用预紧螺栓的管片，第一环预紧螺栓管片在地面上进行张拉，其余管片在拼装时先以螺栓连接，待拼装完成后进行预应力张拉。

④封顶块安装前，对止水条进行润滑处理，安装时一般先径向插入，调整位置后缓慢纵向顶推。

⑤管片块安装到位后，及时伸出相应位置的推进油缸顶紧管片，直到其顶推力大于稳定管片所需推力，然后方可移开管片安装机。

⑥在管片环脱离盾尾后要对管片连接螺栓进行二次紧固。

### 5.4.4　管片拼装质量问题及对应处理方法

（1）管片碎裂

管片碎裂是盾构法隧道施工中常见的质量通病。拼装完成的管片发生缺角掉边和裂缝，将影响结构强度并产生渗漏，如图 5-47 所示。管片碎裂主要原因有：

图 5-47　管片碎裂

①拼装时管片在盾尾中的偏心量太大，管片与盾尾发生磕碰现象，以及盾构机推进时盾壳卡坏管片的现象。

②定位凹凸榫的管片，在拼装时位置不准，凹凸榫没有对齐，在千斤顶靠拢时会由于凸榫对凹榫的径向分力而顶坏管片。

③管片拼装时相互位置错动，管片与管片间没有形成面接触，盾构机推进时在接触点处产生应力集中而使管片角发生碎裂。

④前一环管片的环面不平，使后一环管片单边接触，在千斤顶的推动下形同跷跷板，管片受到额外的弯矩而断裂。拼装好的邻接块开口量不够，在插入封顶块时间隙偏小，如强行插入，将导致封顶块管片或邻接块管片角发生崩落。

⑤拼装机在操作时转速过大，拼装时管片发生碰撞边角崩落。

⑥管片整环发生偏转，管片局部受力不均，产生弯矩，使管片角部破损。

⑦管片错台过大，在油缸推力下使管片内弧面破损。

预防管片碎裂的措施主要包括：

①拼装前检测前一环管片的环面情况，进而确定本环拼装时的纠偏量及纠偏措施。

②清除环面和盾尾内的各种杂物。

③控制千斤顶顶力均匀。

④提高纠偏楔子的粘贴质量。

⑤检查止水条的粘贴情况，保证止水条粘贴可靠。

处理方法：

对于已形成环面不平的管片，在下一环及时加贴楔子纠正环面，使环面平整。

（2）管片张开及错台量过大

纵缝、环缝出现前后喇叭、内外张角以及管片间踏步过大等问题，对于隧道的防水、管片的受力都将造成严重的危害，其产生的主要原因有：

①拼装时管片没有放正，盾壳内有杂物，使落底块管片安放不到位或产生上翘、下翻，环面有杂物夹入环缝，也会使纵缝产生前后喇叭。

②拼装时管片未能形成正圆，造成内外张角、踏步过大。

③前一环管片的基准不准确，造成新拼装的管片位置不准确。

④隧道轴线与盾构机的实际中心线不一致，使管片与盾壳相碰。

预防措施：

①拼装前做好盾壳与管片各面的清理工作，防止杂物夹入管片之间。

②推进时勤纠偏，使盾构机的轴线与设计轴线的偏差尽量减少，保证管片能够居中拼装，管片周围有足够的建筑空隙使管片能拼装成正圆。

③环面的偏差及时进行纠正，使拼装完成的管片中心线与设计轴线误差减少，管片始终能够在盾尾内居中拼装。

④管片正确就位，千斤顶靠拢时要加力均匀，除封顶块外每块管片至少要配备两个千斤顶。

处理方法：

①管片出盾尾，环向螺栓再进行一次复紧，可改善纵缝的变形。管片被周围土体包裹住以后，椭圆度会相应地减小，纵缝压密程度提高，此时对螺栓进行复紧可达到较好的效果。

②采用局部加贴楔子的办法，作张角、踏步质量的纠正。

（3）管片旋转

拼装成环的管片与设计要求的拼装位置相比较，发生了一定角度的旋转，使封顶成环的拼装难度增大，产生的主要原因有：

①千斤顶编组不合理，使管片受力不均匀，管片产生相对转动。

②管片环面不正，千斤顶的顶力方向与环面不垂直，盾构机推进时就会产生使管片转动的力矩，导致管片旋转。

③拼装时第一块管片的位置安放不准确，导致拼装时发生旋转。

④管片上的螺栓孔和螺栓之间由于拼装需要，一般留有 5 ～ 8mm 的间隙，为两环管片之间相互错动留有了条件；如果在管片就位时随意操作，将引起旋转偏差或管片螺栓未足够紧固，无法有效地传递力矩。

⑤拼装时后拼装的管片与已就位的管片发生碰撞，使已拼装的管片发生位移，如果长时间采用相同的顺序拼装管片，管片将向同一方向发生旋转偏差，累积的偏差量较大。

⑥盾构机刀盘左右旋转方向不均衡，刀盘一直朝一个方向旋转。

预防措施：

①控制好盾构机推进的姿态，千斤顶编组情况应使推力的变化均匀，调整好管片环面的角度，减少推进过程中产生的转动力矩。

②拼装管片时管片要放置正确，千斤顶靠拢时要有足够的顶力使管片不发生相对滑动。

③拼装机操作时要动作平缓，旋转缓慢，这样有利于拼装的准确性。

④对已成环的管片的旋转情况要经常进行测量，并及时纠正。

⑤尽量缩短单个方向的旋转时间，使正反转时间和扭矩趋于均衡。

⑥每一块管片就位拼装时，应将每个螺栓初步扭紧，在拼装完整环后再次紧固，此外在推进过程中推进压力远大于管片拼装时的千斤顶压力，故此时应对管片螺栓再次进行紧固，以达到较好的紧固效果，使管片整体性良好以抵抗扭转的趋势。

⑦掘进时推进千斤顶上下部压力差应尽可能小。

处理方法：

利用管片之间可相互错动的余地，在第一块管片纵向螺栓穿进后，利用拼装机带着管片向需要纠正的方向旋转适当的角度，然后靠拢千斤顶，并拧紧纵向螺栓。以第一块管片为基准，正确拼装其余管片，连续数环管片拼装均采用这种方法即可逐渐纠正旋转误差。

(4)管片椭圆度过大

拼装完成的管片的水平直径和垂直直径相差过大，导致椭圆度超过标准，产生的主要原因有：

①管片的拼装位置中心与盾尾中心不重合。

②管片的环面与盾构机轴线夹角偏大，管片受力产生斜向分力。

③注浆压力过大，使管片受力不均匀。

预防措施：

①经常纠正盾构机的轴线，使盾构机沿着设计轴线前进，管片得以居中拼装。

②经常纠正管片的环面，使环面与盾构机轴线垂直，管片始终跟随着盾构机的轴线，使管片与盾尾的建筑空隙保持均匀。

③注浆时以控制压力和注浆量双重控制为原则，使管片均匀受力。

治理方法：

①合理选择封顶块位置，使管片的拼装位置处在盾尾的中心。

②控制盾构机纠偏，使管片能在盾尾内居中拼装。

③待管片脱出盾尾后，对管片的环向螺栓进行复紧，使各块管片的连接可靠。

# 5.5 同步注浆技术

## 5.5.1 同步注浆目的与方式

同步注浆技术是控制管片结构稳定和周围环境安全的关键。同步注浆工艺是在盾构机掘进的同时，通过注浆泵的泵压作用，把填充材料注入盾尾的管片环外空隙之中，其技术原理如图5-48所示。

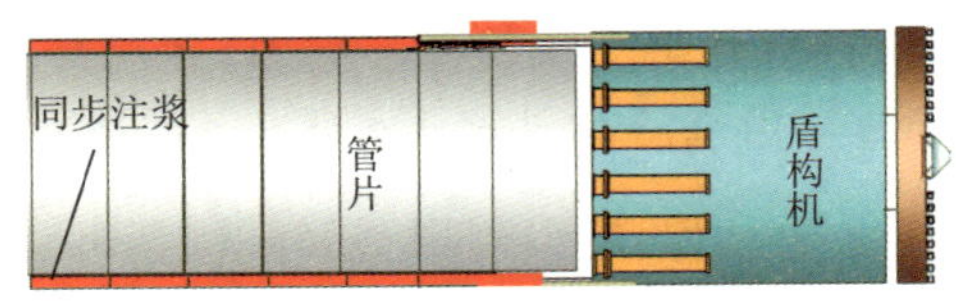


图 5-48　盾构机同步注浆技术原理示意图

同步注浆的目的主要包括以下几个方面：

（1）控制地面变形

由于盾构机刀盘的开挖直径大于管片外径，管片拼装完毕并脱出盾尾后，与土体形成一个环形间隙，简称盾尾间隙。盾尾间隙如果得不到及时填充，势必造成地层变形，使相邻地表建筑物发生沉降或使隧道本身出现偏移。同步注浆的主要目的就是及时填充盾尾间隙，防止因盾尾间隙的存在导致地层发生较大变形。盾尾脱离管片后，土体与管片存在着间隙，此时如果同步注浆，浆液能够迅速填充空隙，可减少土层的移动，从而减少地表的变形。

（2）确保隧道结构的稳定

采用具备一定早期强度的浆液及时填充盾尾间隙，可确保管片衬砌施工期和后期的稳定性。盾构隧道是一种管片衬砌与周围土体共同作用的结构稳定的构造物，同步注浆浆液充填管片背面空隙是确保土体均匀作用的前提条件，保证隧道结构的稳定，防止上浮或下沉。

（3）提高隧道的抗渗性

注入管片壁后的同步注浆浆液在后期凝结硬化后，浆液固结体自身具有一定的抗渗性能，可作为隧道的第一道止水防线，从而提高隧道抗渗性能。

## 5.5.2　新型大比重抗剪砂浆

1）浆液性能

大直径盾构隧道施工对同步注浆技术的要求，主要体现在以下几个方面：

（1）盾构隧道施工对于周围环境影响范围大，如何有效地控制盾构机推进对周围环境的扰动，特别是工后地表的长期沉降控制，是一项核心研究内容。

（2）施工工艺上要求浆液材料、注浆设备以及注浆参数需满足超大直径盾构机同步注浆充分均匀的填充要求。

（3）同步注浆施工过程中，注浆位置管片所承受的注浆点应力较大，对成环结构的稳定性影响也较大，如何把握好注浆参数的合理控制，是保证注浆效果与隧道质量的关键。

（4）同步注浆施工质量决定着成环隧道结构的稳定性，而结构稳定性又对盾构姿态等相关推进参数的控制有着重要影响。

以砂为骨料，石灰和粉煤灰为主要胶凝材料，加入适量膨润土、大比重固化材料和外加剂制成的新型大比重抗剪砂浆材料，具有良好的流动性、压力触变性以及早期强度，能够满足大直径盾构法隧道同步注浆的施工要求。该种浆液在拌制初期具有较好的流动性和压力触变性，能够在注浆压力的作用下，均匀地填充盾尾间隙，避免浆液在注浆口附近堆积，导致注浆压力积聚破坏管片；且具有较好的压力传递性，在管片脱出盾尾后，依靠骨料与砂颗粒之间咬合力和内摩擦力形成的强度抵抗隧道上浮，并能将上浮力和注浆压力传递到周围地层，从而保证隧道的稳定。

不同于以往同步注浆材料对于初凝时间、早期抗压强度等指标的要求，新型浆液强调以浆液材料中的内摩擦力以及剪切力形成的强度作为控制同步注浆材料性能的主要指标，同时在施工中突出以注浆量和注浆压力“双控”的注浆模式，管理盾构机掘进过程中的同步注浆施工。

根据大直径盾构法隧道同步注浆的施工特点，结合新型大比重抗剪砂浆施工理论，浆液材料必须具有以下性能：

(1)充填性：浆液在管片壁后的流动距离较长，浆液必须具有良好的流动性和填充性能，确保浆液经过管道泵送出盾尾进入管片与地层之间的空隙后能够较好地填充空隙，使浆液完整地包裹住管片，形成一层致密的保护。

(2)内部摩擦特性：浆液应该有良好的颗粒级配，以提供有效的内部机械咬合力，形成良好的内部摩擦力，通过其抗剪屈服强度来阻止隧道的上浮与周围土体的变形。

(3)后期稳定性：浆液材料需具备一定的后期可硬性特征，提供强度的增长，使得注浆层在短时间内达到或超过周围原状土强度，且浆液固结体要求具备较小的收缩率，具备长期良好的稳定性，控制成环隧道结构的稳定性及地表的施工后沉降。

(4)和易性：浆液必须具备一定的塑性稠度，包括较低的泌水率以及较好的防离析性能，以满足运输过程中浆液的泵送与储存。

(5)抗渗性：作为隧道的第一道防水墙，同步注浆浆液固结后应具备较低的渗透系数。

2)浆液材料

浆液材料配合比主要包括拌制原材料的选择和配合比调整两方面试验内容。

(1)原材料选择

①砂：作为浆液材料中的重要组成部分，砂对于提高浆液密度、增加浆液屈服强度与后期结实体强度、降低泌水与分层沉淀起到十分重要的作用，选择颗粒级配良好的中砂(河砂)作为拌浆材料，才能满足浆液使用的性能指标要求，更好地发挥浆液在施工中的使用效果。

②粉煤灰：采用高钙粉煤灰拌制成的浆液表面粗糙，泌水量大，坍落度损失快。较大的泌水率和坍落度损失容易引起管路堵塞，不利于浆液的泵送。而低钙粉煤灰具有降低泌水

和减少坍落度损失的功能，采用低钙粉煤灰拌制的浆液表面润滑并且具有光泽度高、泌水率小、坍落度损失慢、保水能力强等特性，在浆液的静置和运输过程中能有效地保持其坍落度，有利于浆液的输送。

③石灰：石灰为利用 $Ca(OH)_2$ 激发粉煤灰的活性，促使其发生火山灰反应，起到提高浆液后期固结强度的作用。生石灰在使用过程中需要进行水化反应才能生成 $Ca(OH)_2$，因此 $Ca(OH)_2$ 含量大于 95% 的消石灰在使用过程中效果较好。此外，消石灰还具有一定的保水性，能明显增加浆液黏度，起到提高浆液和易性的作用。

④膨润土：使用钙基膨润土拌制的浆液质量较差，容易沉淀离析，保水性差，若直接加水拌制，膨胀效果不佳，相较而言钠基膨润土浆液质量更好。

⑤固化材料：使用水泥、脱硫石膏等胶凝材料，加速浆液材料的早期水化速率，从而提高早期强度性能。

⑥外掺剂：专用外掺剂具有减水、保水的作用，该外掺剂能够明显促进浆液材料减水、缓凝，改善保水性能。

(2)配合比

①胶砂比：随着胶砂比的上升，浆液需水量增加，水灰比增大，密度减小，流动性变差，屈服值随胶砂比的增大而减小。浆液的泌水性则随着胶砂比的增大而有所改善，说明粉煤灰能明显改善浆液和易性，但当胶凝材料的掺入量达到一定量后，通过增加胶砂比对和易性的改善效果则不再明显；随着胶砂比的增大，浆液早期强度增长较快，但后期强度明显不足；胶砂比的增大同时给浆液带来了一定的固结收缩作用。胶砂比在 0.6 ～ 1 之间的浆液具备在施工中使用的最佳性能。

②石灰：石灰对浆液的固结效应较为明显，对保证浆液具有较高的后期强度具有重要的作用。随着石灰掺入量的增大，浆液的后期固结体抗压、抗剪强度明显提高，但并不是石灰的掺量越高越好，适当的石灰掺入量对浆液强度的增长起到重要的作用，而过度掺入石灰的浆液后期强度较差。

③膨润土：随着膨润土掺量的提高，浆液保水效果呈现明显地提高，膨润土的掺入既增加了砂浆的滑动效应，又增大了砂浆的稳定性，在一定程度上，它可以增大同步注浆的可泵性，防止堵泵、堵管现象。但由于浆液本身的稠度较低，膨润土掺入量的加大也使得浆液的流动性明显降低而变得黏稠，这是因为膨润土自身是吸水溶胀性材料，使浆液自由水减少，导致流动性下降，黏性增大。

④固化材料：水泥、脱硫石膏等胶凝材料由于其自身能够发生水化反应产生强度，可将其掺入浆液中提高早期强度性能，但过早的强度产生不利于盾构法隧道长距离浆液的输送与长时间储存。因此，为平衡浆液可使用时间与早期强度性能指标，固化材料的掺量应严格控制，根据工况条件的需要，一般固化材料的掺量宜控制在 2% ～ 5% 之间。

⑤外掺剂掺量：外掺剂采用减水剂和保水剂复配的方式进行生产，复配掺量的选择从浆液材料的使用效果中得出。

（3）浆液性能指标

新型大比重抗剪砂浆性能控制指标见表 5-5。

新型大比重抗剪砂浆性能指标　表 5-5

| 坍落度(cm) | | 密度 (g/cm³) | 泌水率 (%) | 剪切屈服强度(Pa) | | 可使用时间 (h) | 流动度 (mm) | 7d 强度 (MPa) |
|---|---|---|---|---|---|---|---|---|
| 0h | 8h | | | 0h | 8h | | | |
| 9 ～ 14 | >5 | >1.90 | <1 | >300 | >800 | 0 ～ 24 | >200 | >0.10 |

## 5.5.3　注浆工艺

根据浆液材料的特性，提出“多点注浆法”注浆方式和“注浆量、注浆压力双控”施工控制方法。

1）施工工艺及配套系统设备

同步注浆系统的施工设备由材料拌制设备、浆液运送设备以及注浆设备组成，配套设备与浆液材料的适应性关系到盾构机同步注浆的施工质量与效果。

（1）拌浆系统

由于新型大比重抗剪砂浆具有稠度值低、含砂率高、密度大的特点，因此，对于浆液的拌制设备提出了更高的要求。拌浆设备是整个盾构机同步注浆系统中的一个关键组成部分，它对于同步注浆浆液的拌制质量与拌制效率影响重大。

砂浆搅拌设备应摒弃以往地面简易拌浆设备，采用自动搅拌站形式，分别由砂料筛分系统、砂料上料系统、粉料独立仓储计量系统、液体外加剂储料计量系统、搅拌机和控制室等组成。搅拌系统应采用连续式计量装置，以实现连续生产；控制系统采用可靠性高的 PLC 控制系统，以实现自动、手动两种功能，并具有自动采集、存储数据的功能；单套系统生产浆液的能力达到 24 ～ 30m³/h。拌浆系统示意见图 5-49。

（2）输浆系统

在超大直径盾构隧道工程同步注浆输送系统中，包含两种输浆方式：

①储浆桶直接吊装模式：将盾构机车架上的储浆桶进行直接吊装，储浆桶经由地面拌浆系统→垂直吊装至井下运输车→井下运输车隧道内水平输送→至盾构机车架位置吊装至盾构机固定浆桶之上。

②井下运浆橄榄车输送：地面拌制浆液通过输送泵或依靠浆液自重直接输送至井下运浆橄榄车内，利用运浆橄榄车进行隧道内水平运输，至盾构机车架位置再经由输送泵泵送至盾构机车架储浆桶内。

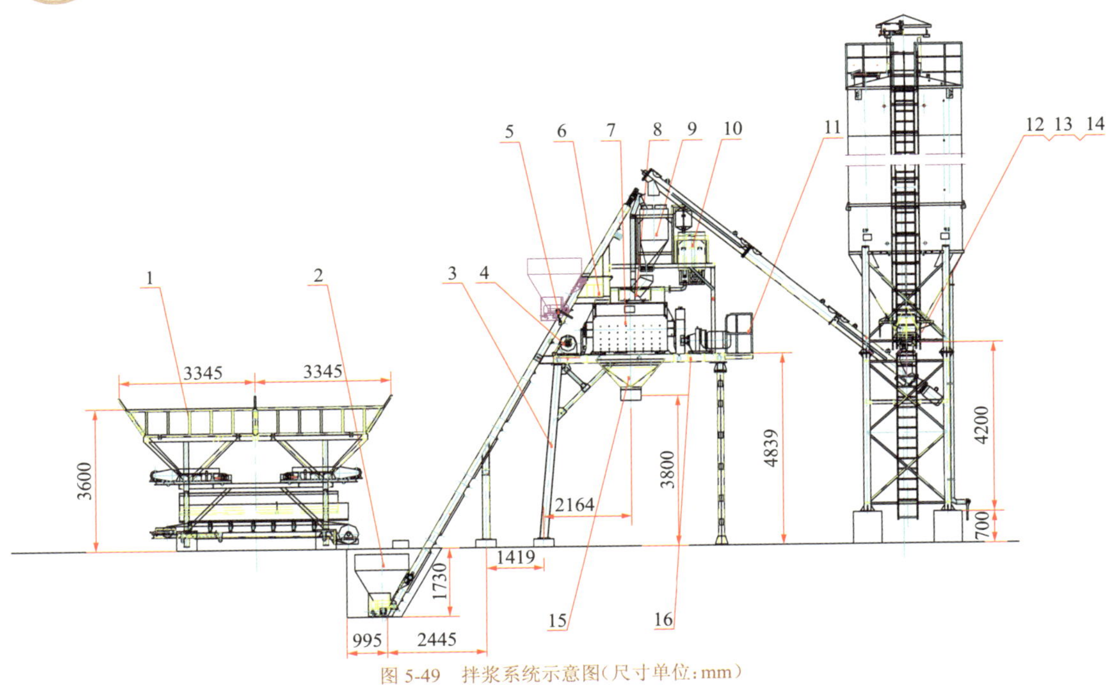


图 5-49　拌浆系统示意图(尺寸单位:mm)

1- 两斗配料机(加高板);2- 料斗;3- 支腿;4- 卷扬系统;5- 上料架;6- 漏斗;7- 搅拌主机;8- 主机罩盖;9- 粉煤灰及矿粉秤;10- 水路系统;11- 走台;12- $\phi$219 螺旋输送机;13- $\phi$273 螺旋输送机;14- 水泥舱;15- 拢料斗;16- 底盘

(3)注浆系统

注浆系统采用全液压双缸双出口活塞注浆泵,常用的注浆泵为 SchwingKSP20 型。为了适应推进速度的快慢,注浆装置可根据压力来控制注浆量的大小,可预先选择最小至最大的注浆压力,这样既可以保证盾尾密封不会被损坏,管片不会受过大的压力,同时也将对周围土层的扰动降至最小。

注浆方式包括人工方式和自动方式。人工方式可以任选注浆管中的一根,由操作人员在现场操作台上操作按钮启动注浆系统;自动方式则是在注浆现场操作台上预先设定好,盾构机掘进即启动注浆系统,如图 5-50 所示。

a)实物

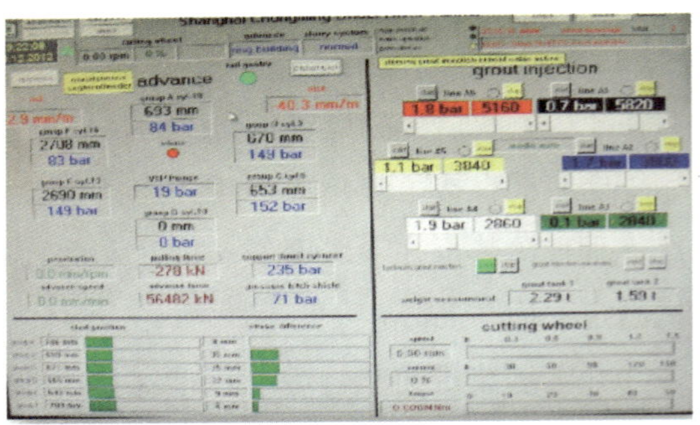


b)操作界面

图 5-50　同步注浆泵及操作界面

2）同步注浆施工控制方法

（1）"多点注浆"施工方式

抗剪砂浆具有良好的流动性和压力触变性，通过采用多点注浆方式（6 ～ 8 个注浆点位）对盾尾管片外部建筑空隙同步实施注浆，盾位间隙能够得到及时有效的填充，如图 5-51 所示。

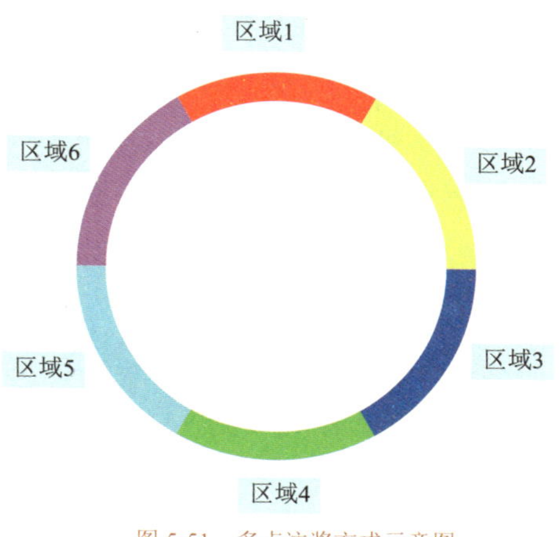

图 5-51　多点注浆方式示意图

（2）"注浆压力、注浆量双控"施工方法

盾构法施工不可避免的会对周边地层产生扰动，从而造成地面沉降，并会对周边建构筑物的稳定性产生影响。隧道管片脱出盾尾后，由于盾尾间隙的存在，周围土体应力释放，并产生管片的位移。大直径盾构隧道施工在进行同步注浆时应重点对注浆压力和注浆量进行控制，使之既能有效地填充建筑空隙，又不会对管片的成环质量产生影响。

由于新型抗剪砂浆以砂为骨料，在注浆压力的作用下，能够依靠砂颗粒之间的咬合力和摩擦力自动调节至密实状态，并能将注浆压力传递到周围地层中，有效地减小地层应力释放的程度。因此可将注浆压力控制在周边地层初始地应力水平左右，减小对地层的应力扰动。对于上海地区含水量极高的软土地层，控制注浆压力，对于降低孔隙水压力变化，控制地层施工期的扰动以及长期的固结沉降具有显著的效果，同时也能避免由于局部注浆压力过大导致隧道管片的损坏。

①注浆压力控制：根据注浆的目的和要求（即充分填充盾构机施工产生的地层空隙，避免由此引起的地表沉陷影响地表建筑物与地下管线的安全；避免过大的注浆压力引起地表隆起或破坏管片衬砌，防止注浆损坏盾尾密封），注浆压力计算示意图如图 5-52 所示，其计算公式为：

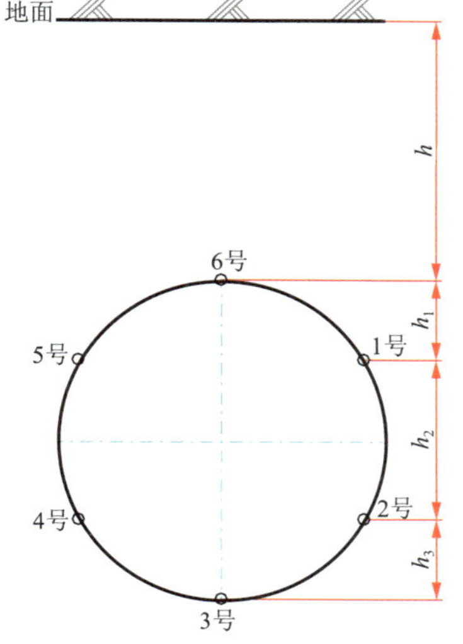

图 5-52　注浆压力计算示意图

$$P_{注浆孔}=\gamma h K_0+P_{管阻} \tag{5-20}$$

式中：$P_{注浆孔}$——注浆孔注浆压力（MPa）；

$\gamma$——浆液重度（$kN/m^3$）；

$h$——注浆孔至地面覆土的厚度（m）；

$K_0$——水平压力系数或侧向压力系数；

$P_{管阻}$——注浆孔管阻（MPa）。

当注浆压力过小时，土体将向管片方向快速变形，盾构机施工产生的地层空隙将变小，注浆量减小，引起地表沉降，影响地表建筑物与地下管线的安全。当覆土过浅时，注浆压力不宜过高，以防止压力过大而增加对地层的扰动和结构的变形，影响地表及周边建筑物。注浆速度要与盾构机速度相配合，做到均匀压浆，及时填补盾尾间隙。在软弱地层，由于掘进后土体易坍塌，无形中减小了盾尾空隙，造成砂浆流动不顺畅，要获得有效充填，则所需注浆压力较大；反之，在条件较好的地层，土体自稳能力较强，砂浆在空隙中流动顺畅，则所需注浆压力较小。根据隧道的埋深情况及外界周围水土压力情况，同步注浆的注浆压力需进行适当的调整变化，以满足浆液的均匀填充及施工安全要求。

②注浆量控制：理论上浆液只需100%充填建筑空隙即可，但尚需考虑下述因素：

a. 浆体的失水收缩固结，有效注入量小于实际注入量。

b. 部分浆液会进入到周围地层中。

c. 曲线推进、纠偏或盾构机抬（磕）头，实际开挖断面成椭圆。

因此，合适的注浆量应比理论注浆量要大，采用新型高密度抗剪砂浆不会产生周围地层的劈裂，因此实际的注浆量控制在理论建筑空隙的120%左右即能满足填补建筑空隙的要求。注浆量和注浆压力视压浆时的压力值和地层变形监测数据而定。由于曲线段推进增加了纠偏次数，也加大了对土体的扰动，所以在曲线段推进时更要严格控制注浆量，每环推进时根据监测所得沉降值随时调整注浆量和注浆压力。

## 5.5.4 干粉同步砂浆

干粉砂浆解决了传统工艺中砂浆配比难以把握的问题，具有计量准确、质量可靠、使用方便等优点，有利于自动化施工机具的应用，逐渐改变了传统建筑施工的落后方式。另外，现场拌制砂浆需要较大的原材料堆放场地，干粉砂浆解决了部分工程因位于城市中心，施工场地狭小，无法现场拌制砂浆的困境（图5-53）。

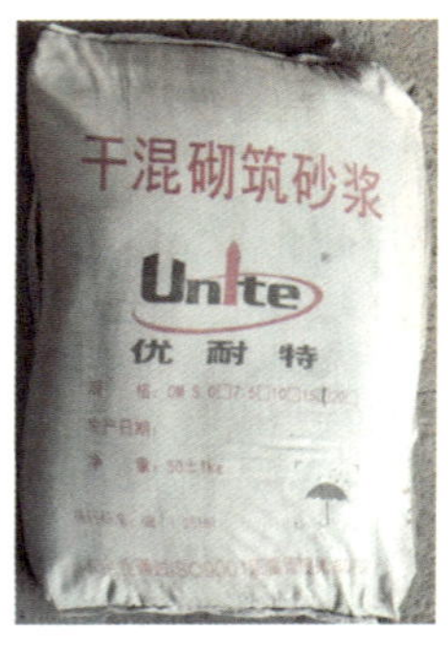


a）干粉材料

b）拌制试验

c）拌制设备

图5-53　干粉同步砂浆

1）浆液性能

（1）砂浆具有很好的流动性及泵送性能。

（2）施工时操作简便，具有很好的填充性和保水性，可以保持一定的和易性、均匀性。

（3）耐酸、碱和盐的腐蚀性能好。

（4）浆体硬化后具有较好的抗剪性能。

（5）不污染环境，对人体无害。

2）浆液指标

浆液性能要求见表 5-6。

浆液性能要求　　表 5-6

| 指　标 | 坍落度（mm） | 密度（$g/cm^3$） | 压力泌水量（mL） | 20h 剪切屈服强度（Pa） |
|---|---|---|---|---|
| 参考值 | 100 ～ 180 | 大于 1.90 | 小于 35 | 不小于 800 |

# 5.6　特殊段掘进施工关键技术

## 5.6.1　浅覆土段掘进

隧道顶部埋深小于 1 倍隧道外径称为浅覆土施工，小于 0.5 倍隧道外径则为超浅覆土施工。

1）风险分析

在浅覆土或者超浅覆土的情况下，切口压力、注浆参数和泥水质量等施工参数的控制难度大。施工过程中开挖面稳定的控制更为困难，极易引起地面冒浆，沉降、隆起等现象。同时隧道稳定的控制也较为困难，尤其是出现地面冒浆、沉降隆起较大时，拼装完成的隧道脱出盾尾后，同步注浆浆液难以包裹隧道，对隧道结构的约束力较弱，管片在周围地下水或盾尾注浆浆液的浮力作用下会发生上浮，进而引起盾构机姿态偏差大、管片螺栓剪断、错台大、盾尾间隙不均匀等情况的发生。

2）针对性措施

（1）设计措施

①隧道结构增强刚度。

浅覆土段管片环向设置剪力销（图 5-54），能够增加隧道纵向刚度，防止成环隧道脱出盾尾后发生上浮，特别是防止环间错台。

同时可采用预紧力螺栓以及焊接连接板，加强管片环向和纵向连接强度，提高衬砌整体性（图 5-55）。

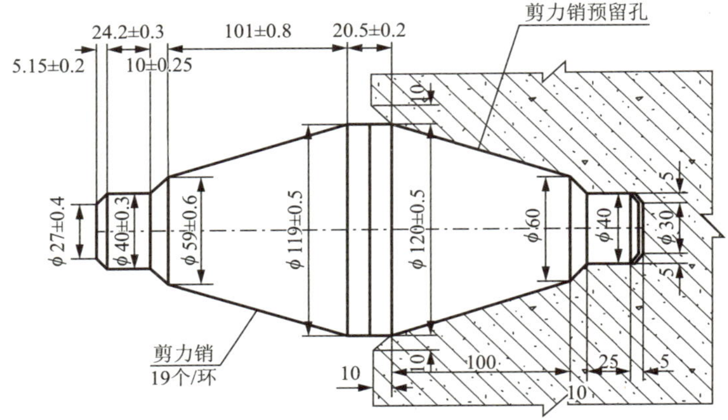


图 5-54 剪力销(尺寸单位:mm)

②管片增设注浆孔。

为加强盾构机穿越浅覆土段的二次注浆和应急处理能力,可在浅覆土段管片设计中增设注浆孔。如图 5-56 所示,每块管片增开 2 个注浆孔,封顶块除外。

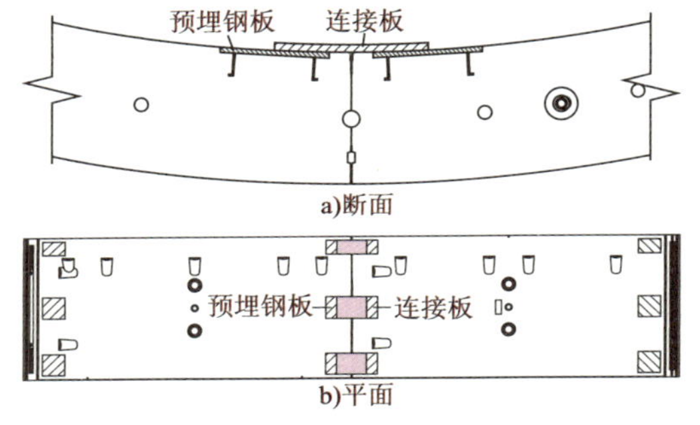


图 5-55 管片预埋钢板示意图

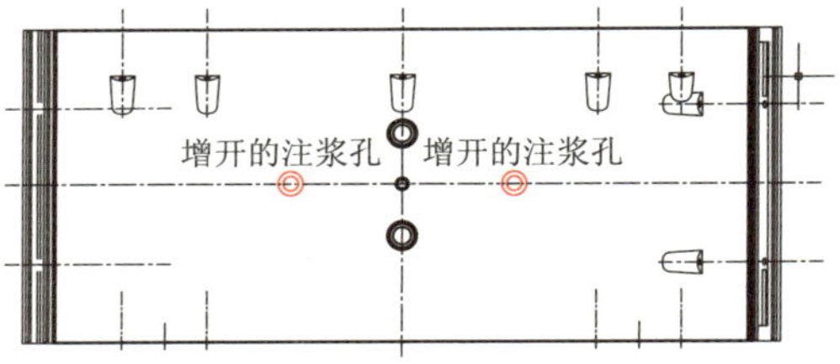

增开的注浆孔 增开的注浆孔

图 5-56 增开注浆孔示意图

③抗浮板及抗浮桩。

对于超浅覆土隧道的施工,在施工前可以通过设置抗浮板及抗拔桩进行预处理,如图 5-57 所示。

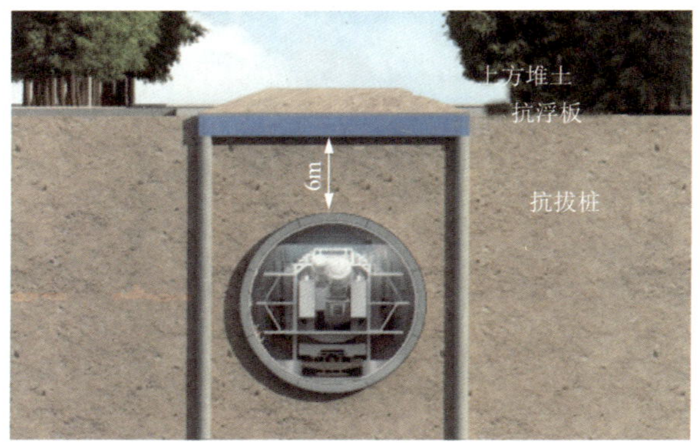


图 5-57 抗浮板及抗拔桩示意图

（2）施工措施

①施工参数优化。

通过施工参数优化，稳定开挖面，减少施工对地层的扰动和对环境的影响，施工参数如表 5-7 所示。

施工参数　　表 5-7

| 序　号 | 项　目 | 参数要求 |
|---|---|---|
| 1 | 切口水压 | 根据不同覆土深度和地质条件设定 |
| 2 | 压力波动 | -0.005 ～ 0.005MPa |
| 3 | 掘进速度 | 2 ～ 3cm/min |
| 4 | 同步注浆压力 | 根据不同覆土深度和地质条件确定 |
| 5 | 同步注浆量 | 实际的注浆量为理论建筑空隙的 110% ～ 130% |

②同步注浆管理。

严格把控同步浆液质量，分配左右对称、压注同步。当发现隧道上浮量较大，可以通过调整注浆量进行上浮程度的调整。确保注出的浆液有很好的隔水作用，保证盾构机正前方的泥水不能后窜至管片外围。因此，浆液使用前应进行现场试验，对其坍落度及剪切强度等指标进行检验，如图 5-58 所示。

a）坍落度测试

b）试样及剪切试验

图 5-58　现场浆液试验

提高同步浆液早期强度，快速稳定盾尾后方管片。

大直径盾构机通过浅覆土段，必要时可利用增设的管片预埋注浆孔，采取及时、多次、足量的压浆措施对管片壁后进行加固，施工流程如图 5-59 所示，注浆范围如图 5-60 所示。

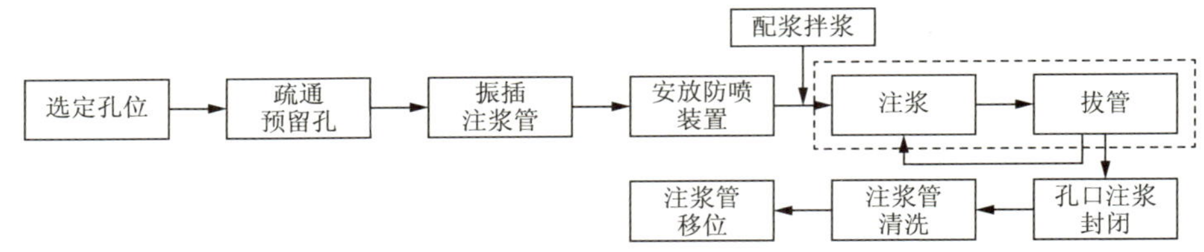


图 5-59　二次注浆施工流程

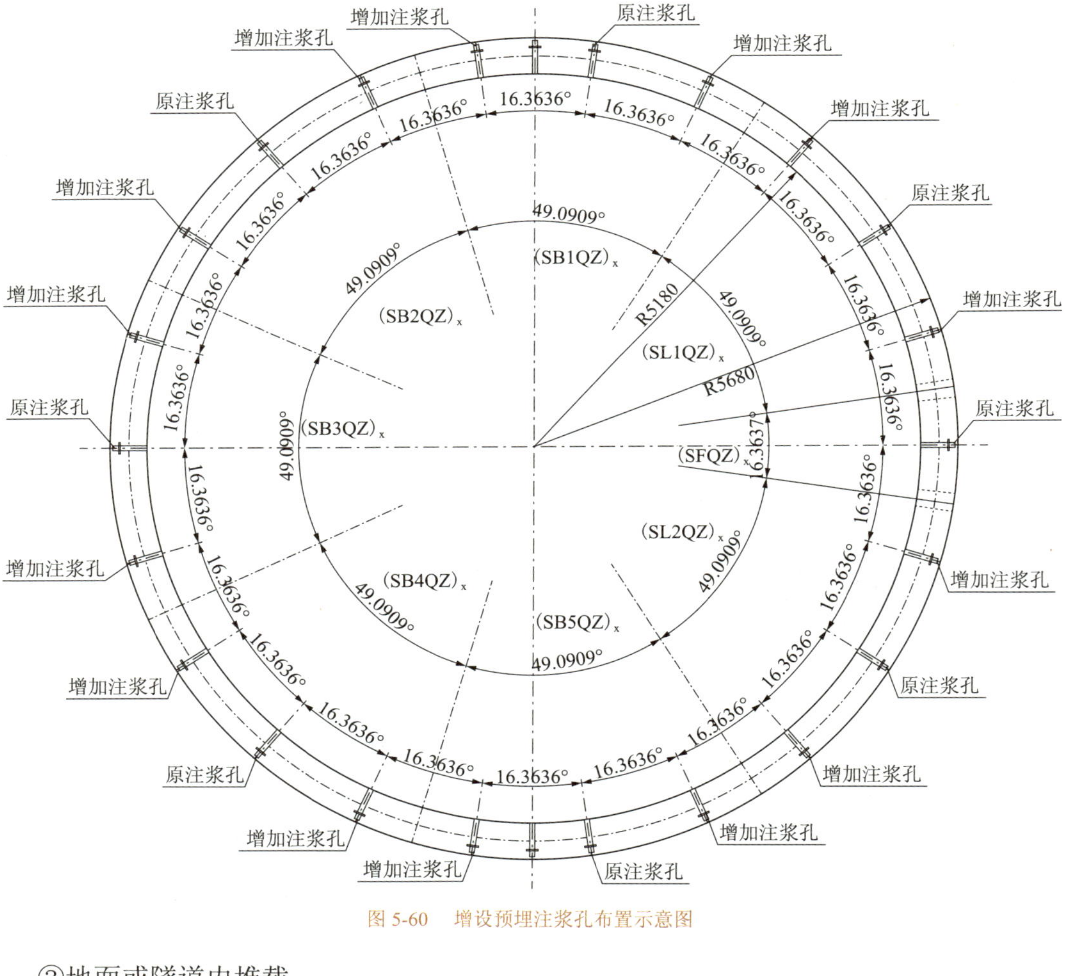

图 5-60　增设预埋注浆孔布置示意图

③地面或隧道内堆载。

结合隧道的实际覆土厚度，采取地面堆载作业或隧道内压重，起到限制隧道上浮的作用，如图 5-61、图 5-62 所示。针对软弱浅覆土段，还可采用水泥浆预加固的方法，改良土体，增大抗扰动能力。

图 5-61　地面堆载

图 5-62　隧道内压重

④施工监测。

在浅覆土条件下，盾构机施工易导致不同程度的地面隆起和隧道上浮，从而会影响到周围的地面建筑、地下管线等设施的正常使用，主要做以下监测：

a. 隧道稳定性监测。隧道上浮、隧道位移、管片错台量、张开量等。通常每班组需进行隧道上浮量的监测，必要时每推进一环进行监测，直至管片脱出车架稳定后停止。

b. 隧道轴线上方地表及管线沉降监测。

c. 一般建（构）筑物沉降、裂缝监测，敏感建筑物自动化监测。

## 5.6.2　小半径曲线段掘进

小于 40 倍盾构机外径的隧道曲线为小半径曲线。

上海地区已经施工了众多小半径曲线段的大直径盾构隧道，其中打浦路复线隧道平曲线的最小转弯半径与隧道外直径比的最小值为 35。该工程的 *R/D* 值是目前国内同规格盾构隧道中最小的，在小半径曲线段采用了 1.5m 环宽的常规管片与 0.75m 的小环宽管片组合的模式拟合曲线，施工过程未出现异常，隧道结构使用状况良好（图 5-63）。

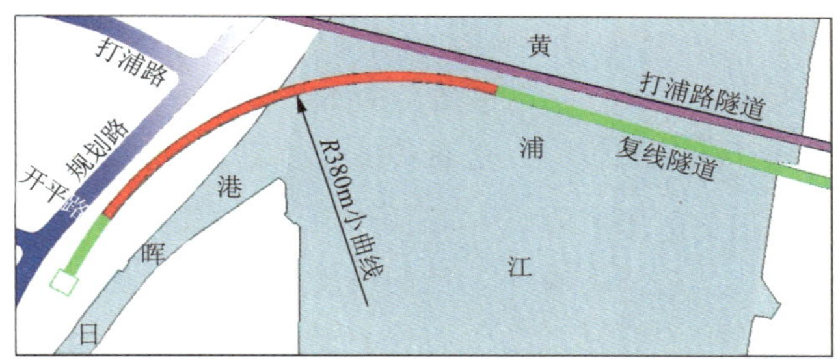


图 5-63　打浦路复线隧道工程小曲线盾构机推进

1）风险分析

大直径盾构机小半径曲线段施工主要面对的风险是成型隧道质量难以控制。由于盾构机本身为直线形刚体，圆曲线段掘进只能形成一段连续的折线来拟合圆曲线。为了使盾构隧道轴线与设计轴线相吻合，掘进过程中需要进行连续纠偏。圆曲线半径越小，盾构机直径越大，拟合困难就越大，掘进单位距离的纠偏量也越大，纠偏精确度越低，因此超大直径小曲线盾构隧道的轴线控制难度更大。管片出现崩缺、错台等质量问题（图 5-64）的概率增大。另外，小半径曲线段施工时，容易出现盾尾间隙不均匀的现象，进而引起盾尾渗漏的问题。

a)管片碎裂

b)管片渗水

c)管片错台

图 5-64　小半径曲线段管片出现错台、碎裂、渗水

2）针对性措施

（1）设计措施

①管片形式。

为了更好地拟合小半径曲线且满足曲线隧道管片的受力要求，设计时需要对管片的种类、环宽、楔形量进行论证。对于超大直径隧道小半径曲线区段的楔形量，需在综合考虑盾构机的外径、盾构间隙、盾尾刷的密封止水能力的基础上进行合理确定。

如图 5-65 所示为打浦路越江复线隧道工程在 $R$=380m 小半径曲线段内的管片使用情况，该区段采用 750mm 的小环宽管片和 1500mm 宽管片结合使用的形式实现小半径曲线段的施工。

图 5-65　打浦路越江隧道复线工程小环宽管片

②管片防水。

大直径隧道工程管片接缝主要采用双道防水布置形式，如上海长江隧道工程，具体形式如图 5-66 所示。在小半径曲线段施工时，为加强防水的能力，可采用增加防水布置的形式，如苏通电力隧道工程，具体形式如图 5-67 所示。

③管片连接。

为增强小半径曲线段隧道的整体刚度，通常在管片环间增设剪力销，纵向增设连接件，加强管片的连接。

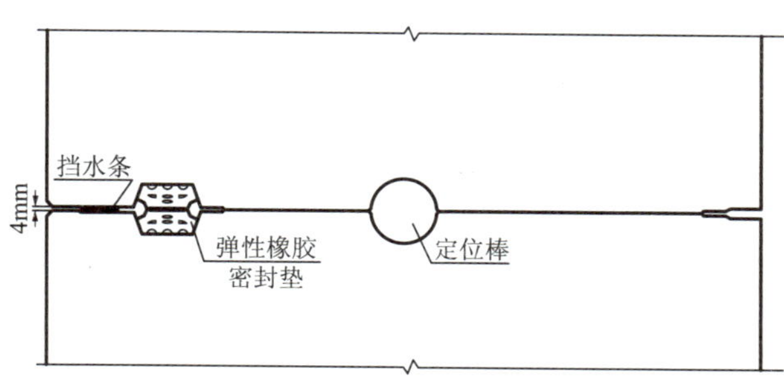


图 5-66　上海长江隧道工程管片防水布置

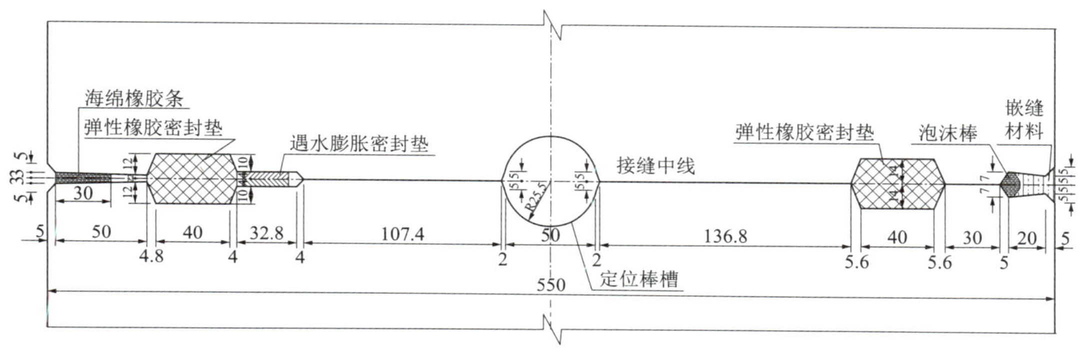


图 5-67　苏通电力隧道工程管片防水布置(尺寸单位:mm)

(2)设备保障

①盾构机的最小转弯半径及其超挖能力。

盾构机的超挖能力对小曲线施工有着重要影响。盾构机刀盘上安装有仿形刀,具有一定的超挖范围。在曲线施工时可根据推进轴线情况进行部分超挖,超挖量越大,曲线施工越容易。但超挖的同时也会使同步注浆浆液因土体的松动进入开挖面。因此,在使用超挖功能前要了解其控制形式及能力,将超挖量控制在最小限度内。

另外,盾构机采用铰接部分,可使盾构机切口至支撑环、支撑环至盾尾形成活动结构,增加盾构机的灵敏度,确保曲线段推进轴线控制,同时减少管片外弧碎裂和管片渗水等现象发生。

②盾尾密封能力。

在小曲线段施工时,为了防止盾尾渗漏,盾构机的盾尾密封装置除了设有钢丝刷及钢板刷之外,还可以预留冰冻管以及紧急密封气囊装置,如图 5-68 所示。

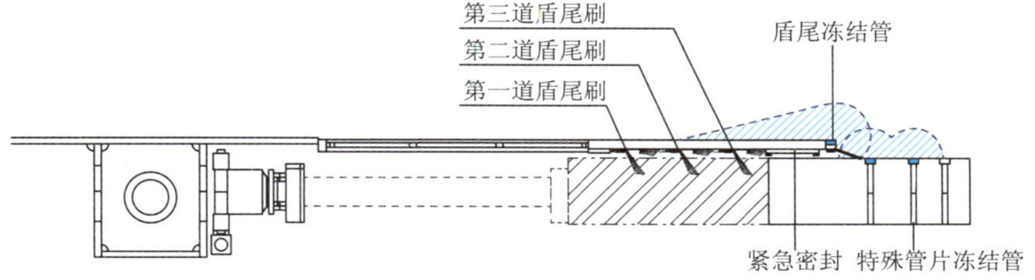


图 5-68　盾构机盾尾密封及预留冻结管示意图

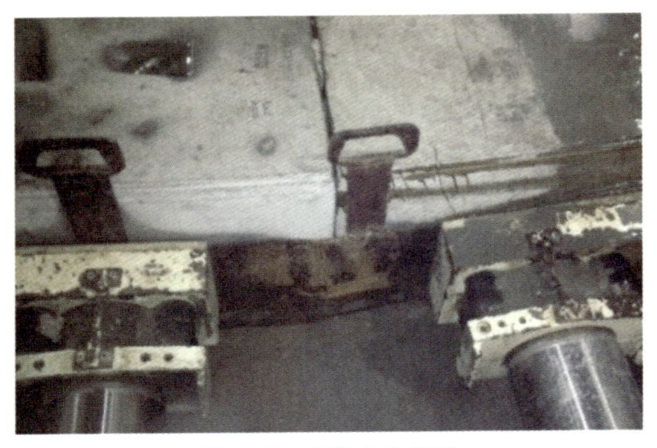
图 5-69　应急止水插板

紧急密封气囊属充气式膨胀密封，通过使气囊膨胀而达到密封的作用。紧急密封的作用首先是遇到紧急情况（如盾尾大量漏泥、漏沙）时进行紧急止水，其次是进行前面两道钢丝刷更换时，可以保护管片安装区域，防止盾尾外侧泥水等进入盾构机内，应急止水插板如图 5-69 所示。

盾尾末端位置预留一圈沿盾构机圆周方向布置的环管作为冰冻管位，在更换前两道钢丝刷之前，通过充入冰冻介质的方法对该部位的水土进行冻结，并辅以带有冰冻管的特殊管片加强冰冻，保证更换钢丝刷的安全性。

③车架转弯能力。

在小曲线施工中首先应考虑车架系统各节的长度，分段式车架每一节作为一个刚性体，必须能在小曲线成环隧道内顺利通过，并且要对最长一节车架长度进行核算。同时，车架系统的行走机构应符合实际工况，且应配置有容易操作的纠偏装置和充足的纠偏能力。

（3）施工措施

①盾构机施工过程中应经常校正、复测及复核测量基站，定期对自动测量系统进行人工复测，数据变化较大时需加密人工复测的频率。

②严格控制盾构机推进的纠偏量，尽量使管片四周的盾尾空隙均匀一致，减少管片对盾尾密封刷的挤压程度。

③加强同步注浆浆液质量控制，及时、充足地进行同步注浆，及时调整各点注浆比例分配。

④合理设定管片拼装油压，避免盾构机产生后退。加强螺栓复紧，在推进过程中对脱出盾尾的管片进行复紧，同时在脱出车架时进行二次复紧。

⑤采用优质的盾尾油脂，及时、保量、均匀地压注盾尾油脂，保证密封的性能，必要时压注应急堵漏油脂。

⑥准备好应急物资，如聚氨酯、插板、应急压注油脂等。

### 5.6.3　长距离段掘进

一般将盾构机掘进距离大于 3km 的隧道定义为长距离隧道。

1）风险分析

（1）设备磨损大

在长距离段盾构机掘进施工中，设备的运转状况对于保证工程的顺利进展至关重要。

盾构机长距离掘进，将不可避免产生刀具磨损、盾尾刷损坏等问题。刀具更换和盾尾刷更换均会带来较大的施工风险。

（2）运输效率低

盾构机长距离施工过程中，随着掘进距离的不断增加，运输施工材料的时长和车辆均会增加，且泥水循环排泥泵的负荷会增大。因此保证长距离掘进施工的运输效率和运输安全尤为关键。盾构机掘进过程中，影响施工效率的主要因素为水平运输。

（3）测量精度低

在长距离掘进过程中会持续累积测量误差，造成施工测量精度的下降，从而影响整体隧道轴线偏差和贯通测量精度。

2）针对性措施

（1）设备配置

①刀盘设计采用常压刀盘，施工中加强对常压可更换刀具的检查及更换（图 5-70），提高换刀效率，同时降低带压作业的施工风险。

②长距离掘进时，容易因盾尾间隙控制不佳或盾尾油脂压注不均匀，引起盾尾刷的损坏，进而产生盾尾渗漏。千斤顶长度、管片拼装机等设备在设计时考虑具有能更换至少一道盾尾刷的能力（图 5-71）。

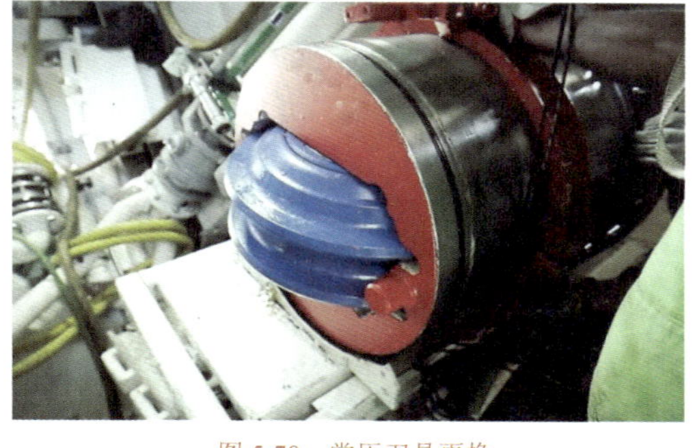

图 5-70　常压刀具更换

图 5-71　盾尾刷更换

③主驱动密封系统具有自动监测及加减压的能力，根据外界水土压力的变化自动调节密封压力。

④各类设备布置合理，具备可快速更换的能力。

（2）运输效率控制

①泥水系统配置。

泥水输送系统由送泥管、排泥管、气压阀、送泥泵和排泥泵等组成。经过泥水处理系统的合格泥水从调整槽通过 $P_{1.1}$ 泵经送泥管路送至盾构机开挖面，然后经过盾构机泥水舱排出泥水，经盾构机上的 $P_{2.1}$ 泵和隧道内的 $P_{2.X}$ 接力泵，回送至泥水场地，如图 5-72 所示。

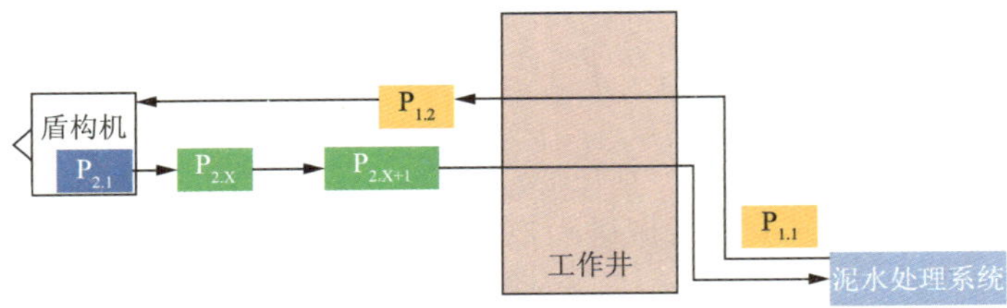



图 5-72　泥水泵示意图

泥水管路由长度为 8 ～ 10m 的管路连接而成，每过一段距离会在管道之间安装液压闸阀和弯头等，并且隧道有上下坡度，因此容易发生管道压力损失问题。

管道系统总的压力损失等于直管中的沿路压力损失 $\Delta p_{\lambda}$ 与所有局部压力损失 $\Delta p_{\zeta}$ 的总和。

$$\Delta p = \sum \Delta p_{\lambda} + \sum \Delta p_{\zeta} = \sum \lambda \frac{l}{d}\frac{\rho v^2}{2} + \sum \zeta \frac{\rho v^2}{2} \tag{5-21}$$

式中：$\lambda$——沿程阻力系数；

$\zeta$——局部阻力系数；

$l$——管道长度（m）；

$d$——管径（m）；

$\rho$——泥水密度（$kg/m^3$）；

$v$——泥水流速（m/s）。

每隔 500m 放置一个泥水压力传感器，通过传感器上的压力数据，选择在适当位置放置接力泵。

②水平运输。

a. 运输方式。

一般采用双头卡车、斯泰尔卡车及橄榄车为运输车辆（图 5-73）。其中双头卡车运输预制件，斯太尔卡车运输管片，橄榄车运输同步浆液。

a）双头卡车

b）斯泰尔卡车

c）橄榄车

图 5-73　隧道内水平运输车辆

b. 水平运输道路结构和运输一体化设计。

根据施工总体计划，一般采用盾构隧道掘进和内部道路结构同步进行的施工方式，隧道掘进施工时，口字形构件及路面施工同步进行，其中口字形构件于车架部位进行安放，路面结构则是脱离车架后进行施工（图 5-74）。

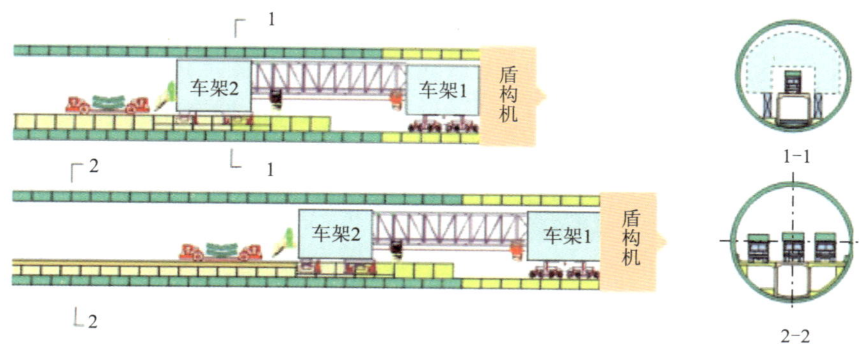


图 5-74 水平运输示意图

考虑到斯泰尔卡车在隧道内需要调头，所以在盾构机车架后制作调头平台并随着车架拖行前进。调头平台由钢结构制成，如图 5-75 所示。

图 5-75 车架后方调头平台

3）测量精度控制

（1）隧道内平面控制测量

可布设两级支导线：施工支导线和控制平行导线（图 5-76）。为了保证长距离隧道中导线布设的整体性及确保精度稳定，可采用“同站双测”的方法进行测量（图 5-77）。

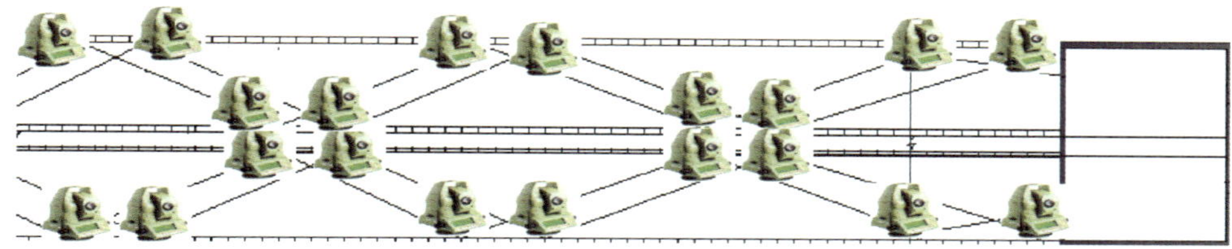

图 5-76 平行导线布置示意图

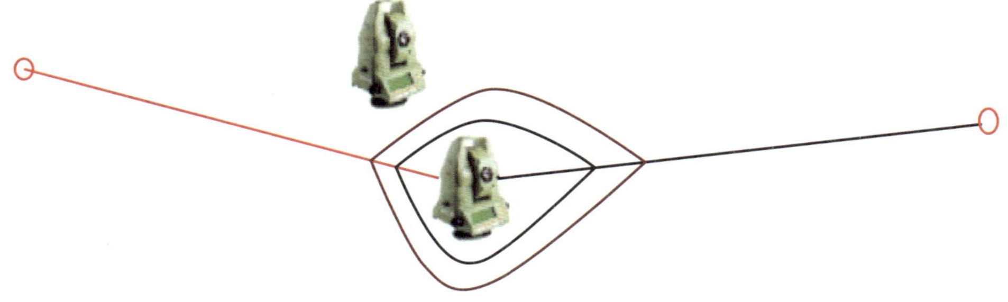

图 5-77 同站双测示意图

注：同站双测，即同一测站，不同仪器，不同人员，两次测量。

图 5-78　隧道内垂直顶升测量孔

由于隧道掘进的距离越长，其点位的精度越差，洞内定向的精度很难保证，使用陀螺经纬仪可极大地提高隧道联系测量的精度。

（2）垂直顶升测量孔

为了确保隧道精确贯通，可采用垂直顶升测量孔的施工工艺，将接收井附近的地面控制网坐标传递到隧道内，从而对隧道内的控制网进行精确修正（图 5-78）。

## 5.6.4　过江河段掘进

在过江过河工程中，往往江河冲刷线与隧道顶间距较小，且地质条件较为复杂。

1）风险分析

（1）开挖面稳定

对江中段盾构机推进来说，江水贯通是主要风险点。开挖面失稳会造成江中“塌通天”现象。前期断面周边勘探孔未封堵严实也会形成通道，造成江中冒浆或者江水贯通风险。

（2）盾尾渗漏

盾尾的安全是江中段盾构机推进的重点保护对象，往往江河段存在覆土较浅处，同时水压大，土体渗透性强，盾构机推进过程中一旦发生盾尾渗漏，容易发生江底坍塌和隧道内被淹，甚至隧道坍塌的风险。

（3）有害气体防治

局部地区江河地层中含有沼气等有害气体，盾构机推进属于二级密闭空间，当施工过程中遇到有害气体泄漏，若通风条件不佳则极易造成大量人员中毒。

2）针对性措施

①配置合理的泥水分离系统，同时添加优质新浆液，保证开挖面泥水质量。

②盾构机开挖面泥水压力控制。

开挖面泥水平衡是一种动态的平衡，当由于某些原因变化时，平衡就可能被打破，故无论是在掘进阶段还是停止掘进阶段都应注意泥水压力的变化，采取相应措施使泥水压力尽可能地接近设定值。

③掘削干砂量管理及控制。

根据送排泥浆的流量计和密度计测定的各种数据，对送排泥浆中包含的掘削干砂量的体积进行计算，通过掘削干砂量与理论值作比较，判断开挖面是否超挖。

当干砂量过大时，需停机分析数据，调整施工参数，使干砂量的数据接近理论值，减小正面土体塌方的可能。

④施工过程管理。

a. 合理设定推进速度，保证推进速度稳定，开始推进和结束推进时，速度应分别逐渐提高和减小。

b. 控制同步注浆压力，并在注浆管路中安装安全阀，以免注浆压力过高而顶破覆土层。

c. 若出现机械故障或其他原因造成盾构机停推，应采取措施防止盾构机后退。

⑤水底监测措施。

盾构机进入江中段前10d内，应对隧道轴线沿线的江底水深情况进行一次全面扫描（背景测量），复核隧道覆土层厚度。在盾构机推进到江中段后即开始进行江底高精度水深监测，并充分利用监测结果指导施工，作业流程如图5-79所示。如江底发生较大的隆沉时应及时采取措施处理。

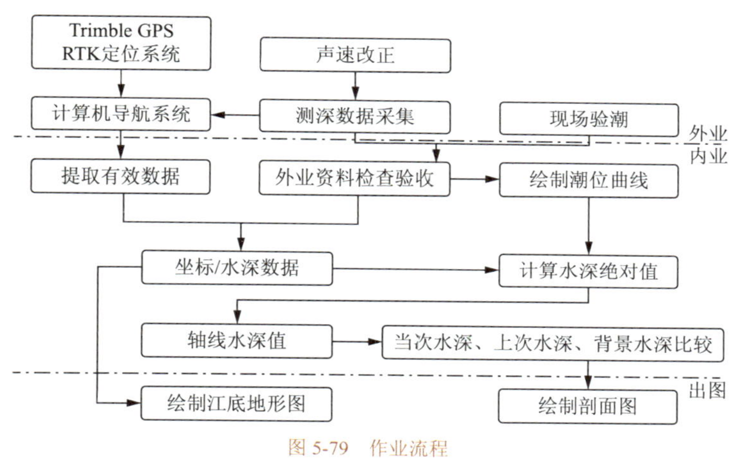


图5-79 作业流程

3）*盾尾渗漏*

（1）保持切口水压稳定

在推进过程中，应保持切口水压稳定，防止因设备故障和人为操作失误而引起切口水压波动。每次调高水压后，安排专人观察盾尾漏浆情况。

（2）提高同步注浆质量

每环推进前需对同步注浆浆液进行小样试验，在同步注浆过程中，合理掌握注浆压力，使注浆量、注浆流量与推进施工参数形成最佳参数匹配。

（3）增加备用泵及应急物资准备

为防止盾尾漏浆后大量泥水积蓄，导致盾构机设备被淹，应增加一套备用泵，以利于大量积蓄泥水的排放，同时在施工现场准备应急抢险物资。

（4）盾尾油脂压注

盾尾油脂压注应定期、定量、定位压注。当发现盾尾有少量漏浆时，应对漏浆部位及时进行补压盾尾油脂。

(5)拼装管片

管片应考虑居中拼装,以防盾构机与管片之间空隙过大、降低盾尾密封效果。

4)有害气体控制

(1)为确保盾构机在有害气体段的安全施工,在施工前预先对盾构机穿越区域内的有害气体进行卸压释放。

(2)合理选型并且配置隧道内通风设备。

(3)日常设专人进行隧道内有害气体监测,照明及运输车辆采用防爆式,施工过程中加强动火管理,进入隧道严禁带明火,敏感区域禁止吸烟等。

(4)提前对施工人员进行应对有害气体的专项安全交底,配置应急防毒面罩,在隧道内各重要施工区域配置高敏感度有害气体自动报警检测仪,一旦检测出有害气体超标,立刻组织人员撤离。待通风一段时间后,监测人员佩戴防毒面具,由隧道外部逐步向内监测,若隧道内沼气浓度达到或超过 1.5%,监测人员不得继续深入。待确定隧道内沼气浓度小于 0.5% 含量时,其他施工人员方可进隧道恢复施工。

## 5.6.5 复合地层掘进

复合地层是指隧道开挖断面范围内同时含有软土及岩层,且这些地层的岩土力学特征相差悬殊。

1)风险分析

泥水气平衡式盾构机在复合地层施工时容易发生刀具异常磨损和刀盘结泥饼的现象,两者间相互影响。

刀具的主要功能是破碎掌子面的岩土并使其成为渣土,既要破碎硬岩,也要切削软土。其中硬岩一般采用滚刀进行破碎切削,软土采用切削刀进行切削。对于软硬不同的复合地层,采用滚刀进行切削,容易发生滚刀偏磨,如图 5-80 所示。

a)新滚刀

b)严重偏磨滚刀

图 5-80 滚刀偏磨

一些特殊的复合地层，如含强风化粉砂质泥岩地层，岩层天然抗压强度不高，但含泥质颗粒较高。对于刀盘形式为面板式的盾构机，开口率不高，随着刀具的磨损，渣土无法快速通过刀盘面板的导流槽进入开口处，易在刀盘面板和刀具周围形成泥饼，如图5-81所示，泥饼的形成又会大大降低刀具的切削能力，影响盾构机的掘进效率。

图5-81 刀盘面板结泥饼

2）针对性措施

（1）地质补勘

①查明勘察范围内的地层岩性、地质构造、不良地质作用，形成地质钻孔柱状图。

②探明孤石分布范围、大小和规律。

③对隧道范围内的岩样进行岩石天然单轴抗压强度试验和RQD值的统计。

④对隧道范围内的地质钻孔必须进行封堵。

（2）施工前预处理措施

花岗岩地层的特点是在全风化、强风化地层中经常会出现不均匀风化体，表现出球状风化现象。在复合地层中进行盾构机施工时，首先应根据具体项目情况选择合适的岩层（孤石）探测方案，利用物探技术准确判断岩面线分布及孤石的大小位置，一般采用钻探和物探相结合的方式。

①钻孔探测。盾构机施工前加密钻孔，在前期地勘资料的基础上判断孤石可能存在的区域，在该区域隧道之间及两侧布置钻孔。

②物探。可采用跨孔CT、横波反射法、地震波散射法等多种物探方法相结合的方式确定隧道断面内岩层的分布、空间位置和形态。

对复合地层中岩层进行准确定位后，在盾构机穿越前采取合适的预处理措施进行清障。目前常采用的复合地层预处理技术如下：

①人工破岩。采用高压空气或液压锤对孤石进行破碎处理，或者采用静态爆破的方法人工破岩，并从盾构机内将破碎的岩石运走。使用该种方法的前提条件是掌子面必须保持

自身稳定。

②盾构机破岩。在盾构机内进行水平注浆或者从地面进行注浆，对孤石周围的土层进行加固，使得孤石得到固定，然后利用盾构机的刀具直接破岩，将孤石破碎。

③地面钻探地下爆破。通过地面钻探，对孤石进行爆破，达到破碎岩体、增加岩体裂隙、降低岩石强度，以减少岩层对盾构机刀盘刀具的损耗。该种方法主要难点在于需要对爆破进行精确控制，以便将孤石爆破成较为均匀的小块。

④钢套管取石。从地面打入钢套管，首先将钢管内孤石周边土层吸出，再利用起吊设备将孤石直接取出。

⑤冲孔钻破岩。在确定了孤石位置后，用冲孔钻的方法将其击碎，然后盾构机再掘进通过。

(3)设备管理

①可更换刀具。

刀盘刀具的配置对于复合地层的施工十分重要，不同的刀具适应于不同的地层，在地层发生变化时，为保证切削效率，往往需要对刀具进行检查和更换。同时，在复合地层施工，刀具的消耗会非常严重，目前，刀具的更换有带压更换和常压更换两种方式。带压更换刀具即在高压环境下，操作人员进入土舱或泥水舱进行刀具更换，常压更换刀具有两种方式，一种是通过对开挖面周围土体加固，然后操作人员在常压环境下进行更换，另一种是直接在常压工作舱通过常压换刀工装对可常压更换刀具进行刀具检查更换。

武汉三阳路越江隧道可常压更换刀具共设置了 93 组，其中滚刀与贝壳刀可互换的刀具 41 组，可常压更换的边刮刀 52 组。

②磨损检测。

如图 5-82 所示，刀盘、刀具磨损检测装置设置的目的主要是在刀具磨损至一定程度，即将发生刀盘磨损前起到报警作用，磨损检测的原理是在可常压更换刀桶面板和刀盘面板上设置一定高度的探测头或探测槽，里面充满一定压力的液压油，通过压力检测装置连接至盾构机，当探测头或探测槽磨损破损后，液压油泄漏失压产生报警。

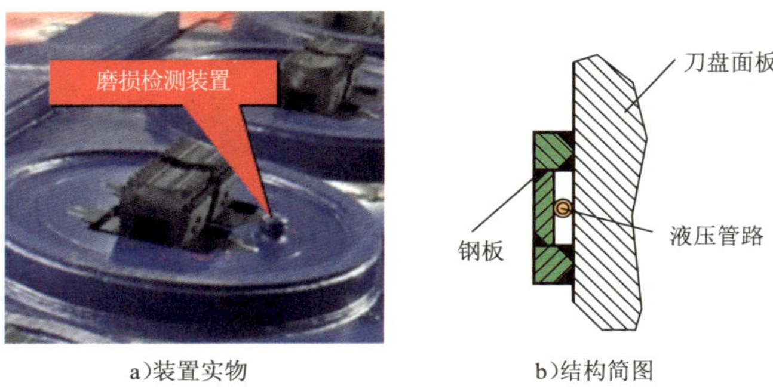


a)装置实物　　b)结构简图

图 5-82　刀盘、刀具磨损检测装置

③超前探测系统。

在复合地层施工过程中，盾构机配备超前探测技术（图 5-83），以提前预知盾构机开挖面前方的障碍物。在盾构机上加装 SSP 超前探测装置，不断进行隧道掌子面前方的地质情况的探测，自动进行数据采集和地质评估后，实时显示盾构机前方一定范围内的预报结果，有利于现场快速作出判断。

④主驱动伸缩。

在复合地层施工时，存在刀盘卡死和排泥管堵塞的风险。如图 5-84 所示，可伸缩驱动能在一定范围内带动刀盘进行伸缩。通过刀盘的伸缩，可增大开挖面的空间，提高泥水循环携渣的效率，降低刀盘结泥饼的风险。

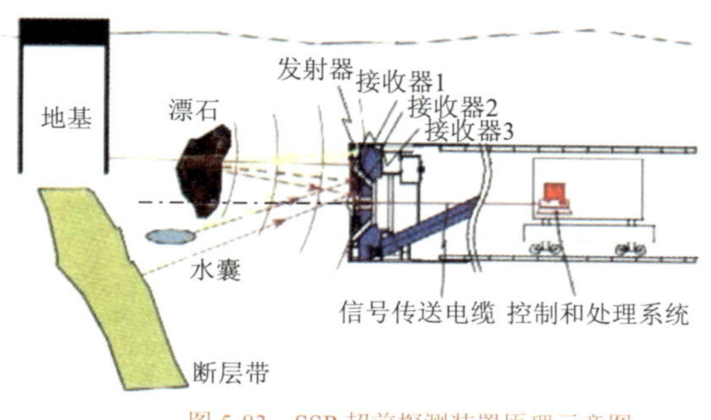


图 5-83　SSP 超前探测装置原理示意图

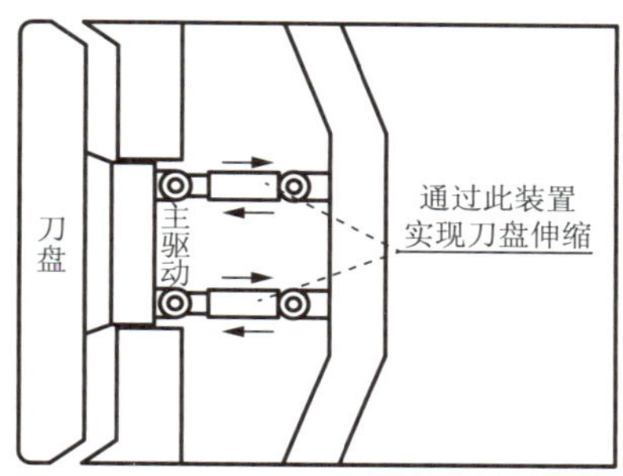


图 5-84　伸缩刀盘示意图

⑤刀盘面板冲洗。

在含黏度较高的地层施工时，切削下来的渣土没有被及时排出，在刀盘面板结泥饼的概率很高。面板结泥饼后，会包裹刀具，使其切削能力下降，进一步影响渣土的流动，造成恶性循环。

在刀盘面板上设置冲洗孔，增设 P0.1 泥水泵，提高冲刷刀盘面板的泥水流量和压力，防止面板结泥饼。若中心配置了常压可更换刀具，可以在刀桶上增设冲洗孔，增加刀盘正面的冲洗流量，如图 5-85 所示。

图 5-85　刀桶冲洗

⑥碎石机。

在复合地层施工时，泥水平衡式盾构机必须配备碎石机。碎石机位于气泡舱底部，在泥水舱与气泡舱的联通闸门后，主要对开挖下来进入排泥管前的大块岩石进行破碎，保证泥水循环系统的正常运行，其结构如图 5-86 所示。

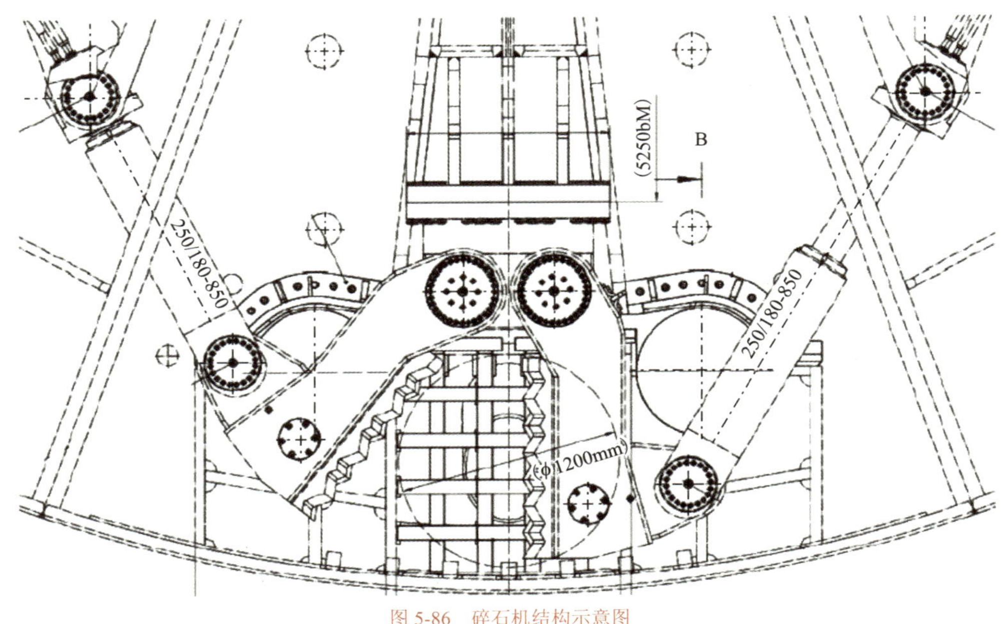


图 5-86 碎石机结构示意图

(4)盾构机掘进控制

①推进参数。

a. 切口压力。保持切口压力稳定，减小盾构机掘进和管片拼装时的切口压力变化值，防止上部土层在反复扰动下流失乃至坍塌。

b. 掘进速度。与同步注浆量、盾尾油脂压注量、泥水循环偏差流量等相匹配。

c. 贯入度。复合地层（岩石强度≤ 40MPa）贯入度一般控制在 15mm/r 以内。当岩石强度≥ 40MPa 时，为保护切削刀具，贯入度逐步降低。

②盾构机姿态。

复合地层掘进中，极易发生姿态失稳现象。高度重视姿态趋势控制，必要时可开启仿形刀。盾构机转角控制在 ±1° 以内，特殊情况下可通过调整掘进千斤顶角度来调整盾构机转角。

③泥水循环。

加强对开挖面泥水和送排泥管路上的泥水质量检测。泥水管路开启以进入前舱的管路为主，后舱主要开启冲刷底部和吸口位置的管路。车架上安装剪切泵及浆桶拌制新浆材料，必要时可直接压注至开挖舱。

每环掘进前泥水大循环清舱，直至进排泥比重接近，防止开挖舱泥沙淤积到底部，造成刀具的二次磨损。

④中心冲刷。

针对常压刀盘，加强对刀盘中心区域及中心刀具的冲洗。若中心刀桶的冲洗管发生堵塞，可以将中心刀桶抽出进行清理，疏通冲洗管。中心冲洗管路需轮流开启，防止堵塞。盾构机施工过程中，加强对中心冲洗管路检测，根据流量、压力判断管路是否堵塞。

# 第6章　内部结构与连接通道

大直径盾构隧道往往同时具备车辆、轨道、管线、逃生疏散等多种功能，使内部分隔结构的形式与功能更为复杂多样。在大直径盾构隧道施工过程中，为节约工期，方便施工，其内部结构的施工往往跟随盾构的掘进同步进行，进而对施工项目管理提出了更高的要求。此外，为满足大直径盾构隧道安全疏散方面的需求，常在隧道间加设连接通道，并采用特殊的施工技术。本章主要针对大直径盾构隧道内部结构及连接通道的施工内容进行介绍，主要包括结构形式、施工工艺及关键技术等内容。

## 6.1　内部结构施工

### 6.1.1　内部结构形式

圆隧道的内部结构承载着车辆、轨道交通、铁路通行、电气设备管路、排烟通风、运营阶段事故处理及人员逃生等综合性功能。其中直径14m以上隧道横断面布置比较灵活，截至目前，国内已有单层公路、公轨合建、双层公路和铁路隧道等四种形式。圆隧道横断面布置形式与相对应的工程项目见表6-1。

大直径盾构隧道横断面布置统计　　表6-1

| 形　　式 | 横断面图示 | 工程案例 |
|---|---|---|
| 单层公路隧道 | | 上海长江西路隧道；<br>珠海横琴三通道；<br>杭州钱江隧道；<br>南京纬七路长江隧道；<br>芜湖城南过江隧道；<br>济南泺口穿黄隧道；<br>汕头海湾隧道；<br>香港屯门—赤鱲角海底隧道； |

续上表

| 形　式 | 横断面图示 | 工 程 案 例 |
| --- | --- | --- |
| 单层公路隧道 | | 意大利卡尔塔尼塞塔公路隧道；<br>西班牙马德里 M-30 公路隧道；<br>德国汉堡易北河第四隧道；<br>俄罗斯莫斯科 Lefortovo 隧道；<br>新西兰奥克兰水景公路隧道；<br>日本东京湾公路隧道 |
| 公轨合建隧道 | | 上海长江隧道；<br>武汉三阳路通道 |
| 双层公路隧道 | | 上海上中路隧道；<br>南京纬三路过江通道；<br>扬州瘦西湖隧道；<br>武汉和平大道南延隧道工程；<br>深圳春风路隧道；<br>俄罗斯银松森林（Silberwald）隧道；<br>美国阿拉斯加道路隧道 |
| 铁路隧道 | | 温州市域铁路 S2 线一期；<br>荷兰“绿色心脏”双线铁路隧道 |

## 6.1.2 内部结构物流运输

圆隧道内部结构物流运输的内容主要包括隧道底部口字形构件（或 π 形构件）、路面板、两侧牛腿与防撞侧石绑扎钢筋、浇筑混凝土及隧道顶部烟道板等。

1）内部结构物料下井方式

内部结构物料运输方式主要有两种，第一种是采用行车垂直运输下井随后由运输车辆运至隧道内，如图 6-1 所示；第二种是直接从预制堆放场地水平运输至隧道内，如图 6-2 所

示。前者一般用于始发阶段下层匝道未完成，无法实现地面直接运输的情况。

图 6-1　构件垂直运输

图 6-2　构件水平运输

2）运输车辆选择

隧道内部结构物料运输车辆有以下几种常见选择：

（1）轨道电机车［图 6-3a）］。

（2）双头运输车［图 6-3b）］。

（3）平板车［图 6-3c）］。

如图 6-3 所示，轨道机车单次运送能力较强，可同时运输盾构每环推进所需管片、内部结构口字形构件（或 π 形构件）、浆筒、各类管路以及盾尾油脂、螺栓等零星材料，但由于轨道机车车速、轨道岔道布置，以及运输最大坡度的限制，运输效率普遍较低。

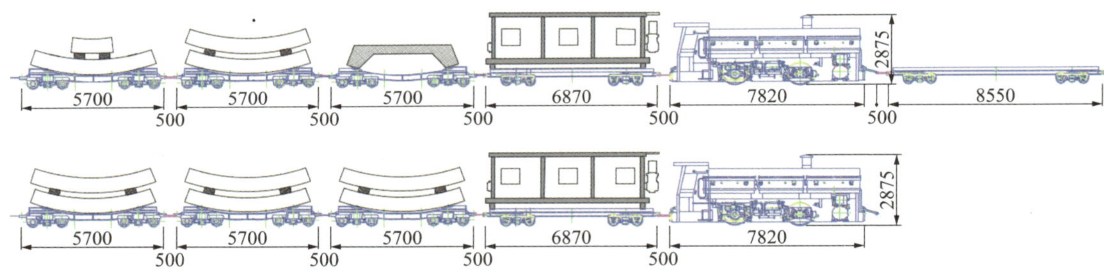

a）轨道电机车

b）双头运输车

c）平板车

图 6-3　内部结构物料运输车辆（尺寸单位：mm）

双头运输车单次运输量较小，但由于不需设置轨道和岔道，圆隧道内可较为灵活地布置交通线路，通过合理安排好车辆运输数量及运能配置，能够使其运输效率最大化。

平板车在车辆不掉头的情况下可以在隧道内满足双向运输的需求，但是其前部需靠卡车进行牵引，因此灵活性较差，只作为大物料运输的辅助措施予以使用。

### 6.1.3　内部结构施工工艺

在圆隧道掘进施工过程中，内部结构施工滞后于圆隧道推进，这在一定程度上制约了隧道全面完工的整体工期。就目前施工工艺而言，常见的处理方式是在盾构推进过程中对内部结构采用预制和现浇结合的流水作业形式，以确保其与盾构推进的同步匹配。利用底部预制构件在圆隧道推进过程中同步吊装，在稳定隧道管片的同时形成底部材料运输通行车道，进行快速施工，待道路结构施工完成后，再以预制或者现浇的方式完成顶部烟道层结构。内部结构完成且隧道沉降稳定后，对路面结构高程进行全面实测，根据实测结构确定调坡方案、施工路面防撞墙和道路铺装层。

1)预制和现浇结合的施工工艺

上海长江隧道工程是目前已建成并通车的世界最大公轨合建隧道工程。该隧道跨长江水域，连接上海浦东及长兴岛，全长 8.9km。其中圆隧道段采用当时世界最大直径(15.43m)的泥水气压平衡式盾构机进行挖掘，一次性掘进距离达到 7.5km，江底最大埋深 55m，其各项指标均为当时世界之最。

如图 6-4 所示，上海长江隧道采用双管单层双向 6 车道设计，其内部结构从下到上分为轨道交通层(含电缆、管路、逃生通道等)、道路层和烟道层三层，分别承担轨道交通及管路过江、车辆通行、运营阶段处理火灾等突发事故的功能。隧道内部结构施工充分利用上海长江隧道大直径、长距离的特点进行流水作业，即在盾构掘进过程中采取预制和现浇结合的方式组织内部道路结构施工。以预制口字形构件(口字件)同步吊装为核心，起到抗浮作用的同时利用口字件上部的结构平台实施材料运输，达到快速施工的目的。期间在口字件顶部平台两侧水平位置进行人工凿毛植筋，两侧路面板牛腿与顶部路面板浇筑，待道路结构施工完成后，以预制烟道板吊装结合烟道口现浇的方式施工烟道层结构。

内部结构施工过程中，口字件两侧压重块、牛腿及车道板现浇作业以 30m 为一个施工单元，据此合理安排流水作业，布置相应工作面。顶部烟道结构在路面结构完成之后、铺装层施工之前进行，烟道牛腿采用植筋方式与管片连接，隧道内采用定制移动式模架施工；待顶部烟道牛腿完成后，采用特殊定制行车将预制 1.2m 宽的烟道板架设就位。顶部排烟口和射流风机位置为钢梁混凝土叠合结构，采用移动式龙门架和固定式模架整体现浇成形。

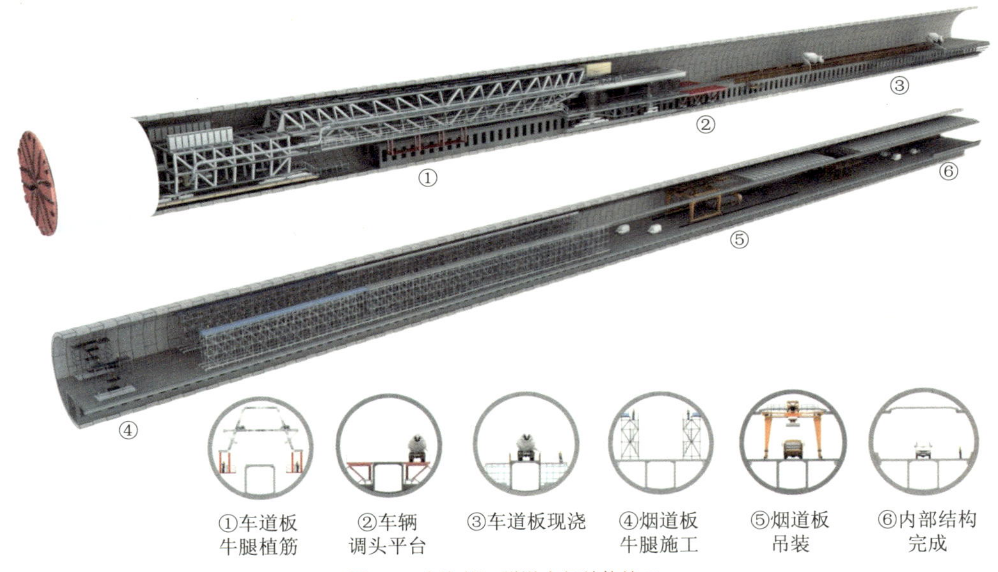


图 6-4　上海长江隧道内部结构施工

2）全预制拼装的施工工艺

上海诸光路隧道新建工程位于闵行区、青浦区境内，地下道路北起北青公路接地点，南至崧泽高架路南侧会展环路接地点，长约 2.8km，采用盾构法和明挖法结合施工。盾构法施工采用直径 14.45m 的土压平衡式盾构机。盾构段全长 1390m，共 695 环。隧道衬砌结构外径 14m，内径 12.8m，环宽 2m，厚 0.6m，盾构隧道主线最大纵坡为 -48‰，平面轴线最小曲率半径为 700m。

诸光路隧道内部结构除 π 形预制构件两侧填充、下层基座（含下层防撞侧石）和上层预制车道板两侧的后浇梁为现浇结构，其余结构均采用预制拼装工艺，预制构件的组成包括：预制车道板、预制立柱、预制盖板等。

圆形隧道内部沿盾构推进方向形成流水施工，各施工工序为：

工序①：π 形预制构件安装。与盾构掘进同步安装 π 形预制构件，形成施工通道，满足管片等相关材料的运输。

工序②：下层防撞侧石及基座浇筑。待盾构隧道变形、沉降稳定后，制作下层防撞侧石及基座，此阶段需预埋立柱插筋。插筋中心位置允许偏差为 ±2mm。

工序③：预制立柱安装。待基座强度满足要求后，安装预制立柱。预制立柱与基座预留插筋通过灌浆套筒连接。

工序④：车道板安装。待预制立柱与基座连接接头强度满足要求后，安装预制上层车道板。此阶段预制上层车道板处于四点简支受力状态，仅承受自重荷载。

工序⑤：后浇梁施工。

工序⑥：预制盖板及防撞侧石安装，并浇筑后防撞侧石后浇接头。

上海诸光路隧道内部结构施工如图 6-5 所示。

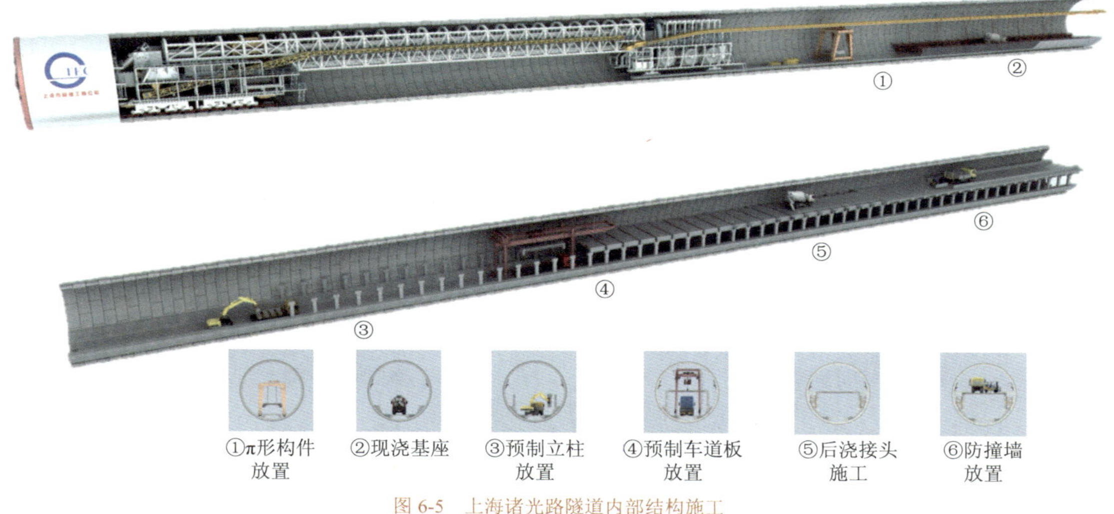


图 6-5　上海诸光路隧道内部结构施工

# 6.2　连接通道施工

## 6.2.1　连接通道的功能

长大双管隧道一般多设置横向连接通道，在隧道发生火灾等紧急事故情况下，乘行人员可以通过横向连接通道安全地疏散到另一管隧道内，救援人员亦可通过连接通道迅速进入事故现场。

在隧道设计中，可以采用多种逃生避难形式，如横通道、地下管廊、疏散专用道等。采用人行横通道和人行纵向疏散通道进行疏散和逃生，是目前隧道中应用较为普遍的形式。人行横通道是垂直于两孔隧道长度方向设置、连接相邻两隧道的通道。当两隧道中某一隧道内发生紧急事故时，该隧道内的人员可以通过人行横通道疏散至相邻隧道。人行纵向疏散通道是在隧道路面下方直通隧道外的通道，当灾难事故发生时，隧道内的人员进入该通道进行逃生。

隧道内的车辆疏散一般可采用两种方式，一种是在双管隧道之间设置车行横通道，另一种是在双管中间设置纵向专用车行疏散通道。前者工程量小、造价较低，在工程中得到普遍应用；后者可靠性更好、安全性高，但因造价过高，在工程中应用较少。以香港屯门隧道为例，双管隧道每隔 100m 设置连接通道，采用人行横通道与车行横通道间隔布置形式。双管隧道之间的车行横通道、专用车行疏散通道不仅可用于隧道内车辆疏散，还可用于巡查、维修、救援及车辆转换行驶方向。

综上，连接通道最主要的功能是满足运营期间隧道防灾、人员逃生、车辆疏散和救援需要，连接通道结构如图 6-6 所示。

图 6-6　连接通道结构示意图

## 6.2.2　冻结法施工技术

人工地层冻结法（Artificial Ground Freezing，AGF，简称“冻结法”）是一项特殊施工技术，利用人工制冷技术，使地层中的水结冰，把天然岩土变成冻土，增加其强度和稳定性，隔绝地下水与地下工程的联系，以便在冻结壁的保护下进行地下工程施工。由于冻结法基本不受支护范围和支护深度的限制，对周围环境影响程度较小，被广泛应用于盾构隧道施工中，尤其是应用在成形的隧道间进行连接通道的施工，能够有效防止涌水及挖掘、钻凿施工中土体的变形，受到工程行业的重视。

连接通道冻结施工一般采用间接冻结法，该法以氨、氟利昂或其他物质作为制冷介质，通过制冷压缩机对冷媒剂进行压缩、节流膨胀反复循环做功，将盐水降至负温，由负温盐水作为传递冷量的媒介，将冷量传递给土层，达到局部冻结的目的。

1）冻结法施工工艺

冻结法施工流程为：在施工准备就绪后首先进行水平钻孔，同时安装冻结系统，钻孔完毕后进行土体冻结，冻结指标达到设计要求后进行土体开挖，安装临时支撑，并随之喷射混凝土、铺设防水层，然后绑扎钢筋和搭设模板支架浇筑混凝土，待混凝土强度达到设计要求后拆除模板支架，最后进行强制解冻与融沉注浆，如图 6-7 所示。

（1）施工准备

冻结施工前，将连接通道连接处钢管片满焊，设置口字形钢支撑，并在其上安装应急防护门。防护门应能灵活开关且不影响后续施工，其上应配备符合设计要求的空压机、风管、排水管、注浆管及控制阀门等设备。在防护门关闭并启动空压机的情况下，防护门的气密性及其内气压的保持性均应符合设计要求。一旦发生透水、冒砂险情，应立即关闭防护门并有效阻止水、土流出，及时控制施工险情并降低工程损失。

a)水平钻孔施工　b)冻结应急防护门　c)土体开挖

d)临时支撑　e)防水层　f)钢筋绑扎　g)施工完成

图 6-7　连接通道施工流程图

（2）钻孔施工

经测量定位后安装钻机进行钻孔作业，钻孔作业过程中及时进行测斜和纠偏，钻孔深度达到要求后进行测斜和检漏。钻孔施工采用二次成孔施工工艺，并安装孔口密封装置，防止冻结孔穿透隧道管片时或管钻跟进时孔口发生喷水涌砂，如图 6-8 所示。

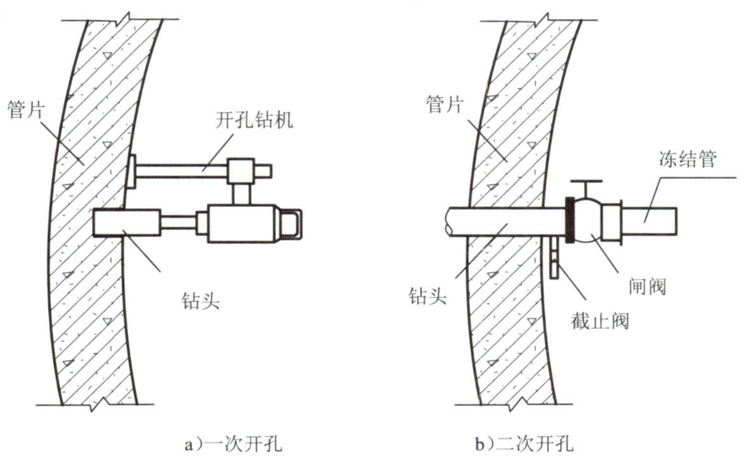


a)一次开孔　b)二次开孔

图 6-8　钻孔作业

在顶进施工套管后，通过在套管中用钻机钻透另一侧管片的方式，完成水平冻结透孔施工。套管中透孔施工示意如图 6-9 所示。

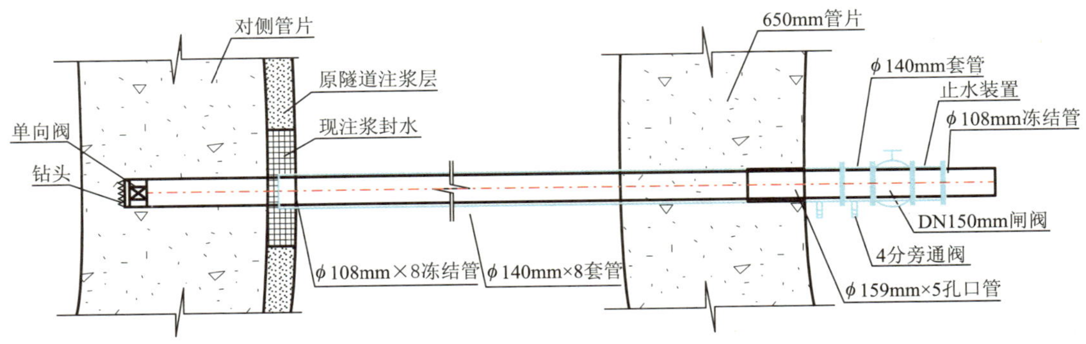

图 6-9　套管中透孔施工示意图

（3）冻结系统安装与调试

冻结站设置于隧道内，靠近连接通道位置。站内设备主要包括冷冻机组、盐水箱、盐水泵、潜水泵、冷却塔及配电控制柜等。

管道使用法兰连接，隧道内的盐水管通过管架敷设在隧道管片上，以免影响隧道内正常通行。在盐水管路和冷却水循环管道上应设置阀门和测温仪、压力表等测试组件。盐水管道经检漏、清洗后应采取保温措施。

连接通道两侧管片的保温：由于混凝土和钢管片相对于土层散热能力较强，为加强冻结帷幕与管片间的胶结能力，应在连接通道两侧管片表面采取保温措施，且保温范围应覆盖至设计冻结壁边界外 2m。

设备安装完毕后进行调试和试运转。在试运转时，通过调节压力稳定各运转参数，使机组在有关工艺规程和设备要求的技术参数条件下运行。

（4）土体冻结

土体冻结分为积极冻结和维护冻结两个阶段。

积极冻结期盐水温度为 -28℃～ -30℃，冻结孔单孔流量不应小于 $3m^3/h$，去回路温差不应大于 2℃。施工中，加强冻结过程检测，在冻土帷幕内布置测温孔和泄压孔，以便释放冻胀压力，准确测定冻土帷幕厚度，并判断冻土帷幕是否交圈。开挖时盐水温度降至 -28℃以下。冻结壁与隧道管片交界面处平均温度不高于 -5℃，其他部位设计冻结壁平均温度不高于 -10℃，特殊地层可降至 -13℃～ -15℃。

维护冻结期盐水温度为 -20℃～ -25℃，冻结孔单孔流量不小于 $3m^3/h$，贯穿连接通道开挖和主体结构施工始终。

（5）土体开挖及支护

开挖采用全断面一次开挖，开挖步距为 0.5 ～ 0.8m。两侧喇叭口处断面较大，为减少开挖对隧道变形的影响，开挖步距控制在 0.5m。开挖时要严格控制超挖及开挖步距，遵循“先探后挖、有疑必探、随掘随支”的原则。为控制变形，冻土开挖后应及时对冻结壁进行支护。

支护层既可作为维护地层稳定、确保施工安全的一项重要技术措施，又可作为结构层的一部分，是支护工艺最为关键的一步。在施工过程中应进行两次支护：第一次支护采用钢拱架、并挂网喷射混凝土；第二次支护采用现浇钢筋混凝土。

2）强制解冻及融沉控制

人工冻土强制解冻是利用传热学的基本原理，通过热传导及相变传热进行人工解冻。即通过原先用于冻结土体的冻结管，将冻结管中的冷盐水换成热盐水，以原来冷盐水的循环系统进行热盐水循环，使冻结土体的温度逐渐上升至最终融化，达到强制解冻土体的目的。

强制解冻循环系统布置如图6-10所示。循环系统主要由循环泵、加热器和解冻管组成。通过热盐水（也可以是其他热媒）循环将热量传递给需要解冻的地层，然后回到加热器中补充热量。

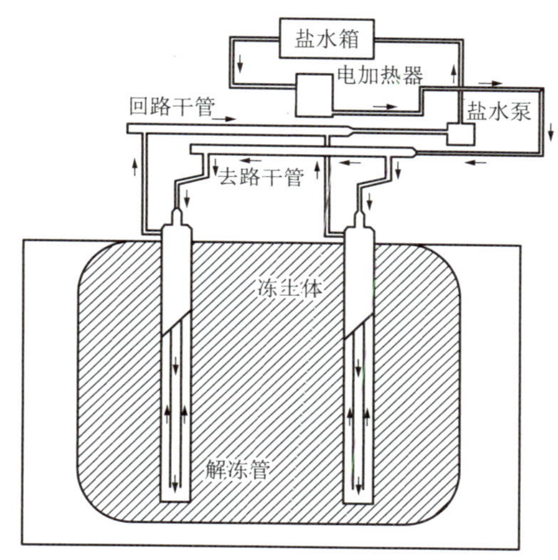


图6-10　强制解冻循环系统布置示意图

其运行过程为：循环泵将热盐水输送到加热器加热至合适温度，注入解冻管向地层传递热量，传热完毕再循环回加热器加热补充热量，通过以上循环可使地层解冻。加热器可在解冻部位的地表处设置，并根据工程现场的具体条件确定加热方式和解冻间距。解冻管可直接利用先前冻结施工所埋设的冻结管，也可根据要求对解冻管的布置和热盐水的温度进行调整。

冻土融化一般会产生超静孔隙水压力，大大降低土体的强度，受冻融作用的土体比原状土强度更低，导致融沉量一般要大于冻胀量。土体融沉会影响到周围环境并产生不同程度的危害。对融沉的处理一般是采用注浆充填法，通过注浆来补偿地层的融化固结沉降量，最大限度地减小冻结融沉对环境的影响。

融沉注浆通过预埋的注浆孔进行，通常采用常温清水冲孔方式延长注浆管至冻结壁外侧。融沉注浆应配合强制解冻进行，注浆顺序与解冻顺序一致，即先连接通道底板、再两侧、最后顶板的顺序。融沉注浆材料以水泥—水玻璃双液浆为主，单液浆为辅。浆液的配合比及注浆压力需根据工程水文地质及监测情况确定。

3）冻结施工监测

为及时反馈连接通道施工信息，消除危险隐患，监测冻结的薄弱环节，保证施工的安全和建成后的稳定性，需要对整个施工过程进行监测。监测系统由硬件系统、软件系统、数据库组成，其中硬件系统组成如图 6-11 所示。软件系统主要由记录类模块、控制类模块和显示类模块构成；数据库采用 Access 数据库，由数据表和数据视图（查询）组成。监测内容包括冻结参数、周边管片和连接通道稳定性。

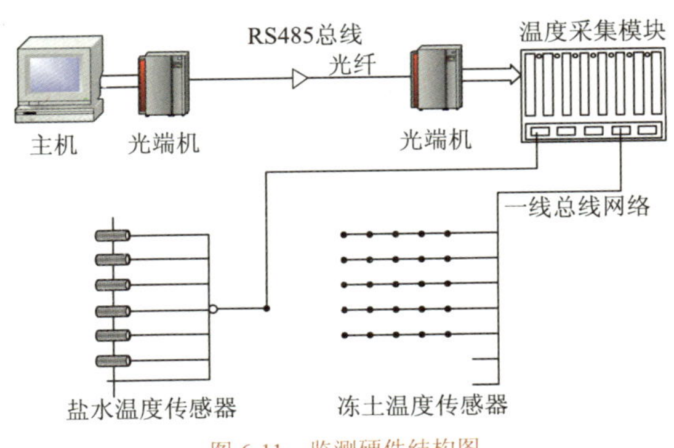


图 6-11　监测硬件结构图

## 6.2.3　机械化施工新技术

随着技术的发展，机械化施工在联络通道工程中开始“崭露头角”。与冻结法 + 矿山法相比，机械化施工具有经济性好、工期短、安全性高等特点，其优势在宁波轨道交通 3 号线、香港屯门隧道中得到体现。

以香港屯门—赤鱲角海底隧道为例，整个海底隧道段工程长约 5km，为双管隧道，中间设联络通道，共 46 条，每条通道长度约 13m。联络通道所处地层为较软的冲积层和全风化带，所受最高水压达到 5.5bar，其地质剖面示意如图 6-12 所示。

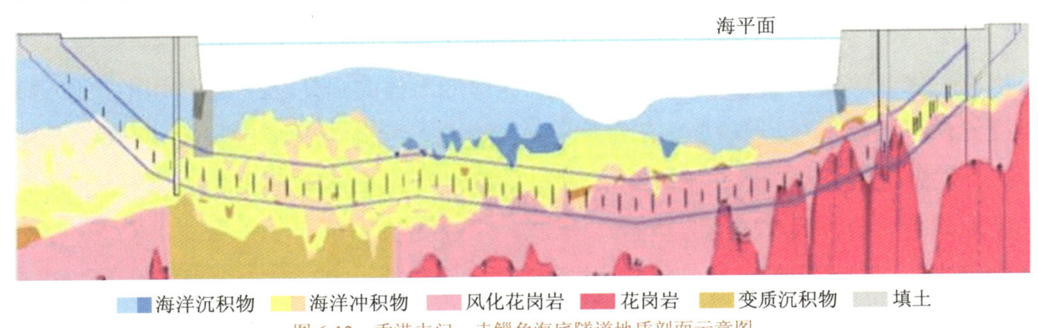


图 6-12　香港屯门—赤鱲角海底隧道地质剖面示意图

人行道标准尺寸高为 2.1m，宽 2.0m，考虑到施工容许误差，通道采用圆形断面，内径设为 3.0m，通道纵断面示意如图 6-13 所示。

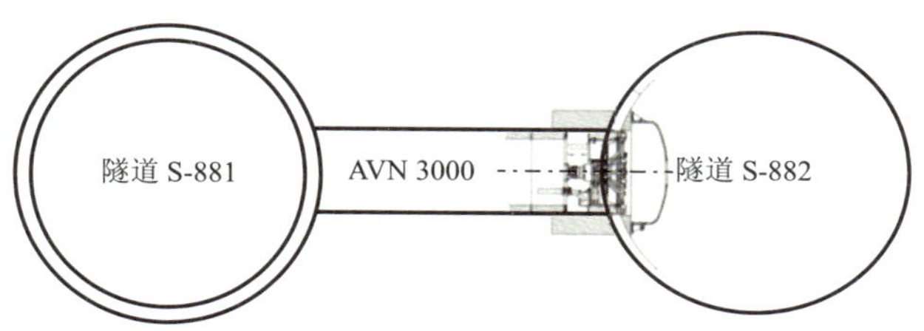


图 6-13　香港屯门隧道联络通道纵断面示意图

多功能混凝土外框如图 6-14 所示，作用包括确保联络通道与主隧道连接的水密性，承受顶管机荷载，充当长期永久结构。主隧道在洞门处设置使用钢筋和 GFRP 筋的复合管片，并涂成彩色，避免拼装出错。

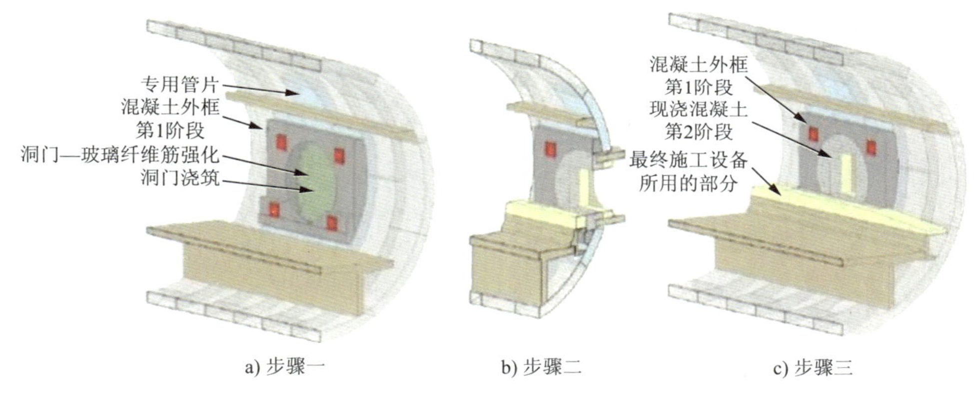


图 6-14　联络通道外框施工

在顶管施工前，先进行外框施工，分上下两部分浇筑。在浇筑下半部分前，将顶管所用的金属法兰安装就位，如图 6-15 所示。

图 6-15　联络通道锚具安装

联络通道采用直径3m的顶管机施工，将洞门密封连接到始发法兰上，使用后张法将4个锚具固定在外框上。

如图6-16所示，在掘进始发前，测试始发密封和接收结构的密封性。随着顶管机的掘进，插入管节和中继顶进站进行顶推。将新管节放入顶进拖车后，使用管节制动器来维持压力。

顶管机到达接收装置后，启动联络通道首尾两端中继顶进站内的千斤顶，以揭开可膨胀密封件，并对这些密封件内部进行注浆，以作为临时密封。

然后对外圈空隙进行注浆，并检测接收装置和始发密封的压力，以验证是否可以减压并拆卸设备。如图6-17所示，确认压力后，通过最后一个中继推进站将顶管机推入接收装置，打开接收装置盖板，将顶管机拖走，拆卸剩余的部分，并将所有设备移动到下一个联络通道处。

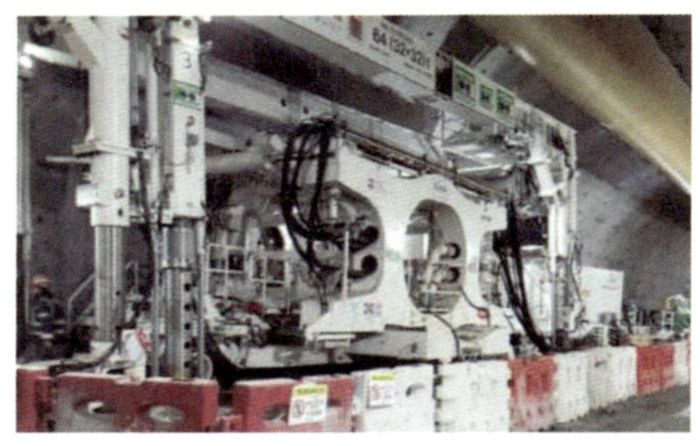
图6-16　联络通道顶管机始发

图6-17　联络通道顶管机接收

待顶管机拆除后，再进行连接结构的施工。首先浇筑仰拱板，为作业工人提供通道，随后用预埋连接件安装钢筋。

香港屯门—赤鱲角海底隧道圆隧道段共采用机械化施工方法施工42条联络通道，在高水压、软土地质条件下，机械化施工联络通道共花费不到13.5个月的时间，即每个月施工3条，施工效果良好，其最终完成效果如图6-18所示。

图6-18　联络通道完成效果图

# 第7章 信息监控

对于大直径盾构施工，开挖过程中涉及多个方面的参数控制，仅通过以往简单的机器采集与处理显然无法满足施工需要，因此，盾构信息化施工技术的开发具有非常重要的研究意义，也是今后盾构技术发展的重要方向。盾构监控系统是实现现代盾构信息化施工的基本配置，在盾构施工过程中，盾构监控系统不仅能够确保隧道施工安全、提高隧道产品质量，而且为提高精细化隧道施工水平、促进地下工程技术进步提供了信息基础。本章重点介绍了大盾构大数据信息监控最新技术，主要包括盾构施工数据处理技术、盾构施工现场信息管理以及盾构施工远程智能管控等内容。

## 7.1 盾构施工数据处理技术

准确的盾构施工数据是实现盾构施工信息分析的基础。要获得稳定、全面、准确的盾构施工数据，应结合施工数据多源异构、多维度、传输数据链路施工环境等特点，有效地解决数据源处理技术的难题。

### 7.1.1 盾构施工数据源

1)盾构施工数据源分类

正确的盾构施工数据分类方法是盾构信息标准化的基础。按盾构数据属性可划分为模拟量数据、开关量数据；按盾构系统作用可划分为刀盘系统、推进系统、注浆系统等十几个盾构配置的系统；按盾构施工数据来源可划分为盾构设备数据、盾构姿态数据、地表沉降监测数据、人工记录数据。

(1)盾构设备数据

盾构设备数据通过盾构 PLC 通信接口获取，采集的具体内容如下：

①供配电系统的电流和电压以及所有电动机和电磁阀的工作状态。

②刀盘系统的刀盘转速和总力矩。

③推进系统各分区液压压力、千斤顶行程。

④泥水输送平衡系统各泵的转速、进排泥流量、进排泥密度、进排泥压力、切口舱气压、切口舱液位。

⑤同步注浆系统各注入口的注浆流量、注浆压力。

⑥其他各辅助系统相关的物理量和工作状态。

由于设备维护需要，盾构供货商对用户开放 PLC 通信接口和梯形逻辑控制程序，不仅方便用户排查设备故障，而且为用户获取盾构实时信息提供了数据采集通信接口。

表 7-1 中的模拟量和开关量是通过 PLC 通信接口采集的盾构设备运行信息。模拟量数据反映盾构施工中具有一定数值范围且有物理单位的信息，开关量数据反映盾构机各类装置或元器件的启闭状态。

大盾构数据通信接口主要技术参数　　表 7-1

| 盾构机类型 | PLC 品牌 | 通信协议 | 模拟量(个) | 开关量(个) |
|---|---|---|---|---|
| $\phi$15.53m 泥水气压平衡式盾构机 | 德国西门子 | PROFIBUS | 709 | 198 |
| $\phi$14.27m 土压平衡式盾构机 | 日本三菱 | CCLINK | 399 | 220 |

（2）盾构姿态数据

盾构姿态信息采用隧道设计轴线（Design Tunnel Axis，简称 DTA）坐标系，即隧道设计轴线在当地城市坐标上的路径位置信息。盾构姿态信息反映了盾构机当前所处的位置和姿态，包含 5 个主要变量：切口平面偏差、切口高程偏差、盾尾平面偏差、盾尾高程偏差、盾构掘进里程。

英国“VMT”盾构施工导向系统和日本“演算工房”盾构施工导向系统代表了目前盾构姿态数据采集技术的国际先进水平。两种技术的共同点是：采用全站仪自动检测盾构施工当前的里程、高程等位置参数，采用二维倾斜仪测得倾斜角和旋转角。两种技术的不同点在于盾构姿态方位角的测量原理。

英国“VMT”盾构施工导向系统采用激光光栅法自动测得盾构平面角。当目标靶内置的光栅平面转动到与激光全站仪入射角平行时，光敏传感器得到的激光信号触发记录光栅的转角，此时的光栅转角可转换为盾构平面角数据。“VMT”盾构施工导向系统操作界面如图 7-1 所示。

日本“演算工房”盾构施工导向系统用全站仪自动依次分别测量布置在盾构平面不同位置的三个目标棱镜的距离和角度，由几何关系解算得到盾构的平面角数据。“演算工房”盾构施工导向系统操作界面如图 7-2 所示。

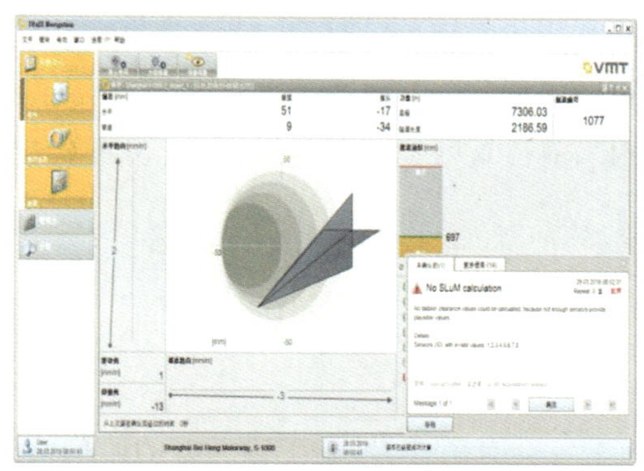
图 7-1　“VMT”盾构施工导向系统操作界面

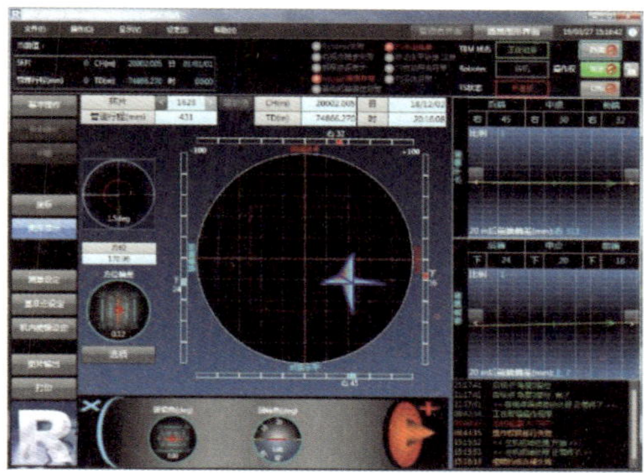
图 7-2　“演算工房”盾构施工导向系统操作界面

计算机根据盾构当前环号和测得的里程、平面角、高程角、倾斜角、旋转角等数据，经运算得到盾构所处的位置数据和姿态数据，并显示盾构实时姿态信息，指导盾构司机实施纠偏操作。

（3）地表沉降监测数据

盾构施工地表状态监测主要由专业测量单位人工收集整理测量传感器的数据，以电子文件加书面文件形式发给相关单位，主要记录的是地表沉降、土体位移等施工环境质量主控测量信息。

（4）人工记录施工数据

施工过程中由人工复核或人工测量的信息按作业制度每环手工填写一张报表，主要记录的是管片位置信息。

*2）盾构施工信息多源异构特点*

地表沉降监测信息和人工记录施工信息源自不同的数据文件，其信息组织结构、触发记录方式各有特点，更不同于盾构实时数据采集记录方式。盾构施工信息管理关键在于系统地建立盾构施工标准数据库，以便数据查找、数据分析。特别是大盾构施工、大规模集群施工信息管理，需要针对盾构施工信息多源异构特点，建立符合盾构多源异构特点的数据组织结构参考模型。

*3）盾构施工信息多维度的特点*

一般建筑工程是定点工地，用二维关键词（时间和事件）记录方式基本能满足用户查询和分析信息需求，以便施工管理者了解工地上何时发生何事件。

盾构施工采用的是以隧道设计轴线为目标不断向前掘进的移动作业方式。如果要查询盾构施工质量主控对象的成形隧道轴线或地表沉降相关控制参数，必须要有对应的位置信息（例如掘进里程或环号），以便在空间上与该位置的地质条件或隧道设计线形进行对应分析。因此盾构施工信息的维度至少需要达到三维（时间、空间和事件）。

实时数据来源于盾构控制系统 PLC 的通信接口，但目前大部分的盾构 PLC 通信接口

未提供盾构位置(环号或里程)数据。盾构施工现场环境较差,通信光纤线路故障、控制电源掉电、应用软件功能不强等问题都会使施工企业的盾构信息管理系统在排除故障重新启动后丢失盾构位置参考基准,如不人工输入盾构当前位置数据,则后续记录无位置(环号或里程)的盾构施工数据几乎无实用意义。

### 7.1.2 数据采集标准化

不同供货商提供的盾构机,其控制系统具体配置会有所差异,施工管理方的盾构信息管理系统面临适应各类盾构信息源变化的问题。制定对应的采集数据编码规则,可适应各类非标盾构信息交互和信息共享的通用性应用需求。编码规则如下:

(1)编码字符数共4位,限"A ~ Z"26个英文字符和"0 ~ 9"10个自然数。

(2)第一位字符反映数据在盾构机的所属"系统",例如刀盘系统、推进系统、拼装系统、泥水输送系统、电气系统等。

(3)第二位字符反映盾构数据检测来源于传感器的类型,例如行程、角度、油压、电流、电压、密度等,由规则明确每个检测传感器类型的英文字符代码。

(4)第三位字符是备用位,由用户自定义,以增加规则应用的灵活性,不用时置该位为"0"。

(5)第四位字符是同类数据的"序号",例如可以用"1 ~ 9""A ~ Z"字符表示同类数据的自然数序列,上海北横通道施工数据采集系统的数据代码"BA0D"表示的是该盾构推进系统盾构机底部D区的千斤顶行程。

一般地,如果盾构类型不同,只要适当增减或调整变量在显示屏上的位置,就可以很快完成既有盾构施工信息管理系统的扩大应用,提高了盾构施工信息管理系统应用转换效率。除了来源于盾构机接口的数据之外,其他来源的数据也可以按此规则编码。

### 7.1.3 数据传输安全性

数据传输安全性主要指PLC通信接口到施工现场地面控制室数据交换机之间的安全性,包括数据传输介质、数据传输硬件和软件隔离安全,以及防止网络异常信息对PLC程序正常运行的影响。

1)数据传输介质可靠性措施

采用光纤作为地面盾构监控室数据交换机与盾构控制室的传输介质,由光电转换器实现光纤与以太网路由器的信号转换。光纤衰减系数不仅与光纤通信的中继距离有关,还与光纤弯曲、光纤熔接工艺有关。

定义光纤衰减系数为每公里光纤对光信号功率的衰减值(单位:dB/km)。其表达式为:

$$a = 10\log\frac{P_i}{P_o} \tag{7-1}$$

式中：$P_i$——输入光功率值（W）；

$P_o$——输出光功率值（W）。

大直径盾构隧道宜采用具有光电—电光转换功能的光缆盘，以防止长距离光缆在敷设过程中发生光缆缠绕故障，避免光信号衰减的缺陷。

2）不同类型 PLC 通信协议安全隔离

各个 PLC 制造商采用不同的通信协议，如德国西门子 PLC 底层采用 PROFINET 通信协议，日本三菱 PLC 底层采用 CCLINK 通信协议，两类协议之间的数据转换需要通过专用 PLC 通信硬件模块实现。专用 PLC 通信硬件一般只能传送异类 PLC 接口数据，不可变更对方逻辑程序，采用不同类型 PLC 通信硬件模块可有效实现安全隔离目的。

如图 7-3 所示，该盾构机配置的是德国西门子 PLC，用户方的盾构施工信息管理系统在与西门子 PLC 通信接口前增加了一套日本三菱 Q 系列 PLC，在三菱 PLC 上配置能与西门子 PLC 兼容的 PROFIBUS DP 通信模块，通过 PROFIBUS 通信协议从盾构机的西门子 PLC 系统获取盾构施工数据，实现用户方与盾构制造商通信接口安全隔离的目的。

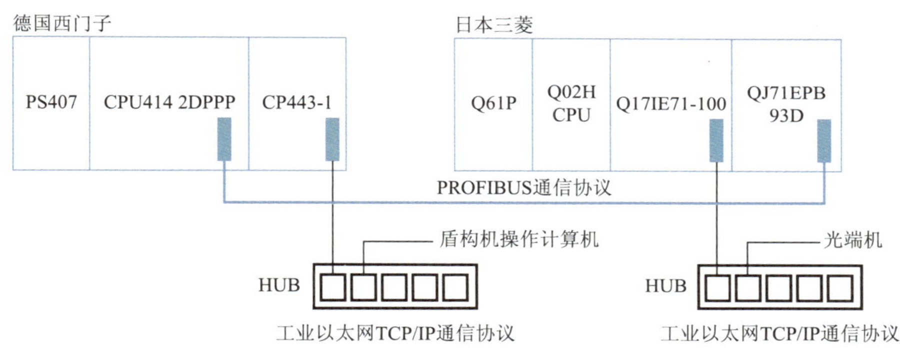


图 7-3　PLC 通信模块硬件隔离原理示意图

3）单向传输数据计算机安全隔离

如图 7-4 所示，采用一台专用单向通信工控计算机，其具有数据采集记录备份的作用，不仅提高了数据隔离安全性，也提高了数据采集的可靠性。

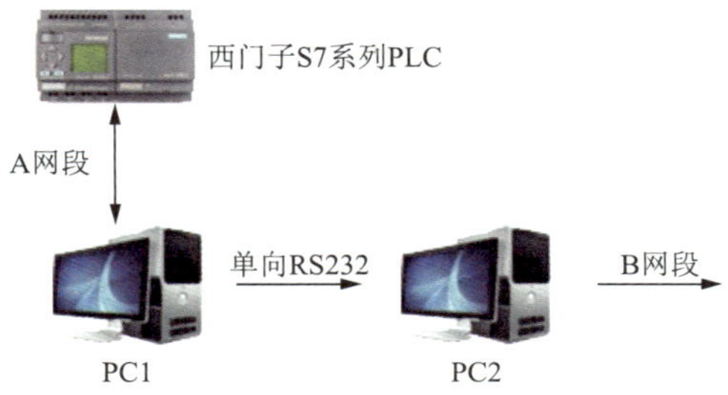


图 7-4　单向传输数据计算机安全隔离配置示意图

RS232 通信线使 PC1 只按约定的变量序列和通信协议向 PC2 发送盾构数据采集信息，实现盾构 PLC 通信接口安全隔离的目的。

## 7.1.4 数据库设计管理

1)关系型数据库结构

关系数学模型中以二维表的形式来描述数据。在关系型数据库中，信息存放在二维表中，且一个关系型数据库可以包括多个二维表。

在盾构施工信息系统中，关系型数据库分为三类：数据定义表、关键字段表、历史数据记录表。

数据定义表主要描述盾构机的工程信息、各数据变量的信息编码、工程单位、最大值、最小值、数据类型、数据所属盾构机子系统。

关键字段表包含时间与各历史数据记录表的指针值，主要串联各历史数据记录表建立检索关系。

历史数据记录表主要包含时间、环号、掘进里程、净行程及盾构机各系统的变量数据。所有历史数据都保存在对应的记录表中。如果变量个数超过一定数量，则将历史数据记录表划分成多张表格。此时，通过索引指针表串联各历史数据记录表，在各历史数据记录表间建立检索关系，如图 7-5 所示。

| 本地时间 | 环号ring | 里程Mileage | 净行程jxc | 推进油缸组A位置qjd_1 | 推进油缸组B位置qjd_2 | 推进油缸组C位置qjd_3 | 推进油缸组D位置qjd_4 | 推进油缸组E位置qjd_5 |
|---|---|---|---|---|---|---|---|---|
| 2017-02-09 21:53:33 | 16 | 2348.288 | 1 | 761.270000 | 761.547000 | 753.269000 | 707.637000 | 701.976000 |
| 2017-02-09 21:53:43 | 16 | 2348.289 | 2 | 761.270000 | 762.610000 | 754.410000 | 708.640000 | 702.980000 |
| 2017-02-09 21:53:53 | 16 | 2348.290 | 3 | 762.380000 | 763.650000 | 755.470000 | 709.850000 | 704.000000 |
| 2017-02-09 21:54:02 | 16 | 2348.291 | 4 | 764.650000 | 764.840000 | 756.530000 | 710.910000 | 705.060000 |
| 2017-02-09 21:54:07 | 16 | 2348.292 | 5 | 765.680000 | 765.940000 | 757.550000 | 710.910000 | 706.060000 |
| 2017-02-09 21:54:17 | 16 | 2348.294 | 7 | 767.750000 | 768.080000 | 758.700000 | 713.110000 | 708.070000 |
| 2017-02-09 21:54:25 | 16 | 2348.295 | 8 | 768.840000 | 770.220000 | 760.950000 | 715.290000 | 709.270000 |
| 2017-02-09 21:54:27 | 16 | 2348.296 | 9 | 769.880000 | 770.220000 | 760.950000 | 715.290000 | 710.440000 |
| 2017-02-09 21:54:39 | 16 | 2348.298 | 11 | 770.940000 | 771.230000 | 762.050000 | 716.310000 | 711.510000 |
| 2017-02-09 21:54:53 | 16 | 2348.300 | 13 | 773.240000 | 773.520000 | 764.120000 | 718.400000 | 713.660000 |
| 2017-02-09 21:55:03 | 16 | 2348.301 | 14 | 775.400000 | 775.850000 | 766.440000 | 720.520000 | 714.820000 |

图 7-5 二维表数据记录示意图

关系型数据库二维表数据记录特点：在盾构施工中，无论盾构机处于推进、拼装或者停机状态，都必须实时对盾构施工数据进行记录，记录的频次为 1 次 /s。对于二维表，每次记录都必须把该表中所有的变量形成一行数据，15m 级盾构机的变量总数在 1000 个左右。

2)链表数据库结构

(1)链表数据库结构设计

①注释区。

注释区概括了工程的参数信息，主要包括变量总数、工程名、文件起始时间、文件结束时间、该文件记录的历史数据行数等信息。

②索引区。

索引区包括变量中文描述、变量信息编码、数据类型、单位、显示格式、最小最大值、变化记录阈值、初始值、最后值以及最后一条记录的指针指向。

③数据区。

为了保护数据的私密性，该区域为加密区域。通过解密后，该区域的格式为行号、时间、净行程、变量1代码、变量1值、上一次记录变量1的行号、变量2代码、变量2值、上一次记录变量2的行号，并以此类推。

④查询区。

分为三种查询方式：按时间查询、按环号查询、按掘进里程查询。查询流程图如图7-6所示。

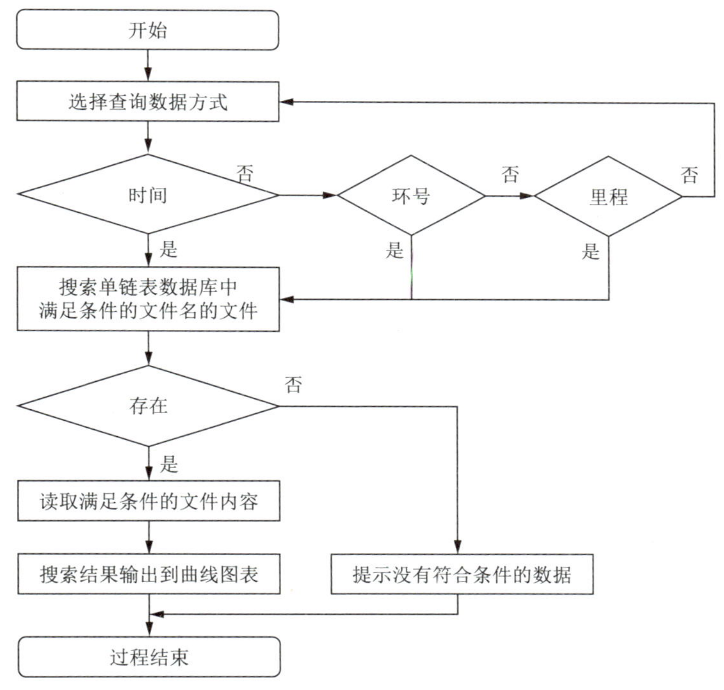


图7-6　三种不同查询方式流程

此外，由于链表结构数据具有数据加密功能，使得数据不容易被修改，从而具有良好的安全性和保密性。

打开符合条件的链表结构数据文件后，首先解析数据变量定义部分，然后解密历史数据部分内容。假如该检索的变量在数据变量定义部分的指针显示为“00000”，则表示该变量在该文件记录的时间段内没有变化。

假如该变量在数据变量定义部分的指针显示为非0，如“$d$”，则表示该变量最后一次记录在第$d$行。链表结构历史数据解析过程逻辑如图7-7所示，首先寻找到历史数据部分的第$d$行，找到该变量及后面该变量的值，随后在该变量的值的后面显示上一次被记录的行号$c$。这样就能在第$c$行找到该变量的上一次被记录的值，以此类推直至结束。

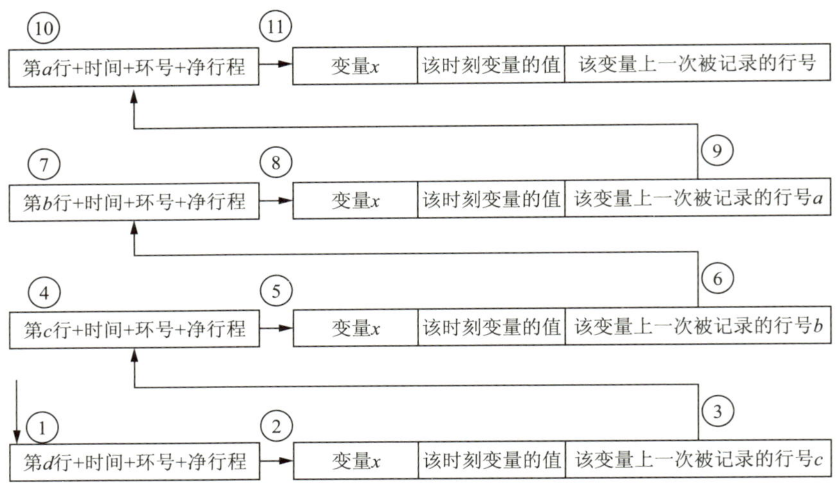


图 7-7　链表结构历史数据解析过程逻辑

（2）链表数据库特点

开发链表结构的数据存储技术，以事件触发方法记录数据。

1 个文件代表着某段时间内盾构施工的历史数据。文件名由盾构施工状态、环号、里程、文件生成时间组成。例如文件名 S1088_2186_201101191941 表示推进状态下的第 1088 环，掘进里程 2186m，时间为 2011 年 1 月 19 日 19 点 41 分的历史数据。整个文件内容由三个部分组成：工程定义部分、数据变量定义部分、历史数据记录部分。

工程定义部分主要有施工信息的变量总数、变量参数修改的时间、工程的名称、采样周期、起始里程、结束里程、起始净行程、结束净行程、起始结束时间、历史数据的总行数。

数据变量定义部分主要包括变量中文描述、变量信息编码、数据类型、单位、显示格式、最小最大值、变化记录阈值、初始值、最后值以及最后记录的指针指向。

历史数据记录部分记录盾构施工过程中的历史数据以备检索数据时使用，包括某一变量某时刻的瞬时值、当前时刻的位置指针、当前时刻的里程、净行程等。

链表数据库只对较前一时刻产生变化且变化量超过阈值的变量进行记录。状态量发生变化即全部记录。

相比较关系型二维表的数据量，链表结构数据的容量明显减小。由于数据量少，对查询检索速度的提高有着很大的帮助。

3）链表结构数据库与关系型结构数据库双向转换

二维表数据库在盾构机长时间停机时所记录的数据较多，链表数据库的本质是对二维表数据库的数据压缩。链表结构数据针对盾构机长时间停机时数据的记录机制进行优化，采用了变化超过阈值记录的机制，不变化或变化较小时不会进行记录，以此降低远程传输的数据量。

链表结构数据库含有工程定义信息，能够识别出不同盾构施工的工程数据，可以实现盾构施工信息多元异构的数据整合。只要通过特定的解压缩方式，即可将链表数据结构转换成二维表数据记录结构，从而实现与现有盾构施工信息关系型数据库的整合。

## 7.2　盾构施工现场信息管理

盾构施工现场信息管理为现代盾构机的必需配置，而信息管理的首要任务是构建合适的数据库。盾构机在施工过程中会产生大量数据，不同类型的盾构机所产生的数据也不相同，设计数据库时需考虑多方面因素。任何一种数据库结构都有其优点和缺点，设计时应综合考虑各方面要素。

### 7.2.1　盾构施工现场信息

为维护盾构数据信息的完整性，应尽可能提供详尽的数据信息，除了包含盾构施工时记录的数据外，还应包含盾构机的相关信息，如存储用户操作使用系统时的必要数据信息和盾构机的基础参数信息。

1）基础参数信息

基础参数信息由数据定义、盾构信息、系统代码三部分内容组成。

（1）数据定义

数据定义主要包含用于记录系统中变量的基本物理意义、最大值、最小值、单位、最小显示精度、历史数据库中所在的表名和字段名、PLC 地址等内容。

（2）盾构信息

盾构信息由于是固定信息，使用类似 Windows 中 .ini 文件格式存储，主要包含用于记录盾构机的机械物理参数，如盾构机的直径、长度，推进千斤顶的数量、铰接千斤顶的位置等。

（3）系统代码

系统代码包含盾构机子系统及其代码，如系统名称、系统中的开关量数量、系统中模拟量数量等。

2）施工数据

根据盾构施工数据的特点，将数据分为模拟量和开关量，区别对待。以上海青草沙隧道项目为例，该工程共有 793 个施工数据（表 7-2），主要包括盾构施工过程中数据组和相关索引连接信息，且在系统运行过程中具有可读写性。

数据个数归类（单位：个） 表 7-2

| 系统名称 | 开关量 | 模拟量 | 合计 |
| --- | --- | --- | --- |
| 刀盘系统 | 20 | 120 | 140 |
| 推进系统 | 10 | 42 | 52 |
| 拼装系统 | 12 | 6 | 18 |
| 车架行走系统 | 23 | 2 | 25 |
| 盾尾密封系统 | 115 | 124 | 239 |
| 注浆系统 | 13 | 27 | 40 |
| 润滑系统 | 2 | 21 | 23 |
| 泥水输送 | 84 | 81 | 165 |
| 泥水处理 | 4 | 12 | 16 |
| 水系统 | 2 | 2 | 4 |
| 辅助系统 | 0. | 1 | 1 |
| 姿态系统 | 0 | 17 | 17 |
| 电气系统 | 11 | 3 | 14 |
| 平衡系统 | 20 | 15 | 35 |
| 其他 | 0 | 4 | 4 |
| 合计 | 316 | 477 | 793 |

## 7.2.2 设计数据库考虑因素

构建盾构施工现场数据库时，如果采用将所有施工数据保存在 Excel 文件的一个表中，则存在如下缺陷：

（1）数据冗余度高，查询效率低

数据采集器的记录频率是逐秒采样，无论数据有没有变化都要记录，但实际上每秒钟内，几百个施工数据中只有少数变化，有时甚至没有变化。这种记录方式不仅增加了数据库存储的数据量，而且造成数据冗余度高，进行数据查询时需要进行向后搜索操作，降低了查询效率。

（2）表结构不稳定，不能通用

不同类型盾构机所产生施工数据项不同，要对不同盾构施工数据进行采集、存储时，需要修改数据库结构，增加、删除一些数据项。这将严重影响数据安全，给开发信息管理软件带来许多不利因素。

（3）缺乏逐秒采样大容量数据的存储结构

盾构数据采集器逐秒采样，其数据量很大，必须考虑高采样率、大容量数据的存储问题。工程信息、数据定义、系统代码等基础信息对数据分析至关重要，必须与施工数据一起存储到数据库系统中，以便进行查询。

针对上述问题，结合盾构施工数据的具体情况，设计盾构施工数据库所需考虑的因素有：

（1）快速查询

对于盾构施工数据库，大多数操作是进行数据查询，设计数据库时主要考虑查询速度。影响数据库快速查询性能的因素很多，数据库结构是影响其性能的重要方面，一组完整盾构施工数据由上百个数据项组成，涵盖整型、实型、布尔型等多种数据类型，为了尽可能真实地反映施工过程中盾构机状态，要求数据记录密度足够大。极限情况下，数据库内存量可达40G，设计时就需要对数据模块进行合理划分，对数据类型进行科学归类，避免数据库系统数据增长过快，影响查询性能。

（2）结构稳定

建立数据库的主要目的是为了实现数据集成和数据共享，通过数据集成来规划、协调遍及各相关应用领域的信息资源，使得数据得到最大限度的共享。数据库结构发生变化会引起一连串反应，使得基于该数据库的所有应用系统都要修改，因此在设计盾构施工数据库结构时，应该考虑数据采集器种类、管理软件需求等，使得数据库结构保存相对稳定。

（3）数据冗余

数据库中重复数据称为数据冗余。设计数据库时并不是所有数据冗余都应消除，而是出于运营业务和技术的考虑，为了提高查询速度可以保留一定数据冗余，但应尽量避免数据库表结构设计不合理造成的数据冗余。

（4）维护方便

通过数据库存储施工过程中盾构机掘进参数和状态，应防止对原始数据的添加、修改、删除操作，确保盾构数据记录的完整性、真实性、客观性，供专业技术人员事后进行分析研究。

### 7.2.3 Access 数据库

1）数据表结构

（1）基本数据表

基本数据表由系统代码表、数据定义表和盾构信息文件三部分组成，具体形式见表7-3～表7-5。基本数据表在系统定义过程中一次生成，系统运行过程中只能读取，不得改写。

系统代码表　　表7-3

| 字段名称 | 数据类型 | 数据长度 | 关键字 | 注释 |
|---|---|---|---|---|
| Id_system | Char | 1 | Y | 系统代码 |
| Name_system | Char | 20 | N | 系统名称 |
| Num_D | Int | 4 | N | 系统中的开关量数量 |
| Num_A | Int | 4 | N | 系统中的模拟量数量 |

数据定义表 表 7-4

| 字段名称 | 数据类型 | 数据长度 | 关键字 | 注释 |
|---|---|---|---|---|
| Sno | Int | 4 | N | 序号 |
| Name_field | Char | 5 | Y | 字段名(即信息编码) |
| Description | Char | 30 | N | 中文名称 |
| Type_var | Char | 8 | N | 变量类型 |
| Min_var | Float | 4 | N | 最小值 |
| Max_var | Float | 4 | N | 最大值 |
| Units | Char | 8 | N | 单位 |
| Precision | Float | 4 | N | 显示精度(10，1，0.1，0.01…) |
| Id_system | Char | 1 | N | 所属系统代码 |
| Table | Char | 6 | N | 所属数据表 |
| Source | Char | 20 | N | 数据来源(如 PLC 地址等) |
| Query | Bool | 1 | N | 查询标志 |
| Id_used | Bool | 1 | N | 使用标志 |

盾构信息文件 表 7-5

| |
|---|
| 盾构机外径 =14.88m<br>盾构机总长 =13.08m<br>是否铰接式盾构 =N（否）<br>推进千斤顶数量 =22 个<br>1 号千斤顶位置 =0<br>1 区千斤顶编号 =21，22，1，2，3<br>…… |

(2)数据记录表

数据记录表实际上是一个表集,由若干个单表组成,每个表都有一个指针域和若干个实时数据记录字段,其中指针域用于和指针记录表连接。当现场实时数据发生变化时,相关单表增加一条记录,并将当前时间序列号作为指针域数据,具体数据记录方式见表 7-6。每个表中均有时间字段,索引指针表中索引指针和该字段相关联。

索引指针表 表 7-6

| 字段名称 | 数据类型 | 数据长度 | 关键字 | 注释 |
|---|---|---|---|---|
| RingNo | Int | 4 | N | 环号 |
| Time | Date/time | 8 | Y | 时间 |
| Distance | Float | 4 | N | 掘进距离 |
| PA1 | Date/time | 8 | N | 表一索引指针 |
| PA2 | Date/time | 8 | N | 表二索引指针 |
| PA3 | Date/time | 8 | N | 表三索引指针 |
| …… | | | | |

根据不同盾构机产生的不同施工数据特点，设置为若干个历史数据记录表，即与表 7-7 中历史数据记录表 A1 相同结构的表，根据盾构机类型数据表的数量可能有所不同，例如土压平衡盾构机中没有泥水输送、泥水处理系统，相应的数据库就不需要设置。

历史数据记录表 A1 的结构

表 7-7

| 字段名称 | 数据类型 | 数据长度 | 关键字 | 注释 |
|---|---|---|---|---|
| Time | Date/Time | 8 | Y | 时间 |
| AAA01 | Bool | 1 | N | 刀盘左转 |
| AAA02 | Bool | 1 | N | 刀盘右转 |
| ADA01 | Bool | 1 | N | No.1 刀盘电机运转中 |
| ADA02 | Bool | 1 | N | No.2 刀盘电机运转中 |
| …… | | | | |

（3）索引指针表

将实时记录数据分成若干个表，根据不同表的特点建立一个索引指针表，即可将各个表联系起来。索引指针表中 PA1、PA2、PA3……为指向各个历史数据记录表指针，具体数量与历史数据记录表的数量一致。索引指针表主要用于记录数据记录表内的索引指针，主要字段有序列号、时间、环号、掘进距离、里程和若干个指针域。通过指针域与各数据记录表变量对应连接，可以很方便地查询到相关历史数据，其对应关系如图 7-8 所示。例如索引指针 PA1 对应数据记录表 1 中的变量 Var1_PA1、Var2_PA2、Var3_PA3 等，查询特定范围内变量 Var2_PA2、Var3_PA3 时，先通过索引指针表找到对应指针 PA1，再寻找 PA1 对应数据记录表中满足查询条件的 Var2_PA2 和 Var3_PA3 值。

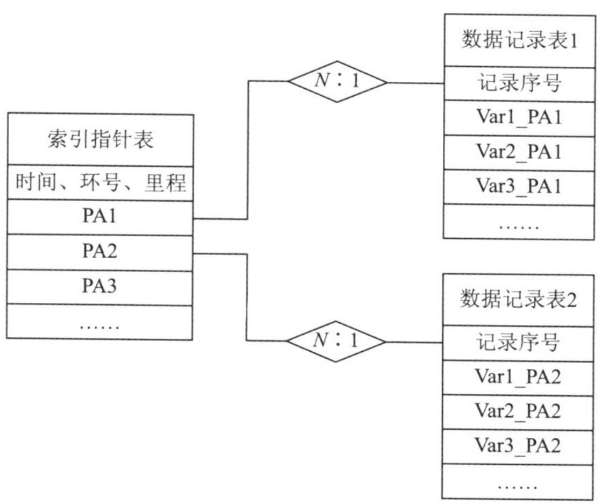


图 7-8 索引指针表和数据记录表之间的关系

2）记录方式

根据系统的总体要求，确定数据库系统的基本运行参数如下：

（1）系统时间分辨精度：1s 记录一次数据。

（2）系统数据精度：对于模拟量，其变化阈值为0.5%，即当采集数据的变化大于0.5%时认为数据发生改变。对于开关量，当数据由0变成1或由1变成0时认为数据发生了改变。

（3）系统数据记录策略：当数据发生改变时进行记录，反映推进状态参数的模拟量只在推进过程中记录，反映管片拼装状态的模拟量只在拼装过程中记录，其他的则全部记录；开关量全部记录。

（4）系统数据记录过程：系统中设有与索引指针表中索引指针类型相同的变量（Var_PA1、Var_PA2……），当系统中某个数据发生变化，相应数据记录表会自动增加一条记录，同时该表中对应的Var_PA变量更改为数据表中记录的时间值。

系统运行时，索引指针表每秒增加一条记录，其中时间、环号、掘进距离均按系统实际值记录，PA1、PA2、PA3……指针均根据Var_PA1、Var_PA2、Var_PA3……记录。

（5）数据采集器启动之后，数据库系统记录数据执行流程，如图7-9所示。

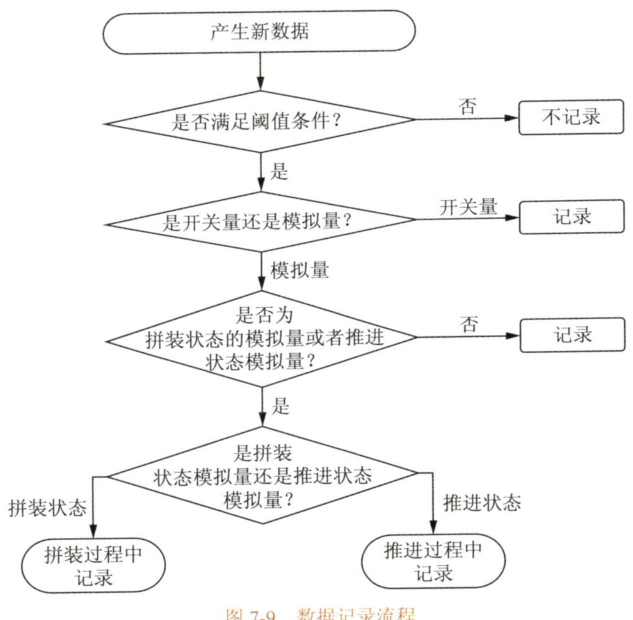


图7-9　数据记录流程

3）数据库的优点

（1）优化数据库结构

系统中大部分数据是不发生变化的，基于节约存储空间的方法是某个数据发生变化时增加一条数据记录，但这种记录方式会给查询操作带来难度。数据库设计中采用生成数据记录基本原则，在状态发生变化时记录相关生成数据，同时引进了一个记录指针表，通过指针字段连接到相应数据表中，完全可以避免数据查询时的不确定性以及向后搜索操作。

（2）避免数据不一致

为了提高系统速度、降低复杂运算的次数，本数据库保留少量的数据冗余。数据记录操作只进行追加、检索两大基本操作，没有修改、删除操作，这就从根本上避免了数据冗余引起的数据不一致的问题。

### 7.2.4　基于链表结构的文本数据库

用户的查询范围一般在 1 ～ 10 环左右，考虑到盾构施工的大容量数据及多工程应用的特点，以文件形式保存数据更便于施工数据的管理。基于这种思想设计文本数据库，数据触发记录时只对变化值进行记录，实现真正意义的数据变化记录。

1）文件名定义

为了提高查询效率，根据所记录数据的特点，将原来的一个数据文件分成许多文本文件，数据文件名定义为：

环号 _ 里程 _ 时间 .txt

其中：环号由 1 位字母（S、T、A）和 4 位字符（0 ～ 9）组成（整型数），S 表示拼装状态，T 表示推进状态，A 表示盾构姿态；里程由 4 位字符（0 ～ 9）组成（整型数）；时间由 12 位字符（0 ～ 9）组成（整型数）。

使用这种方法设计文件名之后，文件名信息就包含该文件内数据的整体情况，读取文件名就能快速检索到要查询数据的文件，极大地提高了查询效率。

2）链表结构数据读取方式

文本数据库也是数据变化触发记录，但只记录发生变化的数据，记录部分中每行的列数不一定相同。一个数据记录下来保存为一个组变量形式，每个组内有 3 列数据，含义分别为变量代码、变量值、变量指针，每个变量记录下来用代码表示，发生变化之后的值为变量值，该变量下一次出现的位置保存在变量指针里面。

读取文本数据库时，根据文件开始的数据索引部分，查找所需的信息代码，读取变量的初始值、最后值以及最后值的指针。最后值是停止记录时该变量的值，最后值指针是该变量前一个值所在数据行；在前一个值所在的数据行查找该变量的变量代码，变量代码后即变量值和变量指针，此变量指针是该变量前一个值所在的数据行。如此重复，直至初始值，如图 7-10 所示。

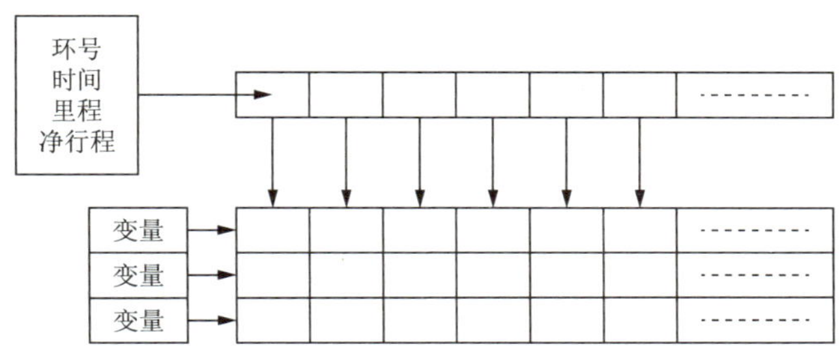


图 7-10　文本数据库读取方式

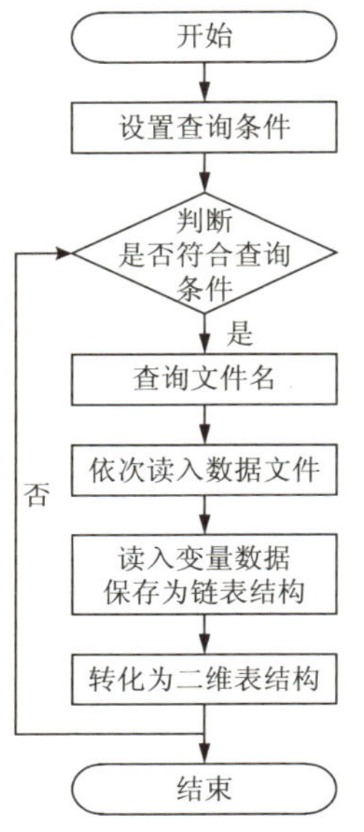

图 7-11 文本数据库数据查询过程

如果一个文件查完，尚未到结束条件，则继续查下一个数据文件，直到全部查完。链表结构数据文件检索和转换的基本思路是：根据条件检索链表结构数据文件，转换为二维数据结构的临时文件，以便各种数据的处理应用。整个查询过程如图 7-11 所示。

## 7.2.5 盾构施工现场信息管理软件

1）基本流程

盾构施工信息管理软件的实时数据是通过通信链路和接口从盾构可编程逻辑控制器（PLC）获取。其基本理念是以数据库作为数据支持，将数据转换为相应曲线进行显示，使用户能迅速地对盾构的施工情况做出科学合理的判断，把相应数据按照施工习惯显示出变量图形、打印变量曲线环报表或者生成所需要数据文件，并实时显示各种数据状态，实现盾构机实时管理。系统主界面如图 7-12 所示。

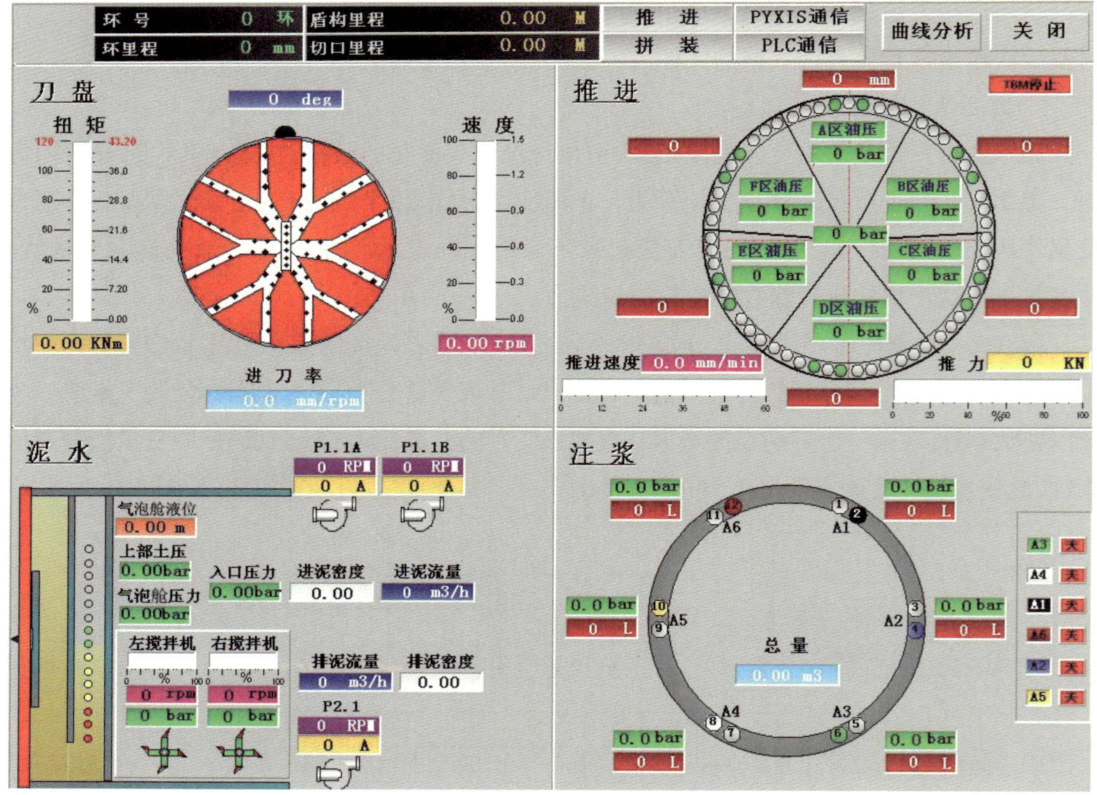

图 7-12 系统主界面

2)软件主要模块

(1)实时监控

盾构机掘进时将施工参数传回系统,工作人员通过这些参数来监控盾构机的实时运行状况。实时监控模块将这些参数按不同设备系统分别进行显示,具体显示内容根据数据采集 PLC 表单决定,能直观地反映出该特征变量的变化情况,有助于工作人员对盾构机的运行状况做出更为准确的判断,以达到有效监控盾构机运行的目的。实时监控界面如图 7-13 所示。

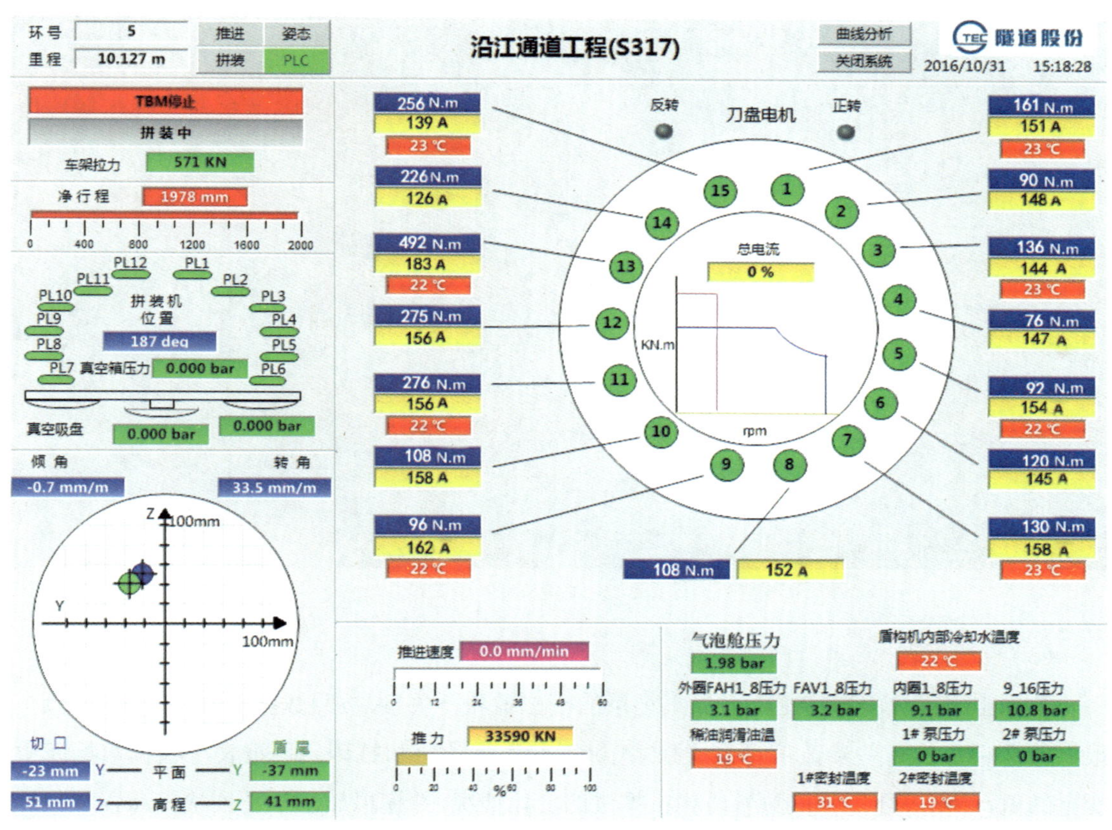


图 7-13　实时监控界面

(2)数据分析

曲线绘制应采用灵活的采样方法,当数据量充足时,与数据层交互的数据量保持一个合适范围,有利于准确快速地绘制和显示曲线,增强了图形处理模块功能,尤其是增强曲线统计和分析能力,可以对曲线进行纵向、横向比较,或者进行曲线变量的相关性分析。数据分析界面如图 7-14 所示。

模块将盾构施工时采集记录的模拟量和开关量,按照数据库系统形式提供给用户,让用户对这些变量进行选择,以生成分析曲线,其中最多可以选定 8 个变量。通过这些配置文件可以把选择变量传递给一个特定名称 xml 文件，供曲线分析程序启动时调用，显示出这些变量的实时分析曲线。实时数据显示与历史数据曲线分析相似，不同之处在于它显示的是当前时间上的变量数据实时曲线，用户可以自定义各个参数以及曲线的显示方式。

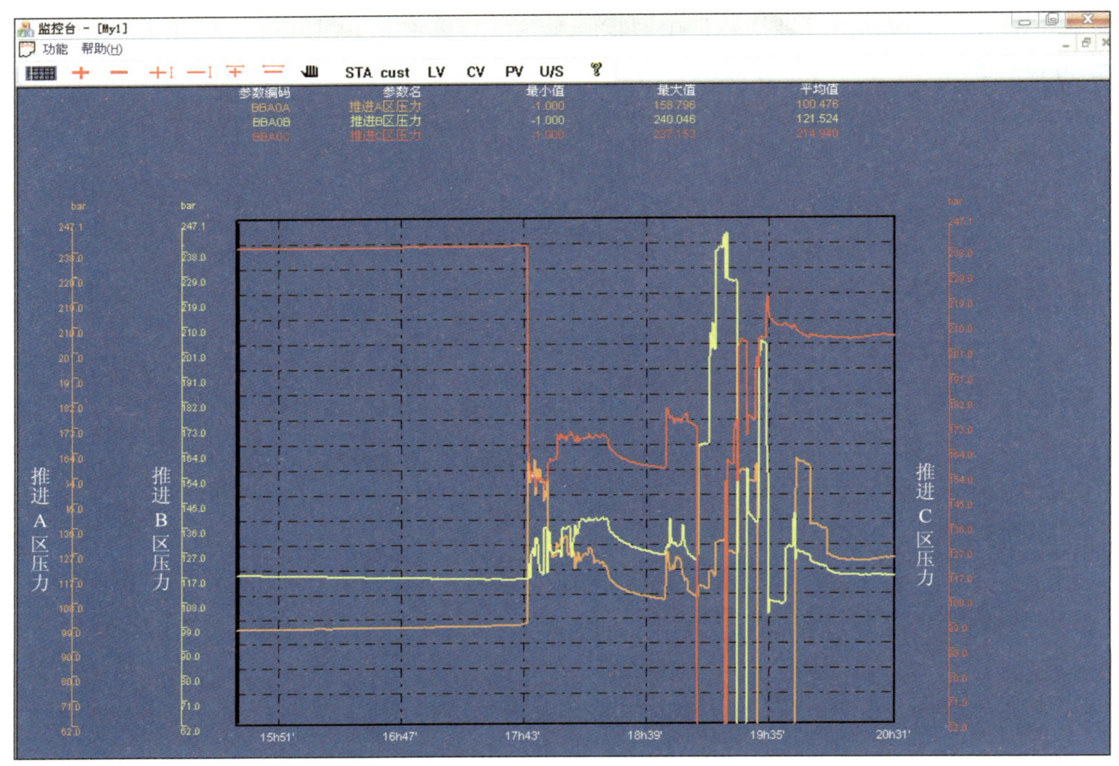


图 7-14 数据分析界面

（3）数据报表

数据报表模块将盾构施工时采集记录的模拟量和开关量，按照数据库系统提供给用户，根据所选环片的一些参数信息生成报表，供工作人员预览和打印。环报表是根据数据库中变量的值，绘制每环变量值随着盾构机推进的变化情况，并模拟显示千斤顶状态和各种积算量。为了便于掌握姿态信息，环报表中还具有切口平面偏差、盾尾平面偏差、切口高程偏差、盾尾高程偏差，以及盾构推进的图形和数值显示。生成的环报表可以在屏幕上浏览或者由打印机输出，同时用户可以自行选择变量显示，可以最多选定 10 个变量。环报表打印样式如图 7-15 所示。

数据环报模块还可以根据文件参数设置数据范围与密度，导出指定属性列中数据至指定 Excel 文件。为了实现盾构施工数据集中管理，还可以进行远程数据导出。

盾构施工过程中产生的数据，通过 PLC 获取并保存在本地数据库中，用户可以方便地使用现场信息管理软件，生成数据曲线和报表，查看、分析盾构施工状态。

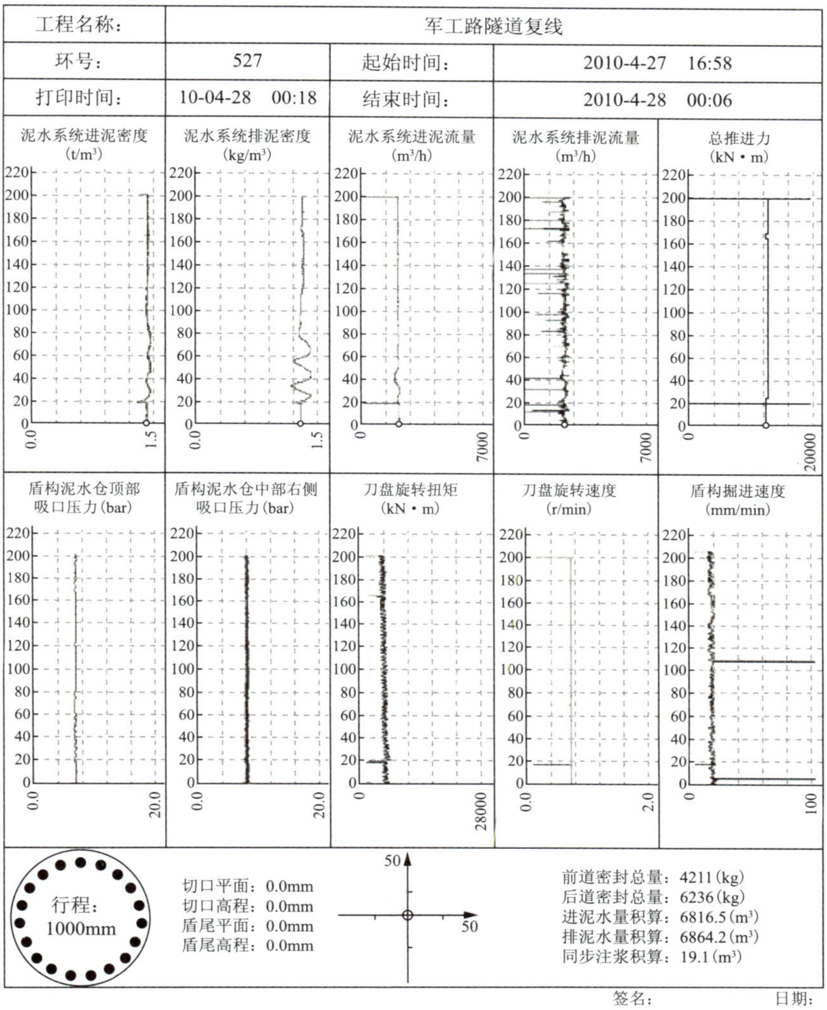
工程名称：
军工路隧道复线
环号：
527
起始时间：
2010-4-27　16:58
打印时间：
10-04-28　00:18
结束时间：
2010-4-28　00:06
泥水系统进泥密度 (t/m³)
泥水系统排泥密度 (kg/m³)
泥水系统进泥流量 (m³/h)
泥水系统排泥流量 (m³/h)
总推进力 (kN・m)
盾构泥水仓顶部吸口压力(bar)
盾构泥水仓中部右侧吸口压力(bar)
刀盘旋转扭矩 (kN・m)
刀盘旋转速度 (r/min)
盾构掘进速度 (mm/min)
行程：1000mm
切口平面：0.0mm
切口高程：0.0mm
盾尾平面：0.0mm
盾尾高程：0.0mm
前道密封总量：4211(kg)
后道密封总量：6236(kg)
进泥水量积算：6816.5(m³)
排泥水量积算：6864.2(m³)
同步注浆积算：19.1(m³)
签名：
日期：

图 7-15　环报表打印样式

## 7.3　盾构集群中央管控

盾构法隧道工程通常是大型甚至特大型工程，工程施工较为复杂，盾构施工信息众多。若缺乏有效的信息沟通和资料交互，则不能实现快速有效的管理。金字塔形管理结构要求决策指示逐级下传和下级报告逐级上传，传递过程中信息可能会缩水、失真甚至是丢失，而且这种方式也延误了信息传递。

“互联网 + 大数据”是在融合分布式计算、虚拟化技术、网络计算和 Web 服务的基础上发展起来的，能使用户不受时间、空间限制，通过网络随时随地按需获取互联网上的资源，从而对大规模的数据和计算问题进行处理。将“互联网＋大数据”应用到盾构工程施工，可以打破实体结构间不可切割的障碍，使用户以更好的方式来应用数据资源，这是未来盾构工程信息管理的发展方向。

### 7.3.1 管控架构

借鉴“互联网＋”模式在国民经济其他行业中的实践经验，结合盾构隧道行业现状，盾构集群中央管控通过“互联网＋大数据”，将过去盾构机单一零散的监管方式转变为体系化、智能化的集中监管，为盾构施工提供决策依据。

盾构集中化展示是基于基地化管理理念，使管理人员更系统、更直观地掌握工程施工现状，实现集中监控，强化工程项目动态过程管理，如图7-16所示。盾构集群中央管控能够实现盾构机群组远程管理及动态分析、实时风险警示，及时提供智能化决策，形成盾构集群中央管控体系，提高企业管理水平和效率、降低生产成本。

图7-16 集中化管控

1）数据类型

隧道工程数据主要可以划分为六大类：工程基本数据、工程管理数据、隧道施工数据、隧道质量数据、风险数据、设备管理数据。

（1）工程基本数据：工程概况数据、周边建筑物数据、设计轴线数据、所处土层特征数据、监测点数据、区间隧道数据、盾构机设备数据。

（2）工程管理数据：管理文档数据、协同过程数据、邮件数据、日志数据、管理痕迹数据。

（3）隧道施工数据：盾构机姿态数据、推进数据、刀盘数据、出土数据、同步注浆数据、补压浆数据、盾构机泥水处理数据。

（4）隧道质量数据：隧道轴线数据、管片姿态数据、管片变形数据、管片病害数据。

（5）风险数据：区间隧道风险源数据、轴线地表沉降数据、建筑物沉降数据、巡视检查数据、视频监测数据。

（6）设备管理数据：设备损坏数据、设备维修数据、设备保养数据。

隧道工程数据有四个主要处理难点，具体见表 7-8。

隧道工程数据处理难点和需求　　表 7-8

| 序号 | 数据处理难点 | 产生的问题 | 处理需求分析 |
|---|---|---|---|
| 1 | 不同数据源的数据 | 存储格式问题 | 数据采集之后需要数据治理技术 |
| 2 | 数据量大 | 一般存储架构数据处理慢，但隧道工程管控要求数据处理速度较高 | 系统架构需要快速的数据处理能力 |
| 3 | 数据采集频率高 | 加大数据存储难度，容易发生数据节点故障 | 存储系统的冗余性、扩容性要好 |
| 4 | 数据结构复杂多样 | 对于不同结构数据的存储和分析较难 | 设计针对不同结构数据的处理平台 |

2）整体架构

通过隧道施工现场数据采集设备，以及施工人员手工记录上传等方式，获取隧道工程整个流程数据，其中央管控体系拓扑结构如图 7-17 所示。施工现场盾构机采集系统、监测设备、摄像监控设备和其他自动数据采集设备，实时记录隧道施工相关数据，并自动上传。

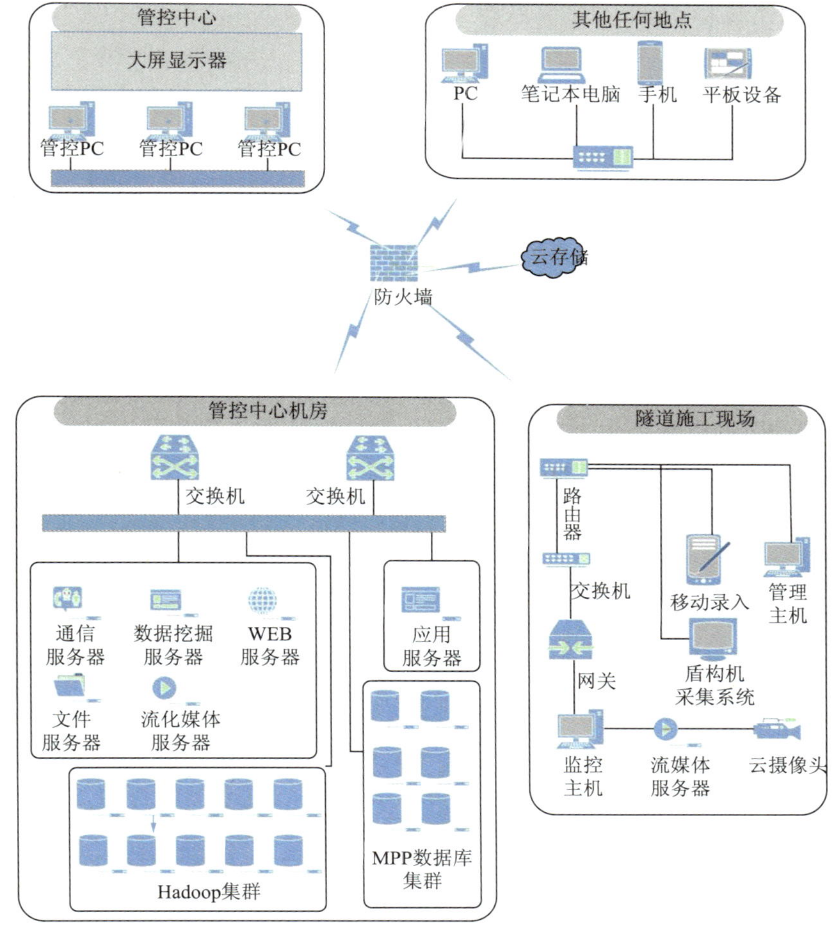


图 7-17　中央管控体系拓扑结构图

依据数据在系统中的流向，可以分为后台数据处理和前台数据展现两个主要部分。后台数据处理部分包括数据采集平台和数据存储平台，前台数据展现部分即是隧道工程数据分析展现平台。

（1）数据采集平台

数据采集平台主要利用数据源层的各种类型接口，将所有采集到的隧道工程数据接入管控中心机房服务器中，对隧道工程数据进行初步整合，为后续处理和存储做准备。

（2）数据存储平台

数据存储平台主要是对隧道工程数据进行处理，然后长期有效地存储在合适的数据库系统中，对存储的数据进行初步处理分析。数据存储处理平台核心部分包括 Hadoop 平台、MPP 数据库和内存数据库。

（3）数据分析展现平台

数据分析展现平台主要是将隧道工程数据按照管控需求进行分析，将分析结果以直观形式展现给系统使用人员。分析展现平台主要包括逻辑层、展现层以及大数据分析、统一应用门户。

## 7.3.2 可视化数据展示

可视化是利用计算机图形学和图像处理技术，将数据转换成图形或图像并在屏幕上显示出来，再进行交互处理的理论、方法和技术，通过直观地传达关键的方面与特征，从而实现对于复杂数据集的深入洞察。其基本思想是将数据库中每一个数据项作为单个图像表示，大量数据集构成数据图像，同时将数据各个属性值以多维数据的形式表示，可以从不同的维度观察数据，从而对数据进行更深入的观察和分析。

通过各类问题的直观展示、监测曲线分析、周期报告生成等数据可视化手段，使管理工作科学化、规范化、制度化，以利于更高效、更全面、更系统地提升工程建设施工期安全风险监控与管理的水平。

1）工程总揽

为便于集控管理，让管控中心人员可以直观且清晰地了解所有项目的情况，工程总揽模块将所有项目的推进情况、施工指标报警以及报警处理进度，采用地图形式展示出来。

管控中心人员还可以快速查看项目的具体情况，将正常区间、关注区间、警示区间、项目完成率、全线盾构数量、日推进环数等统计结果进行可视化展示。

2）实时监控

实时监控模块是将盾构机掘进的各项参数，实时地展现在管控中心大屏幕上，让管控人员直观地了解到当前盾构机推进施工状态和实时运行参数，如图 7-18 所示。这些实时参数可以帮助管控人员对盾构机施工状态进行分析，从而更好地做出管控决策。

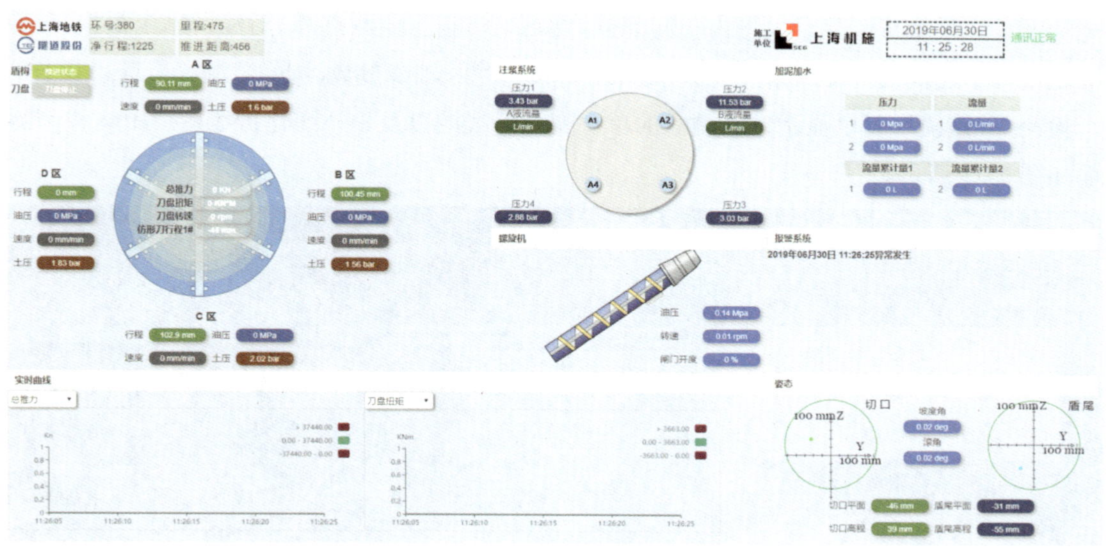


图 7-18　实时监控界面

3）重点关注

如图 7-19 所示，重点关注模块主要显示 I、II 级风险源，并对项目风险汇总描述，让管控人员可以快速了解所有重点关注项目的风险情况。

ATTENTION 关注

| 序号 | 项目名称（全称）▲ | 风险源▲ | 风险等级▲ | 风险关注点▲ | 状态▲ | 影响范围▲ | 风险进程▲ |
|---|---|---|---|---|---|---|---|
| 1 | 无锡3号线9标新-无右线 | 穿越小天鹅厂房 | II级 | 房屋沉降 | 正常 | 230-830 | [illegible] |
| 2 | 武汉三阳路隧道左线 | 左线下穿长江 | III级 | 气泡仓压力，同步注浆，盾尾油脂 | 正常 | 270环~925环 | 22.26% |
| 3 | 杭州4号线3标联水右线 | 右线盾构接收 | I级 | 视频监控 | 正常 | 7.20~8.20 | [illegible] |
| 4 | 郑州城郊起点－机场左线 | 左线出洞 | II级 | 切口压力、地面沉降 | 正常 | 1-50环 | 8% |
| 5 | 南京宁溧线中-井右线 | 联络通道施工 | II级 | 地面沉降 | 正常 | 7月15日-10月15日 | 27.96% |
| 6 | 沿江通道右线 | 穿越台湾钢道层 | II级 | 切口压力 | 正常 | 1100-1533环 | 2.53% |
| 7 | 杭州文一路西段北线 | 侧穿益乐新村 | II级 | 施工参数、建筑物沉降 | 正常 | 北线865~915环 | 31.37% |
| 8 | 杭州4号线3标联水左线 | 1#联络通道施工 | I级 | 盐水温度、视频监控 | 正常 | 5月10日~8月25日 | [illegible] |
| 9 |  | 盾构接收 | II级 | 地表沉降 | 正常 | 590-602 | 0% |
| 10 | 宁波TJ3101标中－明右线 | 联络通道钻孔施工 | II级 | 地表沉降，隧道渗漏水 | 正常 | 7.28-8.15 | [illegible] |
| 11 | 上海10号线2期1标国-通上行 | 上行线盾构进洞 | II级 | 视频监控、施工参数 | 正常 | 8.10~8.28 | 0% |
| 12 | 杭州4号线3标联水左线 | 2#联络通道施工 | I级 | 盐水温度、视频监控 | 正常 | 5月10日~8月25日 | [illegible] |
| 13 | 武汉三阳路隧道右线 | 右线穿越长江 | III级 | 气泡仓压力，同步注浆，盾尾油脂 | 正常 | 270环~925环 | 26.98% |
| 14 | 上海18号线两港中山北二路—控江路站区间 | 盾构始发 | II级 | 切口压力、地面沉降 | 正常 | 1-50环 | 46% |
| 15 | 上海13号线101标长-成下行 | 下行线下穿居民区 | II级 | 建构筑物沉降 | 正常 | 140环~420环 | [illegible] |
| 16 | 上海10号线国-新上行 | 联络通道施工 | II级 | 视频监控 | 正常 | 6.1日~9.8日 | [illegible] |

图 7-19　重点关注界面

对于重点关注项目，将展现其具体风险情况，包括风险基本信息、该工程施工进程、重点关注的施工参数值和数据曲线以及该风险点的平剖面图、周边环境图和视频等资料，如图 7-20 所示。

4）BIM 模型

BIM 模型可以让管控中心人员直观地了解到隧道内部结构、隧道轴线走势，隧道周边环境情况。该模块可以显示模型内不同部位(隧道、建筑物、监测点等)对应的施工数据,盾构穿越过程中建筑物沉降数据,以及对应环号、推进参数、轴线参数、沉降监测等信息。对于单个检测点,该模块可以显示该监测点的单次变化折线图以及累计变化折线图。BIM 模型界面如图 7-21 所示。

图 7-20　风险情况界面

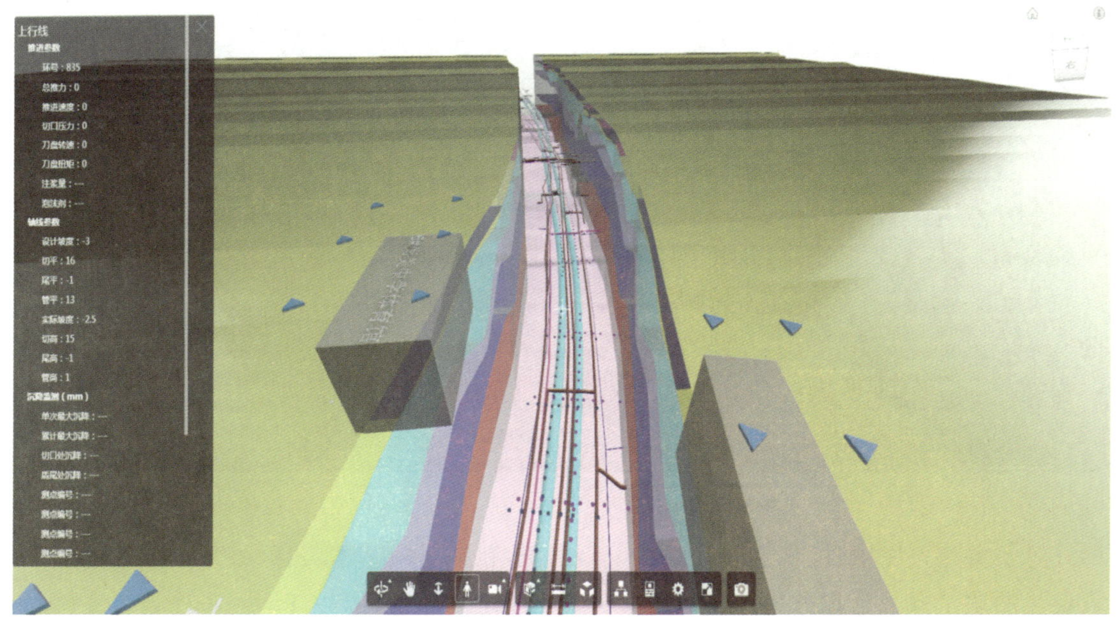


图 7-21　BIM 模型界面

5)工程质量

通过工程质量模块可以管控各项目隧道轴线控制、管片病害以及管片椭圆度等情况,其中轴线控制显示成环隧道轴线点，蓝色虚框表示轴线在 ±50mm 以内，红色虚框表示轴线在 ±100mm 以内，轴线点上会显示环号、轴线偏差等信息，可查看近 10 环或最新环数据；管片病害类型显示项目区间管片病害数量（包括碎裂、渗漏、裂缝、错台），并按月更新；椭圆度显示项目区间内，近 20 环成型隧道管片椭圆度；当轴线偏差及椭圆度超过设定警示值时，将会显示报警详细信息。工程质量界面如图 7-22 所示。

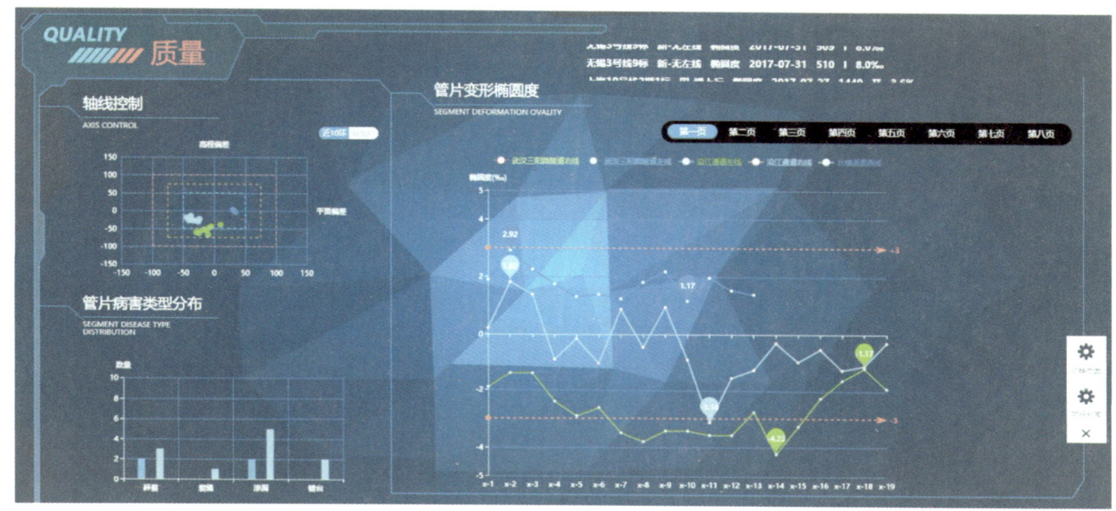


图 7-22　工程质量界面

## 7.3.3　专业化数据分析

1）进度分析

通过计划、实际进度柱状图显示当日区间计划、实际推进累计环数及其进度百分比；当实际推进环数比计划落后时，实际柱状图颜色逐渐变深变红。进度折线图显示对应区间隧道最近 5d 的计划推进环数，实际推进环数及备注信息。进度分析界面如图 7-23 所示。

2）沉降分析

沉降监测数据展示的是不同隧道工程项目，在不同位置的盾构机单次沉降值和累计沉降值，不同沉降值用不同颜色表示以区分，如图 7-24 所示，横轴表示的是离盾构机位置的距离，纵轴表示不同的隧道工程项目。

3）综合分析

对于所监管的项目，管控专家团队利用系统数据可视化平台，以盾构施工经验为基础，进行施工数据综合分析，为工程施工提供各类专业化管控咨询报告，包括项目日报、项目周报、项目月报和专项报告。管控咨询报告界面如图 7-25 所示。

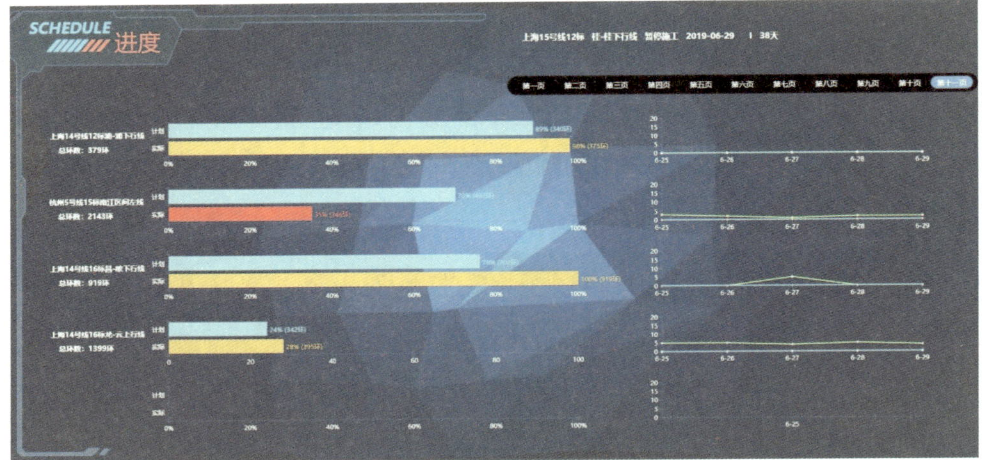


图 7-23　进度分析界面

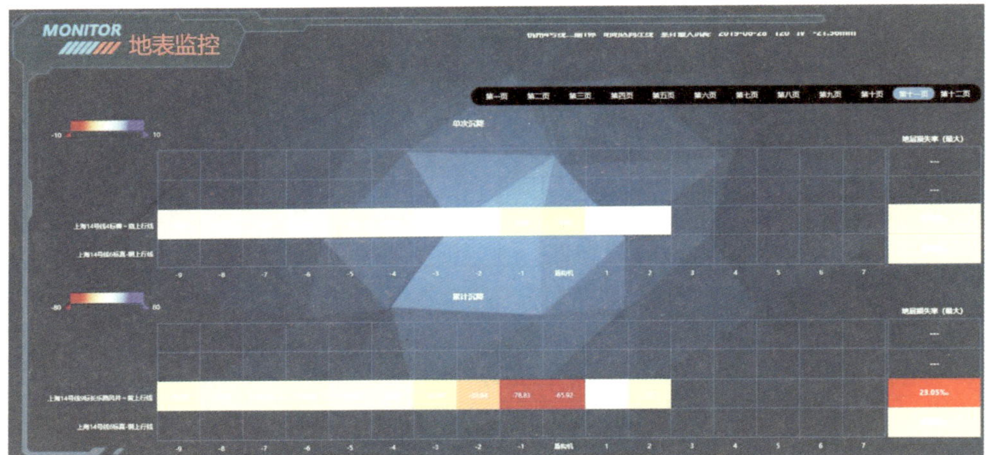


图 7-24　沉降分析界面

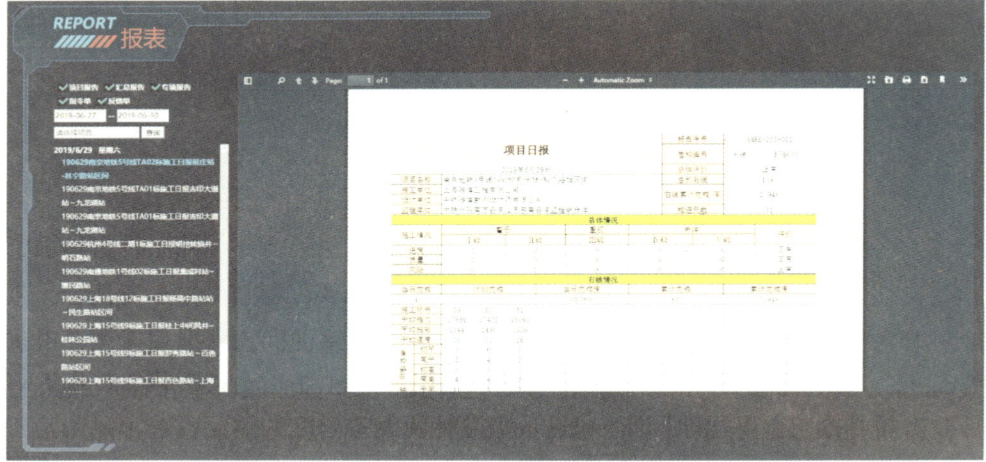


图 7-25　管控咨询报告界面

## 7.3.4　自动化数据报警

1）实时数据报警

通过 PLC 采集到工地端的数据有两种：模拟量和开关量。开关量本身含有报警数据，对于模拟量报警，设定这些量的阈值——最大值和最小值，超过阈值部分实时数据页面显示为红色，处于范围内的显示为蓝色。盾构机姿态采取分级显示，共分三级：±50mm 以内为正常范围，姿态数据用蓝色表示；-100 ～ -50mm、50 ～ 100mm 之间为警示范围，姿态数据用黄色表示，超过 ±100mm 为报警范围，姿态数据用红色方框表示。实时监控界面如图 7-26 所示。

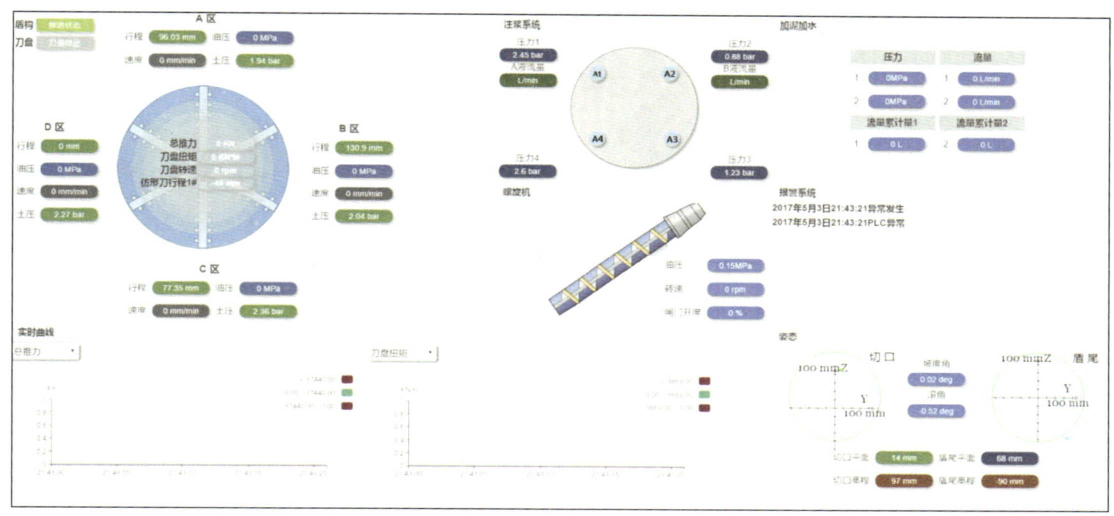


图 7-26　实时监控界面

2）分析预测报警

盾构隧道掘进过程中不可避免地会引起地层损失，地面沉降与切削面稳定、盾构注浆质量这两个方面关系密切，其中控制切削面稳定涉及施工参数为土压压力、掘进速度、盾构总推力、刀盘扭矩、刀盘转速、盾构姿态等，控制盾构注浆质量涉及施工参数为同步注浆压力、同步注浆量等。通过对这些参数以及沉降信息进行大数据分析，建立地面沉降预测报警模型，一旦模型预测到施工参数将引起较大幅度地面变形，就会提示报警。分析预测报警界面如图 7-27 所示。

3）分级报警处理

依据进度、质量、风险三大类指标，将情况严重程度进行分级，共 5 个等级。不同等级预报警数据由系统平台向相关层级管理人员实时推送，并将自动数据和人工数据按照Ⅰ～Ⅴ级自动处理分级显示，从而建立有效的预报警管理体系。分级预测报警逻辑顺序如图 7-28 所示。

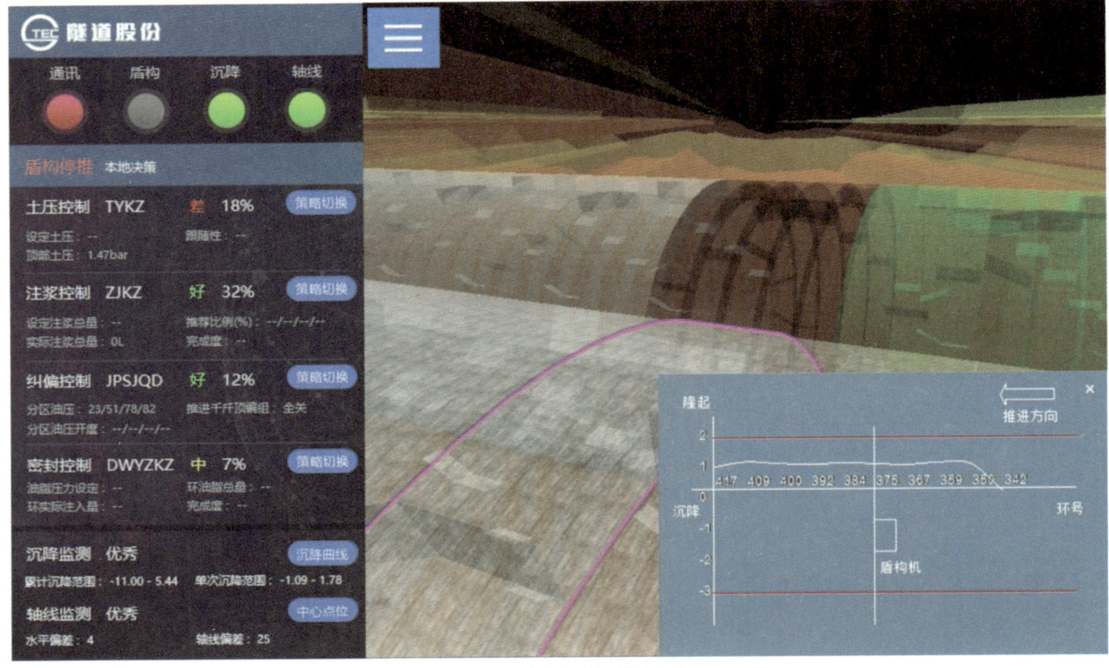


图 7-27　分析预测报警界面

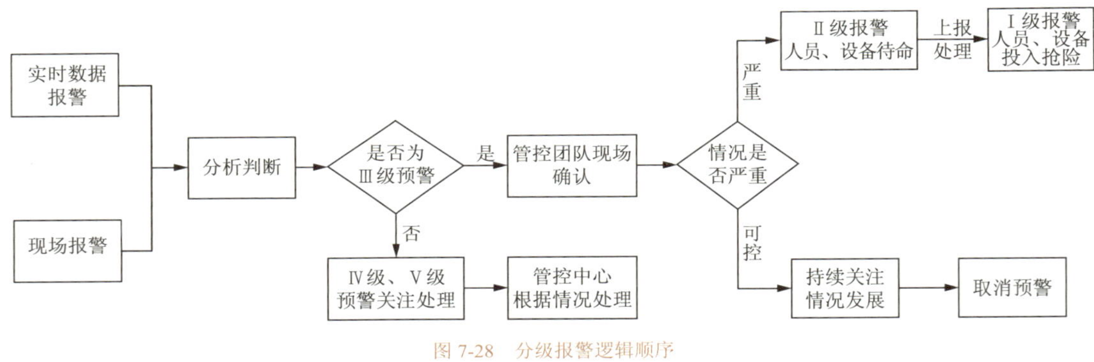


图 7-28　分级报警逻辑顺序

属于Ⅳ级、Ⅴ级预警，由值班人员发起协同任务推送至项目施工人员，提示采取相应措施。当发现异常达到Ⅲ级预警时，管控团队赴现场进一步确认。如情况不受控，则发出Ⅱ级报警，与此同时相关抢险人员、设备在基地待命；如情况继续恶化，则发出Ⅰ级报警，所有人员、设备投入抢险。

# 第8章　风险管理

大直径盾构施工过程中，刀盘将与开挖面前方大范围土体发生直接接触，土体中存在的孤石、破碎带等不良地质将严重影响刀具寿命甚至引发刀盘故障，因此，有必要对开挖面前方土体进行提前探测与风险排查，并及时更换刀具以适应地层条件的变化。同时，由于盾构机整体尺寸较大，且多用于地下水充足的越江隧道工程中，使得盾尾渗漏成为大直径盾构施工过程中最大的风险点之一，其密封控制显得尤为重要。因此，本章主要介绍大直径盾构施工的主要风险管理和应对措施，包括超前地质预报、刀具管理以及盾尾密封管理等内容。

## 8.1　超前地质预报

### 8.1.1　不良地质危害

隧道工程盾构掘进是复杂且隐蔽的工程，地质情况不易掌握，稍有不慎便会发生重大事故，造成不可估量的损失，尤其是复合地层中的地质预报，一直是困扰着工程界的难题。

大量的工程实践表明，盾构法隧道施工最常见的不良地质主要包括断层破碎带、岩溶、孤石以及特殊岩性侵入体等，这些不良地质体是隧道安全施工的潜在隐患。

1）*断层破碎带*

断层破碎带，特别是活动断层、逆掩断层、张性断层、扭性断层及未胶结构造与次生构造，它们的共同特点包括结构松散、裂隙发育、强度和速度明显降低、易富水等。因此，断层破碎带与两侧岩体存在十分明显的地质差异。这些地段明显存在较强的反射波组，纵波速度低。若该地层含水较丰富，则在隧道施工过程中极易发生失稳坍塌。

2）*岩溶*

岩溶是指含碳酸盐的岩石（白云岩、石灰岩等），因其成分含有碳酸钙，受裂隙水及二氧化碳的作用会生成微溶性的碳酸氢钙，溶洞是灰岩地区地下水长期溶蚀的结果。岩溶地质地貌的形成需具备以下条件：具有可溶性岩层；岩石具有溶解能力和足够流量的水；补给水流入或渗入地下岩体中，水在岩体中处于流动状态。以上三者共同作用，缺一不可。

岩溶的分布形状各异且位置、产状、涌水量等性质均很难准确把握，因此岩溶隧道的设计和施工往往具有较大困难。如隧道穿越高压、富水段时，衬砌设计与盾构掘进便是难题。

从国内外工程案例中可看出，隧道施工中岩溶问题主要分两类。第一类：大直径盾构姿态难以控制，开挖面压力难以保持；第二类：隧道结构变形过大，容易出现碎裂、渗漏水等现象。

如何避免岩溶灾害是施工人员重点关注的问题。溶洞、地下暗河形态各异，空间展布无规律，是隧道施工中主要的成灾因素。这些地质体具有密度低、纵波速度低的特点。通常情况下，地震波在传播过程中遭遇溶洞时，会产生较强的反射，因此，通过地震波法预报岩溶地层是国内外主要的研究方向。

3）孤石等特殊岩性地层

孤石，又称球状风化岩，由于球状风化岩与周围土体强度存在较大差别，盾构通过时易造成刀具损伤，甚至造成刀盘变形，致使整个盾构机瘫痪。由于孤石的不确定性，对盾构施工的影响很大，存在使盾构机停滞不前的风险。因此，在前期的地质补勘工作要求深入、细致，准确探明孤石的分布、数量、大小等具体情况。补充勘察一般采取以下三种方法：

（1）对隧道沿线孤石分布情况进行钻孔探测。

（2）在地面使用地质雷达对隧道范围内的孤石进行探测。

（3）利用盾构土舱内安装的超声波探测系统时刻监视掌子面前方的地质，提前发现前方的孤石。

## 8.1.2 地层勘探技术

超前探测预报技术起步于20世纪，最早应用于煤矿生产领域。随着道路工程、水利工程、军事巩固工程和城市地下工程建设的发展，地质超前探测预报技术在地下隧道施工中的适用范围越来越广。长期以来，地质专家及相关领域研究人员进行了大量的试验研究和实际探测工程摸索，各国相继将井下直流电法、红外测温法、地质雷达法、地震波反射法、电磁波法（包括无线电波透视法、地质雷达法、瞬变电磁波法）等方法用于地下岩体工程的研究，主要是针对地下安全生产施工中遭遇的各种地质灾害问题，并且解决了安全生产施工中不少实际困难，为探测和预报地下地质灾害提出了科学有效的指导意见。

1）探测预报的主要方法

（1）井下直流电法

20世纪50年代，苏联学者开始研究将直流电法用于煤矿井下探测，成功解决了煤层小构造和冲刷带探测、矿井水文地质条件调查、顶板稳定性评价以及巷道变形监测等与矿山安全生产有关的地质问题。

直流电法勘探是一种地球勘探方法，以研究地壳中各种岩石、矿石电学性质之间的差异为基础，利用电场或电磁场空间和时间分布规律来了解地质构造或寻找矿产。该技术通过在井下巷道周围岩层中建立起全空间的稳定人工电场，测量该电场的变化规律，计算岩层的视电阻率，绘制视电阻率曲线或剖面图，从而达到探测目的。

井下直流电法勘探主要用于解决矿井的导水和含水构造问题。由于岩石电阻率大小主要取决于空隙内的富水性和孔隙空间特性，利用这种电性的差异，结合全空间电场理论以及相应的资料解释处理系统，即可达到探测目的。

（2）红外测温法

隧道所在岩体的地温场主要受隧道埋深影响。一般而言，埋深较大隧道的岩体温度受地温场影响较大，埋深越大，围岩温度越高。

红外测温技术通过探测仪器来测量前方一定范围内地质体的温度场，如果前方地质体存在含水体，其对流、传导、辐射出来的异常场将叠加在正常辐射场上，在探测数据上会出现突变。因此，通过对采集到的温度场数据进行分析，可以预报隧道前方的不良地质体，尤其是地下含水体，比如石灰岩地区的溶洞，能通过该方法得到很好的探测。

（3）地质雷达法

地质雷达（GPR）方法是一种应用高频宽带电磁脉冲技术探测地质分布的无损探测方式。地质雷达通常由雷达主机、发射天线、接收天线组成。由发射天线向掌子面前方发射电磁波，遇到不同阻抗界面（界面两侧电性存在差异）时，将产生反射波和透射波。回波由天线接收，对接收到的电磁波信号进行处理分析，根据波形信息、反射强度、双程走时等参数来判断异常地质体的位置、结构、几何形态等。

地质雷达探测方法源于欧美的航天探空雷达技术。利用雷达原理勘探地质的方法由来已久，但直到20世纪70年代，其实际应用范围才逐渐扩大。地质雷达最初大多用于工程质量检测或场地勘察，近年来也被用于地质超前探测预报工作。该方法的优势在于对断裂带特别是含水带、破碎带有很高的识别能力，在富水地层以及溶洞发育地区应用具有优势。其缺点为目前探测的距离较短，对于长距离隧道的探测预报需要分段多次进行，不便于处理数据。另外，由于雷达记录易受干扰，其精确性也较不稳定。

（4）瞬时电磁波法

瞬时电磁波法通过接收二次场的强度，分析其随时间的变化规律，从而研究岩体电导率的分布。若岩体导电性强，则二次场强度大，若岩体导电性差，则二次场弱。早期的二次场反映浅部岩体的导电性，晚期的二次场反映深部岩体的导电性。瞬变电磁因为不使用接地电极，适用于表层为高阻地区的勘探，勘测深度可达千米，对高导体分布比较敏感，因而可用于隧道含水性的预报。目前,已经存在使用瞬变电磁进行隧道内掌子面的地质超前预报研究试验,通过采用小线圈大电流,取得了一定效果,但其配套硬件设备及软件开发目前仍不完善。

(5)地震波反射法

地震波反射法利用小药量人工激发出地震波,地震波在三维岩土体介质中传播,探测其回波特性来识别前方地质构造情况。地震波在岩土体传播过程中,遇到岩性变化界面如岩溶、断层、破碎裂隙带等不良地质体时会产生反射波,反射波被高灵敏度的检波器接收,将记录信号进行放大、采集、处理,实现对前方地质预报。

2)*地震波反射法预测原理*

基于反射波勘探的TSP系统、SSP系统是国内应用于盾构法隧道超前地质探测的主要技术手段,以下针对目前比较成熟的地质超前预报技术—地震波发射法,进行地震波反射法的预测原理介绍。

(1)地震波概念

①地震波类型。

地震波分可为体波和面波两大类,体波在介质内传播,面波则沿着介质的自由界面或分界面传播。体波可分为纵波和横波两种,面波包括瑞雷面波和勒夫面波等。地震波的分类情况见表8-1。

地震波类型　　表8-1

| 地　震　波 | 传播方式 | 分　　类 |
|---|---|---|
| 体波 | 在介质内传播(按传播特征不同) | 纵波 |
| | | 横波 |
| 面波 | 沿介质的自由面或介质的分界面传播(按性质不同) | 瑞雷波 |
| | | 勒夫波 |

a. 纵波:介质发生弹性形变(即拉伸、压缩的形变)产生的地震波为纵波。当纵波在介质中传播时,会形成间隔出现的压缩带和稀疏带,因此,纵波又称为压缩或拉伸波,波的传播方向和介质振动方向一致。

b. 横波:弹性介质发生剪切形变所产生的地震波,其质点的振动方向与波的传播方向相垂直。S波是由垂直面和水平面两个方向的振动所组成的。SV波是振动在垂直平面内的横波分量。SH波是振动在水平平面内的横波分量。

c. 瑞雷面波:沿介质与山体表面传播的面波,其质点在通过传播方向的垂直面内沿轨迹线作逆时针振动。

d. 勒夫面波:沿两种弹性介质分界面传播,这种面波对地震勘探影响不大。

②地震波的传播。

波动是振动的传播过程,振动是产生波动的源头。在研究弹性地震波过程中,介质内各点以弹性力相互联系。例如，某质点 $A$ 受扰动离开其本来位置，周围的质点会对 $A$ 产生弹性力，使 $A$ 回到平衡位置并在平衡位置附近振动，与此同时 $A$ 点周边质点受到 $A$ 的作用力，使各点均在平衡位置附近振动。因此介质中的各点振动会引起临近点的振动，这样就会由近及远向各个方向传播形成波动。

纵波在传播过程根据其传播路径的特点可分为入射波、反射波、透射波（在地震学上透射等同物理学上的折射）。地震波传播示意如图 8-1 所示。

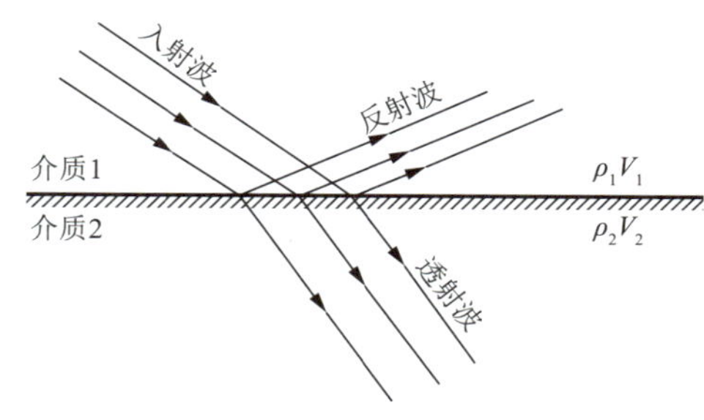

图 8-1　地震波传播示意图

在地震勘探中，入射波的振幅与分界面两边介质的波阻抗有关。如图 8-1 所示，$\rho_1$、$V_1$ 分别表示反射界面上介质的密度和速度；$\rho_2$、$V_2$ 分别表示反射界面下介质的密度和速度，密度和速度的乘积称作波阻抗。产生反射的条件是反射界面波阻抗不相等，波阻抗差别越大反射越强。地震波在传播过程中，当遇到溶洞、暗河、落水洞时，会产生较强的反射，尤其是充水充泥溶洞体，反射系数通常可高达 0.5；若为空洞，则反射系数会更高。因此对于规模较大的溶洞，地震记录图上显示规律为同相轴较连续，而发育规模较小的溶洞在地震记录中则呈现明显的弧形绕射现象。常见岩土波阻抗、密度、速度见表 8-2。

常见岩土波阻抗、密度和速度　　表 8-2

| 岩土名称 | 密度（$g/cm^3$） | 速度（m/s） | 波阻（$g/m\cdot cm^2\times 10^4$） |
|---|---|---|---|
| 土壤 | 1.1 ～ 2.0 | 200 ～ 800 | 2.2 ～ 16 |
| 砂层 | 1.4 ～ 2.0 | 300 ～ 1300 | 4.2 ～ 26 |
| 黏土 | 1.5 ～ 2.2 | 1800 ～ 2400 | 27 ～ 52.8 |
| 砂岩 | 2.1 ～ 2.8 | 2000 ～ 4000 | 42 ～ 112 |
| 石灰岩 | 2.3 ～ 3.0 | 3200 ～ 5500 | 73.6 ～ 165 |
| 岩盐 | 2.0 ～ 2.2 | 4500 ～ 5500 | 90 ～ 121 |
| 结晶岩石 | 2.4 ～ 3.4 | 4500 ～ 6000 | 108 ～ 204 |

（2）弹性波速度影响因素

①岩石物理性质。

弹性波在岩体中的传播速度取决于岩石密度及其弹性参数，而岩石的弹性参数又取决于组成该岩石的矿物成分和岩石孔隙中填充的流体性质、温度及压力等因素。孔隙度、孔隙中的流体及环境因素通过影响岩体的弹性参数和岩石的密度，从而影响弹性波的传播速度。这使得弹性波在岩石中的传播速度在范围上产生了重叠。因此，通常认为用纵、横波之比来反映不同岩性的岩石对弹性波速度的影响更为准确。

②岩石孔隙度。

在地层压力对弹性波波速的影响可以忽略不计的情况下，弹性波波速取决于岩石的孔

隙度及岩石的矿物组成成分。20 世纪 50 年代，Wyllie 提出在相当宽的孔隙度范围内可以把弹性波波速和岩石的弹性参数关联起来。研究发现，弹性波波速（$V$）与孔隙度（$\phi$）之间可以通过弹性波在岩石基质的传播速度（$V_F$）和其在岩石孔隙中流体速度（$V_M$）建立相互关系，如下式：

$$\frac{1}{V}=\frac{\phi}{V_F}+\frac{1-\phi}{V_M} \tag{8-1}$$

③孔隙流体饱和度、温度。

20 世纪 70 年代中期，Gregory 研究发现岩石中的弹性波波速在压力一定的情况下，随着孔隙中流体的饱和度的不同也会有一定程度的变化，纵波幅值的变化最大可达 25%。与此同时保持压力固定，温度条件则由 24℃变化为 750℃时，纵波速度的变化在干燥岩石中大约为 63%，而在饱和的岩石中大约为 33%。

Domenico 通过研究也发现，在岩石饱和度较低时，随着饱和度的不断增加，岩石的密度增加而使 $V_p$ 有所降低；但在含水饱和度较高的情况下，岩石的孔隙度明显增加，使其超过了密度增大带来的速度变化，从而使 $V_p$ 有明显增大。

④岩石密度。

弹性波速度和岩石密度之间存在正相关性。一般情况下，介质密度越大，弹性波在其中的传播速度也越快。

（3）弹性波的吸收衰减

在地震波传播过程中，岩体对地震波有不同程度的吸收作用，使弹性波不断衰减。一般来说，引起地震波衰减的原因主要有：

①几何扩散。

地震波由震源向周围传播，波前面越来越大，传播在最前的振幅越来越小，球面波强度和能流密度都随距离的平方成反比衰减，这是由地震波的几何扩散引起的。地震波在通过介质时产生能量是波的特征。

②介质吸收。

地层实际上往往是非完全弹性且非均匀的，这使得通过介质时地震波的能量逐渐减小，振动质点间的摩擦使波的部分能量转化为热能，这个过程称为介质吸收。由此可见，岩石的弹性性质越好，能量损失则越小。

地震波在岩体中传播时由吸收作用引起的振幅随距离呈指数减小，其具体表达式为：

$$A=A_0\cdot e^{-\alpha r} \tag{8-2}$$

式中：$A_0$——初始振幅；

$r$——传播距离；

$\alpha$——吸收系数，振幅因吸收作用随距离指数衰减的因子。吸收系数与频率有关，一般呈线性，有时呈平方关系，吸收和扩散作用的大小取决于地震波传播的距离和频率。

③透射损失。

理论情况下，射线能量遇界面发生反射、透射或绕射时，不发生能量损失。但对数据资料处理而言，如果只针对反射波能量，则透射和绕射会造成反射能量的衰减。

若地震波垂直入射往返两次经过一个地质界面时，则双程透射系数 $T_r$ 为：

$$T_r = \frac{4\rho_1\rho_2V_1V_2}{\left(\rho_1V_1 + \rho_2V_2\right)^2} \tag{8-3}$$

界面的透射系数 $T_r$ 与反射系数关系式为：

$$T_r = 1 - R^2 \tag{8-4}$$

对于两层介质而言，在地面观测 $R_2$ 界面的反射波如图 8-2 所示，波向下、向上分别两次穿过界面 $R_1$，每次透射均损失部分能量，因此观测到的反射能量减少。界面 $R_1$ 的透射损失因子为（$1-R_1^2$）。

对于多层介质来说，第 $i$ 个界面的透射损失是地震波经过上面（$i$-1）个界面后的能量损失。因此反射能量的衰减是波穿过所有界面的双程透射系数与 $i$ 界面反射系数的乘积。如图 8-2 所示，波入射振幅为 $A_0$，各层界面的反射系数是 $R_i$，则第一个界面的反射振幅 $A_1=A_0R_1$，第二个界面反射振幅 $A_2=A_0(1-R_1^2)R_2$，第 $n$ 个界面反射振幅为 $A_n=A_0(1-R_1^2)(1-R_2^2)\cdots(1-R_{n-1}^2)R_n$。

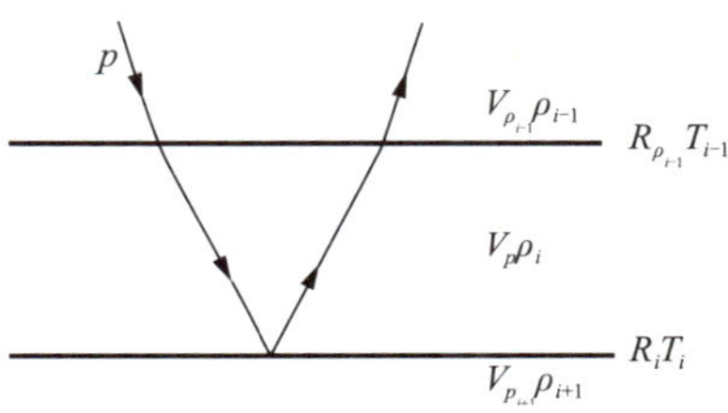


图 8-2　透射损失示意图

可以看出，前 $n$-1 层介质的透射系数及第 $n$ 层介质的反射系数决定了第 $n$ 个界面的反射波能量。

总体而言，地震波速度、地震波衰减都与岩石性质密切相关，介质相当于一个滤波器，滤出去较高的频率部分，保留较低的频率成分，利用此原理，能够拓展地震波在探测领域的使用。

## 8.1.3 隧道工程应用

1）地震波反射法

地震波反射法，是建立在经典弹性波理论基础上的超前探测技术，其探测程序流程如图 8-3 所示。

开展隧道地质预报工作，首先要对所处的地质环境进行整体把握。其具体内容主要包括地质资料的收集、整理及分析；地质调查；掌子面地质描述；隧道地质探测工作方法的选择（物探方法的选择）；后期的探测实施等。通过地质资料的收集、整理及分析，对隧道施工过程中可能遇到的各种地质条件及可能发生的地质灾害做出预判，为隧道工程地质勘探提供科学的依据。经过这个阶段的工作，能够明确隧道施工期间地质超前预报的重点工作区段。

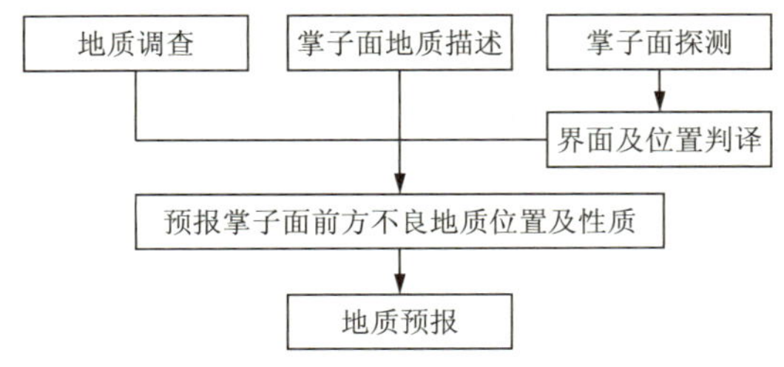


图 8-3　地震波反射法地质探测流程

结合地质调查的工作，确定隧道施工地质超前预报工作的重点区段包括：断层及其破碎带的分布位置；岩溶可能发育的部位；孤石分布位置。

隧道断面内地质调查和掌子面的地质描述主要内容有：地层及岩性描述；地层分界面产状及位置确定；地质构造的位置、产状规模的测定及其性质描述；节理裂隙统计；特殊地质现象的描述等。

物探方法选择应当遵守的原则包括：较少占用掌子面施工时间；适用性强；操作简单；能适应隧道施工的需要；对隧道施工所面临的地质问题具有很强的针对性。

在选定探测的方法之后就可以开始进行探测工作。探测过程中应重点注意以下几个问题：

①盾构掘进与探测工作不要同时进行。

②在判译时，对要预报的对象必须建立清晰的正演图像概念，对图像要有清晰的地质概念，应注意地球物理方法的探测资料的多解性，通过多次比对分析资料反映的不同可能，进行逐一排除。

③在做物理探测资料的地质解释时，要将解释的结果与现有的地质资料进行验证对比。

下面介绍依据地震波反射法原理的两种地质超前探测技术 TSP 系统和 SSP 系统在隧道工程中的应用。

（1）TSP 系统

如图 8-4 所示，TSP 方法一般在隧道掌子面后远处打 1 个 1.5 ～ 2m 深钻孔，对其进行灌水并放置 1 个 3 分量检波器；向掌子面方向，均匀布置钻深约 1.5m 的钻孔，灌水后放入高能炸药，然后依次爆破，由检波器接收爆破产生的弹性波。弹性波向检波器一方的直接传播由检波器接收，向另一方传播后穿过掌子面向前发展，遇到岩体中不同波阻抗而形成反射，反射波先后返回到各检波器被接收，经数据处理、制图，再经过对图像的判译，即可得出地质预报结论。

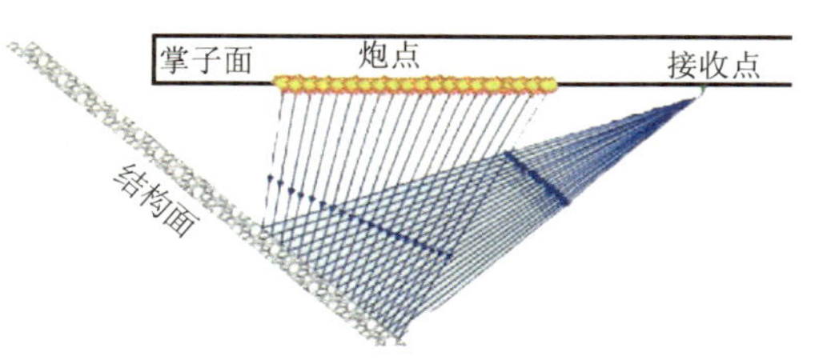


图 8-4　TSP 系统超前地质探测原理图

TSP 地震波法超前探测数据处理系统共包括九个处理模块：建立观测系统→频率滤波→炮时基校正→能量均衡→波场分离→反 Q 滤波→ P、S 波分离→深度偏移成像→地质综合解译。

汶马高速鹧鸪山隧道工程中，利用 TSP-win 软件对千枚岩段 TSP200-PLUS 仪器采集的数据进行处理分析，获得了掌子面前方围岩强度情况、地震界面与隧道轴线的交角及与掌子面的距离，初步判断岩石的物理力学参数（弹性模量、密度、泊松比等），以及隧道掌子面前方的 P 波、SH 波和 SV 波的时间剖面、深度偏移剖面、岩石的反射层位、各反射层能量大小等成果资料，最终对隧道掌子面前方可能存在的不良地质体（断裂破碎带、软弱结构面、岩性变化带、富水带、溶洞等）进行了预测，并计算推测出上述不良地质体的位置、走向、规模、形状等。在开挖过程中，现场实际情况与超前预报的结果基本吻合，即该方法较为准确地预报了前方软弱夹层和小破碎带，具有较高的分辨率和可信度。

李家营隧道运用 TSP203-PLUS 地质超前预报仪，提前探明和掌握了隧道前方地质条件的变化，及时采取了应对技术措施，保证了隧道施工安全。该方法不仅准确地探测到掌子面前方的不良地质界面，还提供了波速、泊松比、岩石完整性系数、杨氏模量等参数。在对探测资料进行地质解释中，以 P 波资料为主对岩层进行划分。在实际开挖过程中，根据得到的参数并结合工程地质相关的内容预测了前方围岩的级别，为隧道制定开挖方案提供依据。

（2）SSP 系统

SSP 地震散射波探测系统可作为物探手段进行前期地质调查，也可安装在盾构机上，随着盾构掘进不断探测盾构前方地层。

SSP 系统作为物探手段进行前期地质调查时，主要使用电火花震源激发地震波。地震波向地下传播遇到地层界面与孤石等波速异常体时，产生反射与散射波，之后通过在地面布置的检波器电缆接收反射与散射波，经处理确定地质结构、孤石的位置与形态。

地震散射原理如图 8-5 所示，地震散射勘探采用小排列接收系统，排列的长度为勘探深度的 1/3 ～ 1/2，目的是提高对地质结构横向变化的分辨率。该技术的特点是分辨率高，适用性广，可用于均匀地层与变化剧烈的复杂地质结构与孤立体。

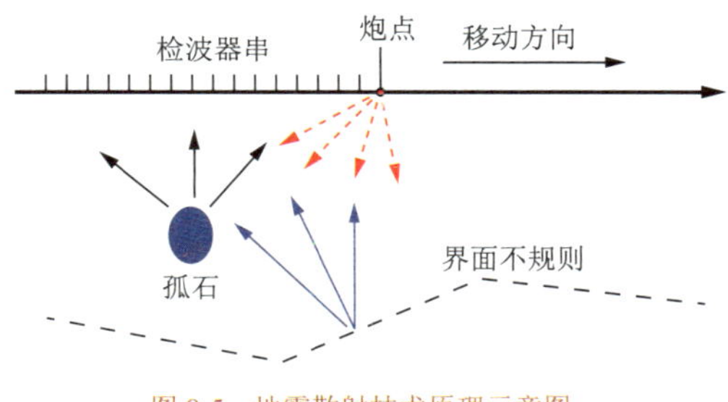


图 8-5　地震散射技术原理示意图

珠海马骝洲交通隧道采用 SSP 地震波散射法进行水域基岩分布探测，其探测结果与实际钻孔探测吻合率达 86%，现场实施情况如图 8-6 所示。

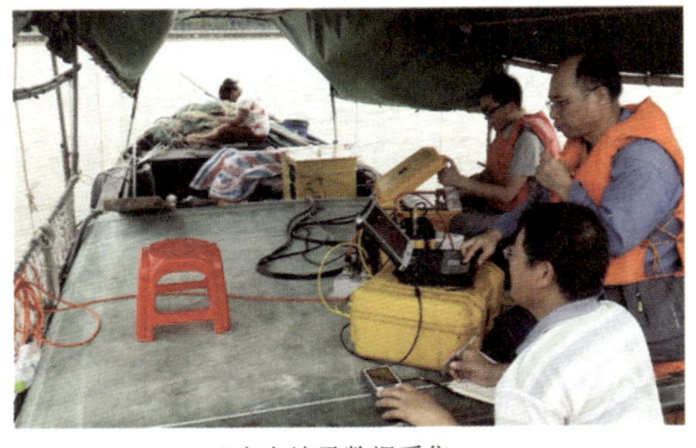

a)水上地震数据采集

b)水上检波电缆

图 8-6　SSP 地震散射技术现场实施

SSP 作为超前探测系统安装在盾构机上时，由 PC 系统控制发出弹性地震波，再由接收器接收发射波信号，不需要在隧道内钻孔爆破产生弹性地震波，SSP 系统结构原理如图 8-7 所示。整个 SSP 系统主要由以下 6 部分构成：

①地震发射器：1 个发射器（带液压阀块）安装在盾构机刀盘上，向掌子面前方发射地震波信号。

②地震接收器：4 个接收器（带液压阀块）安装在盾构机刀盘上，接收地震反射波信号。

③压力控制单元：安装在盾构机刀盘背面，补偿发射器并接收内部压力和外部压力之差。

④数字转换器：安装在盾构机刀盘背面，将接收的地震反射波信号数字化。

⑤回转单元：与盾构机中心回转连接，将数字信号通过中心回转，传输到 PC 系统。

⑥控制箱：包括 PC 系统（含可视化软件）、增幅器和扫频仪，接收、处理和使用所有数据，变压及提供所有仪器电源。

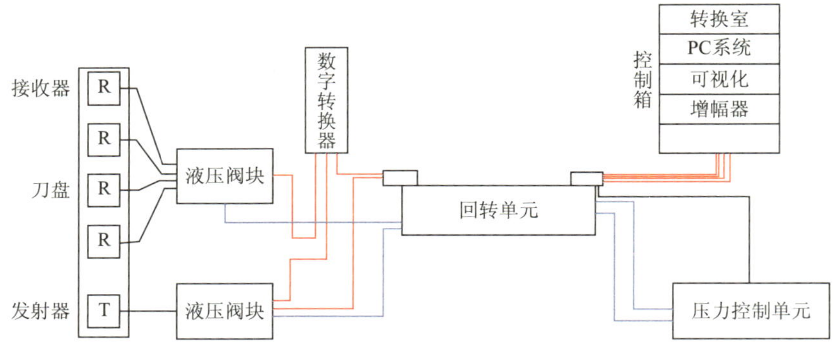


图 8-7　SSP 系统结构原理示意图

测量原理基于地震波反射原理。特殊编码的声传输信号在盾构机推进过程中由 SSP 发送器自刀盘通过支撑媒介（泥水）进行发射，发射至前方土体。地震波在土体中传播，当遇到障碍物时，传播介质发生变化，若此介质使地震波边界对比阻抗和波长增大，则地震波产生反射，接收器接收反射波信号。根据各个已知位置的接收器接收到的反射波传播时间、实时刀盘转角和预设定的介质传播速度及其他参数，连续快速分析，并利用推进 5m 内的所有数据形成反映相对反射能量的 2D 和 3D 彩色模型。该系统以 40m 范围为单元，对盾构掌子面前方 40m 内的不同介质进行定位。

SSP 系统探测原理如图 8-8 所示，根据产生发射的区域的几何位置，综合对比若干 40m 范围内的探测资料，实现超前预测不良地层的功能。

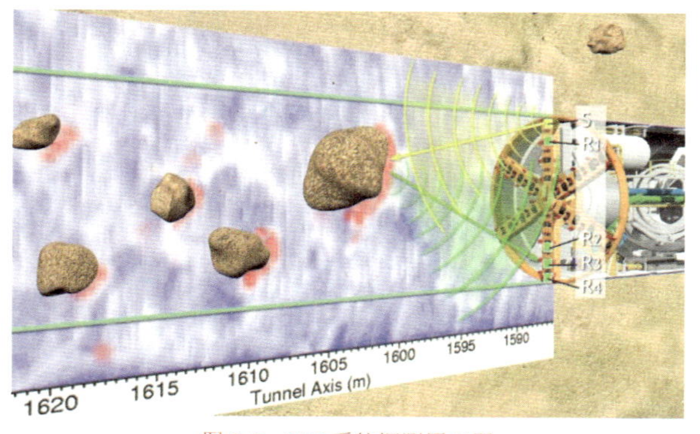


图 8-8 SSP 系统探测原理图

SSP 系统工作流程为：盾构机掘进过程中，PC 系统将特殊编码的声传输信号传到发射器，信号频率选择在 600 ～ 2000Hz。发射器在压力控制单元的稳压下，将弹性波发射至前方土体。地震波在土体中传播，当遇到障碍物时，传播介质阻抗（由波在介质中传播速率导出）发生变化，若此介质使地震波边界对比阻抗增大，则介质硬度增加，地震波产生反射，接收器接收的反射波信号在此区域增强。数字转换器将接收的反射波信号数字化，通过回转单元将数字信号传输至 PC 系统，经过增幅器增幅后，PC 系统将数据进行记录存储。存储足够数量的数据时，系统会自动打包形成软件可读的 2D 及 3D 数据包，供专业人员查看。

珠海马骝洲交通隧道盾构施工过程中，盾构机上安装了一套 SSP 超前探测系统，并在穿越西线岩石区过程中持续给出了孤石预警信息，如图 8-9 所示。

| 观察结论 | 迁移处理区块*A*在TM 2506.4处发现一个反射物；<br>迁移处理区块*B*在TM 2497.5处发现一个反射物；<br>迁移处理区块*C*在TM 2517.0处发现一个反射物 |
|---|---|
| 地震波速<br>用于迁移处理 | $v_p$=1745m/s |
| 与之前报告关联位置 | |
| 更多地质技术信息 | 上部淤泥：灰色，灰黑色，均匀，饱和；<br>中部棕灰色饱和土壤，灰黑色饱和均质泥，粗砂；<br>下部含碎石土 |
| 结论 | 基于已知数据的结论为：主要为非均质地下土壤；<br><br>评级“黄色” |

a）断面观察结论

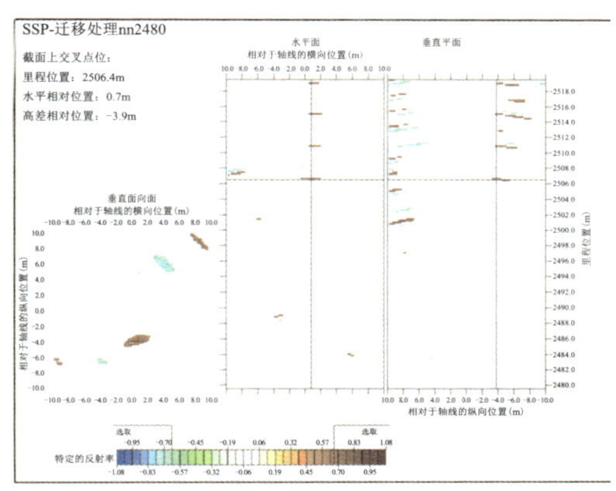


b）障碍物处断面分析

图 8-9 SSP 预报风化花岗岩

实际工程前期海上爆破预处理时，在切口里程 2554m、2562.8m 处有基岩凸起情况，如图 8-10 所示。

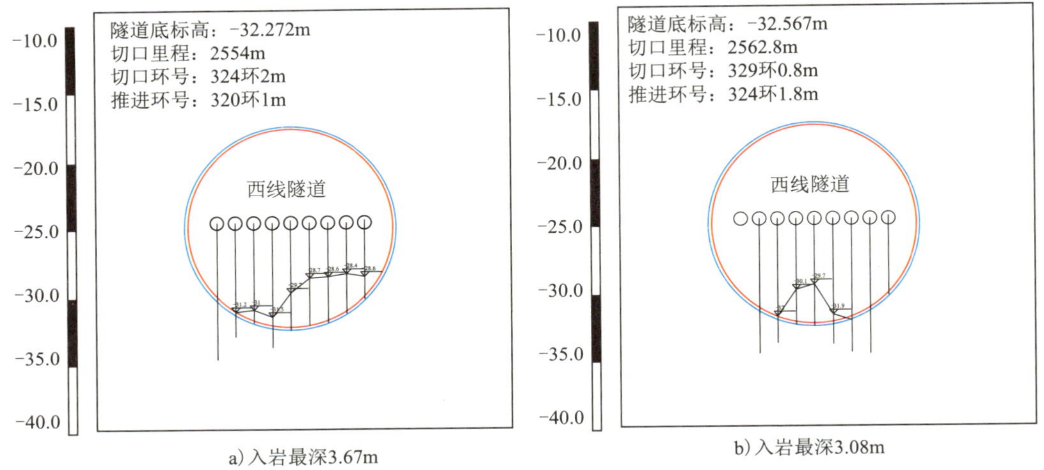


a）入岩最深3.67m　　b）入岩最深3.08m

图 8-10　海上钻孔定位基岩凸起

如图 8-11 所示，盾构在推进至切口里程 2554m（320 环）、2562.8 m（324 环）时，泥水场地出渣均为破碎风化岩，再次确定为基岩凸起情况。

a）308环岩石　　b）311环岩石

c）319环岩石　　d）325环岩石

图 8-11　盾构穿越岩区时出渣情况

珠海马骝洲交通隧道在穿越马骝洲水道中风化花岗岩基岩凸起段时，SSP 系统基本预测了基岩的里程范围以及岩石的级别，为实际施工过程中参数的控制提供了一定的理论依据。

2）超前钻探技术

复合地层中盾构机一般安装有超前钻机，钻孔深度可达 20 ~ 30m。钻机形式一般分为两种，一种是在盾壳上设有多个预留孔，将钻杆以 10° 夹角（与盾壳母线）穿过预留孔呈伞状钻向刀盘前方，另一种是预留孔以垂直于刀盘的方向穿过胸板和气泡舱，将钻杆穿过预留孔和刀盘后钻向正前方。超前钻探技术既能超前预报地质，也能将配制好的浆液注入刀盘前方周边地层，用以提高土体强度，使开挖面保持稳定，同时避免在开挖面上产生涌水和流砂现象，从而有效控制地表沉降，超前钻探原理如图 8-12 所示。

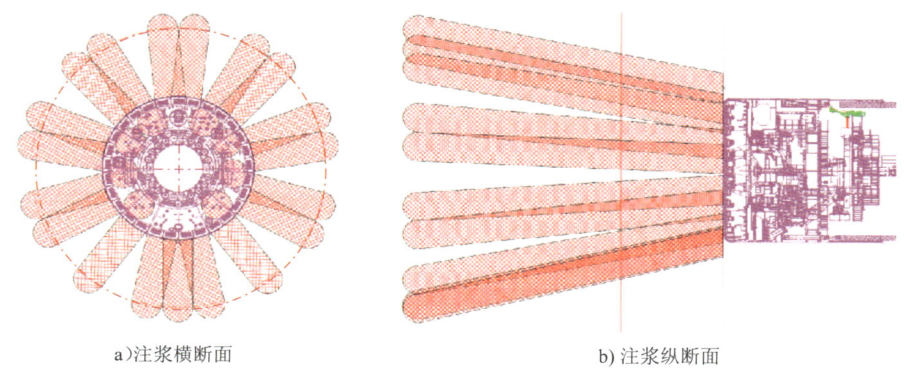

a）注浆横断面　　b）注浆纵断面

图 8-12　超前钻探原理示意图

通过超前钻机向工作面前方打入超前钻杆，根据钻杆的冲击压力、扭矩、推进力和卡钻次数来预测工作面前方的地质情况。钻孔的数量、方位、外插角和钻入深度可根据实际需求进行人为调整。超前钻探地质预测方法可以有效判断前方不均匀岩土的岩层交界位置、岩体破碎程度、岩体孔隙率、是否含水、是否存在有害气体等情况，具有准确度高且直观体现工作面前方地质的特点，能够有效避免物探地质预测法的不确定性与多解性。

神东补连塔煤矿斜井是国内首条成功采用盾构施工的煤矿斜井工程。斜井长度 2745m，最大埋深 274m，斜井坡度 5.5°。斜井依次穿越表土层、白垩系志丹群、侏罗系安定组、直罗组、侏罗系延安组地层。盾构施工过程中，选用超前钻机（图 8-13）作为超前地质预报的主要设备，还包括数据采集仪，数据传输系统等相应配套设备。超前地质钻机型号为 MHP3050/550L-X，每节钢制钻杆的长度为 2m，钻杆直径为 64mm。

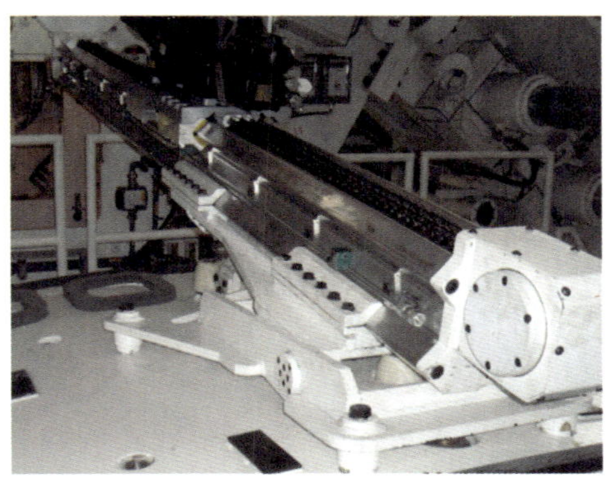

图 8-13　超前钻机

超前地质预报施工原则为“有疑必探，先探后掘”。试验过程中盾构机停止掘进工作，然后将超前地质钻机安装在管片拼装机上，使其可在360°范围内钻孔。现场工程应用位于地下埋深270m。钻机钻孔在工作面正上方12点钟位置，外插角8°方向进行超前预报。

所得数据全部通过数据采集仪进行数字化采集，并由数据处理系统自动绘制相关数据曲线。超前钻机试验数据曲线如图8-14所示。

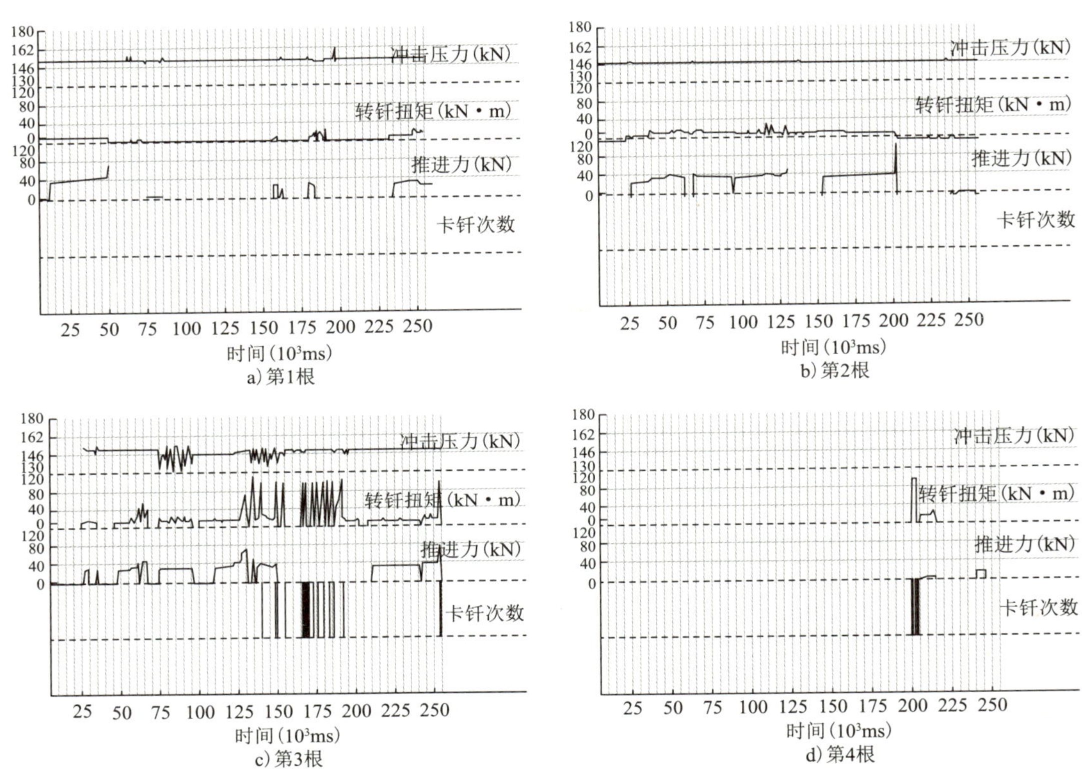


图8-14　超前钻机试验数据曲线

# 8.2　刀具管理

## 8.2.1　刀盘刀具布置

1)刀盘功能及类型

刀盘结构可分为面板式和辐条式两种类型，以适应不同地层和施工条件的需要。两种形式刀盘的对比见表8-3。

盾构两种形式刀盘对比　　表 8-3

| 结构形式 | 辐条式 | 面板式 |
| --- | --- | --- |
| 示例图 |  |  |
| 开口率 | 大，70% ～ 95% | 小，25% ～ 40% |
| 结构 | 较简单，由几根辐条组成 | 较辐条式增加了面板，更为复杂 |
| 渣土流动性 | 渣土流动顺畅，不易黏结 | 中心区域以外易于搅拌，流动性较好中心区域流动性差，易结泥饼 |
| 开挖舱土压 | 测量土压等于实际土压 | 由于面板分隔，易存在压力差，胸板前的压力计往往不等于实际压力 |
| 渣土控制 | 基本无粒径限制，直接进入土舱 | 通过刀盘开口，限制粒径 |

为解决复合地层中刀具磨损大、更换频繁高等问题，目前出现了常压可更换刀盘。常压可更换刀盘的原理是主刀臂部分设置一个空间，其内部刀具可在此空间内进行常压更换。

2)刀具分类及配置

刀具是盾构刀盘的开挖部件，对于不同岩土体条件，盾构刀具的类型也有所不同。如图 8-15 所示，目前常用的盾构刀具大体可分为：滚动类刀具和切削类刀具。其中切削类刀具又包括切刀、刮刀、先行刀等。

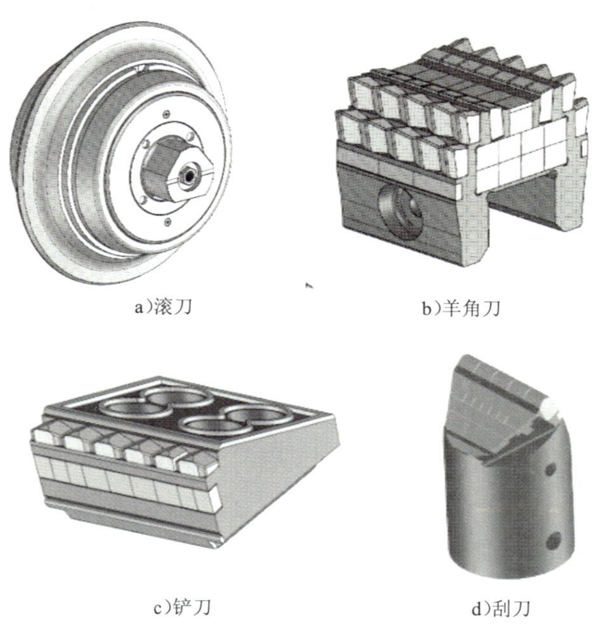

a)滚刀　b)羊角刀　c)铲刀　d)刮刀

图 8-15　刀具种类

## 8.2.2 施工中的刀具管理

1）刀具磨损监测

（1）液压磨损监测装置

刀具磨损监测装置种类繁多，以液压磨损监测装置最为常见，如图 8-16 所示。液压磨损探测装置由安装在刀盘钢结构内或者刀桶里散布的传感器和通信管道组成。最前端为磨损探头，与通信管道相连接，末端为压力传感器。如果磨损探头发生磨损，则系统液体会向前渗漏，末端压力传感器可识别到通信管道内的压力下降，并发出报警信号。

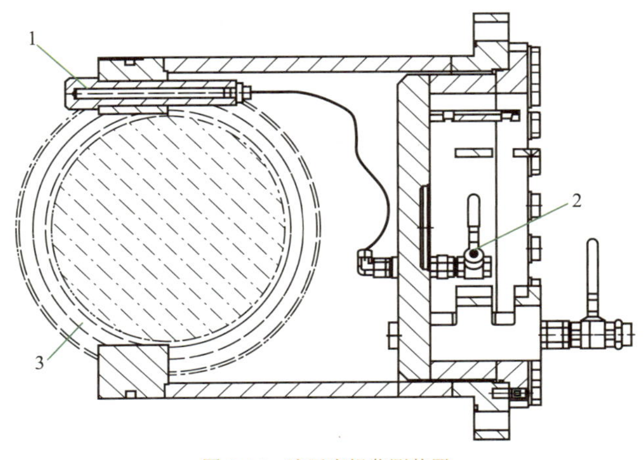


图 8-16 液压磨损监测装置

1- 磨损探头及通信管路；2- 传感器；3- 刀具

（2）光纤位移监测装置

该方法以激光为光源，以光纤传感器为检测手段，通过检测刀杆振动位移，实现对刀具状态的跟踪监测。

光纤位移传感器是一种用于测量位移、振动以及表面状态的非接触式测量传感器。光纤探头发射光束，然后接收被测目标表面的反射光，通过光敏元件可将反射光转换为与目标距离成比例的电信号，其输出电压即可反映目标表面位置、位移的振幅、频率及波形等参数。发射式光纤位移传感器原理如图 8-17 所示。当光纤探头与目标非常接近时，由接收光纤接收的反射光很少；当目标往离开光纤探头方向移动时，由接收光纤接收的反射光迅速增加。尽管目标实际移动量很小，但反射光增量却很显著，使输出电压发生明显变化。

（3）滚刀旋转监测

滚刀在使用过程中，一旦不旋转，刀具磨损速度会急剧加快。因此，对滚刀的监测除了常规磨损监测以外，还应增加滚刀的旋转监测。

滚刀旋转监测的原理是基于磁力强度的变化。事先在滚刀刀桶内布置接收器，并在滚刀上镶嵌四颗磁铁，通过接收器感应四颗磁铁的磁力强度，并根据变化速率判断滚刀是否旋转。

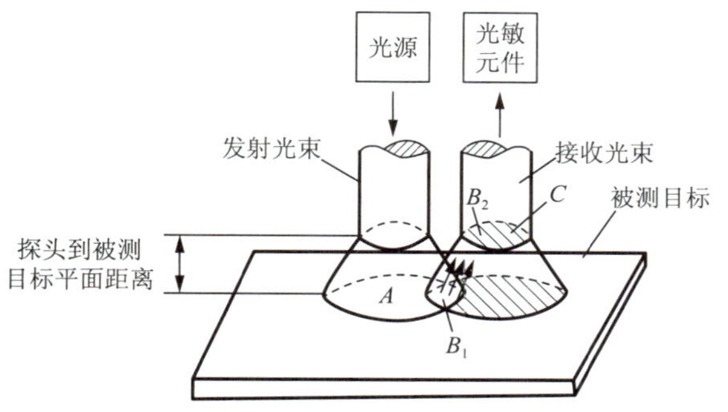


图 8-17 发射式光纤位移传感器原理示意图

（4）刀具温度监测

刀具在复合地质条件下施工，可能会丧失切削能力，除了刀具磨损外，也可能出现刀具结泥现象，即刀头被泥土完全包裹住。在这种情况下，刀具与开挖面长时间摩擦，会使得温度升高，可以通过对刀具温度的监测来判断是否需要进行刀具的清理更换。

2）刀具更换

盾构施工经常受到刀具磨损的困扰，表现为推进参数不理想，直接影响到推进施工效率。

（1）刀具使用寿命预测

刀盘开挖能力减弱的症结往往在于刀具磨损。当刀具磨损超过一定量值时，盾构整体施工推进参数将劣化。刀具的使用寿命预测的原理，是在规范刀具允许磨损量的基础上，结合实际地层对刀具的综合磨损系数，计算得出理论上的刀具使用寿命，从而指导换刀工作。主要预测方法包括：

①推进距离预测法。

该方法根据盾构推进距离来预测磨损程度。刀盘直径较大时，同等条件下，外缘刀具比内圈刀具要切削更大的轨迹。因此，在相应地层下，刀具的理论磨损量计算原理如下：

刀盘转动时，刀具的公转线速度计算如下：

$$v = \pi D n \tag{8-5}$$

式中：$D$——刀具的切削直径（m）；

$n$——刀盘转速（r/min）。

线速度随切削直径的增大而增大，所以单位时间内，靠外缘刀具比靠近中心区域的刀具“走过”更长的切削距离，磨损程度也将更严重。

在推进过程中，掌子面与刀刃的摩擦是刀具磨损的主要因素。而地层中的砂卵石等对刀具产生冲击，加速了刀具的磨损，越外缘的刀具承受的冲击力越大，磨损也就越厉害。

刀具磨损过量时，将降低盾构机的开挖效率，并存在损坏刀盘的风险。因此，对刀盘常规定一个合适的磨损量限值，超过该限值，不仅意味着开挖洞径缩小，还可能造成刀盘与土体的直接摩擦，损坏刀盘。一般规定，若边缘刀具磨损量达到10mm以上，正面区刀具磨损量达到15mm以上，中心区刀具磨损量达到20mm以上，必须进行刀具更换。

刀具的预警磨损量通常用如下经验公式计算：

$$\delta=\frac{K_n\pi DnL}{v} \tag{8-6}$$

式中：$\delta$——刀具磨损量（mm）；

$K_n$——同一切削直径轨迹上$n$把刀具的综合磨损系数（$10^{-3}$mm/km）；

$D$——刀具切削轨迹直径（m）；

$n$——刀盘转速（r/min）；

$L$——掘进距离（km）；

$v$——盾构推进速度（mm/min）。

同一切削直径轨迹上$N$把刀具的综合磨损系数$K_n$与该直径轨迹上只布置1把刀具的磨损系数$K_1$之间的关系为：

$$K_n=\alpha K_1 \tag{8-7}$$

式中：$\alpha=e^{-0.333\ln N}$。

在有先行刀保护的条件下，单把刮刀在黏土与粉细砂地层中切削的磨损系数$K_1\approx3\times10^{-3}$ mm/km，在砂性地层中的磨损系数$K_1\approx12.5\times10^{-2}$ mm/km。

从上述刀具磨损计算公式可看出，刀具的磨损除与开挖的地质条件有关外，还与盾构机刀盘的转速、推进速度、刀具所处的切削轨迹直径及同直径的刀具数量有关。刀具所处的切削轨迹直径越大，磨损越严重，可通过增加同一切削直径轨迹的刀具数量来降低刀具整体的磨损量。

②开挖方量预测法。

对于如切削类刀具等在开挖方向上具有一定宽度的刀具，可通过刀具参与的土体开挖量来计算分析刀具的使用寿命，盾构刀具的磨损量$\delta$由下式计算：

$$\delta=K\pi\ (R^2-r^2)\ L \tag{8-8}$$

式中：$\delta$——磨损量（mm）；

$K$——磨损系数（mm/m³）；

$R$——刀具切削外圆半径（m）；

$r$——刀具切削内圆半径（m）；

$L$——掘进距离（m）。

公式中$\pi\ (R^2-r^2)\ L$为刀具参与的土体切削量。同样，为了得出刀具到达限定磨损量时盾构所掘进的距离 $L$（即刀具使用寿命），需要先计算出磨损系数 $K$。将该公式作适当变化得到 $K=\dfrac{\delta}{\pi(R^2-r^2)L}$，在该公式的基础上，根据工程实际换刀数据分析计算得出不同工况下的磨损系数 $K$。

武汉三阳路越江隧道工程采用 $\phi$15.76m 泥水平衡盾构机掘进施工，隧道外径 15.2m，内径 13.9m，单线隧道长 2590m。盾构自武昌始发井出发，第一阶段（0 ～ 400m）为全断面砂性地质，石英含量为 68.83% ～ 71.51%，易对刀具产生磨损；第二阶段（400 ～ 1600m）为复合地层，上层砂性地质，下层基岩层，基岩层高度最大占隧道断面 80%，盾构机穿越上软下硬复合地层，穿越的弱胶结砾岩中骨架颗粒多为硬质岩石且颗粒较大（最大粒径可达 20cm 左右），骨架成分以石英岩、石灰岩等硬质岩为主，石英岩质卵、砾石的石英含量高达 93% ～ 98%，极易造成刀盘刀具磨损；第三阶段（1600 ～ 2590m）仍为砂性地质。

参考刀具预警磨损量的常用经验公式，在 0 ～ 400m 全断面砂性地层中，取 $K_1\approx12.5\times10^{-3}$ mm/km。规定边缘刀具磨损量达到 10mm 以上，正面区刀具磨损量达到 15mm 以上，中心区刀具磨损量达到 20mm 以上进行更换，取推进速度 15mm/min，刀盘转速 1r/min。利用公式$L=\delta v/(K_N\pi Dn)$计算理论推进距离，见表 8-4。

刀具使用距离分析　　表 8-4

| 刀　具 | 磨损允许值（mm） | 理论推进距离（m） |
|---|---|---|
| 边缘刀具 | 10 | 242 |
| 正面刀具 | 15 | 363 |
| 中心刀具 | 20 | 484 |

由计算值可知，在该距离砂性地层中刀具磨损预计不超过允许值。若实际抽刀后发现磨损超过允许值，则需进行刀具磨损分析，确认异常磨损的原因。本工程中，全断面砂性地层中二氧化硅含量约为 70%，易磨损刀具，根据实际刀具磨损数据调整磨损系数 $K_n$，以便指导后续换刀工作。

在确认刀具磨损允许值后，可得到刀具的理论推进距离 $L$，由于刀具本身具有宽度，则可得：

$$L=\frac{V}{\pi(R^2-r^2)} \tag{8-9}$$

式中：$L$ ——掘进距离（m）；

$V$ ——开挖方量（m³）；

$R$ ——刀具切削外圆半径（m）；

$r$ ——刀具切削内圆半径（m）。

由于刀具磨损严重，进行刀具优化，在对不同刀具进行对比选型时，运用该方法比较改进前后贝壳刀在不同地层下的开挖方量，进而选择合适的刀具施工。刀盘刀具单位磨损开挖方量对比如图 8-18 所示。

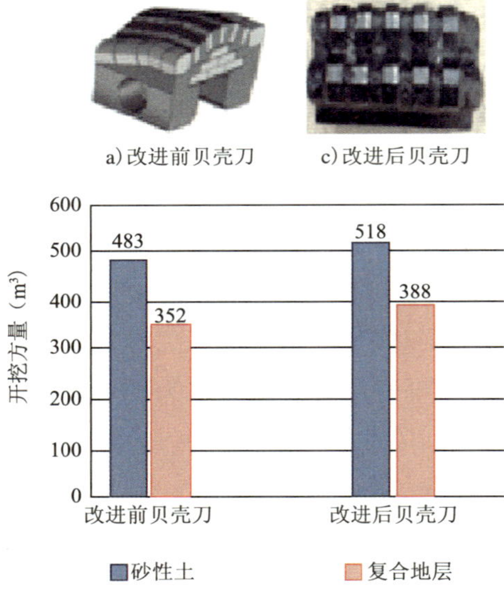


图 8-18 刀盘刀具单位磨损开挖方量对比

从图 8-18 可分析得出，改进后的贝壳刀无论在砂性地质中还是在复合地层中都具有较好的适应性。

（2）刀具更换管理平台

基于互联网、大数据建立刀具更换管理的平台，编制刀具管理软件。通过管理平台可以实现刀具更换检测数据收集及分析，根据多次换刀数据预判下次刀具更换环数，有计划地安排换刀工作，避免不必要的抽换刀作业，利于施工的整体统筹安排。

每次换刀的环数、时间、刀具位置、使用的刀具类型、更换后的刀具类型、刀具磨损量及刀具使用情况等均可实时输入该平台中的信息录入界面，供工作人员及时查询。同时，可以根据以往换刀刀具磨损情况，计算出当前刀具的使用寿命，并在该刀具接近理论寿命时给予换刀提醒，确保刀具更换不存在遗漏，并通过刀具的磨损寿命分析，得出各种刀具在不同地层的适应性，指导后续的刀具改进。管理平台中刀具预警跟踪界面如图 8-19 所示。

（3）刀具寿命延长

①施工参数管理。

a. 泥水质量控制：优质的泥水可以起到降低刀具温度、润滑刀头的作用，且具有更好的携渣能力，不会造成盾构底部的积渣，避免对周边刀具造成二次磨损。盾构配置的刀盘冲刷系统可以有效地带动刀具切削下来的土体进入泥水舱内，防止土体在刀具上固结，影响刀具的切削能力。以武汉三阳路隧道为例，刀盘中心 5.5m 范围内开口率为 0，出渣完全依靠中心冲刷系统，中心冲洗流量达到 1000m³/h，冲洗压力 10bar 左右，有效解决了中心刀具结泥的问题，大大降低盾构推进挤压力的产生。

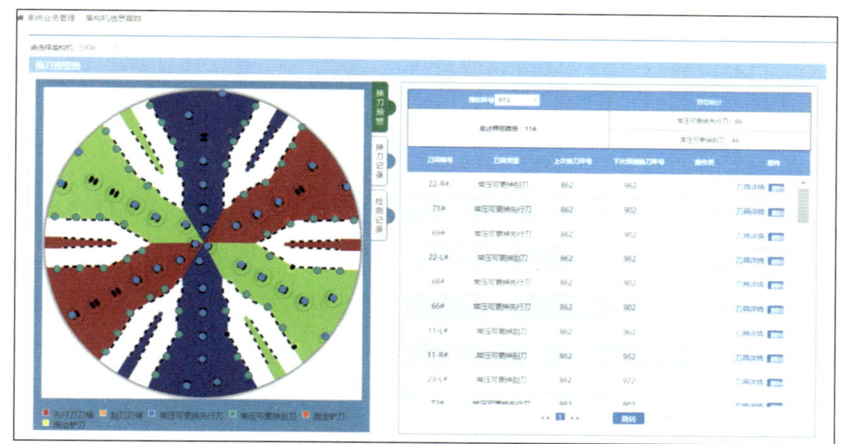

图 8-19　刀具预警跟踪界面

b. 推进参数控制：刀盘转速、推进速度、刀盘扭矩及盾构推力都会对盾构刀具的磨损造成影响，以控制刀具贯入度 15mm/rad 为推进标准。当刀盘转速达到 1.7rad/min、推进速度达到 25mm/min 时，盾构刀具出现合金崩脱的现象；当刀盘转速达到 1rad/min、推进速度达到 15mm/min 时，刀具合金崩脱的现象基本不出现。

c. 盾构姿态控制：控制好盾构姿态，让刀盘均匀受力，可防止刀具发生偏磨。若盾构姿态控制不当，刀具在不同的位置受力不均，在受推力大的位置容易被卡死进而发生偏磨。尤其是边缘刀具，由于线速度大更容易被磨损，使得刀具的使用寿命大大降低。

②刀具的选择及制作。

刀具生产加工必须制定一套科学合理的制造工艺，刀具制造工艺是控制刀具质量的关键，其中合金的镶嵌方式及镶嵌质量等都会直接影响刀具的使用寿命。其次是不同地质应选用不同材质、不同生产工艺的刀具。如果同一种刀具用于不同地质，刀具的使用寿命将会受到严重影响。在硬岩掘进中，要求刀具有良好的耐磨性、抗冲击性，合理选择合金强度及刀具母材。

## 8.2.3　常压刀具更换作业

1）换刀工装

换刀工装包括刀具支撑部件、刀具夹套、伸缩油缸、油缸连接卡套以及底座等部件，如图 8-20 所示。

2）更换刀具前的准备工作

①盾构机在预选的位置停机，适当提高气泡舱压力，进行泥水循环 20 ～ 30min，清出开挖舱内渣土。

②打开法兰罐封门，做好通风、降温工作。

③检查换刀工作相关的液压系统、冲洗系统、吊装系统，保证其功能完好。

④在换刀施工前，对相应操作人员进行详细的安全交底、技术交底。

⑤准备更换的备用刀具及其附件，如螺栓、油缸、球阀等。

⑥准备好照明灯具、葫芦、木板、安全带等材料以及打磨机、电焊机、通风机和风炮等机料具。

⑦对可能发生的突发事件做好充分的预估，并制订应急措施。

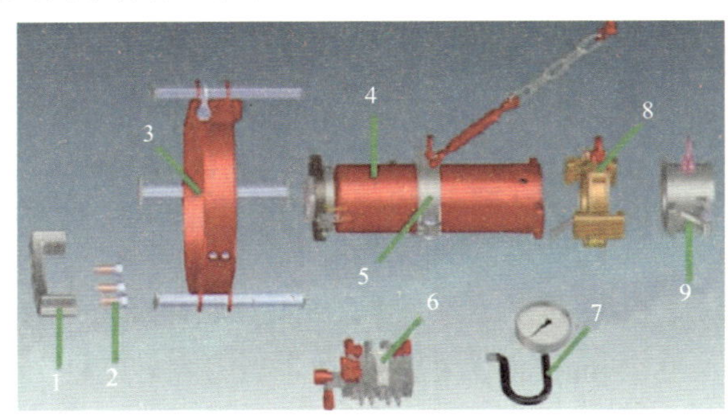


图 8-20　换刀工装组成示意图

1-刀具罐底部支撑；2-底部支撑螺栓；3-刀具罐管夹；4-伸缩油缸；5-伸缩油缸管夹；6-液压阀块控制器；7-压力表；8-伸缩油缸管夹；9-刀盘轴承座

3）刀具更换标准

①滚刀刀圈产生偏磨、刀圈脱落、裂纹、松动、移位等情况下必须进行更换。边缘滚刀磨损量达到 10mm 以上，正面区滚刀磨损量达到 15mm 以上必须进行更换。

②刮刀标准合金齿有两个磨损量达到 15mm 以上，齿刀边缘处磨损量达到 10mm 以上需更换。

各类刀具磨损对比如图 8-21 所示。

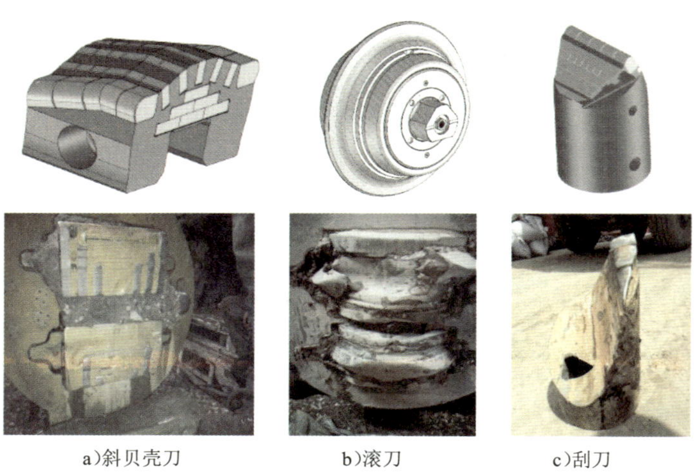

a）斜贝壳刀　　b）滚刀　　c）刮刀

图 8-21　刀具磨损对比

4）刀具更换流程

滚刀拆卸前状态如图 8-22 所示，通过旋转刀盘，将所需更换的刀具位置调整至最低点，调试好各项设备，准备好工具、材料后进行常压条件下的刀具更换。

图 8-22　滚刀拆卸前状态

具体拆装更换流程见表 8-5。

常压刀具更换流程　　表 8-5

| 顺　序 | 说　明 | 示 意 图 |
| --- | --- | --- |
| 步骤 1 | 取掉刀箱后部盖板上的螺栓和垫圈并取下盖板② | 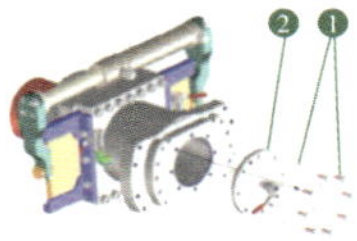 |
| 步骤 2 | 将拖拉油缸①装入刀箱，固定螺栓② | 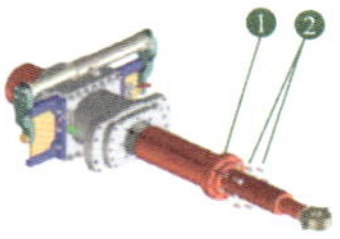 |
| 步骤 3 | 安装外罩连接液压管线①，安装闸板杆②和液压油缸③ | 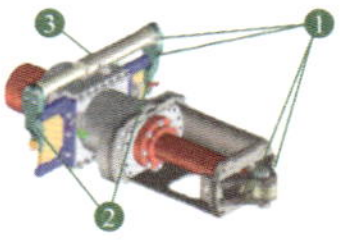 |
| 步骤 4 | 油缸回缩，拉回磨损刀具，关上闸门② | 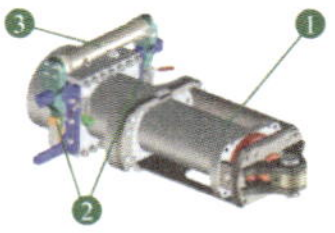 |
| 步骤 5 | 打开刀箱上的球阀①小心地释放压力，然后关上 | 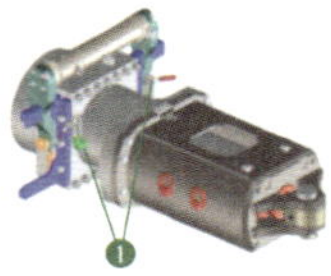 |
| 步骤 6 | 将磨损的刀具与油缸外罩一起拆下。更换新刀具，按上述流程逆序执行安装 | 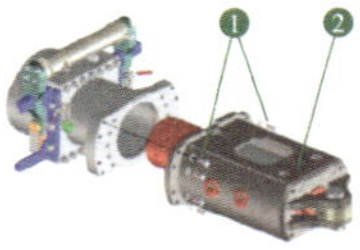 |

5)特殊工况及措施

(1)刀具罐卡住

在允许范围内适当增加液动油压。若允许刀盘伸缩,可适当收缩刀盘。在此基础上,拧紧螺栓,拆除工装,将刀盘在左右30°范围内摆动数次,改善开挖舱底部淤积情况;可在刀箱固定的基础上,将刀盘转动一定角度,将换刀工作由刀盘正下方,移至左下或右下位置进行,避开底部淤积区。

(2)闸门无法正常关闭

反复对闸门处进行冲洗清理,直到确认闸门已经紧关。若遇卵、砾石较多,简单冲洗无法清理时,可将刀箱重新推入,进行清舱后,再继续抽换刀工作。

(3)控制油缸的液压油管破损、爆裂

应立即关闭油缸处球阀,更换液压油管;若无球阀,应采取紧急固定措施,避免由泄压引起的刀箱回退。

(4)刀具罐损伤、毛糙

将损伤、毛糙处打磨光滑,必要时,可更换新的刀具罐。

## 8.2.4 带压刀具更换作业

1)带压换刀流程(图8-23)

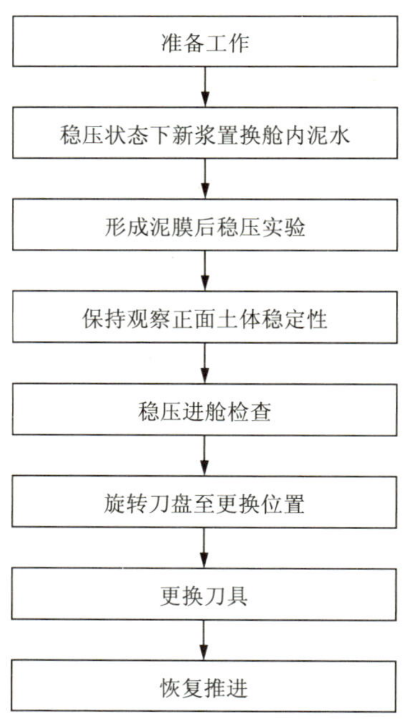


图8-23 带压刀具更换施工流程

2）带压换刀准备工作

（1）主要施工设备（表 8-6）

带压施工主要施工设备　　表 8-6

| 序　号 | 设备名称 | 使用数量 | 用　途 | 备　注 |
|---|---|---|---|---|
| 1 | 空压机 | 5 台 | 舱内气压供气 | 4 台应急 |
| 2 | 气罐 | 8 个 | 舱内气压供气 | 1 台应急 |
| 3 | 冷却系统 | 1 套 | 空压机冷却 | |
| 4 | 发电机 | 1 台 | 应急电源 | |
| 5 | 双头车 | 1 部 | 水平运输 | |
| 6 | 行车 | 1 部 | 垂直运输 | |
| 7 | 电焊机 | 2 台 | 焊接 | |
| 8 | 新浆液搅拌系统 | 1 套 | 舱内渣土置换和正面泥膜 | |
| 9 | 应急治疗设备 | 1 套 | 气压施工治疗 | |

（2）主要施工材料（表 8-7）

气压施工主要施工材料　　表 8-7

| 序　号 | 设备名称 | 使用数量 | 用　途 |
|---|---|---|---|
| 1 | 刀具 | 若干 | 刀具更换 |
| 2 | 医用氧气 | 2 瓶 / 班 | 减压呼吸 |
| 3 | 新浆材料 | $60m^3/d$ | 舱内泥水置换 |
| 4 | 盾尾油脂 | 1t | 盾尾密封 |

（3）压缩空气站设置

气源采用盾构机内配备的空压机或地面另设的空压机。盾构机自带空压机采用高压电源供电，盾构车架配备一台与空压机连接的柴油发电机作为应急供电。

（4）舱内泥水置换

为确保气压施工时正面土体的稳定及作业人员的安全，应采用新浆进行舱内泥水的置换，并在正面形成一道有效的泥膜，防止舱内气体流失造成正面土体坍塌或掉落，伤害舱内作业人员。

将新浆泵送至后舱，液位上升至 +1m 后，从顶部放出浆液至后舱液位到 0，再泵送和放浆，如此循环，直到顶部放出浆液黏度达到 35s，持续稳压 12h。稳压结束后应进行前后舱连通压力实验 2h，确认无异常后才能开放进舱。

（5）舱内气压确定

根据每次停机处的盾构埋深及地下水位情况进行进舱压力验算。当进舱压力超过 5bar 时，需进行饱和气压作业，其流程如图 8-24 所示。

（6）气压法人员进舱及出舱安全评判标准

前舱压力降至设定值后，观察液位变化，若液位稳定 2h 无波动，前舱顶部压力传感器无变化，则可打开舱门进入。

气体流量计波动超过 $200m^3/h$ 或舱内液位波动超过 0.05m/min 时，应迅速组织人员撤离，并恢复液位及支撑压力，重新往前舱注入新浆。当支护达到效果后，再重新组织进舱。

人员进舱期间，检查泥膜质量，若发现泥膜出现劈裂裂缝或正面有渗漏滑坡迹象，应组织人员迅速撤离，重新置换浆液。

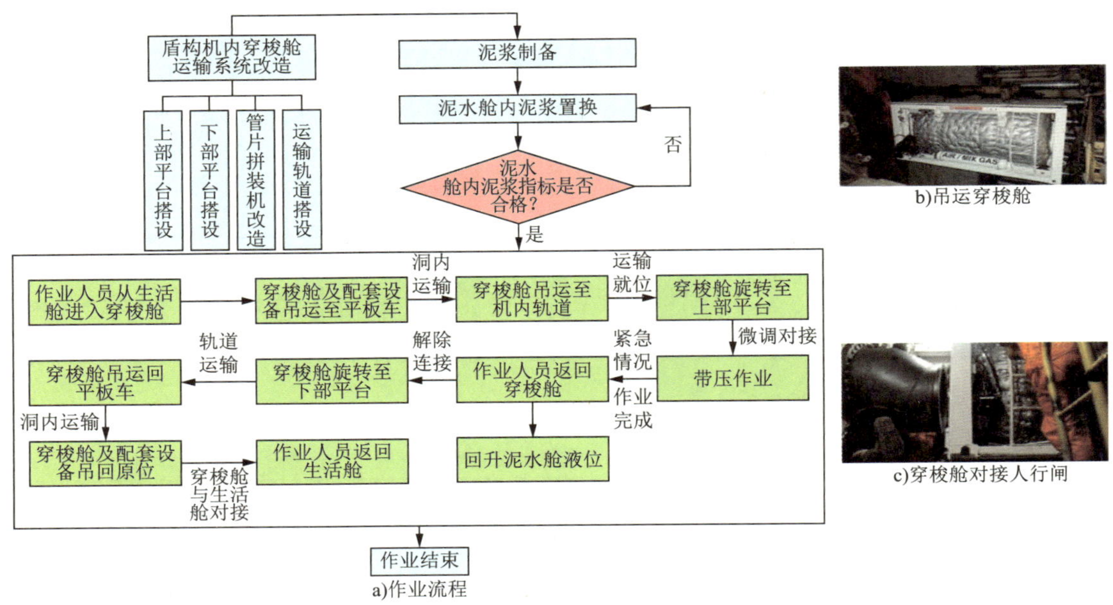


图 8-24 饱和气压作业流程

3）刀具检查及更换

（1）进出舱加、减压过程（图 8-25）

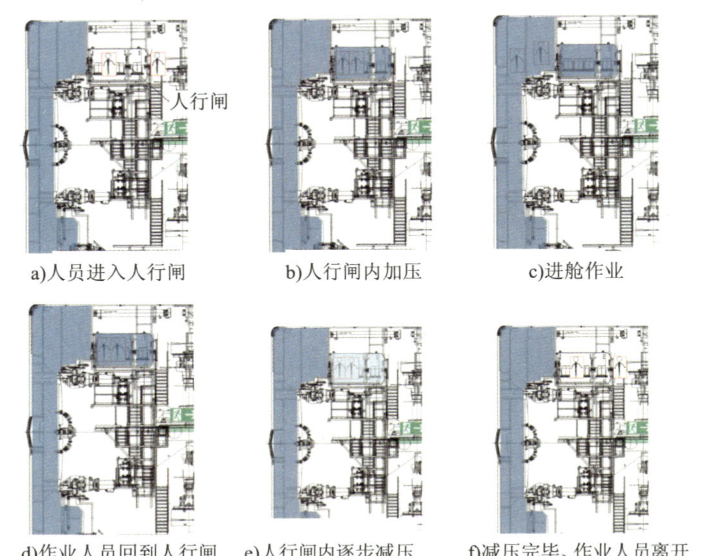


图 8-25 人员进、出舱加压减压流程

人行闸内的加压速度宜控制在 0.05 ～ 0.10MPa/10min，进舱人员工作时间和减压时间应符合国家相关规范的规定，具体见表 8-8。

气压作业工作时间和减压时间

表 8-8

| 工作压力 P（MPa） | 工作时间（h） | 工作完毕第一次减压时间（min） | 分段减压压力（MPa） | | | | | | | | | | | | | | | 最后一次减压停留后至完全卸压时间（min） | 减压总时间（min） |
|---|---|---|---|---|---|---|---|---|---|---|---|---|---|---|---|---|---|---|---|
| | | | 0.24 | | 0.21 | | 0.18 | | 0.15 | | 0.12 | | 0.09 | | 0.06 | | 0.03 | | |
| | | | 停留时间（min） | 减压时间（min） | 停留时间（min） | 减压时间（min） | 停留时间（min） | 减压时间（min） | 停留时间（min） | 减压时间（min） | 停留时间（min） | 减压时间（min） | 停留时间（min） | 减压时间（min） | 停留时间（min） | 减压时间（min） | 停留时间（min） | | |
| $0 < P \leqslant 0.12$ | 0～4 | — | — | — | — | — | — | — | — | — | — | — | — | — | — | — | — | — | 12 |
| $0.12 < P \leqslant 0.15$ | 1 | — | — | — | — | — | — | — | — | — | — | — | — | — | — | — | — | — | 12～15 |
| | 2 | 4 | — | — | — | — | — | — | — | — | — | — | — | — | — | — | 10 | 3 | 17 |
| | 3 | 4 | — | — | — | — | — | — | — | — | — | — | — | — | — | — | 15 | 3 | 22 |
| | 4 | 3 | — | — | — | — | — | — | — | — | — | — | — | — | 10 | 3 | 10 | 3 | 29 |
| $0.15 < P \leqslant 0.18$ | 1 | 5 | — | — | — | — | — | — | — | — | — | — | — | — | — | — | 10 | 3 | 18 |
| | 2 | 4 | — | — | — | — | — | — | — | — | — | — | — | — | 5 | 3 | 10 | 3 | 25 |
| | 3 | 4 | — | — | — | — | — | — | — | — | — | — | — | — | 10 | 3 | 15 | 3 | 35 |
| | 4 | 3 | — | — | — | — | — | — | — | — | — | — | 10 | 3 | 10 | 3 | 20 | 3 | 52 |
| $0.18 < P \leqslant 0.21$ | 1 | 6 | — | — | — | — | — | — | — | — | — | — | — | — | — | — | 15 | 3 | 24 |
| | 2 | 4 | — | — | — | — | — | — | — | — | — | — | 5 | 3 | 10 | 3 | 20 | 3 | 48 |
| | 3 | 3 | — | — | — | — | — | — | — | — | 5 | 3 | 10 | 3 | 15 | 3 | 25 | 3 | 70 |
| | 4 | 3 | — | — | — | — | — | — | — | — | 10 | 3 | 15 | 3 | 20 | 3 | 30 | 3 | 90 |
| $0.21 < P \leqslant 0.24$ | 1 | 6 | — | — | — | — | — | — | — | — | — | — | — | — | 10 | 3 | 15 | 3 | 37 |
| | 2 | 5 | — | — | — | — | — | — | — | — | — | — | 10 | 3 | 20 | 3 | 25 | 3 | 69 |
| | 3 | 3 | — | — | — | — | — | — | 5 | 3 | 10 | 3 | 15 | 3 | 25 | 3 | 40 | 3 | 113 |
| | 4 | 3 | — | — | — | — | — | — | 5 | 3 | 15 | 3 | 25 | 3 | 30 | 3 | 45 | 3 | 138 |
| $0.24 < P \leqslant 0.27$ | 1 | 6 | — | — | — | — | — | — | — | — | — | — | 5 | 3 | 10 | 3 | 15 | 3 | 45 |
| | 2 | 4 | — | — | — | — | — | — | 5 | 3 | 10 | 3 | 15 | 3 | 25 | 3 | 30 | 3 | 104 |
| | 3 | 4 | — | — | — | — | — | — | 10 | 3 | 15 | 3 | 25 | 3 | 35 | 3 | 45 | 3 | 144 |
| $0.27 < P \leqslant 0.30$ | 1 | 7 | — | — | — | — | — | — | — | — | — | — | 5 | 3 | 15 | 3 | 25 | 3 | 61 |
| | 2 | 5 | — | — | — | — | — | — | 5 | 3 | 10 | 3 | 20 | 3 | 30 | 3 | 45 | 3 | 130 |
| | 3 | 4 | — | — | — | — | 5 | 3 | 15 | 3 | 20 | 3 | 30 | 3 | 40 | 3 | 60 | 3 | 192 |
| $0.30 < P \leqslant 0.33$ | 1 | 7 | — | — | — | — | — | — | — | — | 5 | 3 | 10 | 3 | 15 | 3 | 25 | 3 | 74 |
| | 2 | 5 | — | — | — | — | 5 | 3 | 10 | 3 | 15 | 3 | 25 | 3 | 35 | 3 | 50 | 3 | 163 |
| | 3 | 4 | — | — | 5 | 3 | 10 | 3 | 15 | 3 | 25 | 3 | 35 | 3 | 40 | 3 | 55 | 3 | 207 |
| $0.33 < P \leqslant 0.36$ | 1 | 8 | — | — | — | — | — | — | 5 | 3 | 10 | 3 | 15 | 3 | 20 | 3 | 25 | 3 | 85 |
| | 2 | 5 | — | — | 5 | 3 | 10 | 3 | 15 | 3 | 20 | 3 | 30 | 3 | 40 | 3 | 50 | 3 | 196 |
| | 3 | 5 | 5 | 3 | 10 | 3 | 15 | 3 | 20 | 3 | 30 | 3 | 40 | 3 | 45 | 3 | 55 | 3 | 249 |

(2)刀具更换标准

滚刀刀圈在产生偏磨、刀圈脱落、裂纹、松动、移位等情况下必须进行更换。边缘滚刀磨损量达到10mm以上,正面区滚刀磨损量达到15mm以上,应进行更换。

刮刀标准合金齿有两个磨损量达到15mm以上,齿刀边缘处磨损量达到10mm以上,应进行更换。

4)进舱施工安全保护措施

(1)设备保障

①确定新浆液拌制质量和压注管路、设备正常运作。

②气压设备所使用的安全阀、压力表等安全仪表、设备应定期进行校验,注意日常保养和试开启运转。安全阀应每天试启动一次,以检验其可靠性,若出现问题应及时处理。

③储气罐在使用期间应定期派专人清除罐内的油水。

④经常检测压力工作区的压缩空气消耗量,并根据实际消耗量,对供气参数进行适当调整。任何情况下应保证供气量不少于每分钟$20m^3$/人。

(2)人员管理

①保证开挖舱新浆置换后泥膜的质量。

②所有高气压作业人员必须经过严格体检和培训教育(包括加压锻炼及氧敏感试验),设立专职高气压作业安全员及有经验的领班。气压工作时必须有监护人员时刻监护舱内压力的变化情况。

③进舱施工的加压、减压及舱内工作时间严格按照气压施工相关规范和要求执行。

④人员进舱时,应先测试舱内是否存在有毒有害气体,确认安全后方可进入舱内施工。进舱后应先确认泥膜的有效性,必要情况下应立即采用加固处理措施,如对刀盘处暴露土体喷射水泥砂浆等。

⑤舱内禁止一切火种进入,建立灭火系统,采用低压防爆照明。若必须使用电焊气割,应加强对所用设备的安全检查,同时增强通风能力,增加消防设备,经有关部门批准后方可实施。

(3)应急措施

①气压作业期间应及时与水、电管理部门联系沟通,尽量避免突发停电停水。现场必须备发电机、足够的燃料、完善的劳动保护设施以及专门的气压管理医务人员,保证施工人员的身体健康。

②采用双电源供电,保证气压作业的施工安全;所有固定或移动的用电设备、照明均需满足安全用电的要求,并定期进行检查。

# 8.3　盾尾密封管理

盾尾密封发展历程见表 8-9。盾尾密封最早为橡胶唇形密封，在工程实践中逐渐发展为如今广泛使用的标准型盾尾刷，前板为平行弹簧钢板，后板为交错的弹簧钢板。2005 年，在瑞典哈兰德斯铁路隧道项目中，为满足大于 1MPa 的水土压力承受能力，产生了第一代加强型盾尾刷，将前板改进为交错的弹簧钢板。2014 年土耳其伊斯坦布尔博斯普鲁斯海峡隧道在最深点发生了盾尾渗漏，因此对盾尾刷进一步改进，产生了第二代加强型盾尾刷，将前板改为两层交错的弹簧钢板再外覆一道弹簧钢板。

盾尾密封发展历程　　表 8-9

| 时间 | 形　式 | 工程项目 | 盾构形式 | 中心压力 | 图　示 |
|---|---|---|---|---|---|
| 1998 年 | 橡胶唇形密封 | 荷兰 Tweede Heinenoord 隧道 | 泥水平衡；$\phi$8.55m | 0.4MPa |  |
| 1999 年 | 标准型盾尾刷 | 埃及开罗地铁 2 号线 | 泥水平衡；$\phi$9.43m | 0.35MPa |  |
| 2005 年 | 第一代加强型盾尾刷 | 瑞典哈兰德斯铁路隧道 | 泥水平衡；$\phi$10.53m | 1MPa |  |
| 2014 年 | 第二代加强型盾尾刷 | 土耳其伊斯坦布尔博斯普鲁斯海峡隧道 | 泥水平衡；$\phi$13.66m | 1.2MPa | 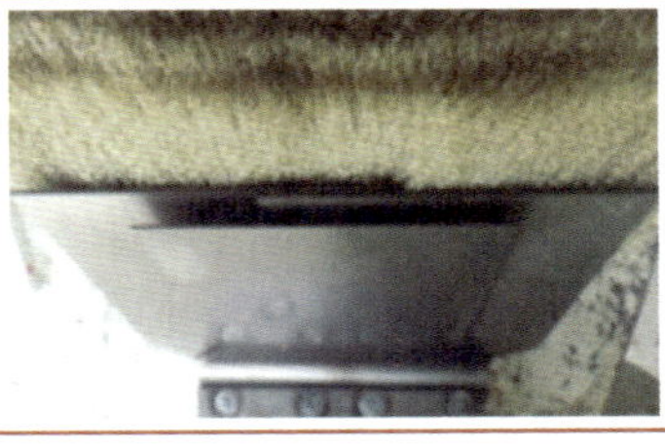 |

## 8.3.1 盾尾密封原理

超大直径盾构广泛应用于穿越江河湖海的大型水底隧道建设，通常具有掘进距离长、水头压力高、穿越土层复杂等特点，盾尾密封效果的优劣对于工程安全尤为重要。大直径盾构一般为锥形盾构，即盾尾直径小于前盾和中盾的直径，以防止盾构卡壳，但同时也增加了泥水后窜的通道，增加了盾尾渗漏的风险。

盾尾密封构造示意如图 8-26 所示，盾尾密封系统一般由盾尾壳体钢结构、盾尾密封件、盾尾密封油脂组成。

a)盾尾密封位置

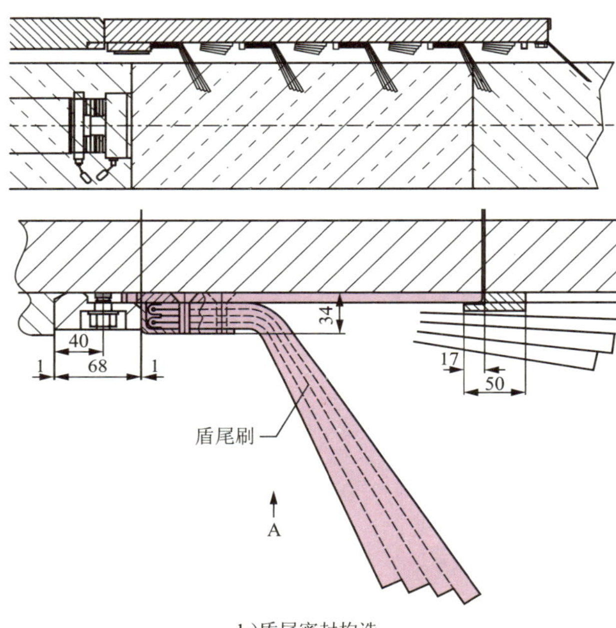


b)盾尾密封构造

图 8-26 盾尾密封构造示意图(尺寸单位:mm)

①盾尾壳体钢结构即为盾尾的受力构件，承受外界水土压力，也为管片的拼装成环提供空间。

②盾尾密封件一般为唇形橡胶密封或由钢板、钢丝束组成的盾尾刷，目前多使用盾尾刷。

③盾尾密封油脂主要起到润滑、密封和防止盾尾变形的作用，可以有效保护盾尾刷，共同隔绝土层泥沙与注浆材料回流。

④相邻两道盾尾刷之间的密闭环形腔体，由盾尾油脂泵及盾尾油脂管向腔体内泵入盾尾密封油脂，保证腔体内的油脂填装充足，建立一定的油脂腔压力，抵御外界水土压力。

⑤盾尾油脂管一般预埋在盾尾钢结构内或排明管，位于盾尾钢结构内表面，其数量一般根据盾尾直径确定。

## 8.3.2　盾尾密封控制

1)盾尾刷选择

盾尾刷一般为焊接式盾尾刷或装卸式盾尾刷,其中焊接式盾尾刷直接将盾尾刷焊接至盾尾,装卸式盾尾刷由固定螺栓、螺帽及压板固定至盾尾。装卸式盾尾刷的优点在于更换方便,不必在盾尾进行动火作业,拼装精度高。

盾尾刷选用应考虑以下因素:

①盾尾钢结构与管片的间隙大小。

②隧道最小转弯半径。

③最大承受的外界水土压力。

④盾尾钢结构长度。

2)盾尾密封油脂选择

盾尾密封油脂对钢丝刷及钢结构有防锈、防蚀和减少磨损的功效,对提高盾构施工质量和工作效率起到重要作用。

盾尾密封油脂应具有如下特点:

①耐高水压,止水性能好。

②泵压送性良好。

③钢丝刷间充填容易。

④抗水泥浆侵入性能好。

⑤对混凝土管片的凹凸处具有顺应性。

⑥不侵蚀混凝土管片接缝密封垫。

⑦不易附着在混凝土管片表面上。

⑧可生物降解,经测试,对水、环境没有毒害,经老鼠口服过敏性试验,结果为“无刺激”。

3)盾尾油脂管设置

每道盾尾刷内应设置盾尾油脂管,每道油脂管间距一般不小于 2.5m。

4)施工参数控制

(1)盾尾密封油脂注入的管理

盾尾密封油脂的注入需进行注入量及注入压力双控管理,每环油脂的压注量应根据油脂损耗计算,同时应保证腔内充满油脂,且应保证腔内压力足够抵御外界水土压力。

①手工涂抹油脂。

在盾构始发掘进前,每块盾尾刷均需手工涂抹盾尾油脂,且应选用黏稠性大、与钢丝黏附性强的油脂,同时防止其他动火作业。盾尾油脂涂抹如图 8-27 所示,油脂涂抹分 4 层,盾尾刷前后外侧钢片处各一层,中间钢丝网两侧各一层,每层均要涂抹到底部;在钢丝刷根部涂抹油脂，同时将钢丝刷之间的间隙也填充满，以防止地下水、泥浆及同步浆液流入以及钢丝网锈蚀。

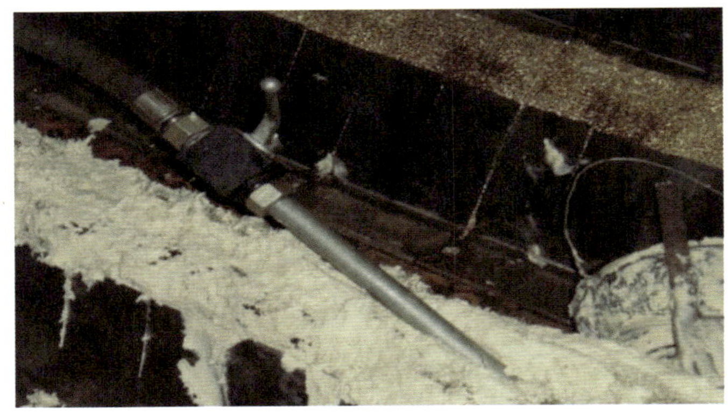

图 8-27　盾尾油脂涂抹

②每环盾尾油脂用量计算。

每环盾尾密封油脂用量主要由两部分组成：管片外弧面油脂损耗量和管片外弧面环纵缝倒角填充量。计算公式如下：

a. 管片外弧面油脂损耗量计算公式为：

$$V_1=CL\sigma \quad (8\text{-}10)$$

式中：$V_1$——管片外弧面油脂损耗量体积（m³）；

$C$——管片外弧面周长（m）；

$L$——每环管片环宽（m）；

$\sigma$——管片外弧面油脂损耗厚度（mm），国内经验取值 2mm。

b. 管片外弧面环纵缝倒角填充量计算公式为：

$$V_2=V_{环}+V_{纵} \quad (8\text{-}11)$$

式中：$V_2$——管片外弧面环纵缝倒角填充量体积（m³）；

$V_{环}$——管片外弧面环缝倒角体积（m³）；

$V_{纵}$——管片外弧面纵缝倒角体积（m³）。

c. 每环盾尾密封油脂注入总量计算公式为：

$$m=\rho\ (V_1+V_2) \quad (8\text{-}12)$$

式中：$m$——每环盾尾密封油脂注入量（kg）；

$\rho$——油脂密度（kg/m³），一般取 1300kg/m³。

③盾尾油脂腔压力控制。

油脂腔压力的控制应根据外界水土压力、油脂腔数、盾尾刷质量确定。

a. 掘进方向最后一道油脂腔压力与外界水土压力差值不少于 100kPa。

b. 根据油脂腔数量的不同，每腔油脂腔的压力应按一定阶梯控制分配，如图 8-28 所示。

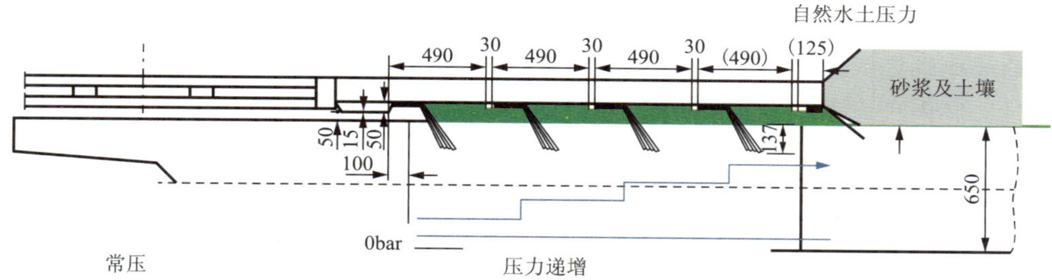


图 8-28　盾尾密封腔压力阶梯状递增(尺寸单位:mm)

④盾尾密封油脂注入控制。

a. 正常掘进情况下,应选用自动模式注入油脂,补充油脂腔内的损耗量。

b. 停机情况下,手动模式对油脂腔内压力过低点位注入补充油脂。

c. 注入压力不宜过高,应根据每道油脂腔设定压力控制。

d. 更换油脂时要注意清洁,不可将砂粒等颗粒状东西掺入油脂桶中。

(2)盾尾间隙控制

盾构机的掘进应尽量根据设计线路进行,避免线路偏差。但在实际掘进过程中,因地质情况等原因,盾构机的姿态经常会偏离隧道的设计线路,从而使盾尾间隙过小而发生管片破损。

盾尾间隙过小,同样会导致盾尾刷被过度挤压,与管片产生相对运动,导致盾尾密封的弹簧板和钢丝脱落,使密封失效。管片破损后的碎块进入管片背面,受到挤压后将通过盾尾刷进入油脂舱,阻断油脂流动的通道,导致盾尾密封失效。

盾尾间隙过大,会导致盾尾刷翻折而不能被充分挤压,使盾尾刷弹簧钢板和钢丝受到损坏,失去密封效果。

如果发生盾构机偏离设计线路的情况,在纠偏过程中不能过急,为保证盾构盾尾刷密封的良好工作性能,同时也为了保证管片不受损坏,应尽量做好盾尾间隙的控制,保持较为均匀的盾构姿态。

盾尾间隙是管片选择点位的主要依据。在拼装好上一环管片后,必须对管片的上、下、左、右四个位置的盾尾间隙进行测量,根据盾尾间隙及隧道线型调整盾构机的掘进,保持间隙的合理性。

## 8.3.3　盾尾刷更换作业

1)盾尾密封失效的形式及原因

盾尾密封失效是指密封效果无法满足使用的要求,将导致盾尾发生漏水或漏浆,严重时出现涌水、涌砂等现象。

盾构掘进过程中，常见的盾尾密封失效形式如下：

①盾尾刷弹性失效，无法自行恢复弹性变形。

②油脂腔内压力不足或油脂腔内油脂量不足。

③油脂腔内混入杂物，形成渗漏通道。

④盾尾刷的钢丝或弹簧钢板磨损、脱落，导致盾尾密封损坏。

造成以上盾尾密封失效主要有以下几种原因：

①由于盾尾间隙变化过大，盾尾刷受到偏心管片过度挤压后产生塑性变形而失去弹性。

②盾尾密封油脂质量差，流动性不好，不能完全填满油脂腔。

③盾尾密封油脂注入量过少。

④拼装管片造成的管片碎块或盾尾内泥渣未能及时清理，随盾尾掘进而进入油脂腔，造成盾尾刷异常磨损。

⑤同步注浆压力控制不当，浆液进入盾尾刷内凝固成块状，长期无法清理，既造成盾尾刷异常磨损，又会导致油脂填充不到位，影响密封效果。

2）*盾尾刷更换风险分析*

在盾构掘进过程中进行盾尾刷更换存在一定的风险。首先，盾尾外为高压水头环境，盾尾刷一旦损坏即存在泄露通道，在此工况下进行盾尾刷更换作业，拆除管片后可能会造成盾尾泄露；其次，若要将盾尾刷暴露出来进行更换，推进油缸行程必然需要大于正常施工情况下行程，管片拆除后盾尾范围内与管片搭接的有效长度减少，盾构机及管片姿态可能发生突变，造成更严重的盾尾泄露。

3）*盾尾刷更换流程*

通常大直径盾构在外部高压条件下设计可更换 2 道盾尾刷，此种更换是在常压下进行，已在多个项目中得到了应用，具体更换流程如图 8-29 所示。

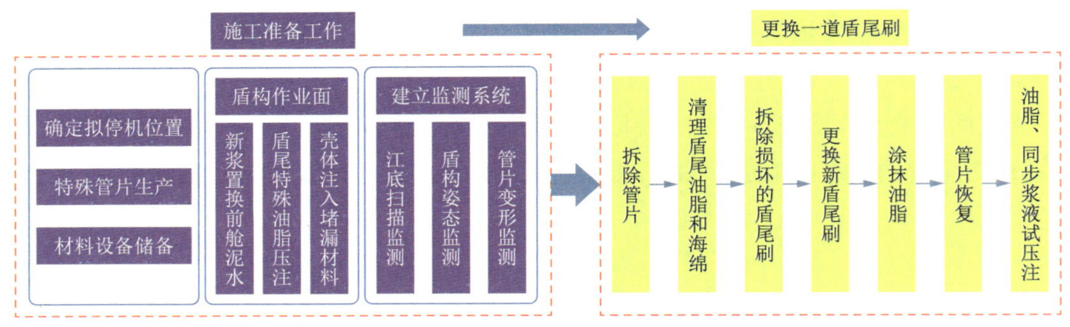


图 8-29 盾尾刷更换流程

①准备工作。包括确定停机位置、停机更换的时机、管片拆除方式的选择、方案编制与报审技术安全交底、任务分工、人员配置以及物资设备准备。

②更换前盾构推进措施。包括停机前切口水压控制、同步注浆控制、泥水质量控制、盾

尾特殊防水油脂压注、管片环面及管片拼装控制。

③管片拆除及盾尾刷更换。包括施工保障措施、管片拆除顺序选择及盾尾刷更换。

④恢复推进。包括恢复推进准备工作及恢复推进施工。

⑤应急处置。

4)盾尾刷更换前准备工作

(1)确定停机位置

盾尾刷更换宜在地质条件较好、地层较稳定的地段进行,且应避开浅覆土区域和周边存在敏感性建(构)筑物的区域。如果无法主动规避不稳定地层和敏感性建(构)筑物,则必须采取相应安全技术措施,确保盾尾刷更换过程的安全。

(2)管片拆除方式选择

管片拆除方式的选择应根据现场实际情况确定,保证能够完成整环盾尾刷的更换,确保纵缝搭接处尾刷更换的完好性,发生险情后能够第一时间拼装成环。

(3)物资准备工作

①特殊管片生产。

生产一环特殊管片,用于拼装在当前环后的第三环(已脱出盾尾),管片预埋注浆孔,每块管片增设8个注浆孔(除封顶块外),用于应急压注聚氨酯堵漏,如图8-30、图8-31所示。

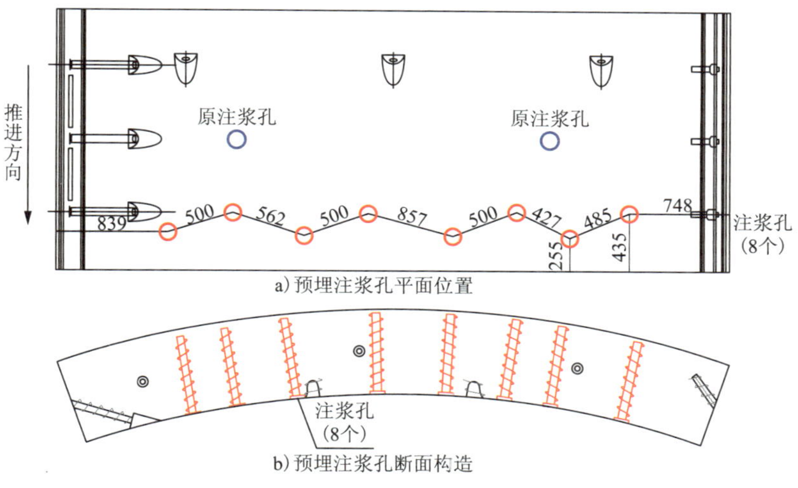


图8-30 增设注浆孔特殊管片示意图(尺寸单位:mm)

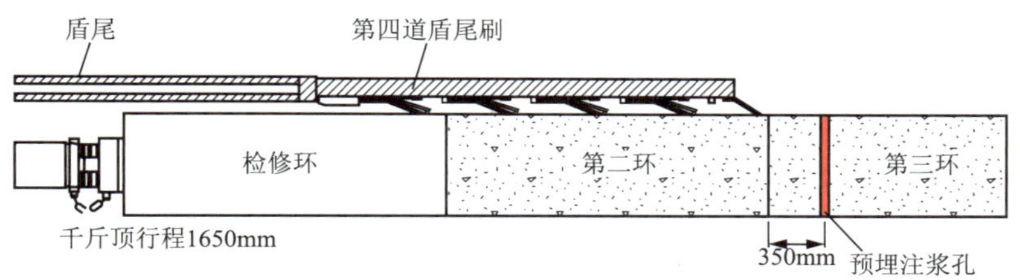


图8-31 特殊环管片位置示意图

②物资准备。

施工前做好应急堵漏油脂(CES 堵漏油脂)、高黏度新浆、壳体压注泥浆、聚氨酯等物资的准备工作,各类物资准备应留有一定余量。

③设备准备。

盾尾刷更换设施见表 8-10。

盾尾刷更换设施　　表 8-10

| 序号 | 名称 | 数量 | 序号 | 名称 | 数量 |
|---|---|---|---|---|---|
| 1 | 碳棒 | — | 10 | 氧气乙炔割刀 | 1 把 |
| 2 | M12 螺母 | — | 11 | 磨光机 | 1 台 |
| 3 | 焊接螺钉 | — | 12 | 石棉布 | 20 卷 |
| 4 | 压板 | — | 13 | 电源延长线 | 2 根 |
| 5 | 瓷环 | — | 14 | 二氧化碳瓶 | 3 瓶 |
| 6 | 扭矩扳手 | 2 把 | 15 | 氧气瓶 | 3 瓶 |
| 7 | 开口及活动扳手 | 10 把 | 16 | 乙炔瓶 | 3 瓶 |
| 8 | 炭刨机 | 1 台 | 17 | 灭火器 | 10 瓶 |
| 9 | 电焊机 | 1 台 | 18 | 蛇皮袋等清理工具 | 若干 |

(4)特殊地基加固

在一些地质条件较差的区域,如地层渗透系数较高的高水头砂性土地层,需要更换 2 道盾尾刷,若不采取措施直接进行盾尾刷更换,将存在较大的风险,因此必须对盾尾土层进行冻结加固处理,在相对安全的条件下进行盾尾刷更换。

①冻结方案确定。

在预制混凝土管片时,将冻结管预先埋设在混凝土管片内,如图 8-32 所示。

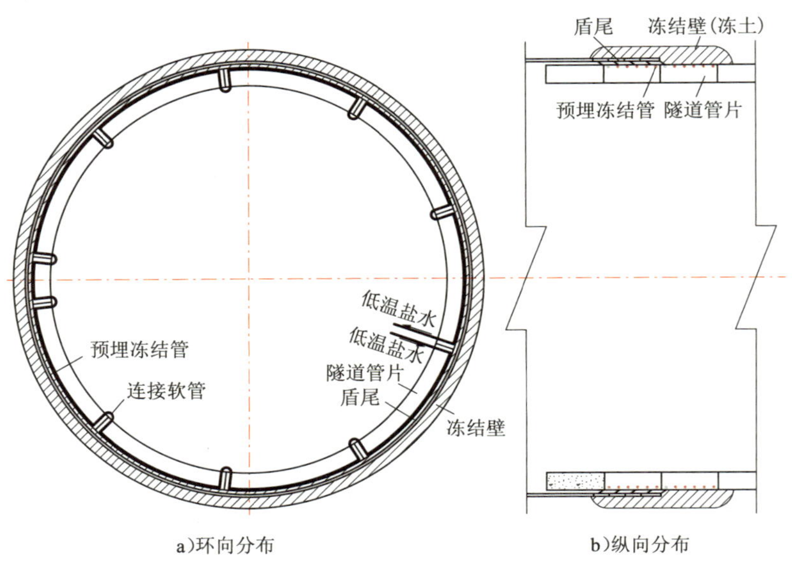


图 8-32　预埋冻结管示意图

待拼装好预埋有冻结管的管片（冻结环管片）和盾尾刷检修位置的管片（检修环管片）后，在冻结管中循环冷媒剂，使盾尾与管片接缝附近地层进入冻结状态，然后拆除检修环管片，对钢丝刷进行检修。在完成检修工作后，重新拼装好检修环管片，并在冻结管中循环热水融化附近冻土，待盾尾与冻结壁界面冻土解冻后恢复盾构正常推进。

②冻结工艺流程。

冻结加固施工流程如图 8-33 所示。

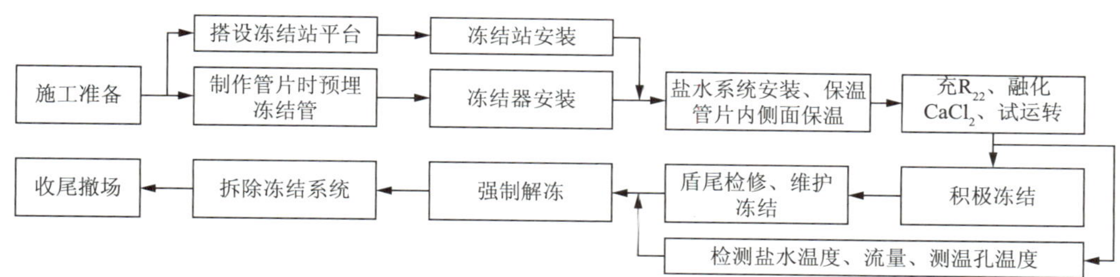


图 8-33　冻结加固施工流程

③冻结加固所需特殊管片生产。

在普通管片内预埋冻结管和内弧面连接钢板，共需要生产 3 环预埋冻结管的管片（2 环备用）和 6 环预埋钢板管片（包括 3 环预埋冻结管管片）。冻结管采用 38×3mm 无缝钢管，布置的间距为 6 圈等距布置，如图 8-34 所示。

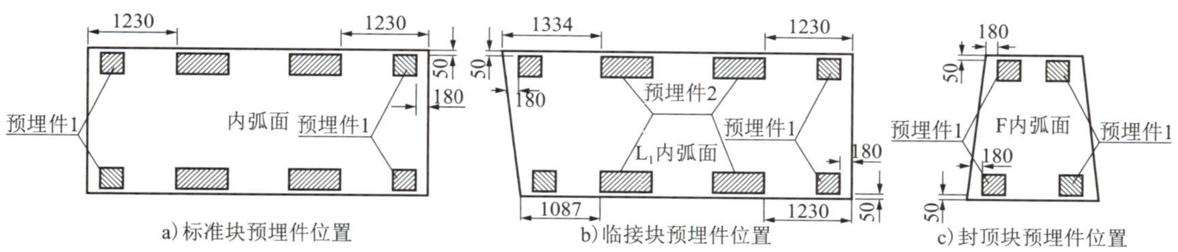


图 8-34　内弧面布置预埋件示意图（尺寸单位：mm）

如图 8-35 所示，以标准块管片冻结管预埋为例，冻结管长度 5882mm（含弯头），每块设置 6 根冻结管，则一环管片共设置 42 根标准块冻结管，90° 弯头处与无缝钢管焊接，无缝钢管按照半径 7510mm 进行弯曲加工。

图 8-35　标准块冻结管预埋

5)更换前盾构推进控制

(1)切口水压控制

合理设置切口水压力值,并尽量减小压力波动,保证正面稳定。检修环推进时,平稳控制顶部压力,推进至检修位置时,将液位升高,使顶部压力略高于推进时顶部压力。

(2)同步注浆控制

盾构推进时同步注浆要及时、均匀、充足。施工过程中应配置性能良好的浆液,并定期检查有效的注浆量和浆液性能,如比重、剪切强度、坍落度等,确保压注出的同步注浆的浆液质量。

(3)泥水质量控制

加大对泥水的测试频率以保证泥水质量,确保前方土体长时间停机期间的稳定,泥水指标需达到21s以上。

(4)盾尾特殊堵漏油脂压注

停机前三环严格控制油脂注入量,并向油脂腔内压注特殊堵漏油脂。在检修管片拆除前,压注油脂保证油脂腔压力,盾尾刷更换过程中,严密监控非更换盾尾刷油脂腔内压力,偏低时及时补压。

(5)管片拼装控制

管片是提供盾构机推进轴线的基础,因此,严格控制管片拼装质量,保证管片环面合理的超前量,对于防止盾构下沉具有重要意义。在施工过程中,要合理选择管片旋转角度,保证必要的环面超前量,拼装时要精心操作,保证环面的平整度。同时也要对管片轴线位置进行精确定位,防止管片盾壳间局部间隙过小而对盾尾刷造成损伤。

6)管片拆除及盾尾刷更换

(1)施工保障措施

①壳体压注克泥效浆液。

克泥效工法是将高浓度的泥水材料与塑强调整剂(即水玻璃)两种液体分别通过配管压送到指定位置,再将此两种液体以适当比例混合成高黏度塑性胶化体后,再通过径向孔注入的一种新型工法。混合后的流动塑性胶化体不易受水稀释,且其黏性也不随时间而变化。

a. 压注材料。

通过盾壳上预留的垂直注浆孔压注克泥效浆液,防止泥水后窜。克泥效水灰比5:1,压注A液:B液=20:1,使用前应提前进行配比试验,检查效果。克泥效A液、B液如图8-36所示。克泥效混合后如图8-37所示。

b. 压注过程控制。

根据盾构机盾壳外理论间隙计算用量,压注压力应略高于外界水土压力。

图8-36 克泥效A液、B液

图8-37 克泥效混合后

②压注设备。

压注设备可采用盾构机自身配置的双液浆压注设备。使用前必须进行试运行,对部分管路不通的孔位进行疏通之前,必须安装两个球阀,防止外部泥水涌入。

③新浆置换前舱泥水。

通过超前钻孔,向前舱压注高分子材料及膨润土拌制的高黏度新浆,由底部压入至顶部泥水指标稳定后停止,同时可向泥水舱内加入适量的堵漏剂。新浆置换后开挖舱泥水指标需达到35s以上。

④更换期间主要施工参数监控。

a. 开挖面稳定监测。

停机更换盾尾刷期间,每隔1h记录一次气泡舱液位、压力、顶部压力、千斤顶油压和里程;每隔若干小时检测一次舱内泥水质量;设备维保人员每天定时检查空压机工作情况,确保始终有一台空压机处于工作状态。

当气泡舱液位降低1m时,即对泥水舱内补液至设定值;当气泡舱压力低于设定值0.05bar时,立即检查空压机运行情况,确保开挖面的稳定。

b. 盾构机姿态。

利用盾构推进自动测量系统,盾尾刷更换时对盾构机状态进行监测,班组人员安排专人跟踪盾构机姿态,每小时记录一次,包括里程、盾构机头尾高程、平面、坡度、行程、油压等变化。更换前应确保盾构机四周间隙填充均匀。

c. 盾尾油脂压力。

停机更换尾刷期间,每隔1h记录一次油脂腔压力,发现压力降低应及时进行防水油脂的补压。

d. 更换期间相关监测。

盾尾刷更换期间,应密切监测主要影响范围内的地表沉降、建(构)筑物变形、隧道沉降收敛、环纵缝张开量及错台量,具体见表8-11。

更换期间监测项目及频率　　表 8-11

| 监测内容 | 监测范围 | 测点布置 | 监测频率 |
|---|---|---|---|
| 地表变形 | 切口前 50m 至切口后 50m，轴线两侧各 10m 范围 | 每 5 环设 1 个断面，敏感地段可加密布设 | 适当加密 |
| 建构筑物变形 | 切口前 50m 至切口后 50m，轴线两侧各 10m 范围 | 敏感建筑可加密布设 | 适当加密 |
| 隧道沉降 | 检修环前 20 环 | 每 5 环设 1 个断面；每个断面含拱顶、拱底沉降测点各 1 个 | 注浆期 2 次 /d；检修期 3 次 /d；恢复推进期 1 次 /d |
| 隧道收敛 | 检修环前 3 环 | 每 1 环设 1 个断面 | 注浆期 2 次 /d；检修期 3 次 /d；恢复推进期 1 次 /d |
| 环纵缝张开量和错台量 | 检修环前 3 环 | 2 点 / 每块管片 | 注浆期 2 次 /d；检修期 3 次 /d；恢复推进期 1 次 /d |
| 盾尾间隙 | — | 19 点 | 每块管片拆除前后各 1 次 |

e. 油脂腔检漏。

管片拆除前，应在检修环前 1 环的预留注浆孔开孔，检查盾尾前三腔是否存在渗漏情况。

（2）管片拆除顺序

管片拆除及盾尾刷更换顺序如图 8-38 所示。

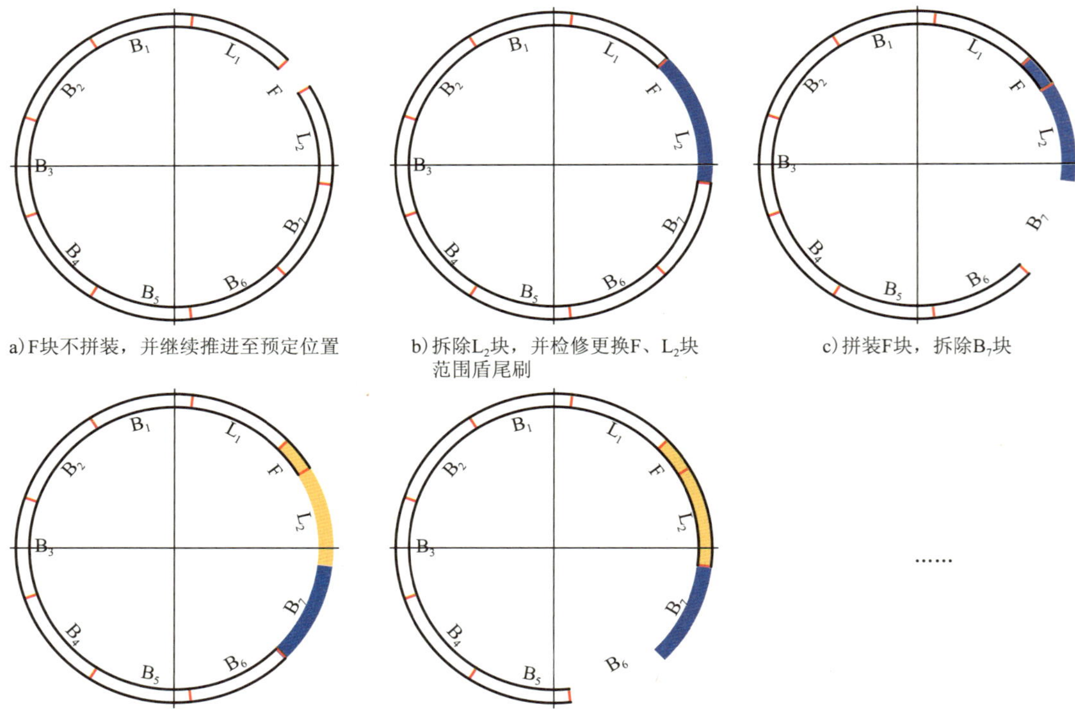


图 8-38　管片拆除及盾尾刷更换顺序

(3)其他注意事项

①人工油脂涂抹。盾尾刷更换完成后，对修复的盾尾刷手涂盾尾油脂，涂抹要求与始发施工涂抹要求一致。

②管片拆除无渗漏后应立即进行盾尾杂物清理，清理完毕后进行盾尾刷拆除及更换。对于螺钉焊死的盾尾刷，应用割刀割除并重新种钉。更换底部区域盾尾刷时，应保证工作区域干燥，腰部及顶部盾尾刷更换作业时，并且注意做好防坠落及防火措施。

③在隧道内更换盾尾刷时，要做好隧道内通风和防火、防涌水等措施。准备数量充足的灭火器集中放置在焊接部位附近，并就近引入水管且在盾尾安装大流量抽水泵作为紧急措施，一旦发现燃着情况应及时扑灭。

④施工过程中要加强对设备的保护，管片安装机重点部位如控制阀组、电气元件等应采用石棉布进行遮盖。焊接过程中，做好敏感电器设备的保护工作，防止电源烧坏。

⑤为防止更换盾尾刷期间盾尾发生较大渗漏，浆桶内应预留 20m³ 同步浆液作为应急使用。

7)应急处置措施

制定专项应急预案，若更换盾尾刷期间发生盾尾渗漏，应立即停止更换工作，采取应急措施，待确认无渗漏后再继续盾尾刷更换工作，具体见表 8-12。

更换盾尾刷期间应急措施　　表 8-12

| 渗漏情况 | 应急措施 |
| --- | --- |
| 少量清水 | 对前两腔油脂腔压注特殊止水油脂，相应位置补压同步浆液 |
| 漏浆漏砂 | ①对前两腔油脂腔压注特殊止水油脂，相应位置补压同步浆液；<br>②管片立即拼装成环，条件允许下尽快恢复推进；<br>③若仍继续泄露，打开盾尾后一环二次注浆孔压注双液浆或聚氨酯堵漏 |

# 第9章　典型工程案例

近年来，随着盾构设备与施工技术的发展，应对的工程施工难度逐渐提高，大量超长距离、超大直径以及超埋深隧道均采用盾构法施工。不同隧道面临不同的地理环境与地质水文条件，施工建设面临不同技术难点。针对各类难点，工程师们提出了诸多技术方案，积累了大量的宝贵经验。本章主要列举了国内外共5项典型工程案例，从工程问题出发，讨论了各工程的盾构设备与施工技术。希望为未来同类工程的建设提供一些参考。

## 9.1　大直径超长距离隧道——上海长江隧道

### 9.1.1　工程概况

图9-1　上海长江隧桥地理位置

上海长江隧桥工程南起浦东五好沟，穿越长江南港后经长兴岛，再跨越长江北港向北止于崇明岛东端连接陈海公路，全长25.5km，双向6车道。工程以长兴岛为界分为长江隧道和长江大桥两部分，即南港采用隧道过江，北港采用桥梁过江方案（图9-1）。

隧道工程设计线路总长8955.26m，江中为盾构法双管双向隧道，采用两台$\phi$15.43m气压泥水平衡盾构机，一次连续掘进完成。上行线圆隧道段长7471.65m，下行线圆隧道段长7469.36m。隧道最大坡度为2.9%，最小平面曲率半径为4000m，江底最浅覆土约14.0m，最深覆土约29.0m。两条隧道内最低点设江中泵房，共4座，同时两条隧道之间设8条连接通道，在两条连接通道之间设置3座逃生楼梯，间距定为280m左右。

隧道截面采用圆截面，共分上下两层，其中上层道路为3车道，每条车道宽度为3.75m，道路总宽度为 12.25m，设计车速 80km/h；下层预留轨道交通线路。圆形隧道内部结构采用同步施工工艺，即道路中间的“口”字形预制件随盾构掘进同步在 2 号车架内拼装。两侧路面板为现浇结构，路面板搁置在与管片连接的牛腿上。道路混凝土强度等级为 C40。

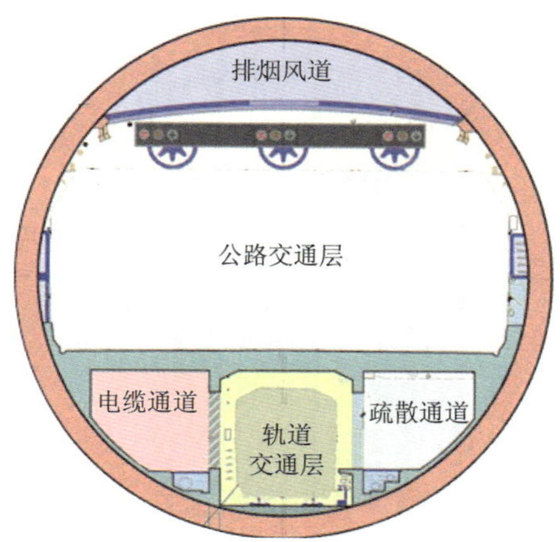

图 9-2　隧道布置断面示意图

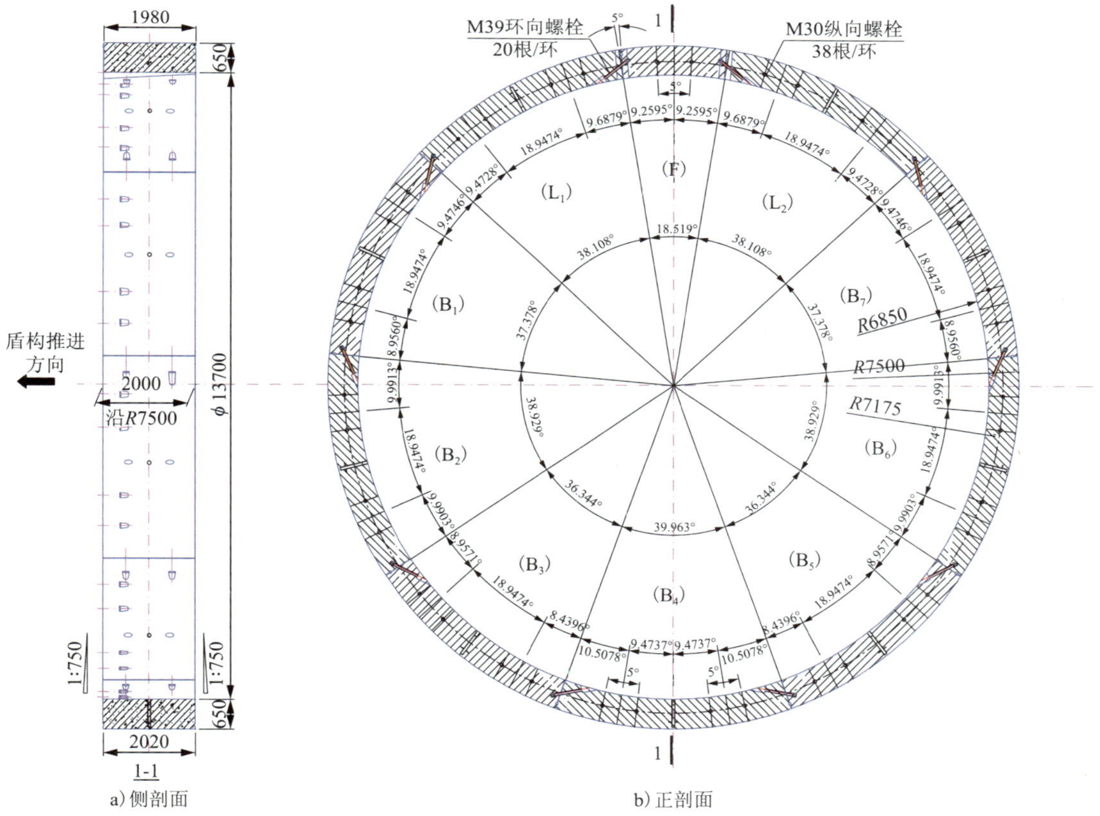

圆隧道衬砌采用钢筋混凝土装配式通用楔形管片，楔形量 40mm，错缝拼装。衬砌环外径 15.0m，内径 13.7m，环宽 2.0m。管片混凝土强度等级 C60，抗渗等级 S12。每环衬砌由 10 块管片组成，包括 7 块标准块、2 块邻接块和 1 块封顶块。纵向管片环与环之间采用 38 根 M30 的纵向斜螺栓相连接，环向管片的块与块间以 2 根 M39 的环向斜螺栓连接。隧道布置断面图以及隧道衬砌圆环结构如图 9-2、图 9-3 所示。

a）侧剖面　　b）正剖面

图 9-3　隧道衬砌圆环结构示意图（尺寸单位：mm）

隧道防水以管片的自防水为主，以管片之间的接缝防水为重点，形成立体防水系统。本工程管片防水采用三元乙丙止水带及遇水膨胀挡水条双层防水。其中，隧道接缝由弹性橡胶密封垫和遇水膨胀条组成双道防水线，如图 9-4 所示。弹性橡胶密封垫采用的三元乙丙橡胶，具有压缩永久变形量小、应力松弛变化率低、耐老化性能佳的特点。

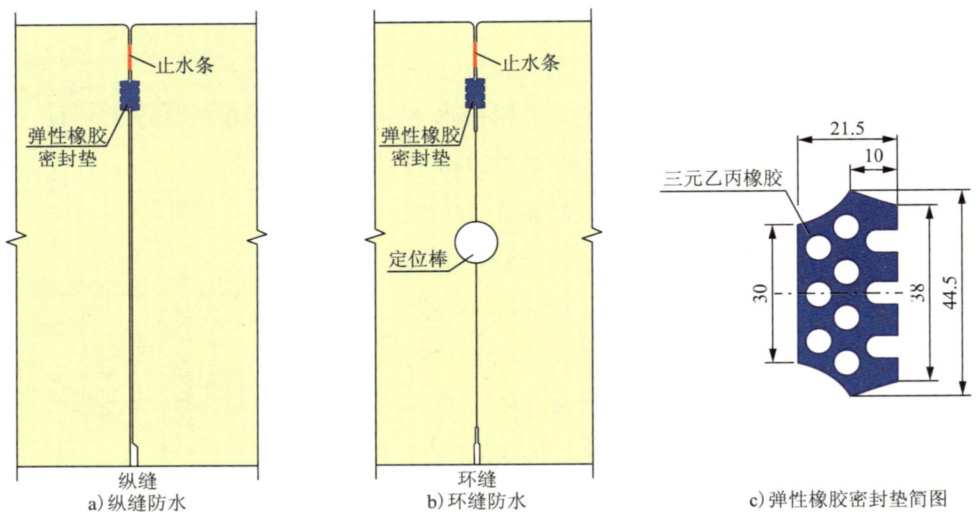


图 9-4　隧道管片接缝防水示意图（尺寸单位：mm）

上海长江隧道主要具有大、长、深三大特点，其中“大”主要体现在隧道开挖直径达 15.43m，是当时世界上最大直径的盾构法隧道，给盾构开挖面的稳定、楔形管片错缝拼装以及大断面隧道施工期间的稳定带来了挑战；“长”主要体现在盾构机一次性连续掘进距离达到了 7.5km，且中间不设置检修井，在当时创造了新的世界纪录，这一特点给隧道通风、防火、长距离施工精确定位以及交通运输的合理组织管理带来了众多难题；“深”主要体现在隧道在江底最大埋深达 55m，盾构在高水土压力下施工，给隧道的防水防渗、联络通道的构筑带来诸多风险。

工程自 2006 年 9 月 23 日盾构始发，其东线隧道于 2008 年 5 月 28 日顺利贯通，西线隧道于 2008 年 9 月 2 日顺利贯通。2009 年 10 月 31 日上海长江隧道正式通车。上海长江隧道是中国第一条长距离施工的超大直径盾构隧道，在当时创造了盾构直径最大、一次推进距离最长两项世界纪录。长江隧道的建成，标志着中国的超大直径泥水盾构隧道施工技术达到国际领先水平。

## 9.1.2　工程地质及水文地质条件

盾构主要穿越的地层为：④$_1$ 灰色淤泥质黏土、⑤$_{1-1}$ 灰色黏土、⑤$_{1-2}$ 灰色淤泥质粉质黏土、⑤$_2$ 灰色黏质粉土夹薄层粉质黏土；部分地段遇③$_1$ 灰色淤泥质粉质黏土、③$_2$ 灰色砂质粉土、⑤$_{3t}$ 透镜体、⑦$_{1-1}$ 灰色砂质粉土、⑦$_{1-2}$ 灰色砂质粉土。工程沿线土层中存在液化土、流砂和管涌、浅层气、透镜体、承压水等不良地质现象，隧道还将穿越 2 根海底光缆。

浅部土层中的地下水类型为潜水，与江水有密切水力联系，基本与江水相通。潜水水位主要受长江潮汐的影响，多年平均水位分别为 +2.8m、+2.4m。承压水埋藏于⑦层、⑨层中，水量丰富，水位呈周期性变化，水头高程一般在 0.00 ～ -8.00m。

隧道沿线主要建（构）筑物为浦东段防汛墙以及长兴岛处防汛墙，其余均为农田。隧道跨越的水上部分主要是长江的南港水道，是长江流域地区通往我国沿海地区和世界各大洋的重要通道。

## 9.1.3　盾构掘进机

圆隧道采用 2 台德国海瑞克公司制造的直径 15.43m 泥水平衡式盾构机（图 9-5）。泥水加压控制采用气泡控制方法，比传统方法控制精度更高、更及时，能够有效保证开挖面的稳定。盾构机全长约 134m，包括盾构机本体和后配套车架系统，总质量约 3250t。

图 9-5　上海长江隧道 $\phi$15.43m 泥水平衡式盾构机

盾构机后配套采用 3 节车架，可实现推进过程中即时道路同步施工。其中 1 号车架上布置了盾构设备的主要动力部件；2 号车架为联系桁架，是管片、浆桶、预制“口”字形构件等材料的主要运输通道，并用于安装道路结构“口”字形预制构件；3 号车架是各种服务管线的延伸工作区。车架在辅助轨道上行走，各种材料的运输车辆则直接在安装好的“口”字形预制构件的路面上行走。

## 9.1.4　超长距离隧道盾构施工技术

1）盾构掘进机保障

（1）主轴承密封

主轴承密封采用内外两套密封系统。外层针对开挖舱方向的密封，内层针对盾体内部常压的密封。外层密封把主轴承与外面承压的开挖舱隔开。密封类型为大直径轴密封，共有 4 层唇形密封和 1 个前导的迷宫，从而形成 4 个分隔的区域。这 4 层密封作用在 1 个表面硬化处理过的耐磨圈上，该耐磨圈为第一层唇形密封提供了可变的接触面（图 9-6）。

密封装置中 4 个超声波传感器可以监测主密封磨损程度。当磨损量达到设定的值或者运行时监测出泄漏油箱中有油脂持续进入，说明主密封需要更换密封面。

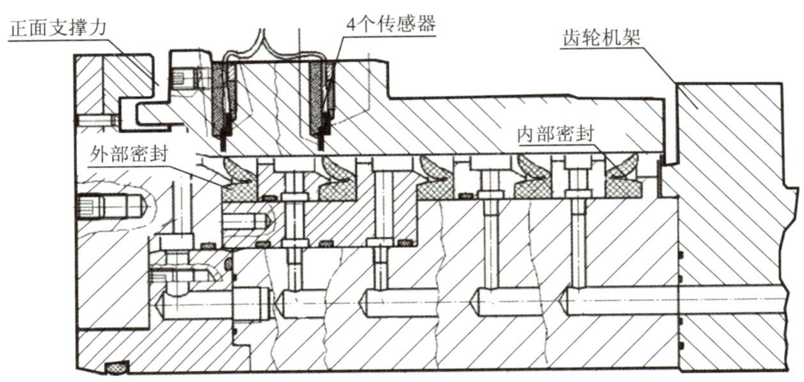


图 9-6　唇形密封系统

（2）盾尾密封

盾构的盾尾密封由三道盾尾刷构成，为了保证应急情况下盾尾不漏水，三道盾尾刷后部还设置了一道应急气囊和盾尾冻结装置。盾尾刷布置如图 9-7 所示。由于盾构推进路线较长，盾尾刷可能因过大磨损而丧失密封作用，必要时需检修更换。盾构尾刷更换的难点在于管片拆卸后盾构尾部的密封止水，冻结法形成的冻土帷幕具有连续性好、均匀性好、封水性好、柔韧性好、强度高等优点。

图 9-7　盾尾刷布置

（3）常压换刀

盾构内设置磨损检测系统用于刀盘的磨损检测，如图 9-8 所示。当刀具磨损至线圈时，线圈电流就会中断，通过一个显示装置直接看到检测结果。刀具磨损检测装置安装在 8 个选定位置的刮刀和两个铲刀上，并连接刀盘后部一个插头上。

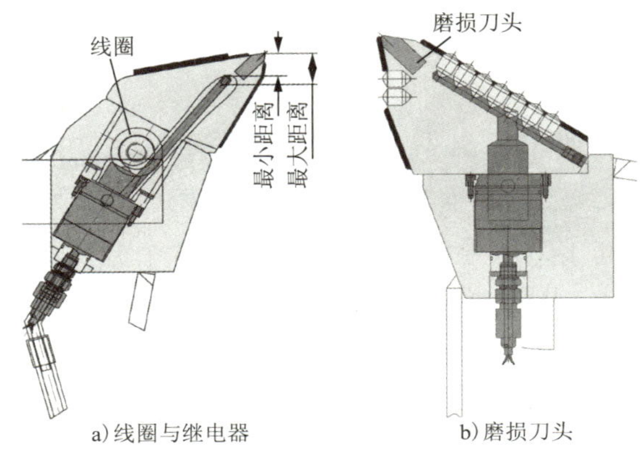


图 9-8　磨损监测系统

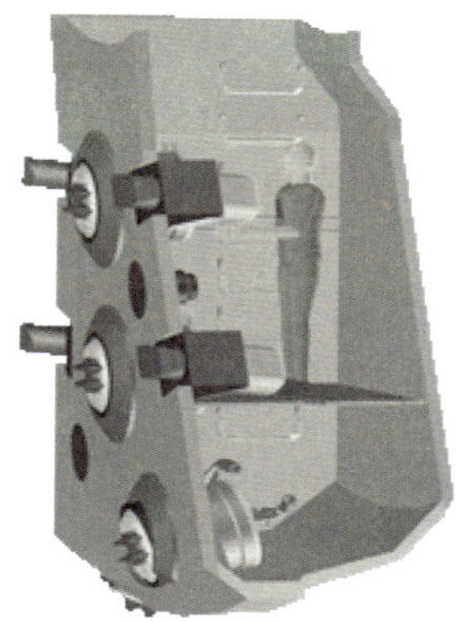

图 9-9　刀具更换示意图

刀具更换工作在常压下进行，不需要进入到开挖舱。工作人员从主驱动中间进入刀盘舱内，在刀臂将升降架（带螺栓）连接到刀具的固定板上，松开固定板上的螺栓；使用升降架拉出刀具，关闭隔压门，用新的刀具更换磨损的刀具；从隔压门后面将刀具提升到安装位置，然后打开门，安装刀具。刀具更换示意图如图 9-9 所示。

2）隧道稳定性控制

隧道断面达到 176.6m$^2$，不利于轴线控制，尤其在盾构始发与接收阶段，覆土较浅，隧道容易上浮。盾构始发段覆土少于 8m；江中段最小覆土为 14m 左右，均小于盾构直径。一方面，盾构推进忌切口水压力波动太大，否则会增加正面土体的扰动，导致正面土体的流失。另一方面，由于隧道覆土较浅，泥水后串极易造成成环隧道上浮。

为控制隧道上浮，加强同步注浆管理，需缩短浆液胶凝时间，使其遇泥水后不产生液化，并要求浆液具有一定的流动性，使同步注浆的浆液能均匀地布满隧道一周。工程根据穿越地层实际情况，对单液同步注浆进行了部分性能提高和优化，使浆液流动性、屈服值更适合于超大直径泥水盾构的壁后充填和隧道的抗浮能力；同时，提高注浆与盾构推进的同步性，使浆液能及时充填建筑空隙；另外，拧紧所有纵环向螺栓，并及时铺设隧道道路预制构件。

3）物料高效运输

盾构施工时引道段和暗埋段结构已完成，因此隧道管片、同步注浆浆液、预制构件等工程材料由专用车直接经引道段和暗埋段运输至隧道内。隧道内施工运输示意如图 9-10 所示。

a）管片运输

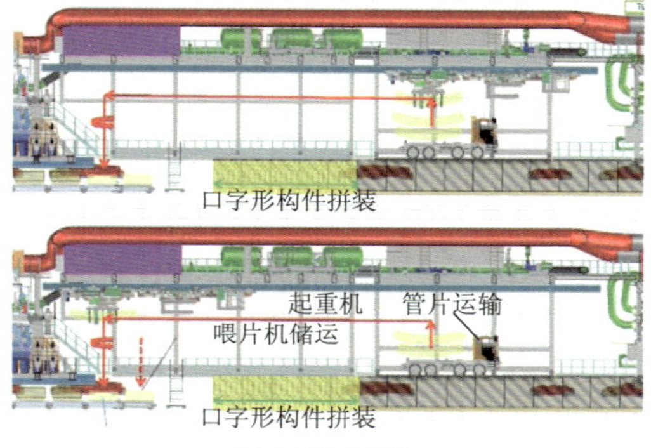


b）内部构件吊装

图 9-10　隧道内施工运输示意图

图 9-11　隧道内施工运输示意图

道路预制结构由专用卡车运至盾构 2 号车架前方后，通过盾构 1 号、3 号车架之间联系梁上的起重设备进行吊装。管片由汽车经隧道路面运输至盾构 1 号、3 号车架之间的联系梁下，通过联系梁上的起重设备将管片运到管片运输机构上，由管片运输机构将管片输送到拼装区域。盾构推进施工中隧道管片等工程材料由专用卡车（图 9-11）运输。采用卡车运输避免了用电机车运输过程中的容易脱轨问题，且选用卡车为双头牵引，运输效率较高。

4）高精度测量导向

隧道工程的测量控制包括平面控制测量、竖井联系测量、井下控制测量、垂直顶升测量、盾构机姿态控制、管片姿态测量等方面，测量控制的目的是确保隧道精确贯通。长江隧道的轴线的平面控制，采用了 GPS 测量技术，与传统的平面控制测量的边长相比，其基线向量可以达到上百米甚至上千公里，具有点数少、精度高、费用低等优点。

同时，本工程通过精确的盾构初始化测量以及自动导向系统，保证了盾构姿态的良好控制：通过安装在盾构机内部的电子倾斜仪自动得出盾构机的转角和坡度，同时根据全站仪上的激光发射器在激光靶上的激光入射角，得出盾构机的方位角，由内嵌公式计算出盾构机的切口和盾尾坐标。上海长江隧道自动导向装置工作示意如图 9-12 所示。

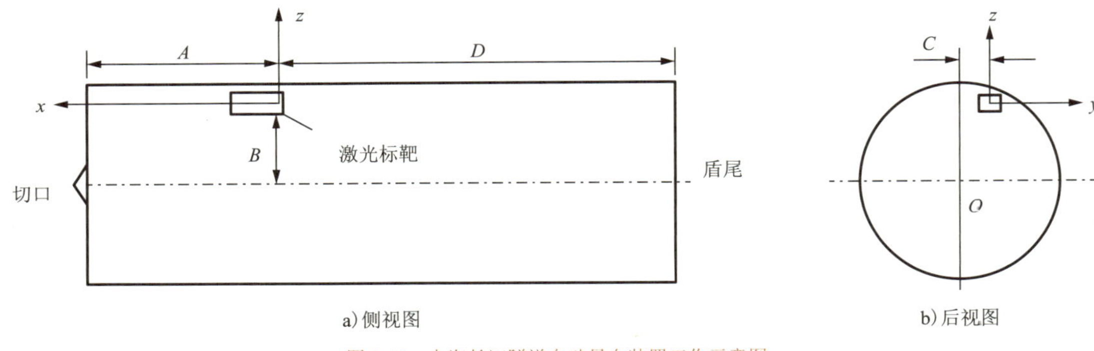

图 9-12　上海长江隧道自动导向装置工作示意图

另外，工程还自主研发了管片选型系统（图 9-13），结合盾构在推进过程中的姿态参数，通过对在不同封顶块位置拼装所产生的所有连续 3 环管片组合与隧道设计轴线偏离结果进行科学计算和比较，极大提高了管片拼装的科学性与正确性。

为了保证隧道准确贯通，在隧道推进到 7km 时，从隧道的顶部顶升两根相距为 16m，直径为 600mm 管子到地面上，然后通过竖井联系测量方法将地面控制网的坐标传递到隧道内部，如图 9-14 所示。

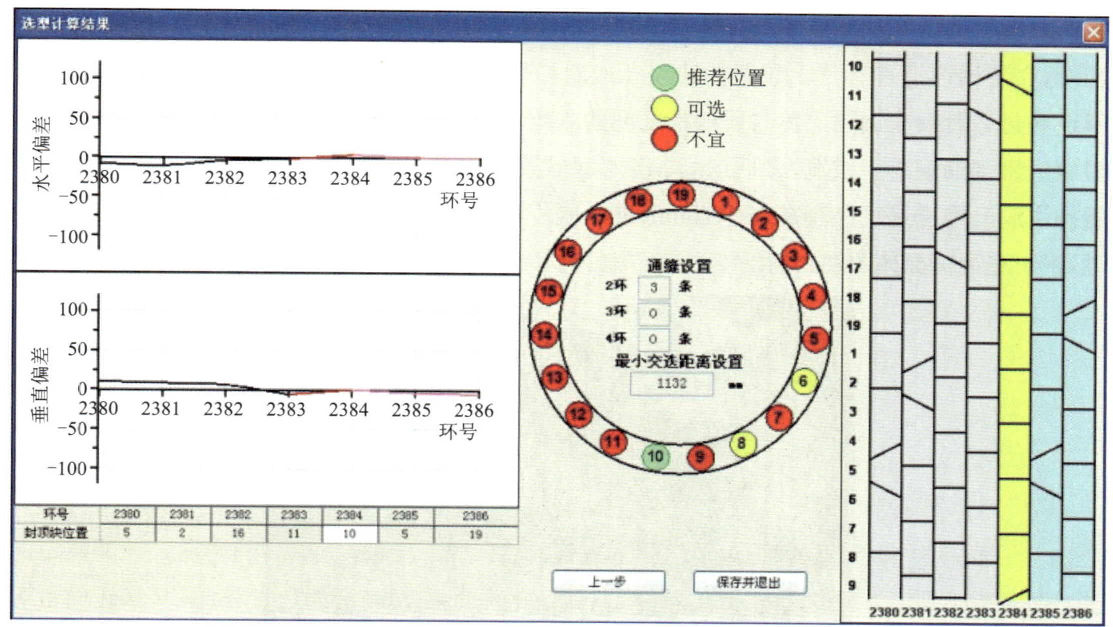


| 环号 | 2380 | 2381 | 2382 | 2383 | 2384 | 2385 | 2386 |
|---|---|---|---|---|---|---|---|
| 封顶块位置 | 5 | 2 | 16 | 11 | 10 | 5 | 19 |

图 9-13　管片选型系统

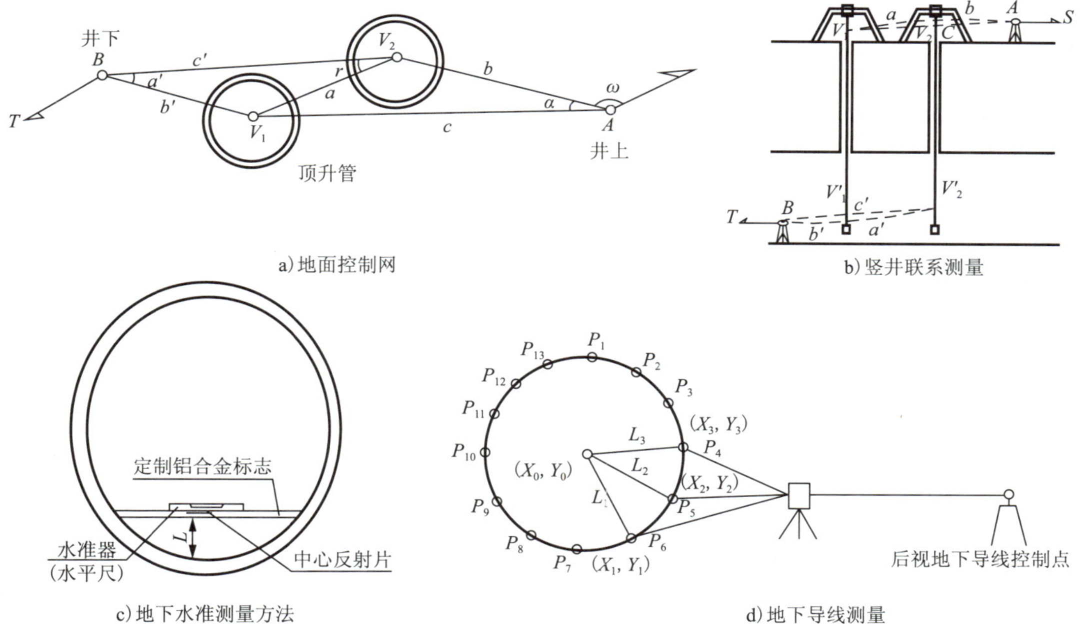


图 9-14　盾构垂直顶升测量

5)盾构水中接收

进洞段隧道位于②$_3$ 灰色砂质粉土和④$_1$ 灰色淤泥质黏土层中，地面高程 +2.7m。盾构进洞时为直线段，坡度为 2.9%，覆土厚度约 6.8m。为了确保盾构进洞的安全，采用水中接收方案。盾构机切口靠上洞门混凝土前，向接收井内灌水，水位高程与外界地下水水位标高一致，同时，在隧道内通过管片上预留的注浆孔向盾尾后部管片外侧连续压注双液浆，稳定已建成隧道和封堵后部未加固土体与盾构机之间的水土流失通道。上述工作完成后，盾构机切削洞口碳纤维钢筋混凝土进洞，之后切削 M5 水泥砂浆层，并坐卧于砂浆支座上缓缓进入接收井。盾构进洞段推进速度控制在 5 ~ 10mm/min，同步注浆采用活性浆液压注，盾构机采用清水推进，水中进洞情况如图 9-15 所示。

图 9-15　盾构水中进洞

6）道路结构同步施工

隧道内部结构如图 9-16 所示。为合理缩短工期，采用盾构隧道掘进和内部道路结构同步进行的施工方式，较大的隧道空间也为同步施工创造了有利条件。即时同步施工方案的步骤如下：盾构掘进机前进→道路结构预制“口”字形结构吊装就位→上述步骤循环→相距 200m 后道路两侧及路面板开始制作→两侧防撞侧石现浇→盾构机进洞后，道路路面素混凝土铺张层施工。

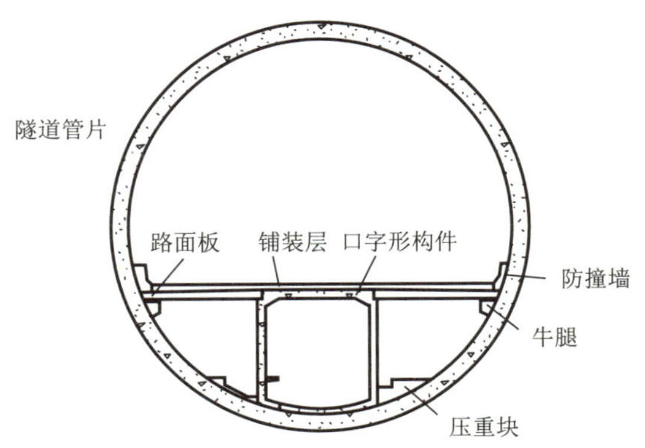


图 9-16　隧道内部结构示意图

“口”字形预制构件的吊装与盾构机推进同步进行，预制构件的宽度为 2m，吊装施工区域位于 2 号车架，通常情况下盾构机每推进 1 环，即吊装 1 块“口”字形预制构件，吊装完成的预制构件作为隧道内的运输通道。为确保盾构机快速掘进，确保水平运输道路畅通，路面结构施工滞后 3 号车架后约 200m，采用定型加工模板和快速拆装支架进行两侧路面现浇结构施工。制作完毕后 5d 养护拆模，28d 后开放 3 车道交通。同步施工与车量运输协调示意图如图 9-17 所示。

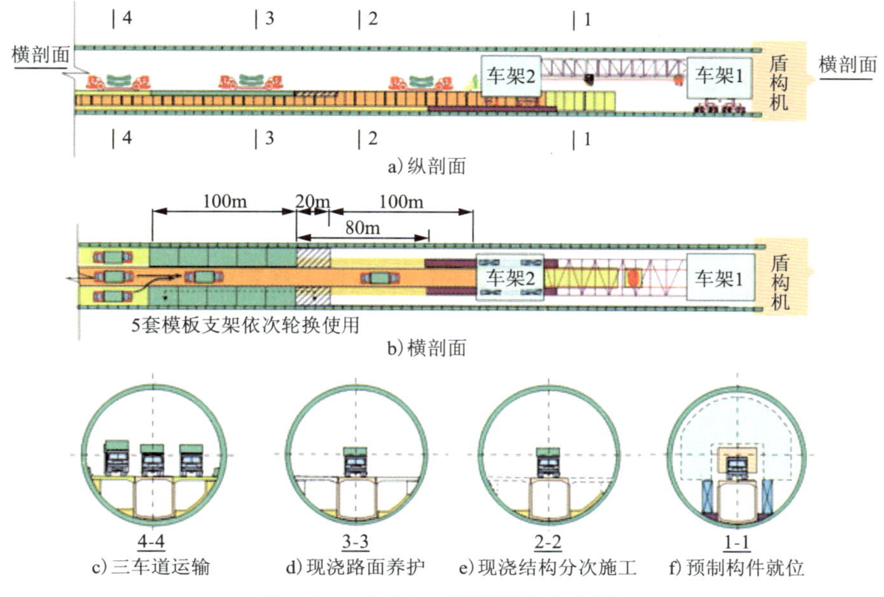


图 9-17 同步施工与车辆运输协调示意图

# 9.2 大直径土压平衡盾构隧道——上海外滩通道

## 9.2.1 工程概况

上海外滩通道工程自北至南穿越整个外滩地区，是上海市“三纵三横”交通主干网络中三纵东线的组成部分，被誉为解决市中心交通问题的“心脏搭桥手术”式的工程。建成后有效缓解了外滩地区的交通拥堵状况，改善了外滩环境，提升了城市功能，并服务上海世博会交通。该通道在国内首次采用单管双层六车道横断面。外滩通道南起南外滩老太平路，沿中山东一路、中山东二路向北，从外白渡桥下方穿过苏州河，沿东大名路穿过东长治路，连接北外滩区域，在吴淞路闸桥北侧接入吴淞路，沿吴淞路向北到余杭路，全长 3326m。整个外滩通道工程从天潼路至东门路，以福州路接收井为界分为南段及北段，老太平路至福州路（南段）采用明挖工艺施工；在福州路至东大名路（北段）采用盾构法施工。外滩通道工程总体位置如图 9-18 所示。

图 9-18　外滩通道工程总体位置示意图

外滩通道北段采用盾构法进行施工，盾构段全长 1098m，平面布置如图 9-19 所示，盾构施工主要分为三个阶段，第一阶段出洞段施工：盾构机出洞至穿越浦江饭店、上海大厦；第二阶段常规段施工：穿越外白渡桥、北京东路南京东路地下通道、上穿地铁 2 号线及水平穿越外滩万国建筑群至进洞前 50m；第三阶段进洞施工：进洞前 50m 至盾构进洞结束。盾构机采用日本三菱公司设计制造的直径为 14.27m 的土压平衡盾构机。盾构施工段范围内设置两个工作井，天潼路工作井为始发井，福州路工作井为接收井。盾构隧道主线最大纵坡为 5.0%。全程隧道平面轴线大致可分为 8 段，最小转弯半径为 550m；隧道竖向轴线分为 6 段，最小竖向曲线半径为 1500m，详细数据见表 9-1。

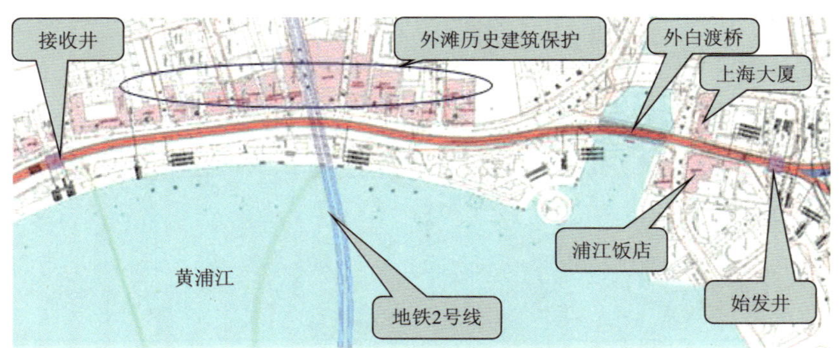


图 9-19　外滩通道圆隧道段平面布置图

**外滩通道隧道轴线各分段曲线半径和坡度**　　表 9-1

| 隧道竖向轴线 | | 隧道平面轴线 | |
|---|---|---|---|
| 分段长度（m） | 曲线半径（m）或坡度 | 分段长度（m） | 曲线半径（m） |
| 221.8 | 5% | 3.632 | 缓和曲线 |
| 194.4 | 2000 | 137.997 | 直线 |
| 231.202 | -5% | 237.656 | 550.889 |
| 75.3 | 1500 | 200.039 | 500 |
| 362.854 | 0.3% | 36.224 | 直线 |
| 12.444 | 2000 | 166.421 | 500 |
| | | 178.611 | 直线 |
| | | 137.42 | 650 |

整个盾构隧道段共需要管片 557 环(包括负环)。每环管片由封顶块 F 块(1 块:F 块)、邻接块 L 块(2 块:$L_1$、$L_2$)、标准块 B 块(6 块:$B_1$、$B_2$、$B_3$、$B_4$、$B_5$、$B_6$)共 9 块管片组成,为通用楔形管片,采用错缝拼装,管片楔形量为 79.72mm。管片外径为 13.95m,内径为 12.75m,厚 0.6m,环宽 2m。管片纵向和环向均采用螺栓连接。纵向管片环与环之间采用 34 根 M30 的纵向螺栓连接;环向管片块与块之间采用 2 根 M36 的环向螺栓连接。

外滩通道工程是中国国内首次采用超大直径土压平衡盾构法的工程案例,其中超过三分之一的区间为浅覆土段,盾构顶面覆土仅为 8.52m,超大直径土压平衡盾构浅覆土施工给地表变形控制带来巨大挑战;同时,上海外滩通道工程处于城市密集区,隧道一边是珍贵的历史建筑群,一边是黄浦江,盾构机在两者狭窄地带中穿行而过,并要穿越著名的外白渡桥与运营中地铁 2 号线,工程环境相当敏感,几乎遇到了土压平衡盾构施工所有的技术难点。上海外滩通道工程的成功为今后类似的工程提供了参考,对大型土压平衡盾构在中国的推广具有重要意义。

工程于 2007 年 8 月 18 日开工建设,2009 年 1 月 23 日盾构始发,2009 年 8 月 17 日贯通,于 2010 年 3 月 28 日整体投入通车运行。

## 9.2.2　工程地质及水文地质条件

隧道覆土厚度为 8 ~ 24m,隧道主要分布于$②_{3\text{-}1}$灰色黏质粉土夹粉质黏土、$②_{3\text{-}1}$灰色砂质粉土、③淤泥质粉质黏土、④淤泥质黏土、$⑤_1$粉质黏土及$⑤_3$粉质黏土夹黏质粉土中。

工程沿线陆域浅部土层中的地下水类型为潜水。水位埋深为 0.90 ~ 2.50m。潜水水位主要受大气降水、地表径流等影响,呈幅度不等的变化。承压水分布于⑦($⑦_1$、$⑦_2$)层和⑨层中,⑦层为上海地区第一承压含水层,⑨层为第二承压含水层。⑦层承压水水位埋深为 5.35 ~ 10.31m;⑨层承压水水位埋深为 13.80m。

盾构机从天潼路工作井始发后沿线需穿越众多历史保护建筑物和重要构筑物,其中主要有浦江饭店、上海大厦、外白渡桥、南京东路地下通道、北京东路地下通道、地铁 2 号线及外滩万国建筑群,这些建(构)筑物与外滩通道位置关系见表 9-2。

主要建(构)筑物与外滩通道位置关系　表 9-2

| 序号 | 建(构)筑物名称 | 距隧道边最近距离(m) | 序号 | 建(构)筑物名称 | 距隧道边最近距离(m) |
|---|---|---|---|---|---|
| 1 | 浦江饭店 | 1.7 | 6 | 对外贸易局 | 25 |
| 2 | 上海大厦 | 2.8 | 7 | 中国农业银行 | 14 |
| 3 | 外白渡桥墩基础 | 下穿 | 8 | 工商银行 | 21 |
| 4 | 中国光大银行 | 18.9 | 9 | 中国银行 | 22 |
| 5 | 招商银行 | 17 | 10 | 和平饭店北楼 | 21.7 |

续上表

| 序号 | 建(构)筑物名称 | 距隧道边最近距离(m) | 序号 | 建(构)筑物名称 | 距隧道边最近距离(m) |
|---|---|---|---|---|---|
| 11 | 和平饭店南楼 | 22.8 | 16 | 中国外汇交易中心 | 24 |
| 12 | 中信银行 | 30 | 17 | 上海市外滩律师事务所 | 20 |
| 13 | 上海市家用纺织品进出口公司 | 20 | 18 | 市总工会 | 9.9 |
| 14 | 友邦大厦 | 15 | 19 | 上海海关 | 11 |
| 15 | 上海市文化广播影视集团 | 19.4 | 20 | 上海浦东发展银行 | 13 |

此外，隧道沿线上方分布有大量煤气、雨水、污水、电信、电力等数十条新旧管线，其中大部分管线的确切位置不甚明确，需要花费大量的精力进行摸排。

图 9-20 “外滩通泰号”土压平衡式盾构机

## 9.2.3 盾构掘进机

工程采用三菱公司制造的直径为 14.27m 的大型土压平衡式盾构机，如图 9-20 所示。其刀盘为辐条式，最大扭矩 63436kN·m，总推力 176800kN，推进速度可达 5.4cm/min。

1)推进系统

推进系统共配有 34 组(68 只)千斤顶，分布在 8 个油压分区内，千斤顶的布置示意如图 9-21 所示。盾构掘进机的方向可通过 8 个油压分区进行纠正。每个区有一组油缸。盾构掘进机的方向可通过 8 个油压分区进行纠正。盾构千斤顶具有测量同步功能。为了测量土舱内的土压，在隔板外部的左右对称位置各安装有 4 个土压计。土压力传感器布置示意如图 9-22 所示。

图 9-21 千斤顶布置示意图

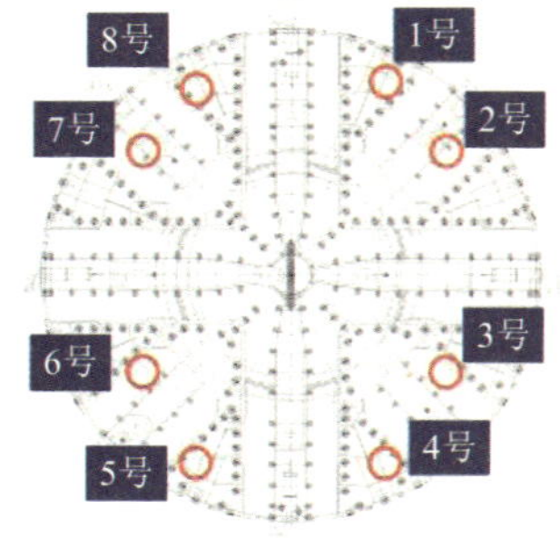


图 9-22 土压力传感器布置示意图

2)出土系统

土压平衡式盾构机采用螺旋出土系统，经刀盘装置切削后而被卷入刀盘土舱的土砂，通过设置在隔板下部的螺旋输送机被排到后方，在螺旋输送机后端部附近的下部设有排土闸门，切削土自排土闸门排出。排土闸门装在螺旋输送机后端的下部，通过2台液压千斤顶的伸缩力来开、关闸门板，千斤顶伸出时闸门打开。

3）土体改良系统

由于盾构机直径较大，开挖过程中会同时穿越多个地层，地层条件较复杂，开挖面上的压差也较大，导致不易控制平衡，因此需要进行土体改良。土体改良系统由前车架上的溶液桶、材料桶、注入泵、发泡装置及控制装置、空压机等组成。注入泵共配置4台，分8根管路，将改良添加剂材料压注到8个注入口，其中刀盘正面7个注入口，侧面1个注入口，也可向隔舱板、螺旋机预留管口注入。刀盘及土舱内的改良注入孔布置示意如图9-23所示。

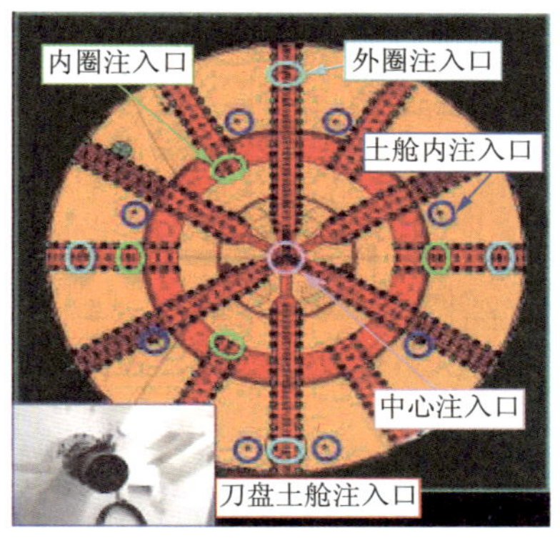


图9-23　刀盘及土舱内的改良注入孔布置示意图

## 9.2.4　大直径土压平衡盾构穿越技术

1）土体改良

采用大直径土压平衡式盾构机在软土地层进行施工时，需要特殊的土体改良方法来满足隧道的施工要求，改善进入土舱内土体的均匀度，提高整体塑流性，维持刀盘内外土体压力的均匀传递，保证开挖面的稳定，同时降低盾构机工作压力，使之匀速平衡地进行掘进。一般依靠注入泥浆、泡沫等改良添加剂材料进行调整。

为保证上海外滩通道工程沿线设施的安全，对该地区土体改良适应性进行了室内试验研究，以确定用于开挖面土体改良的添加剂，然后利用确定好的添加剂进行模型试验，确定土体改良的施工参数，最后利用现场试验验证土体改良技术的实际应用效果。最后确定的具体添加剂参数设置见表9-3。

添加剂参数设置　　表9-3

| 项目 | 泡沫 | | | 膨润土浆液 | | |
|---|---|---|---|---|---|---|
| | 浓度(%) | 发泡率 | 注入率(%) | 密度(g/cm$^3$) | 黏度(s) | 注入率(%) |
| 参数 | 3～5 | 25倍 | 15～30 | 1.06 | 40 | 0～10 |

在盾构掘进的过程中，对刀盘正面不同开挖点位置进行泡沫的注入改良，泡沫注入孔布置于刀盘正面中心点、中圈及外圈位置，在掘进过程中根据实际掘进土质及盾构施工参数，对泡沫注入的总量及不同位置点注入量的分配进行设定，以满足盾构施工参数在正常的可控制范围内。中心点（直径6m内）、中圈（直径6～12m内）、外圈（直径12～14.27m内）位置泡沫的注入比例一般为2：3：1。同时，在土舱内设计一个机械搅拌器，利用刀盘旋转与土舱

内壁隔板的相对运动搅拌渣土，刀盘和土舱内壁隔板均安装有搅拌棒以增加混合效果。

2）皮带输送机连续出土

外滩隧道工程位于外滩核心区域，环境特殊，经反复分析研究，确定出土方案为水平皮带输送机＋垂直提升的连续出土方式。皮带输送机水平运输，抓斗垂直运送，满足了外滩工程对于工期进度的要求。皮带输送机系统不仅提供了快速、连续、安全出土的新概念，同时对隧道空间的合理应用提供了一个好的思路。

其工作流程为：泥土从盾构车架上原有输送机卸到同步延伸水平皮带输送机上，再经同步延伸皮带输送机沿着隧道输送到工作井的集土坑内，再利用抓斗垂直运输至空中集料斗，经空中集料斗辅助设备卸至土方车外运。出土皮带输送机如图 9-24 所示。

a）集土坑

b）水平皮带输送机

图 9-24　出土皮带输送机

整个外滩通道工程盾构机掘进过程中，连续出土装置出色完成了每天约 2500m³ 的出土工作，保证了工程的顺利进行。

3）盾构穿越建（构）筑物保护

外滩通道沿线云集了浦江饭店、和平饭店、海关大楼等数十栋风格迥异、中西合璧的历史保护建筑物，根据施工前期的全面检测，这些建筑物都存在一定的不均匀沉降、倾斜以及上部结构老化的问题。根据建筑物与隧道的位置关系，针对各建筑物的基础情况及其与隧道的相对关系，分三类穿越情况设置了保护预案：第一类为盾构机超近距离穿越浦江饭店时，采用隔离桩结合桩间补偿注浆对建筑物进行全面隔离；第二类为盾构机近距离穿越上海大厦时，采用补偿注浆隔断法减弱盾构机推进对建筑物的影响；第三类是在苏州河南岸漫长的万国建筑群穿越过程中，对盾构机推进的各项参数进行严格控制，以减小对建筑物的影响。

浦江饭店始建于 1860 年，基础薄弱，部分较好的基础仅为长 3.2m 的木桩。饭店水平向距离隧道外边线仅 1.7 ～ 4.5m，如图 9-25 所示。由于盾构隧道施工技术的复杂性，还不能完全控制盾构掘进过程中引起的中心区域地表沉降。这种不均匀沉降对结构脆弱的建筑的影响是灾难性的。为了保证盾构机侧穿浦江饭店时该建筑的安全，采取了一些必要的工程保护措施。

工程中选择了一种特殊的套管法——外套管内螺旋取土的施工方法（FCEC 工法），如

图9-26所示。FCEC工法采用正逆同步双回转全套管机械，内外同步正逆钻至桩底标高。外钢套管逆向旋转，内螺旋正向旋转取出钢管内的土，同时外钢套管起护壁的作用。此工法能有效减少对土体的扰动，这对控制浦江饭店的不均匀沉降十分有益，并辅以桩间注浆的措施，可更有效地控制地面沉降。

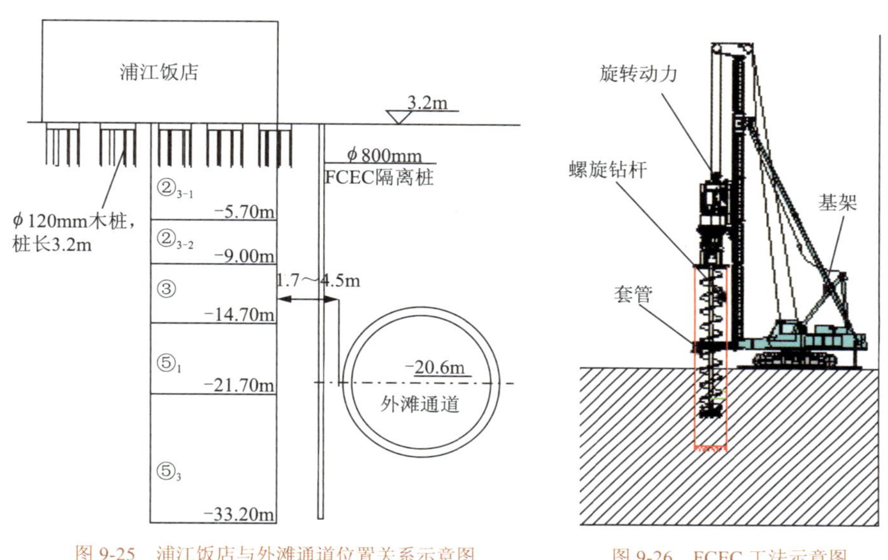


图9-25　浦江饭店与外滩通道位置关系示意图　　图9-26　FCEC工法示意图

FCEC加固法的隔断效果十分明显。盾构侧穿浦江饭店的沉降均小于10mm，不均匀沉降小于5mm，其变形得到了有效控制。

4）盾构穿越运营地铁

外滩通道工程盾构隧道在345环～355环需上穿运营中的地铁2号线，斜交角度73°。此阶段盾构顶部覆土为8.52～8.65m，盾构底部距离地铁2号线隧道顶部最近仅有1.46m，如图9-27所示。盾构机穿越区主要土层为$②_0$江滩土、④灰色淤泥质黏土、$⑤_1$灰色黏土、$⑤_3$灰色粉质黏土。

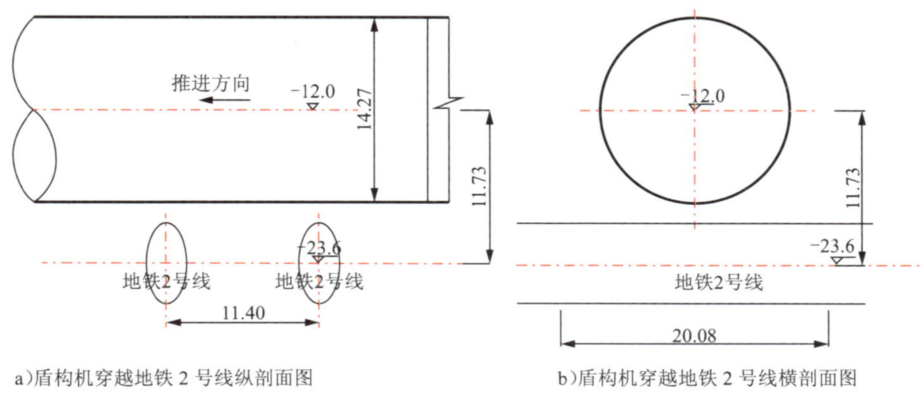


a)盾构机穿越地铁2号线纵剖面图　　b)盾构机穿越地铁2号线横剖面图

图9-27　盾构穿越地铁2号线示意图(尺寸单位：m)

盾构推进的过程采取的主要施工措施如下：

（1）土舱压力设定

土舱压力的取值按土的侧向静止平衡压力系数 $k_0$=0.7 计算，盾构穿越地铁 2 号线阶段理论土压值为 0.193 ～ 0.195MPa。实际操作过程中根据试验段分析数据以及穿越过程中深层土体沉降点的监测数据逐环进行调整。

（2）同步注浆控制

根据试验段的注浆参数结合穿越段的土层性质以及轴线情况进行严格控制，保证浆液压注的均匀性、连续性，尽量有效合理填充建筑空隙。

（3）推进纠偏

在穿越过程中，在确保盾构正面沉降控制良好的情况下，尽可能使盾构匀速通过，减少盾构纠偏量和纠偏次数。推进时不急纠、不猛纠，采用稳坡法、缓坡法推进，以减少盾构施工对地铁 2 号线和地面的影响。

（4）推进速度控制

盾构机严格按照“匀速推进”的原则进行推进，推进速度控制在（20±3）mm/min，匀速推进保证了盾构机与周围地层的宏观动态力学平衡。

（5）地铁 2 号线隧道上浮控制

盾构每环的开挖量达到 320$m^3$，土的质量每米近 285t，而盾构机自身的质量每米仅有 136t，盾构机质量远小于开挖土质量。当盾构 1 号车架脱出后，对 1 号车架尾部与口字形构件之间 5 环区域以及口字形构件内部进行了压重。同时迅速实施口字形构件两侧混凝土的浇筑，增加隧道的纵向刚度，控制隧道变形。

（6）地铁 2 号线监测

盾构机穿越地铁 2 号线期间，对地铁 2 号线进行沉降监测，监测的范围为以外滩通道穿越 2 号线上、下行的中心为对称点向 2 号线两侧各延伸 50m 的隧道。每一次测量成果均及时汇总给施工技术部门，以便于施工技术人员及时了解施工现状和相应区域地铁变形情况，确定新的施工参数和注浆量等信息和指令，并传递给盾构作业面，据此及时作相应调整，确保隧道施工质量。

2 号线变化最大的位置位于盾构切口切入点，由于盾构机与 2 号线存在一定夹角，因此，变形最大的位置不在盾构轴线下方，而是位于盾构轴线的左侧。切口距离 2 号线隧道 4 ～ 5 环时，2 号线上下行线开始受到影响，至切口到达时，上抬约 1mm。盾构掘进使 2 号线上覆荷载减小，下行线上浮约 3mm，上行线上浮约 4mm，隧道上浮；推进过程比拼装过程容易引起隆起。车架脱出穿越段后，2 号线变形逐渐稳定，这表明采取的压重措施对于控制 2 号线的变形具有明显效果，地铁 2 号线隧道变形情况如图 9-28 所示。

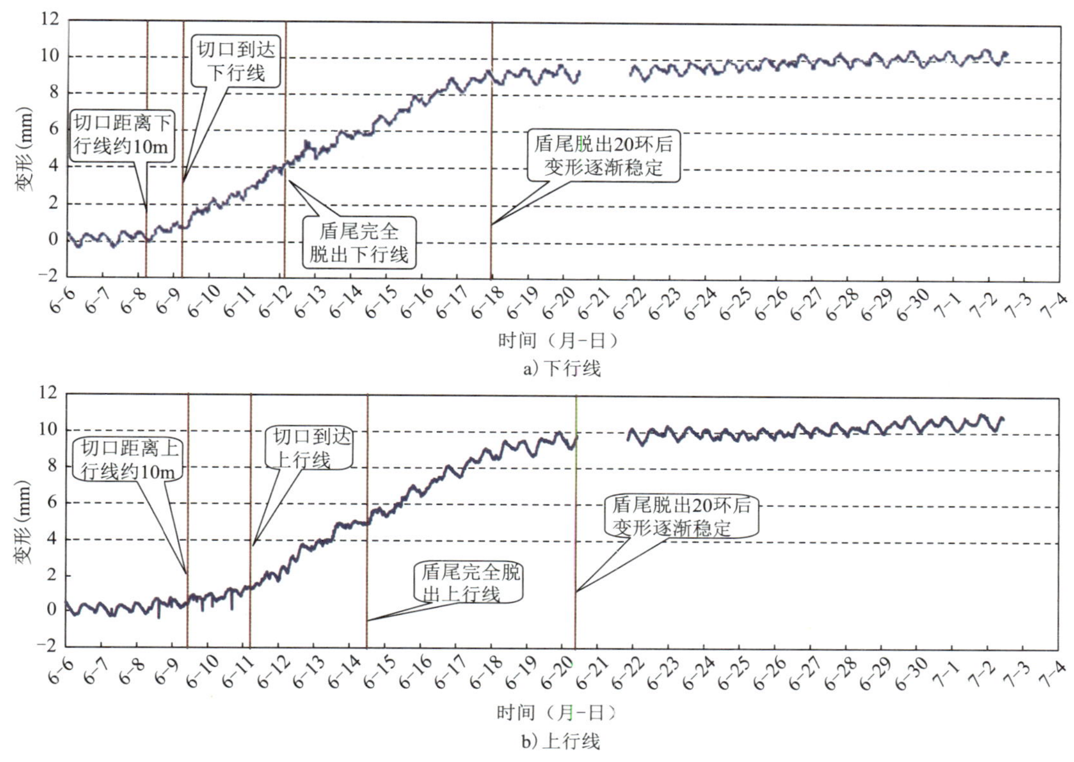


图 9-28　地铁 2 号线隧道变形情况

# 9.3　国内最大直径盾构隧道——武汉三阳路隧道

## 9.3.1　工程概况

武汉三阳路长江隧道工程为武汉市轨道交通 7 号线一期工程穿越长江段，越江隧道主线总长 4650m，是设计速度 60km/h 的双向 6 车道城市主干路与轨道交通 7 号线越江段合建隧道工程。在解放大道、中山大道、和平大道、友谊大道设置了 4 对进出匝道隧道，匝道隧道合计约 2600m。其中越江段 2590m 采用公铁合建圆形隧道，盾构法施工。三阳路隧道是连接汉口滨江商务区和武昌岸临江商务区的重要纽带，江中段隧道将采用 2 台直径 15.76m 的超大直径泥水平衡盾构施工，盾构先后从武昌秦园路工作井始发，穿越长江后，到达汉口三阳路工作井。武汉三阳路长江隧道线路布置示意如图 9-29 所示。

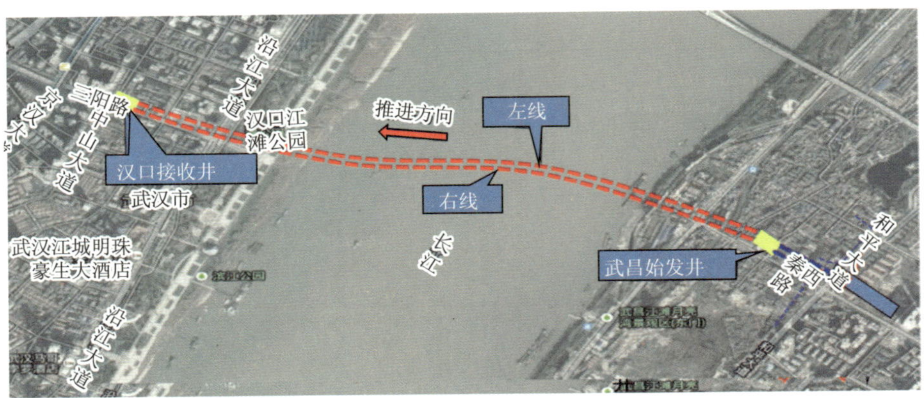


图 9-29　武汉三阳路长江隧道线路布置示意图

江中段圆隧道结构外径 15.2m，内径 13.9m，分为上下两层，上层布置 3 条 3.5m 宽车道，下层布置轨道交通 7 号线以及疏散通道和电缆廊道。武汉三阳路长江隧道内部结构布置如图 9-30 所示。

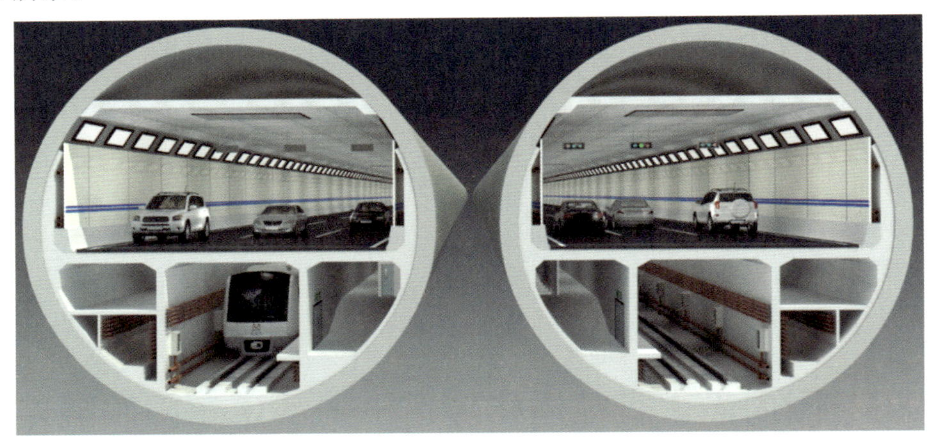

图 9-30　武汉三阳路长江隧道内部结构布置

隧道施工主要面临的挑战在于盾构掘进处于泥岩复合地层，隧道江中段 15a、15b 粉砂质泥岩和弱胶结砾岩中黏粒成分均超过 15%，对渣土流动性十分不利，极易造成刀盘开口与刀桶的泥饼淤积。另外，复合地层上部为软土地层，下部为强度高、完整性好的岩石地层，这种地层不仅容易造成刮刀冲击崩坏，不同的阻力差还容易造成软弱层排土过多，引起地层下沉、塌方，引发严重的透水事故。针对以上难点，工程提出了盾构掘进控制管理、常压换刀管理、刀盘泥饼防治、高水压江底盾构刷更换等技术，各技术均成功运用于隧道建设当中。

右线盾构于 2016 年 4 月 30 日始发，2018 年 4 月 26 日完成盾构接收。左线盾构于 2016 年 6 月 25 日始发，2018 年 6 月 12 日完成盾构接收。2018 年 10 月 1 日武汉三阳路长江隧道正式通车运营。

## 9.3.2 工程地质及水文环境

越江盾构穿越土层主要有:〈3-2〉粉质黏土、〈4-2〉粉细砂、〈4-3〉中粗砂、〈15a-1〉强风化粉砂质泥岩、〈15a-2〉中风化粉砂质泥岩、〈15b-1〉弱胶结砾岩。其中,1 ~ 90 环长度约180m 为〈4-2〉粉细砂与〈4-3〉中粗砂夹层;190 ~ 870 环长度约 1360m 为上部〈4-2〉粉细砂,下部〈15a-1〉强风化粉砂质泥岩、〈15a-2〉中风化粉砂质泥岩、〈15b-1〉弱胶结砾岩地层;1180 ~ 1295 环长度约 230m 为上部〈3-2〉粉质黏土,下部〈4-2〉粉细砂地层。其余为全断面粉细砂层。武汉三阳路长江隧道工程地质纵剖面示意如图 9-31 所示。

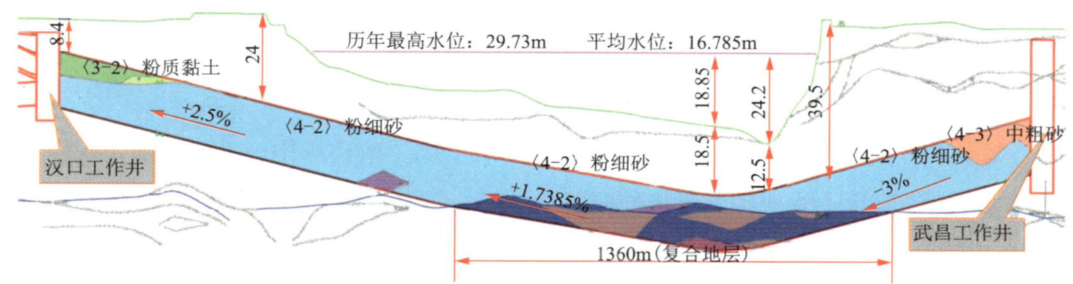

图 9-31 武汉三阳路长江隧道工程地质纵剖面示意图(尺寸单位:mm)

粉细砂层渗透系数高,密实度大,矿物成分以石英、长石为主,局部夹粉质黏土及中粗砂透镜体,石英含量 68.83% ~ 71.51%。岩层强度不高,最大单轴抗压强度 12.2MPa,但含有大量矿物成分,极易引起刀盘结泥饼现象。〈15a-1〉强风化粉砂质泥岩中,绿泥石含量15.78%,伊利石含量 15.37%。〈15a-2〉中风化粉砂质泥岩中,蒙脱石含量 4.18%。〈15b-1〉弱胶结砾岩中骨架颗粒多为硬质岩石且颗粒较大(最大粒径可达 20cm 左右),骨架成分以石英岩、石灰岩等硬质岩为主,极易造成刀盘刀具磨损。三阳路隧道土层物相分析测试结果见表 9-4。

三阳路隧道土层物相分析测试结果 表 9-4

| 样品编号 | 方解石(%) | 白云石(%) | 钠长石(%) | 钾长石(%) | 云母(%) | 蒙脱石(%) | 方解石(%) | 绿泥石(%) | 伊利石(%) |
|---|---|---|---|---|---|---|---|---|---|
| 〈3-2〉 | 2.73 | 1.42 | 18.77 | 6.06 | 25.49 | — | — | 13.81 | — |
| 〈4-2〉 | 3.89 | 0.35 | 19.21 | 6.94 | 30.67 | — | — | 11.34 | — |
| 〈4-3〉 | 4.84 | 0.22 | 19.83 | 7.78 | 37.26 | — | — | 10.00 | — |
| 〈15a-1〉 | — | — | 15.71 | — | — | — | 2.51 | 15.78 | 15.37 |
| 〈15a-2〉 | 32.36 | 0.21 | 40.61 | — | — | 4.18 | — | — | — |

勘察期间实测场地上层滞水,静止地下水位埋深为 0.60 ~ 6.80m,相当于黄海高程16.09 ~ 21.45m。孔隙承压水与长江、汉江水力联系密切,呈互补关系,地下水位季节性变化规律明显,水量较为丰富。基岩裂隙水主要赋存于下部基岩中,主要接受其上部含水层中地下水的下渗及侧向渗流补给。长江历年最高水位 29.73m,多年平均水位 18.97 m(吴淞高

程)，年中不同季节的水位波动约 8m。

工程沿线盾构穿越区域均为密集的建(构)筑物。武昌段主要有武九铁路、长江堤防、武昌堤防处的农行广告牌基础以及诸多多层砖混结构房屋。汉口段主要有长江堤防、木材公司宿舍、武汉市国土资源和规划局等高层建筑。

## 9.3.3 盾构掘进机

武汉三阳路隧道的掘进施工采用德国海瑞克设计制造的直径 15.76m 泥水平衡盾构掘进机，最大推力 193MN，刀盘额定扭矩 27MN•m，脱困扭矩 44MN•m。为避免高压环境下的人员带压进舱换刀作业，设计了滚齿互换的常压刀盘，开口率 29%，可伸缩范围 0 ～ 400mm。

工程采用了 6 节车架的设计，车架全长约 150m。为了解决盾构施工和内部结构施工的材料运输问题，加长了管片转运车架，并增加了一节同步储浆车架，来保证在满足内部结构同步施工的情况下，盾构机可达到 8 ～ 10 环 /d 的掘进效率。

其中 1 号车架为盾构机操作室、动力、辅助和控制系统；2 号车架为行车梁系统、空压机、AB 液系统；3 号车架为行车梁系统、工业水汽的软管卷盘；4 号车架为管路延伸系；5 号车架为同步浆液转浆系统；6 号车架为发电机，二次通风及防火喷淋系统。

1 )刀盘、刀具

盾构机刀盘为全断面常压可伸缩刀盘，配备 28 把中心羊角刀，48 把贝壳刀，3 把保径滚刀，52 把常压可更换软土刮刀，160 把固定式刮刀，由于安装全断面可更换刀桶，因此中心 5m 无开口。盾构机面板上的初装刀具分层配置，第一个层次为超前刀，包括羊角刀、贝壳刀、滚刀，刀具高出面板 225mm，均为常压可更换刀具；第二个层次包括常压可更换刮刀、固定式刮刀、铲刀等，该层刀具高出面板 185mm，上下层刀具相差 40mm。先行刀将土体切割分块，为后排刀具创造良好的切削条件。盾构机刀盘、刀具示意如图 9-32 所示。

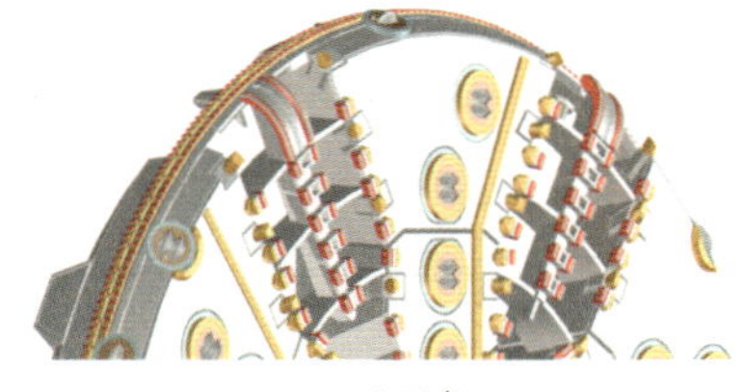
a)刀盘

b)双刃滚刀

c)羊角刀

d)可更换刮刀

图 9-32　盾构机刀盘、刀具示意图

刀盘配置了各种不同形式的磨损报警装置。刀盘正面设置 6 道液压预警线，刀盘背面设置 2 道液压预警线，每把可更换刀具均设置报警线。刀盘磨损预警装置如图 9-33 所示。

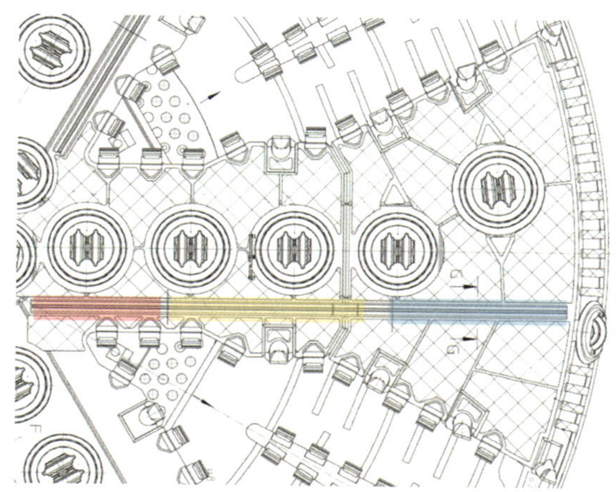

图 9-33　刀盘磨损预警(颜色区域)

2)主驱动

盾构机主驱动具备伸缩功能,该系统在推进过程中实时监控刀盘伸缩油缸的行程差,当行程差大于 3mm 时,刀盘伸缩油缸自动调节纠偏。一旦自动调节油缸压力超过额定值时,推进自动停止,确保刀盘轴承的安全。主驱动直径 7.6m,总装机功率 5600kW,最大转速 3.1r/min,伸缩油缸 18 组,总推力 79168kN。主驱动密封可实现静态 12bar,动态 8bar 的密封效果,主驱动装置示意如图 9-34 所示。

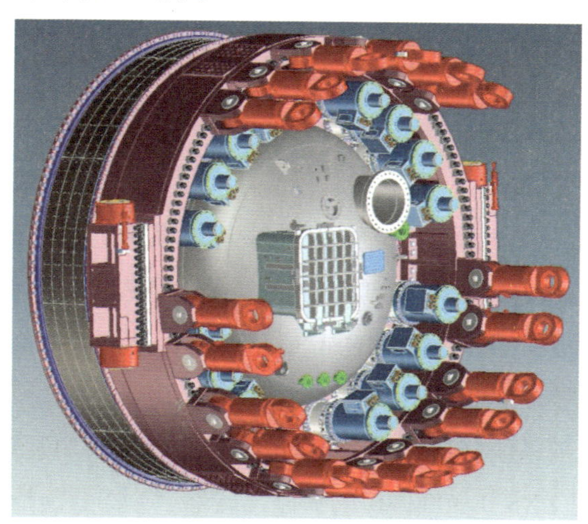

图 9-34　主驱动装置示意图

针对最大设计水压 0.65MPa,盾构机主驱动轴承密封系统,配置三道唇形密封,一套加压系统,确保正面水土不进入主驱动轴承间。

3)中心冲洗系统

盾构机进排泥设计流量为 3000m$^3$/h,进泥为 *DN*600mm 管路,排泥为 *DN*500mm 管路。为了保证中心 5m 无开口区域的泥水流动和刀盘冲洗,盾构机上设一台 P0.1 泵,最大流量为

1000m³/h，压力8bar，泵吸口在进泥总管上，出口一根总管分为12根管路供中心六个冲洗口和六个刀盘开口处的冲洗孔，如图9-35所示。

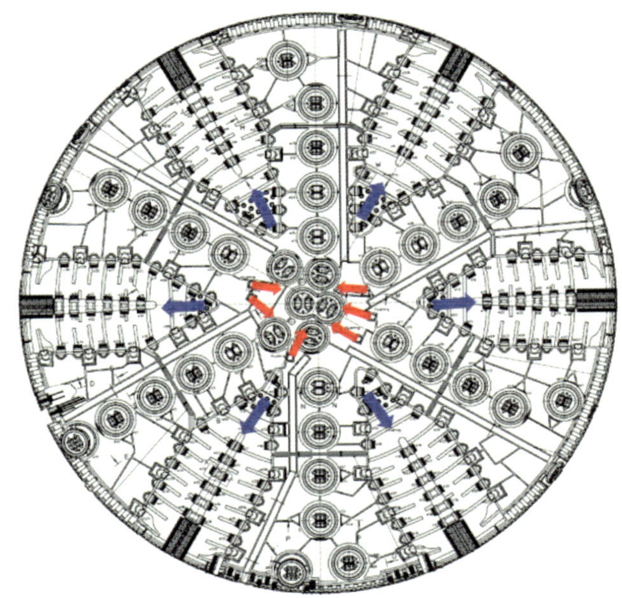

图9-35 刀盘冲洗示意图(箭头顺序)

## 9.3.4 复合地层大直径盾构施工技术

1)盾构掘进管理

在泥岩砾岩复合地层中，盾构切口平衡压力按照略高于主动土压力进行设定，刀盘转速一般控制在1～1.4r/min，掘进速度控制在15mm/min左右。掘进施工中，严格控制刀盘扭矩及总挤压应力。当刀盘扭矩超过25MN•m或挤压应力超过50000kN时，则需处理中心泥饼或更换刀具。

采用集成式泥水处理系统，包括泥浆分离系统、制浆系统、调浆系统和PLC集中控制系统。泥水分离系统采用ZXS Ⅱ-3000/30泥水分离设备，主要由预筛分器单元、一级旋流除砂单元、二级旋流除泥单元、振动筛分脱水单元、储浆槽冲砂单元等组成，泥浆最大处理量3000m³/h。使用过程中二级旋流器下溢口浆液含水量较大，泥水损失较大，后续将二级旋流下溢口接入一级旋流器中进行再次处理回收。

2)刀盘泥饼防治

结合推进试验，改进刀具布置，分别尝试采用全盘滚刀、滚刀和先行刀间隔布置以及全盘先行刀，结果表明：该地层中采用滚刀布置，刀盘偏磨现象严重，且下层固定刮刀受损严重，故采用全盘先行刀布置形式。

初装状态下的中心冲刷系统的效果并不显著，刀盘冲洗中心和周边开口冲洗的1000m³/h从进泥总管分出，造成开挖舱进泥流量偏小，渣土携带能力不足。将中心冲刷系统改为内循环模式，P0.1泵最大流量从1000m³/h增加到1200m³/h。同时，中心冲洗辅助加入压缩空气，以增加泥饼的消除和预防能力。

过氧化氢是一种很强的氧化剂，可以将黏土中的有机质分解成二氧化碳和水，从而释放黏土颗粒，降低胶结程度，达到清除固有泥饼、防止泥饼形成的效果。结合试验效果，工程中用过氧化氢溶液进行固有泥饼的消除，实施工艺方法如图9-36所示。

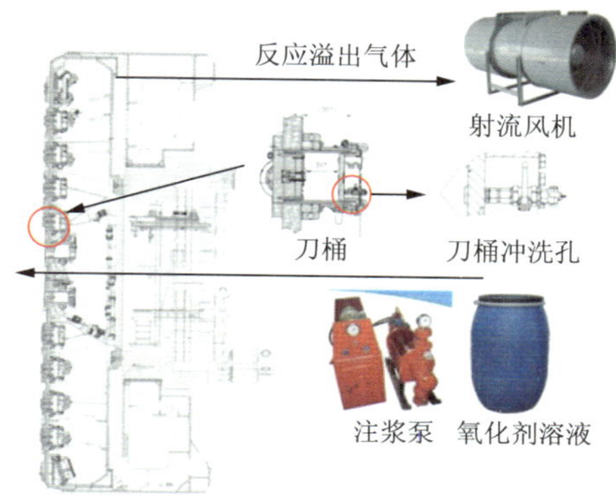


图9-36 过氧化氢消除泥饼工艺

3）常压刀盘刀具管理

常规的复合地层超大直径盾构，为避免高压环境下的换刀风险一般采用常压刀盘设计，但其特殊的结构形式对富含矿物泥岩存在局限性，主要表现为掘进速度慢、刀具磨损快。由此，基于盾构穿越富含矿物泥岩中刀盘易结泥饼问题，创新设计了耐磨型双层切削先行刀（图9-37），提出了以先行刀为主、中心刀群突出、辐条周边刮刀增高的总体布置形式，实现盾构切削与排渣的融合处置，高效切削岩体。针对常压刀具在复合地层切削过程中刀桶内的受力特点，发明了刀桶防弹出安全装置，保障常压环境可靠。

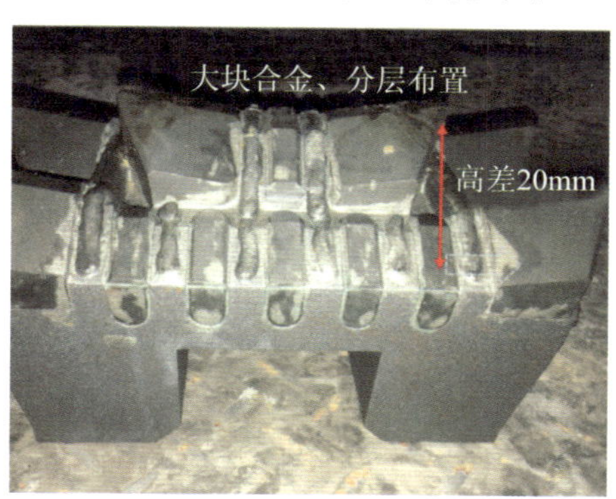


图9-37 双层切削先行刀

由于刀具更换频繁，开发了盾构刀具信息管理系统（图 9-38）。每次刀具更换完毕后，将刀具的形式、更换的环号、刀具的磨损量、刀具在刀盘上的编号等数据输入到刀具信息系统数据库中，刀具管理系统会根据刀具历史磨损数据及当前开挖方量，科学判断刀具磨损的程度。

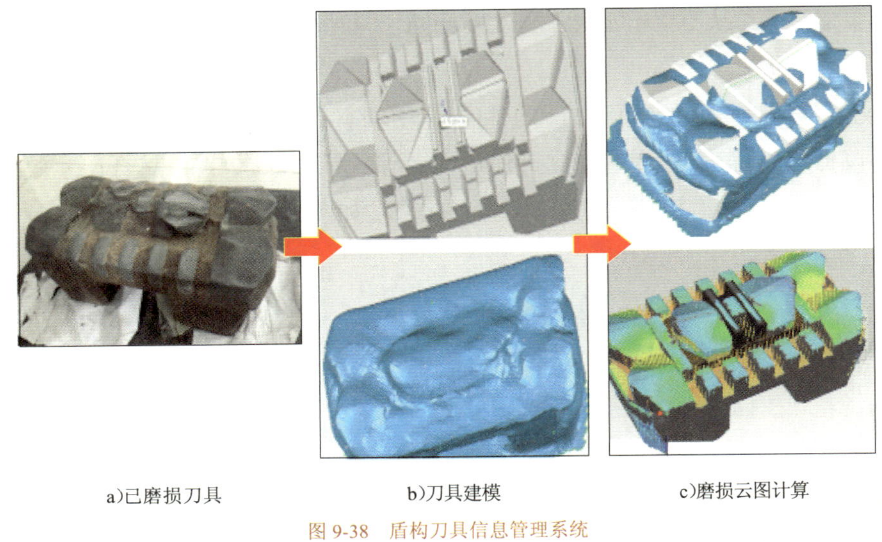


图 9-38　盾构刀具信息管理系统

4）高水压江底盾尾刷更换

武汉三阳路隧道盾构机盾尾设置 4 道盾尾刷及 1 道盾尾钢板，共 4 腔。盾构施工过程中，盾尾多次发现同步浆液渗漏现象，采取了补注盾尾油脂、填塞钢丝球及填充海绵等措施，基本控制住了盾尾在后续推进过程中的渗漏现象。左线盾构从 174 环开始，盾尾多次发现同步浆液渗漏现象。221 环掘进完成后，在不拼封顶块情况下，千斤顶行程至 1350mm，检查该范围内的第 4 道盾尾刷，发现部分盾尾刷失效（图 9-39）。

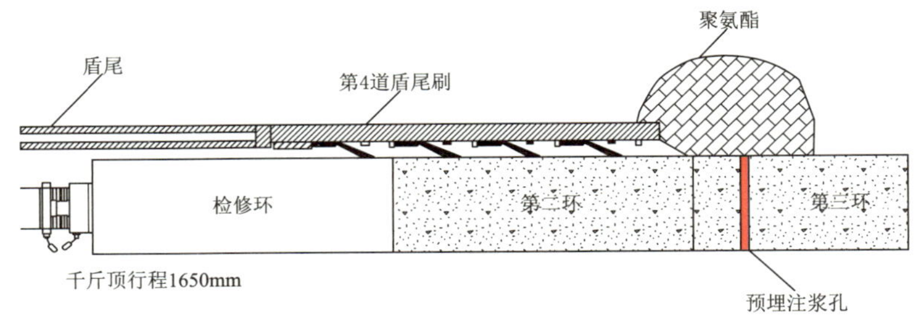


图 9-39　221 环检查盾尾刷情况

为了确保在后续盾构掘进施工的安全，将第 4 道盾尾刷进行更换。更换盾尾刷操作之前，首先拼装检修环，检修环拼装完成后，推进 75cm，使得第 4 道盾尾刷到达检修环后的更换位置。拆除盾尾内的管片及检修钢丝刷工作原则：拆除一块管片，即检修该位置处的盾尾刷，更换钢丝刷后涂抹盾尾油脂，再恢复拆除的管片，以此循环。管片拆除前，应在检修环前一环的预留注浆孔开孔，检查盾尾前三腔是否存在渗漏情况。

# 9.4　首次大直径盾构地中对接——东京湾海底公路隧道

## 9.4.1　工程概况

东京湾海底公路隧道把首都圈内的干线公路——东京湾海岸公路、东京外围环形公路、首郡中央联络汽车道路和东关东汽车道路连成一体，构成广阔领域的干线公路网，如图 9-40 所示。

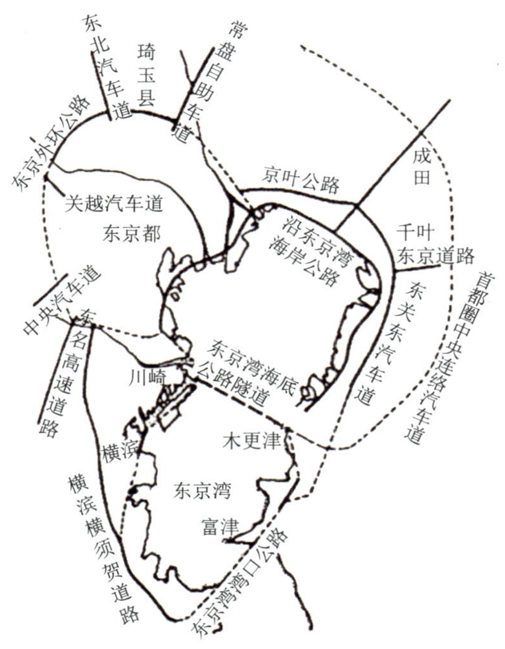


图 9-40　东京湾海底公路隧道位置示意图

工程全长 15.1km，海上部分由三大段组成：一为处在船舶航行较多的川崎侧，长为 9.1km 的海底盾构隧道；二为处在水深较浅的木更津侧，长为 4.4km 的海上桥梁；三为川崎侧岸边浮岛的引道部分（图 9-41）。为了缩短盾构机的掘进距离，于 9.9km 隧道段的海上部分的中间处筑造了川崎人工岛。此人工岛的筑造，是供隧道盾构向东、西两个方向推出 4 台盾构机；而在隧道的东端、连接桥梁的西端处，也筑造了木更津人工岛。从此岛上的沉井中向西推出 2 台盾构机，和由川崎人工岛沉井中向东推出的 2 台盾构机在东侧的海底地层中对接接合；而从川崎人工岛沉井中向西推出的 2 台盾构机，和从浮岛部分沉井中向东推出的 2 台盾构机，在西侧海底地层中对接接合。整条长度为 9.1km 的海底隧道建造，是由 8 台

直径为 14.14m 的超大型泥水平衡式盾构机在海底地层中穿越接通。此类盾构掘进机，长为 13.5m、质量达 3200t，为当时大级别的盾构机械。隧道行车按每个盾构隧道为同向双车道通行，规划要求 6 车道。隧道横断面布置如图 9-42 所示。

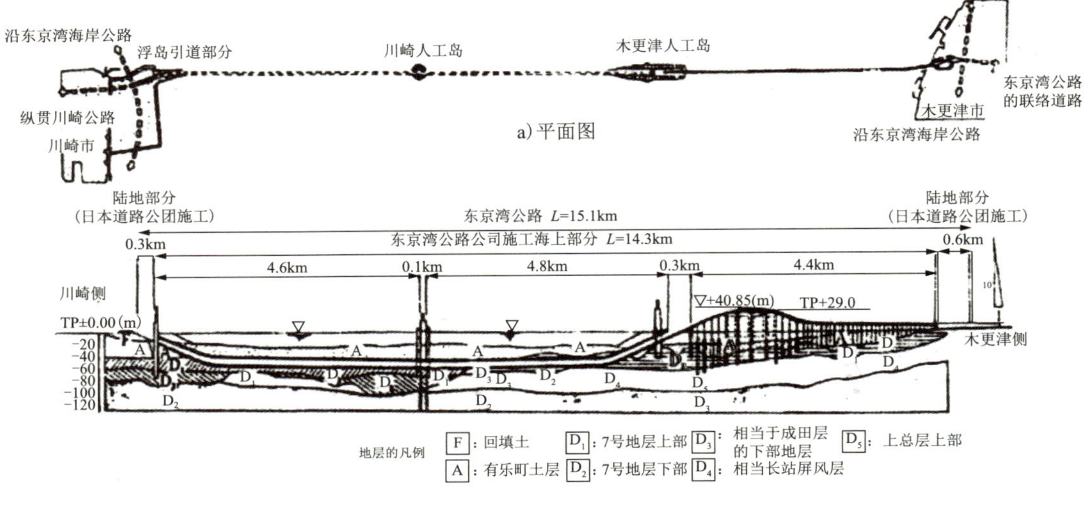


图 9-41　东京湾公路平面与纵剖面示意图

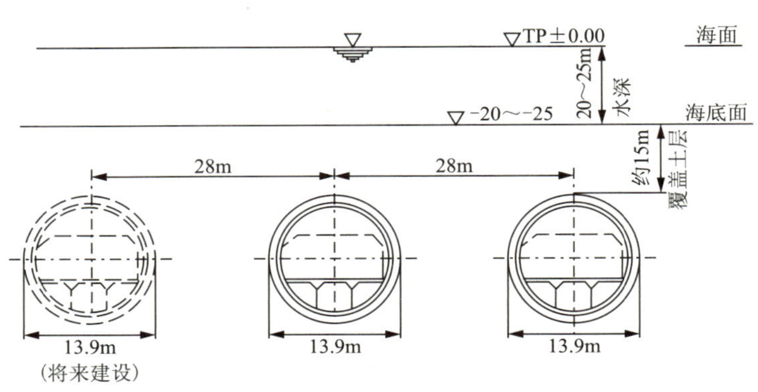


图 9-42　东京湾公路隧道横断面布置示意图

隧道在海平面以下 60m 处的东京湾海底地层中施工，开挖长度达 9.1km，所以隧道施工面临极为困难的条件。盾构机是从位于浮岛、川崎人工岛和木更津人工岛的竖井中始发推出，每台盾构机要推进 2000 ～ 2500m 后，在海底地层中两两对接接合，存在着社会性质的安全施工、在隧道施工作业中实施标准化、提高各工序效率和减轻人工体力劳动等一系列要求。

工程从 1966 年日本的建设省开始调查起，1976 年日本道路公团继续进行调查，于 1986 年成立了东京湾公路工程公司，到 1989 年着手建设该工程，直到 1996 年 8 月完成全线工程。整个工程概况见表 9-5。

东京湾海底公路隧道概况　　表 9-5

| 公路名称 | 东京湾公路 |
|---|---|
| 区　间 | 从川崎的浮岛至木更津人工岛 |
| 总　长 | 15.1km |
| 设计速度 | 80km/h |
| 设计荷载 | TL-20t 和 TT-43t |
| 宽度、车道数 | 3.5m×4 车道(每个方向双车道);将来扩宽为 6 车道 |
| 工程项目 | 隧道、桥梁及人工岛 |
| 工程费用 | 大约 11500 亿日元 |
| 施工期限 | 从 1986 年起约 10 年 |
| 计划交通量 | 竣工后 20 年内每天通行 64000 辆(每天运营通行 33000 辆) |

## 9.4.2　工程地质及水文地质条件

东京湾公路所处位置的海底,整体呈平缓的船底地形,最大水深在海湾中央处约 28m。从西面川崎侧的浮岛到海湾中央,属于极软弱的冲积黏土层(有乐町层),其厚度按海底面算起为 20 ~ 30m,在其下为洪积黏土层(7 号地层)。木更津侧,从海底面浅的地方起为比较密实的砂层,深度大于 80 ~ 90m,乃是工程设计上最合适的作为承载层的基础。

隧道位于海底平坦地层,平均覆盖厚度仅有 15m 左右。隧道区段主要是软弱的冲积、洪积黏性土层($N$ 值仅在 0 ~ 12)。木更津人工岛一端,是在此基层上夹有洪积砂土层($N$ 值为 20 ~ 70)的地层。

此外,川崎侧浮岛的引道部分为人工地基和经改造后的地基,木更津人工岛的引道部分是人工地基和一部分改造后的地基,距川崎人工岛约 50m 范围均为改造后的地基。地基各地层土质的特性见表 9-6。

东京湾海底公路隧道地层特性　　表 9-6

| 地层名称 | 土　层 | 贯入试验 $N$ 值 | 单轴抗压强度 $q$ (MPa) | 弹性模量 $E$ (MPa) | 密度 $\rho$ (g/cm$^3$) | 备　注 |
|---|---|---|---|---|---|---|
| 有乐町层 | $A_{c1}$ 层 | 0 | 0.044 | 0.48 ~ 0.96 | 1.3 ~ 1.5 | 冲积层 |
| | $A_{c2}$ 层 | 0 | 0.087 | 0.57 ~ 2.29 | 1.6 ~ 1.7 | |
| 7 号地层 | $D_1$ 层 | 12 | 0.095 | 3.59 ~ 25.90 | 1.4 ~ 1.8 | 洪积层 |
| | $D_2$ 层 | 15 ~ 52 | | 2.50 ~ 20.40 | 1.6 ~ 1.8 | |
| 类成田层下部层 | $D_3$ 层 | 20 | 0.211 | | 1.7 ~ 1.8 | 洪积层 |
| | $D_4$ 层 | 54 | 0.157 | 29.62 | 1.8 ~ 1.9 | |
| | $D_5$ 层 | 78 | | 19.55 | 1.7 | |
| 改良地基 | | | 0.75 ~ 2.13 | | 1.6 ~ 1.8 | DMM、PM 填土 |
| 人工地基 | | | 0.6 ~ 2.0 | | 1.8 以上 | |

## 9.4.3　盾构掘进机

日本东京湾海底公路隧道的掘进施工采用 IHI 公司的泥水平衡式盾构机,其实物照片

图 9-43　东京湾海底隧道盾构机

如图 9-43 所示。盾构机外径 14.14m，盾构机长 13.5m。盾构掘进主驱动由 48 台千斤顶构成，盾构总装备推力 240000kN，其设计掘进速度为 3cm/min。盾构机采用了中间支承方式，切削扭矩 31810kN•m，刀盘开口宽度 350mm，开口率为 30%。

同时，盾构机配有保持正圆装置，扩张力 2400kN，滑动行程 2250mm。盾尾密封采用 4 段钢丝刷，钢丝刷之间可自动压供油脂。

## 9.4.4　超大直径盾构隧道地中对接技术

工程采取了地中对接技术和管片拼装自动化等关键技术措施。

1）盾构地中对接技术

（1）盾构对接概况

盾构对接示意如图 9-44 所示，以川崎人工岛为中心，8 台盾构机在海底地层中推进、接合。在 1996 年 5 月—8 月的时间内，先后完成了 4 条隧道工程的建设。

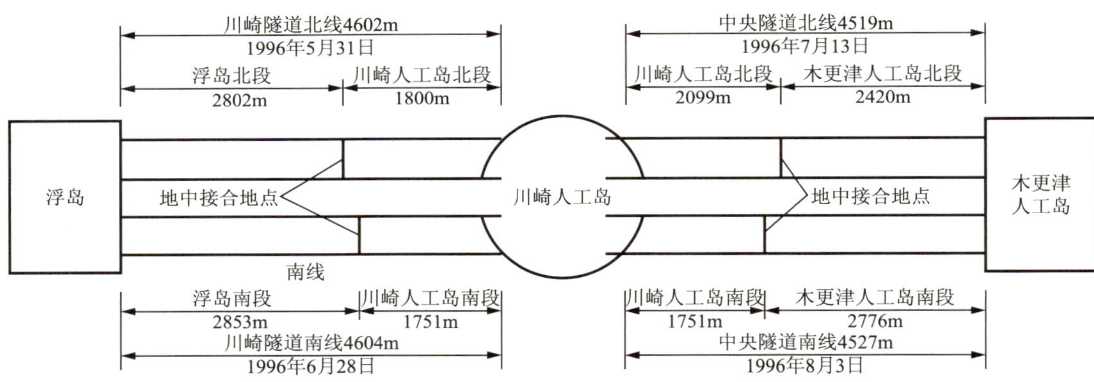

图 9-44　东京湾海底公路隧道盾构对接示意图

（2）方案确定

盾构接合地点位置是处在东京湾湾内主航道之下，因该处是属于船舶往来极为频繁的水域，海底地层下的施工无法得到来自海面上方的辅助工法的间接相助。相向推进的盾构，只能在盾构机内进行对接接合。地层中接合的方式，拟采用接合环方式、推出罩壳方式以及中心切削曳引等三种技术方法。

结合过去施工经验，工程最终决定采用中心切削器曳引方式，确保两台盾构机对接接合精度，针对地层中接合地点的施工条件，采取冻结法作为辅助工法。该工法在强度上和止水方面均属于最为可靠的施工工法。在盾构机隔板内侧第二次拆卸作业中，同样以冻土作为出现异常水流的对策，直到将两台盾构机相互之间的一次性止水铁板安装好为止；同时设置人行气闸，方便残留在盾构机内的隔板、机械材料及拆卸下来的构件搬出时使用。

(3) 对接施工

①冻结运转与高浓度泥水置换工序。

冻结运转时盾构机密闭舱内残存的泥土发生了热对流作用，不仅妨碍冻土的形成，同时也对盾构机内的撤除作业的进行造成困难。为此，作为对策，通常在冻结之前在密闭舱内用低标号砂浆充填。通过从地面上成套设备送到工作面上的新制成的泥水，添加高吸水性树脂混合拌成高浓度泥水。从隔板下面的阀门压注上述泥水，一边保持一定压力，一边机械地带动上部的阀门进行排放，以此来置换泥水。此外泥浆的配比是根据室内试验，按表 9-7 规定，黏度为 3300CPS，相对密度是 1.325。

高浓度泥水配比（$1m^3$） 表 9-7

| 项目 | 水 | 高吸水性树脂 | 膨润土 | 黏土 | 离散材料 |
|---|---|---|---|---|---|
| 质量(kg) | 805 | 3 | 70 | 450 | 0.5 |

②盾构机解体工序。

盾构机解体如图 9-45 所示，可分为第一次解体部分，第二次解体部分和残置部分。

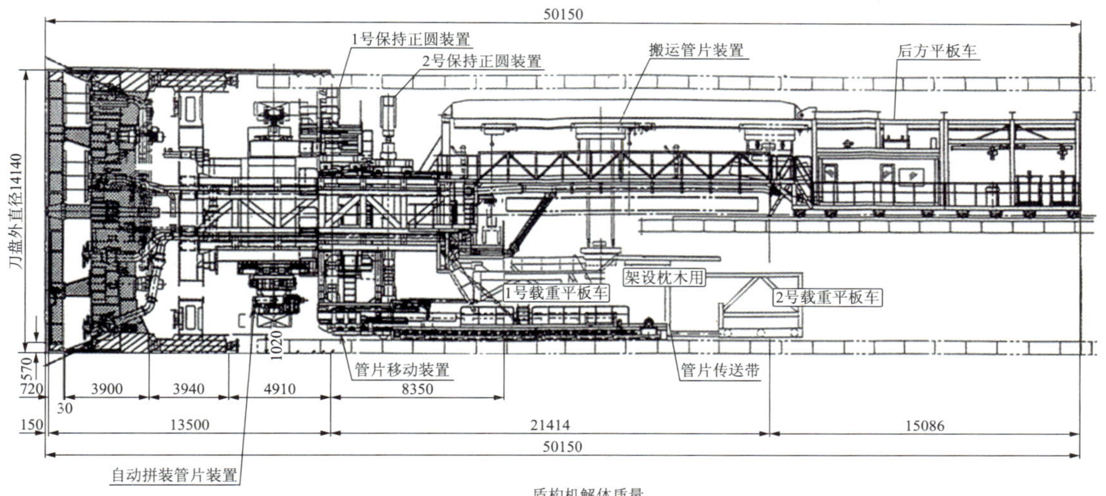


盾构机解体质量

| 项目 | | 凡例 | 质量(t) |
|---|---|---|---|
| 盾构机 | 一次解体 | □ | 1015 |
| | 二次解体 | ▩ | 935 |
| | 残置部 | ▨ | 1385 |
| 后接平板车 | 一次解体 | □ | 464 |

图 9-45 盾构机解体示意图(尺寸单位:mm)

第一次解体是指后接车架、牵行装置、管片提升梁、后接平台、保持正圆装置、管片供应装置、举重臂、中心旋转轴、盾构支承环柱子、切削刀盘马达等构件，保留切口环隔墙作后方

构件解体之用。第一次解体的合计总质量约为 1479t，全部通过气割作业进行解体。

盾构机的第二次拆卸，是在作好必要的冻土工序之后进行的，为防止发生异常水流事态，在两台盾构切削器部位的间隙处，焊接上一次止水铁板（Ω 形），实施机械性止水。在残存下的隔墙上安装了供材料、机械和作业人员进出的人行闸门。

③盾构对接。

盾构机在第二次拆卸结束之后，进行地层中接合部分从管片拼装到内墙板安装的接合工序。接合工序的标准构造如图 9-46 所示。

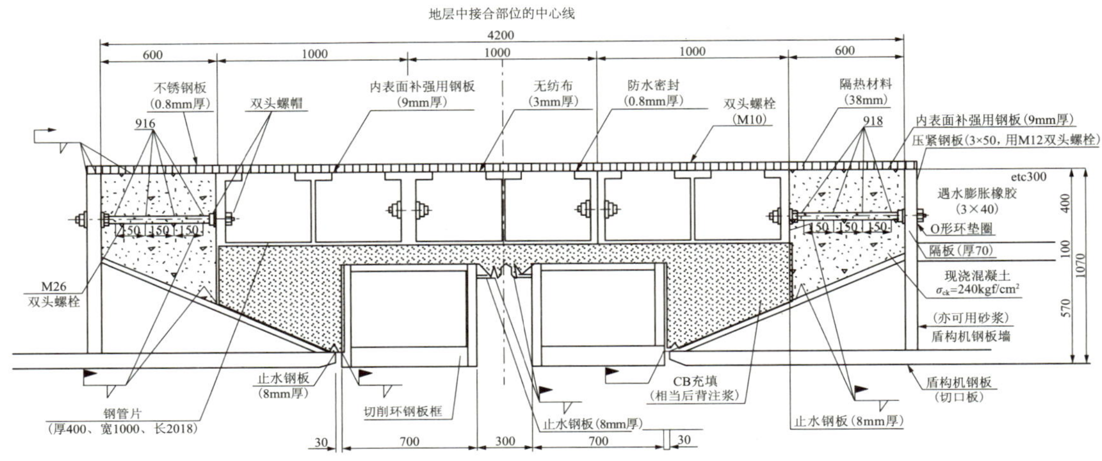


图 9-46　盾构接合工序的标准构造示意图（尺寸单位：mm）

对于管片拼装工序，在接合工序中所采用的管片衬砌是内半径为 6m、宽度 1m、厚度为 0.4m、分成 20 块的钢管片结构。两台盾构机隔墙之间拼装了三环管片衬砌环。在下半部分设置了要使用的提升机、卷扬机等机械；在上半部分根据内衬设置的需要，设置了要使用的专用装卸机和高空作业车。除此以外，将相应规格的承台和规尺应用在下半部分，沿着环形导轨进行拼装作业。所使用的装卸机规格如图 9-47 所示。

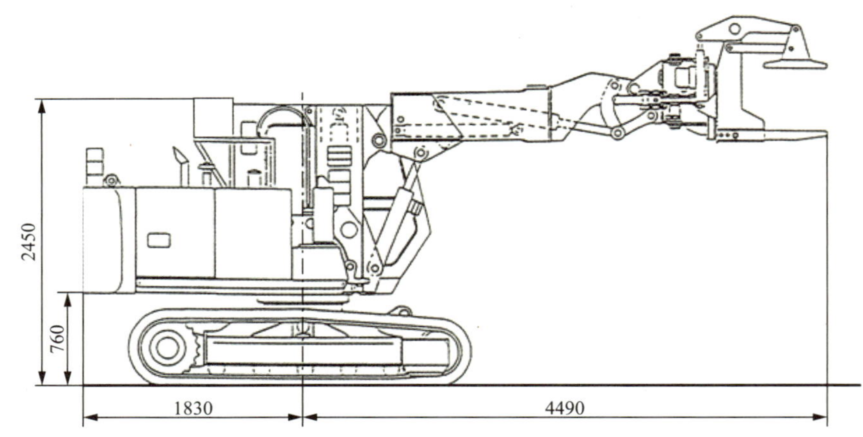


图 9-47　用于钢管片搬运的装卸机（尺寸单位：mm）

止水铁板和连接螺栓的安装工艺：接合部分的管片衬砌拼装好后，管片和锥形板之间安装（第二次止水）6mm 的止水铁板，把此种环形铁板分割成 42 块，在此板的接头和端头处，全部以焊接方式止水。在安装止水铁板的同时，钢管片的环面和盾构机的隔板间，使用 M36 长螺栓连接安装。这种螺栓通过的孔洞，用螺帽压紧 22mm 的铁板成为通气孔，其外侧板进行止水焊接。CB 压注工序：将止水铁板、连接螺栓安装好后，在钢管片的背面的空隙部位处，压注具有与周围地层同等强度的 CB 浆液。

2）管片拼装自动化

管片拼装的自动化装置，由管片供应装置和拼装机构组成。采用自动化拼装的管片是钢筋混凝土管片。管片的结构构造设计、制作考虑到了机械操作简单化的要求，并制定了"管片尺寸统一化""使用构件与工种的少量化"和"作业重复化"的三项原则。此外，还统一了管片制作精度，螺栓手孔形状与尺寸等因素，制定了下述能进行自动拼装的管片规格：

（1）在管片内埋设了可用举重臂迅速、方便夹住管片的吊钟形金属埋件。

（2）设置能防止举重臂与管片间错位的方形缺口。

（3）设置能高精度检测管片位置的遥感槽。

（4）为了便于举重臂能灵活地处理长螺栓手孔内的长螺栓，设置了定心装置和防止脱落的器具。

（5）为了满足测量用度的要求，必须提高管片制作精度（从 ±1.0mm 提高到 ±0.5mm）。

兼顾上述采用举重管拼装要求的特点，管片构造示意如图 9-48 所示。

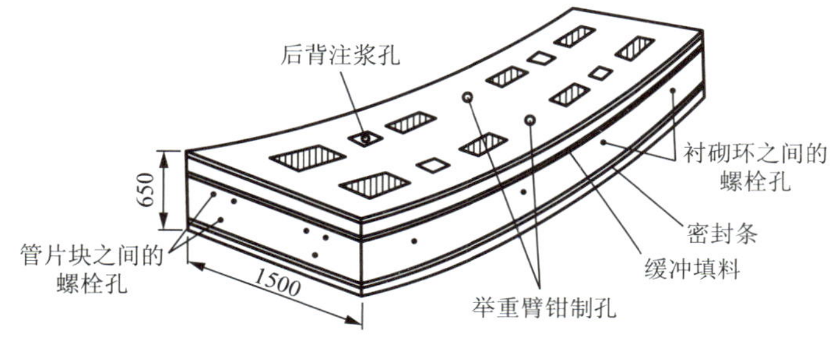


图 9-48　日本东京湾隧道管片构造示意图（尺寸单位：mm）

# 9.5　世界最大直径盾构隧道——美国西雅图 SR99 公路隧道

## 9.5.1　工程概况

美国西雅图 SR99 公路隧道是华盛顿州交通运输部（WSDOT）与西雅图市、金县、西雅图港、联邦公路管理局在西雅图市中心地下协力打造的一条单管双层隧道，用以取代 SR99

阿拉斯加高架公路。西雅图 SR99 公路隧道线路布置如图 9-49 所示。

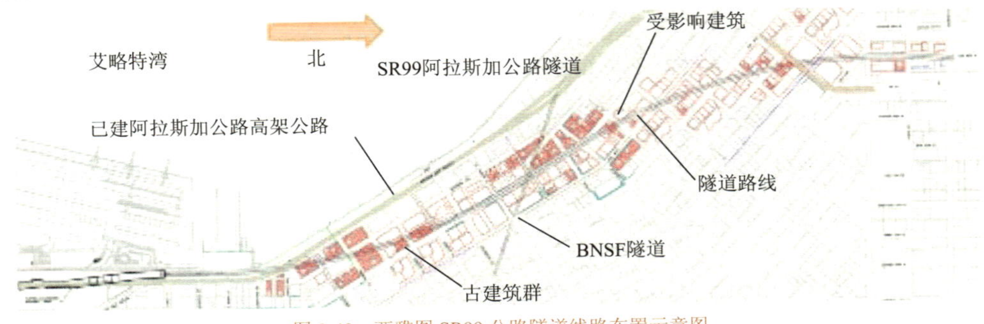

图 9-49　西雅图 SR99 公路隧道线路布置示意图

SR99 公路隧道位于西雅图市中心街道以下深约 66m，长 2.8km，隧道外径 17.05m。隧道包括南北两端的明挖部分、洞口结构、地下结构、2 座操控室及通风建筑，并配有各种机械电气设备、消防逃生安全通道和控制中心。

该双层隧道每层有 2 个行车道，配有应急通道。上层为北向南车道，下层为南向北车道。上下层之间由紧急通道楼梯相互连接，还有一条紧急通道可用于人员疏散。隧道内车道两边为通风系统，与风塔相连，以满足正常和紧急情况下的通风。此外，隧道底层下部为公用管线通道。管片设计如图 9-50 所示。隧道衬砌采用预应力钢筋混凝土楔形管片，衬砌由宽 1.98m 的楔形管片组成。10 块管片为 1 环：由 7 块标准管片、2 块邻接管片和 1 块封顶管片组成。纵向管片由斜螺栓径向连接，环向管片通过螺栓及剪力销连接。

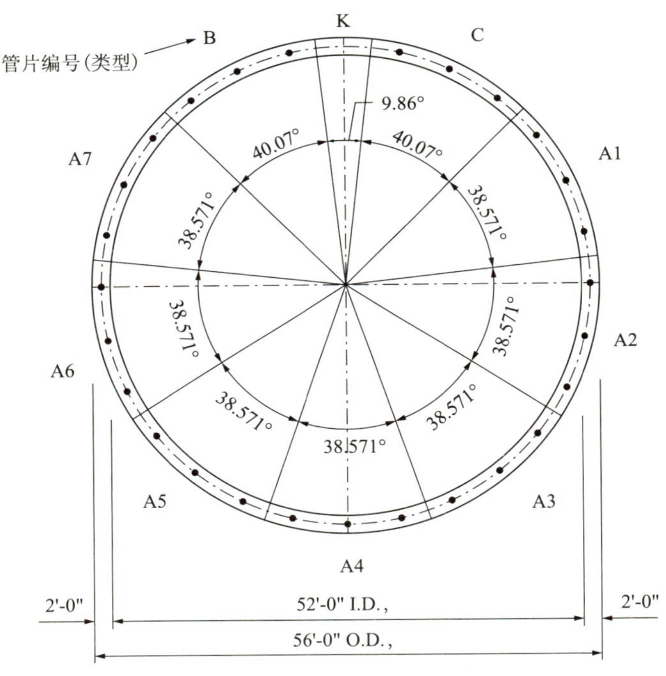

图 9-50　西雅图 SR99 公路隧道管片设计

SR99 公路隧道是目前世界上已建成的直径最大的盾构隧道。施工过程中问题重重，首先遇到主轴承密封损坏情况，需要修建抢修井进行主轴承的维修工作，工程难度极大；且后续掘进过程还遇到穿越阿拉斯加高架桥的风险节点，该直径规模的土压平衡式盾构机下穿公共交通建筑尚属首次。

2013 年 7 月 20 日，Bertha 号盾构机始发；2014 年 1 月盾构机主轴承密封损坏，停机抢修，直至 2015 年 12 月 22 日恢复掘进；2017 年 4 月 4 日，Bertha 号盾构机进入接收井，隧道贯通。

## 9.5.2 工程地质及水文地质条件

普捷湾低地由一系列南北走向的山脊以及峡谷组成，峡谷（下游）在冰川沉积、冲刷以及次冰川侵蚀作用下形成广阔山谷，普捷湾低地地形特征呈山脊和山谷相间分布。隧道线路穿过区域多为复合型地质。隧道沿线的土壤根据土壤类型、相对密度及动态特征的不同，被划分为 8 个工程土壤单元（ESUs）。8 个单元见表 9-8。

工程土壤单元　　表 9-8

| 单位 | 组成部分 | 描述 |
| --- | --- | --- |
| ESU1 | 工程填方及非工程填方 | 极其疏松到极其密实的砂层，且夹有数量不一的淤泥及砂砾 |
| ESU2 | 新颗粒沉积物 | 疏松到密实或局部极其密实的砂或砂质淤泥 |
| ESU3 | 新黏土及淤泥 | 软及硬的粉质黏土和黏土状淤泥，且夹有数量不一的砂石及本地中度密实的粗质砂土 |
| ESU4 | 冰碛堆积物 | 高度密实或由砂、砾石、淤泥及黏土形成的坚硬聚合物 |
| ESU5 | 非黏结性砂及砾石 | 由密实的粉砂到高密实的砂砾石组成。内含黏性晶体，黏土层以及黏土状淤泥 |
| ESU6 | 非黏结性淤泥及细砂 | 由高密实淤泥、细沙淤泥以及淤泥状细砂组成，内含淤泥晶体及少量黏土的细砂 |
| ESU7 | 黏土及淤泥 | 硬淤泥夹层及黏土。同时含有由非黏结淤泥、砂及砾石组成的地层，其横向发展多样且厚度不一 |
| ESU8 | 冰碛状沉积物 | 由密实到高密实的砾石及砂组成的非均匀混合物，黏结性差或没有黏结性。可以在很短的距离内从淤泥、砂及砾石的混合物逐渐变化到干净或相对较干净的细砂 |

## 9.5.3 盾构掘进机

工程采用了直径为 17.45m 土压平衡式盾构机，盾构机设计效果及实际照片如图 9-51 所示。整个盾构机刀盘表面布满了 17 寸（1 寸＝3.33 厘米）双刃滚刀及刮刀。滚刀及刮刀可以在正常气压下从切削刀盘内部进行更换，从而减少了高压换刀对生产效率的影响。盾构机前舱配有中轴搅拌器和中空搅拌刀片，外加剂可以通过它们注射到开挖面以提供充足的压力控制，减小地面变形。

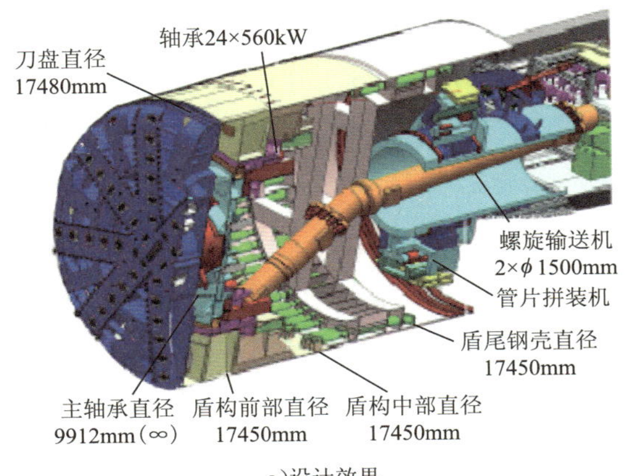


a)设计效果

b)实际照片

图 9-51 盾构机设计效果及实际照片

盾构机刀盘运转速度在 0 ~ 1.8r/min 之间，脱困扭矩为 206360kN•m。最大推进力可以达到 392000kN。螺旋输送机直径 1500mm，可以在 0.7MPa 的压力下保证 80mm/min 的进尺速度，同时它还能在高达 1MPa 压力下进行施工，隧道盾构机的参数见表 9-9。

隧道盾构机规格 表 9-9

| | | | |
|---|---|---|---|
| 直径 | 17.48m | 盾构机长度及后部配套设施 | 98.2m |
| 质量 | 6664t | 最小水平弯曲半径 | 350m |
| 最小垂直弯曲半径 | 488m | 最大工作压力 | 10 bar |
| 滚刀数量 | 122 | 刮刀数量 | 255 |
| 推进千斤顶数量 | 28×2 | 最大推力 | 392000kN |
| 转速 | 0 ~ 1.8r/min | 0.88r/min 下的最大扭矩 | 147400kN•m |
| 脱困扭矩 | 206360kN•m | 总功率 | 22861kW |
| 螺旋输送机 | 1500mm 传送带 | | |

## 9.5.4 关键施工技术

1)盾构故障处理

在盾构施工至隧道 313.4m 处，盾构机发生故障，经停机检查后发现：刀盘堵塞与温度过高导致盾构机无法正常运作。盾构停机检查处理中，发现刀盘上大量污物与其他材料附着，经过 12d 的高压检查，工作人员移除了堵塞刀盘的杂物，重新安装了部分刀具。

盾构机在清除刀盘堵塞的故障后复推了 0.61m，并拼装了一环管片，随即由于主轴承再次出现温度过高现象而停机。最终决定在盾构机前方建造抢修工作井，进行主轴承的修复工作。

(1)修建抢修工作井

抢修工作井直径为 83 英尺(25.3m)、深度为 120 英尺(36.6m)。工作井两侧是原设计为了保护阿拉斯加高架桥而施工的围护桩，桩间距 5 英寸(127mm)。为了加强围护结构，在抢修井周边(包括原阿拉斯加高架路两侧)增设了直径为 7 英尺(2.1m)的单排混凝土桩,如图 9-52 所示。

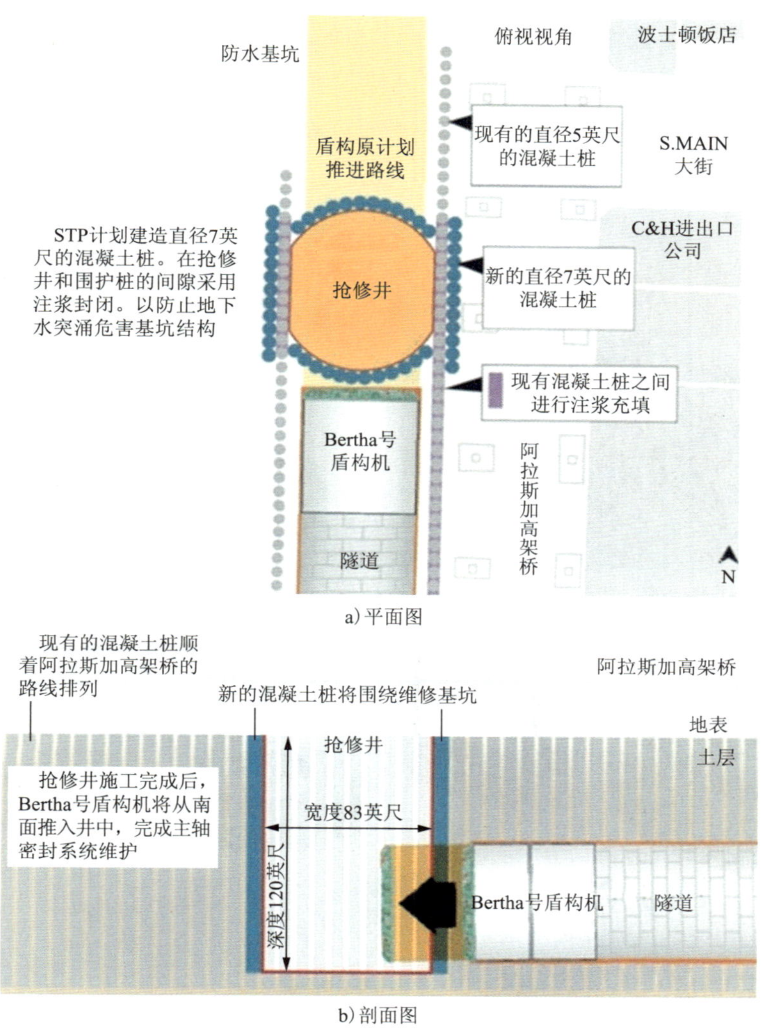


图 9-52　隧道抢修工作井平、剖面布置图

注:1 英尺≈0.3 米。

基坑开挖过程中,为了使周围地下水不渗漏到抢修井基坑内,在抢修井和围护桩的间隙内以及原有的混凝土桩之间进行注浆充填,以起到止水帷幕的作用,保证基坑安全。此外,还设计一道临时隔音墙,以便在夜间照常施工。

(2)主轴承修复

在盾构抢修井完成之后,在井底设置混凝土盾构接收基座。盾构机向抢修井推进大约 45 英尺,并使盾构机的维修区域暴露于抢修井内。使用门式起重机吊出盾构机部件。施工方先将盾构机前盾的顶部及左右壳体分拆吊出,再将刀盘与驱动组件拆卸吊出。随后,刀盘与驱动组件通过塔吊翻转 90°，并水平放置在抢修井旁的维修作业区。

对刀盘与驱动组件进行拆卸分离作业。拆卸时，首先分离刀盘与驱动部件，此后拆卸需要更换的其他组件。接着拆卸轴承座上单个重达 8000 磅（1 磅≈ 0.45 千克）的驱动电机。再将轴承座从刀盘背后卸下，并拆分成前后两段。从内部卸下中心搅拌器，卸下主轴承。同时对轴承座上的外密封环进行维修，这也是整个作业中最主要的维修部分。主轴承修复流程如图 9-53 所示。

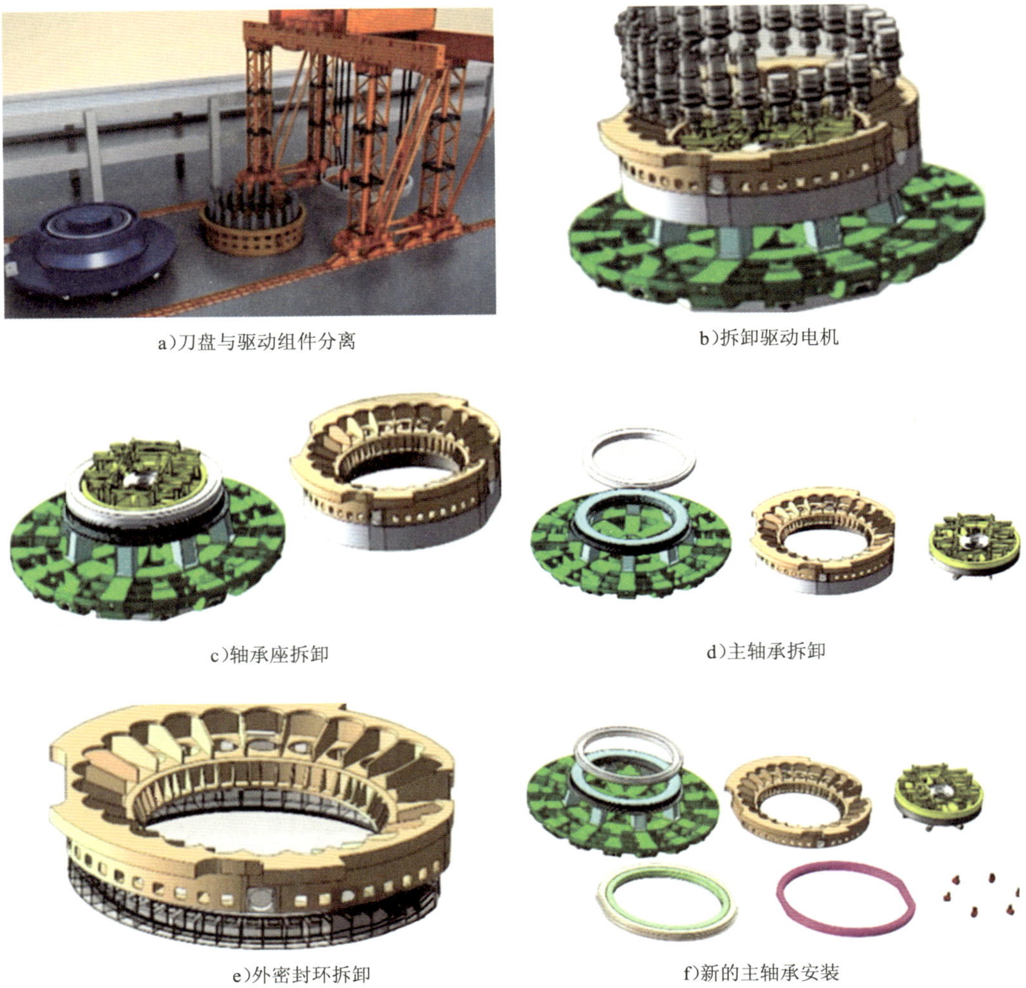

a）刀盘与驱动组件分离

b）拆卸驱动电机

c）轴承座拆卸

d）主轴承拆卸

e）外密封环拆卸

f）新的主轴承安装

图 9-53　盾构机主轴承修复流程

（3）抢修工作井回填

将刀盘重新吊入井内，对盾构机内各种泵、电机、螺旋输送机与排放出渣系统进行测试、检查，同时对盾构机进行剩余零部件的组装、焊接及管线连接工作。待盾构机测试完成后，回填工作井。

①铺设大量砾石，以填满井内盾构机头与混凝土支撑座之间的空隙。

②在井内盾构机头前方无支撑座的位置铺设添加一种低强度的混凝土与砂的混合物，以保证支撑座与盾构机能够良好接触，为盾构机通过时提供一个光滑的表面。

③使用黄砂填充抢修井，大约填充至盾构机上方 1.2m 处，同时，刀盘后方的开挖舱也填满砂土。砂的流动性比其他土体更好，并且可以让水在其中流动，可以帮助施工人员更快地达到所需的地层密度。

④砂层上方的 15m 左右空间则使用开挖抢修井时挖出的土壤，压实后进行回填，抢修井回填完毕，施工方进行最后的测试，并且准备恢复掘进。

2）盾构掘进管理

（1）穿越高架公路

隧道施工至高架公路下时，由于地表保护层较薄且土质较差、开挖面条件复杂。为了控制高架公路沉降，在隧道和高架公路基础间打入微型桩。这些微型桩直径为 180mm，桩间距为 450mm，如图 9-54 所示。

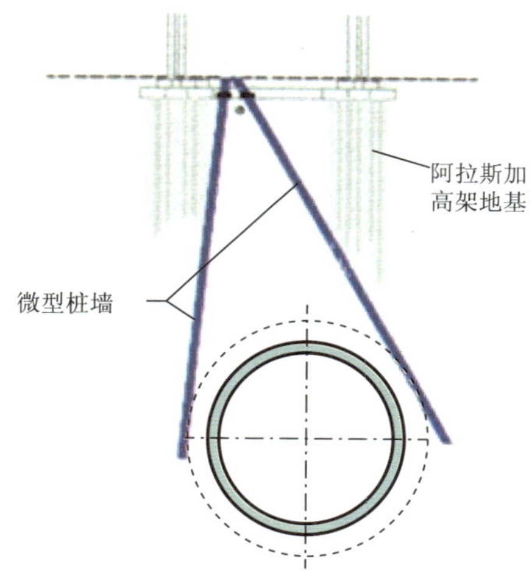


图 9-54　隧道穿越高架公路保护措施

（2）刀具更换

整个 Bertha 号盾构机的刀盘上共有超过 700 把刀具，其中部分可以在刀盘内部进行常压更换，部分重点检查与更换的刀具则必须在高压下进行。其间，潜水队对盾构进行了超过 40 次高压维护。每个潜水队由 5 名潜水员组成，包括 3 名接受过专业盾构维护训练的操作工与 2 名专业高压潜水员。队员们首先进入刀盘后方的压力舱，经过加压后，方可在压缩空气环境下工作，并在维护作业完成后回到压力舱进行降压，在舱内接受数小时的观察，随后回到地面。进行高压作业时，需要清除盾构掘进后刀盘与开挖舱中残留的挖掘土，随后使用

膨润土进行压力注浆，使刀盘前方的渗透土层形成不透水薄膜，防止水土回到工作舱，同时防止压缩空气逃逸。

盾构刀盘共8条轮辐，装配有滚刀和刮刀，维护中需要检查刀具磨耗程度并更换（图9-55）。刀盘中心位置附近设有开口，部分刀具可以通过这些开口，可在盾构内部常压下进行更换，而位于工作面外半环面的刀具需要通过高压干预进行检查、清洗和调换。

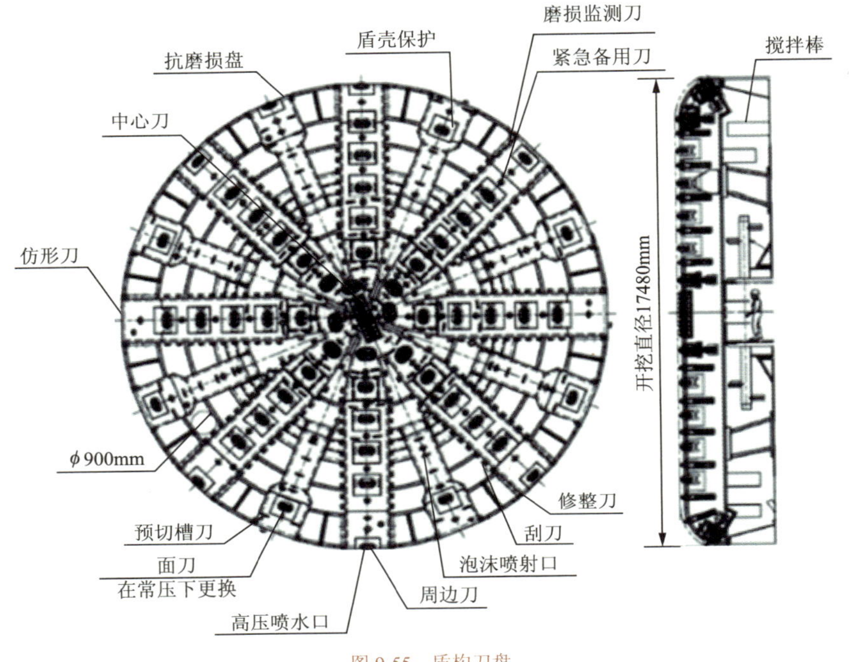


图9-55　盾构刀盘

根据盾构刀具上安装的磨损检测器反馈，大部分刀具都已经有6～9mm的磨损，但是不同刀具由于位置不同，磨损程度也不尽相同，需要潜水员进行检查后方可确定是否更换。维护中，潜水员对刀盘轮辐逐条进行检查，对刀具进行清洗、整修和调换。工作时，潜水员悬吊于刀盘外的作业平台上，该平台可接通到人行舱，同时连接到刀盘后面的舱壁。完成一条轮辐的维护工作后，作业平台移开，大刀盘转动大约45°，下一条轮辐重复这一工序。每支潜水队可以在盾构刀盘前2.4～2.6bar的高压环境下进行约半小时的高压维护，七个潜水队一次可以进行约3.5h的高压维护。通过轮班，一支队伍一天可以完成2～3个班次。26d的维护中，这七支潜水队一共为盾构机的刀盘更换了33把刀具。

# 第10章　展望

## 10.1　地下空间未来需求

随着城镇化进程的推进，城市规模迅速扩大，人口愈加密集，给城市的发展带来诸多严峻问题，如交通拥堵、土地资源匮缺、环境污染和生态失衡等。其中，交通问题最为尖锐，地面土地资源宝贵，地面道路扩建以及城市高架已经不能满足集约利用、生态宜居、和谐发展的新型城市建设需求。人们日益增长的出行需求和城市交通发展不充分之间的矛盾已经相当突出，严重制约了经济和社会的进一步发展，成为现代城市可持续发展的障碍。向地下谋空间，构建多功能、多层次的立体城市交通网络是未来城市交通设施建设的核心。将交通完全地下化，置换出城市地面土地，用来种植绿化、扩展居民生活空间，是未来城市发展的方向。

20世纪80年代，国际隧道协会提出了“大力开发地下空间，开始人类新的穴居时代”的口号，得到了各国政府广泛的响应，使得地下空间得到了迅速发展。我国在20世纪90年代也开展了一系列地下空间的理论与实践研究，系统分析了我国大规模开发地下空间的条件以及经济和技术上的可行性。研究表明，隧道工程建设是解决交通拥堵、环境污染、能源浪费以及防灾减灾等问题的战略性举措，不失时机地有序开展大规模地下空间建设，是一举数得的事情。随着我国未来经济的增长和进一步的城市化发展，必然要向“高密度、高效率、节约型、现代化”的城市空间发展，向地下要空间、要土地、要资源，已经成为我国现代化城市发展的必然趋势。21世纪对人类来说是“地下空间”的世纪。参考发达国家大城市发展经验教训，我国各大城市均已确定了地面空间、地下空间协调发展的城市立体化开发策略，利用城市密集区的地下空间建设城市地下交通网络，以满足城市日益增加的交通需求。

由于水源充足、气候适宜以及航运交通便利等地理优势，我国长江流域、珠江流域以及黄河流域沿岸地区自古以来就是人口聚集的地域，并且逐渐形成了以江河为纽带的经济区。其中长江作为我国长度最长、流域面积最广的河流，素有“黄金水道”之称，经过千年的开发建设，已经成为我国工业最雄厚、农业最发达、商业最繁荣以及科学教育最先进的地区。改革开发以来，长江经济带逐渐成为战略支持最大的区域。2014年国务院印发了《关于依托黄金水道推动长江经济带发展的指导意见》《长江经济带综合立体交通走廊规划（2014—2020年）》，“长江经济带战略”正式成为我国7个具有区域主题的发展战略之一。2016年长江经济带人口达到6亿，经济总量达33.3万亿元，1/5的国土面积承载了全国近一半的人口与经济总量。其中，长三角地区是我国最目前具活力、开放程度最高、创新能力最强的区域，它以全国1/26的流域面积创造了全国超过1/5的经济总量。2018年11月中国国际进口博览会在上海召开，宣布“长三角一体化”上升为国家战略，在“一带一路”与“一轴两翼”的空间布局中，“长三角一体化”将成为长江经济带的龙头。

珠三角一直是我国经济核心区域之一，起着我国区域化发展的引领作用。粤港澳大湾区人口超过6600万，经济总量达1万亿美元，已形成集金融业、专业服务、港口航运以及高新技术产业为一体的综合体。2017年7月，国家发改委及粤港澳四方在港签署了《深化粤港澳合作——推进大湾区建设框架协议》，标志着大湾区建设的全面启动。在区域战略层面，打造粤港澳大湾区，可以带动高端区域在国家发展中的区域功能，以珠江经济带为腹地，带动中南、西南地区发展，建立辐射东南亚、南亚的重要经济支撑带，形成对接“21世纪海上丝绸之路”国际化平台的重要支点。

推进区域经济一体化是整合地区经济、推进国家经济协调可持续发展的基础。无论长江经济区、粤港澳大湾区还是京津冀经济圈，区域内部资源的整合、信息的沟通、物资的流通都变得愈加重要。但是，随着经济体制改革的深化，区域内交通基础设施建设的落后成为制约区域经济发展的一个主要瓶颈。江河、海峡的阻碍反过来抑制了两岸的物资信息交流，过江交通不便成为区域经济发展的巨大阻碍，跨江跨海湾隧道的建设有着广泛的空间经济效应。

例如，在粤港澳大湾区，随着港珠澳大桥、深中通道、广深港高速铁路的建设，香港以及大湾区内城市的互通时间缩短至2.5h，依托珠江口跨海桥隧工程，形成了区域经济发展轴带，充分发挥了香港—深圳、广州—佛山、澳门—珠海的引领带动作用，完善了城市群和城镇的发展体系。海南是我国最大的经济特区，却是落后的沿海省份，与大陆物资运输基本依靠水路运输，常年受台风等气候影响显著，严重限制了两岸经济的发展，构建琼州海峡“铁、公、水、空”战略通道，对于发展海南岛港航物流业，推进区域国际航运枢纽和物流中心建设具有重要意义。环渤海地区共有157个城市，是我国与世界160多个国家和地区贸易往来的要道，被经济学家誉为继珠三角、长三角之后中国经济的第三个增长极，但渤海经济圈难以像珠三角、长三角一样形成连续统一的经济圈，主要原因是渤海湾南北两岸相隔，从烟台到大连的直线距离达170km，船运6～8h，铁路运输绕行1500km，高速公路绕行达1600km。如果全天候运行的渤海海峡跨海通道建成通车，则最多只需2h。因此，渤海海峡跨海通道的建设，对促进环渤海区域经济全面协调一体化发展、振兴东北老工业基地、优化运输结构、巩固国防以及开发海上资源和能源等都具有十分重要的意义。

目前，长三角区域软土地层的盾构施工技术日趋成熟，长江隧道、杭州钱江隧道等 15m 级超大直径盾构隧道的建设，促进了上海与长三角其他城市之间的联系，极大服务了杭州湾、长三角产业带的发展。由此，超大直径盾构隧道从长三角向全国范围扩展，以武汉三阳路隧道、深圳春风隧道以及济南穿黄隧道等为代表的超大直径越江隧道，旨在打通更多江河屏障，为更多城市发展带来活力。但不同于软土地层，工程面临的地质情况越来越复杂，给超大直径盾构隧道的施工带来了诸多新的难题与挑战。

## 10.2　盾构法隧道发展方向

### 10.2.1　超大直径隧道

近 20 年来，国外盾构法隧道逐渐向大断面方向发展，并建成了一大批直径 15m 级的海底隧道和城市道路隧道。超大直径盾构隧道在整体上可以满足更大的交通流量需求和更多的功能。例如美国西雅图的 SR99 隧道，盾构直径达 17.48m，隧道可同时满足南北两线小型车辆与大型货运车辆的通车需求；拟建的白令海峡隧道，可从俄罗斯西伯利亚直通美国阿拉斯加，采用 19.2m 级的盾构进行施工，隧道内部可容纳一条高速铁路、一条高速公路和多条输油、输气管道，充分利用了单次掘进形成的地下空间资源。超大直径盾构隧道总体上具有工程成本低的特点，但施工难度指数也随之上升。盾构制造技术的发展，为超大直径盾构的建设提供了基础。

随着交通流量和市政基础设施容量需求不断上升，狭小的隧道断面和日益增长的交通流量之间的矛盾逐渐凸显。城市交通量日渐增长，以往 4 车道乃至 6 车道的公路隧道已经不能满足城市交通发展需求；随着城镇化的推进，市政综合管廊已成为国家创新城市基础设施建设的重要举措，综合管廊集通信、电力、照明、给排水等各种市政管线为一体，管线布置对管廊的断面尺寸有很大需要，为满足城市建设可持续发展的需求，大断面的隧道工程也是未来地下管廊建设的必然趋势。

### 10.2.2　超深覆土隧道

目前地下空间开发主要以 40m 以内的中浅覆土区域为主，浅层空间的开发利用已经趋于饱和，既有建筑桩基础以及地下管网对新的地下工程建设会带来很大影响。而深层地下空间大部分处于待开发状态，工程施工交叉冲突少，容易进行宏观把握，开发深层地下空间已成为未来城市城镇化发展的必然选择。例如，为了解决城市内涝问题，提高灾害控制能力，芝加哥、伦敦、巴黎、新加坡以及东京等国际化大都市都先后建立了“深隧”排水管道系统，为节省浅层地下空间资源，隧道均建在地表50m以下；为避让地下30～40m的私人产权空间，2001年日本国会就通过了《大深度地下公共使用特别措施法》，将深层地下空间控制为公共用途，新建的东京外环道等控制埋深均在40m以下。另一方面，由于隧道跨越海峡、高山，盾构掘进埋深也越来越大，比如跨越欧亚大陆的博斯普鲁斯海峡隧道，水深61m，隧道最大埋深达到106m，是目前世界最深的采用泥水平衡盾构施工的隧道之一。

我国国土资源部于2017年印发《关于加强城市地质工作的指导意见》，指明要鼓励合理开发利用深层地下空间资源，用于工业、仓储、商业等方面的建设拓展。总体来说，过去我国采用盾构法施工的隧道最大埋深一般分布在30～40m范围，随着浅层地下空间的开发利用，越江隧道建设逐渐向深埋发展，上海新建成的虹梅南路隧道，最大埋深已经达59m；深圳至茂名铁路的珠江口隧道，盾构全长7.225km，最大埋深达100m以上。由此，向“深地”进发，开发利用深层地下空间是城市土地资源扩容、功能拓展、改造再生的战略需求和必然趋势。

### 10.2.3 超长距离隧道

随着盾构机及其施工技术的不断完善，可掘进距离不断突破，应用范围也更加普遍。发达国家自20世纪30年代就开始着手研究海底盾构、山岭盾构隧道的建设。1994年，英法两国采用盾构法和硬岩掘进法，建成了贯通英吉利海峡的海底隧道，全长达到了50.5km；2016年，瑞士圣哥达隧道建成，全长57km，成为目前世界隧道长度的巅峰之作。长距离隧道的建设，连接了岛屿和大陆，打破了山脉的阻隔，从政治、经济以及社会发展角度都有着重大意义。在我国，随着沿海地区建设加快，提高海湾、海峡两岸的交通能力也势在必行，在杭州湾、珠江口、琼州海峡、渤海湾以及台湾海峡，若想实现全天候、大流量的快捷交通，保证航道顺畅，减小台风等自然灾害的影响，未来都要靠长距离隧道的建设来实现。另外，为了改善大城市环线道路高峰时段的拥堵状况，城市内的地面立体交通逐渐向地下空间转移，大城市兴起了长距离快速地下通道的建设，自1995年，美国波士顿开始拆除20世纪50年代建造的城市高架路，转而发展地下公路，消除地面交通产生的噪声、污染等不良影响，释放地面的绿化空间。长距离地下通道为生态城市、绿色城市的建设提供了支持。

随着越来越多的国家和地区对建设新时期“一带一路”经济带的认可和主动参与，长江经济带、环渤海经济圈和珠江经济带建设的如火如荼，基础设施建设将空前发展。超大直径隧道未来发展前景广阔，“超大、超深、超长”将成为隧道发展的主流趋势。

# 10.3　盾构施工智能化展望

## 10.3.1　智能管控技术的实践

盾构法隧道行业兴旺繁荣且潜力巨大，截至 2018 年 12 月，我国 35 个城市的轨道交通运营里程数达 5767km。尽管目前盾构行业取得了长足发展，积累了不少经验，但盾构施工的管理方法还很传统，工程风险与质量隐患依然较大，影响工程顺利建设。主要难点在于：隧道分布地域广，经验技术共享困难；施工过程信息不对称，施工管理效率低；施工管理跨度大，风险控制能力差。随着云计算、大数据等新型技术的发展，我国各个行业正在从传统人工操作时代逐渐跨越至智能管控时代，建筑行业作为传统行业，其格局也势必受到互联网发展的影响。

智能管控技术的发展分为 3 个阶段：知识驱动阶段、数据驱动阶段以及管理驱动阶段。20 世纪 90 年代，盾构工程在我国刚刚兴起，当时的施工管理方式是以知识驱动为主的传统管理方式，由于缺乏施工数据，只能以领域专家的经验和知识为基础，形成知识库和模型库。以知识驱动为中心的施工管理系统如图 10-1 所示。

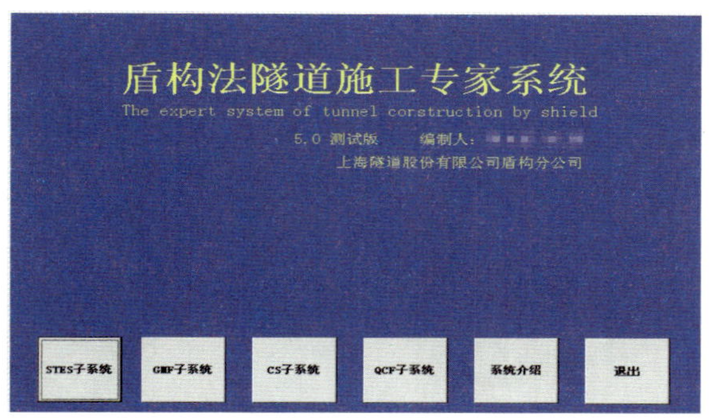


图 10-1　以知识驱动为中心的施工管理系统

进入 21 世纪，盾构机械化程度越来越高，所能采集到的数据越来越多，盾构管控进入数据驱动阶段。通过采集施工数据，构建完整盾构法隧道施工数据仓库。通过对经典参数计算法和遗传算法的研究，对采集的数据进行分析处理，得出盾构施工最佳参数匹配方案。然而该阶段也仅停留在原始数据的驱动范畴，数据挖掘并不深刻，工程案例的经验无法被广泛应用。以数据驱动为中心的施工管理系统如图 10-2 所示。

如今，随着市场与技术的不断发展，以数据驱动为基础，升华了标准化、精细化、智能化的管理理念，并基于此更好的驱动施工管理。基于隧道施工中质量、进度、风险和设备等海量数据，采用大数据技术、BIM 技术和物联网技术，实现盾构法隧道施工动态监控、风险预警及智能决策。目前的盾构法隧道施工管控平台，以“移动化、集中化、智能化”为特征，采用当下最先进的互联网、物联网、云计算及大数据技术，将手机 App 端、大屏监控端、智能网站、大数据后台处理系统架构在一起，形成了庞大高效的系统，实现了参数标准化、内容可视化，提高了施工管理效率，确保了隧道施工的智慧管理。

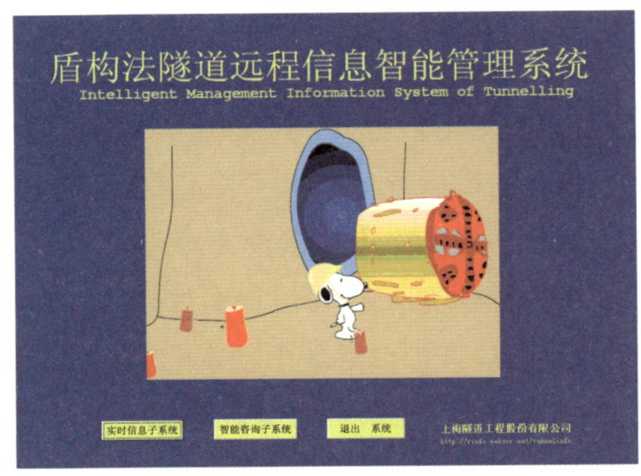


图 10-2 以数据驱动为中心的施工管理系统

智能管控平台集数据采集、储存、分析与图形化显示为一体，基于大数据处理方式，深度挖掘盾构法隧道施工数据指导施工。以半个多世纪的盾构施工经验为基础，由管控专家团队利用系统平台，进行数据的系统分析，基于各类参数的工程化解读，利用形象的图表等方式，对盾构施工实时数据进行可视化监控。

盾构管控平台全方位地集成巨量施工数据，形成了可用于智能学习的大数据体系，正发展成为盾构的“超级大脑”。通过载入、分析、运算，系统可深度挖掘盾构法隧道施工规律，实时对隧道施工进行动态分析，并利用智能化分析功能指导优化施工参数，为未来智能盾构的研发奠定基础。以管理驱动为中心的施工管理系统如图 10-3 所示。

a)施工管理控制中心

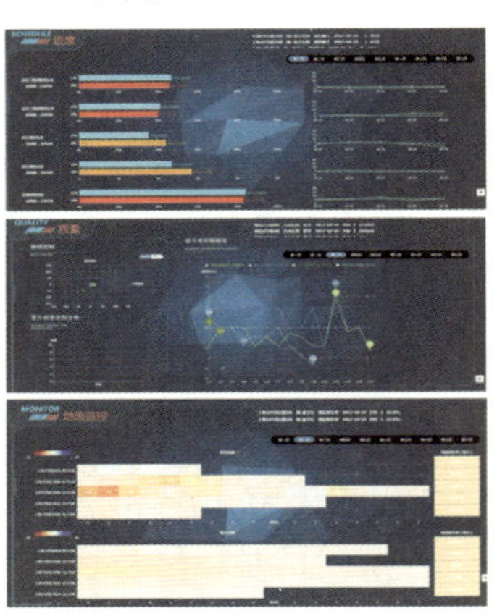

b)控制管理系统界面

图 10-3 以管理驱动为中心的施工管理系统

## 10.3.2 智能盾构的研发

从第一代手掘式盾构机至今，期间经历了 3 次工业革命。从机械化盾构机的出现，到电器化盾构机的产生，直至电子与信息化盾构机由系统中央控制，盾构机经历了四代的更新，相对来说发展过程较为缓慢。21 世纪以来，人工智能技术进入了一个集成发展期，机器学习、人工神经网络与深度学习等理论的提出和迅猛发展，都加速了人工智能的实现与应用。与此同时，物联网与大数据的发展掀起了产品智能化的新浪潮，推动了基于信息新环境和发展新目标的新一代人工智能技术，传统的盾构机也将朝向智能盾构机的方向发展。

智能盾构机将汇集智能感知、智能执行、智能分析以及智能决策四大功能于一体。智能盾构机四大功能如图 10-4 所示。利用新一代遥感技术，实现多维信息感知，对隧道沿线地层及地面环境实时预报；提高盾构机核心执行机构的控制精度及响应速度，提升智能化水平；深度挖掘历史案例施工数据，构建不同盾构机类型、不同地质条件、不同穿越工况的模型库，深化大数据处理分析平台；基于神经网络深度学习策略与模型，超前评估施工风险，实现盾构施工策略的最优匹配。基于深度神经网络的视觉识别模型如图 10-5 所示。

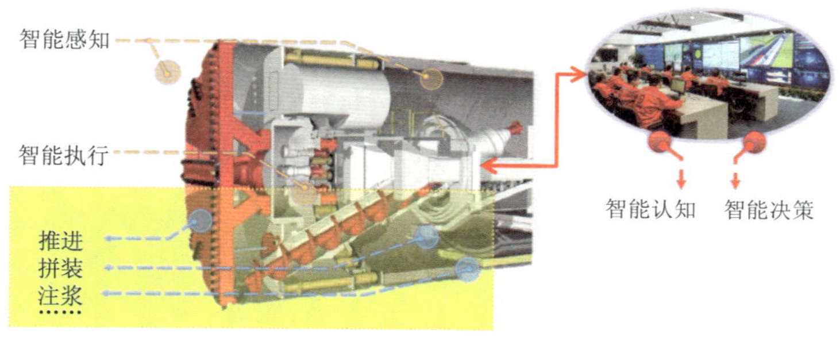


图 10-4 智能盾构机四大功能

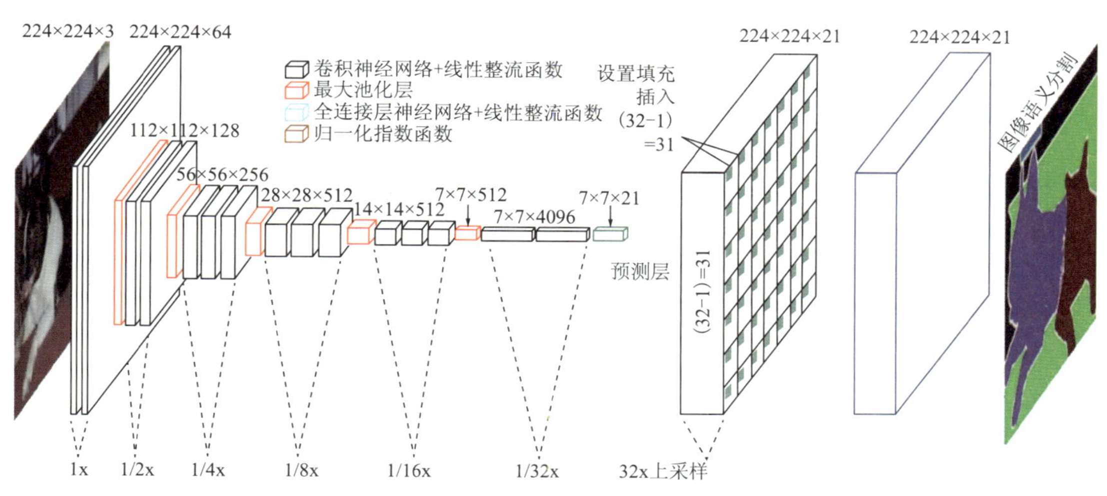


图 10-5 基于深度神经网络的视觉识别模型

注：图中数字表示像素。

为了实现掘进机实时信息和历史数据的融合分析和挖掘，构建多层级标准数据仓库，以大数据技术和机器深度学习为核心，对施工参数进行分析及趋势判断，并基于进度、质量、风险的工程状态聚类和评定。

盾构巡航控制是智能盾构的核心功能，主要实现两方面的智能控制，其一是盾构巡航的方向控制，其二是盾构巡航的扰动控制。前者根据隧道轴线偏差值控制盾构姿态，保证隧道轴线与设计轴线相一致，后者根据地层扰动监测值控制施工参数，保证盾构掘进对周边环境的影响最小。将海量数据深度挖掘、人类智慧经验与人工智能策略相结合，建立盾构掘进的三位一体范式，是盾构智能巡航发展的主导方向。

随着机械自动化技术的日渐成熟，如何将智能互联技术有效应用于盾构掘进机装备实现操控智能化，如何有效利用工程施工大数据并挖掘其中的知识实现盾构隧道施工无人化，将成为隧道工程领域的重大技术挑战和未来行业竞争热点。

# 参考文献


[1] 刘建航，侯学渊．盾构法隧道 [M]. 北京：中国铁道出版社，1991.

[2] 周文波．盾构法隧道施工技术及应用 [M]. 北京：中国建筑工业出版社，2004.

[3] 周文波．智慧城市：市政工程建设与管理 [M]. 北京：中国建筑工业出版社，2016.

[4] 陈馈，洪开荣，焦胜军．盾构施工技术 [M]. 北京：人民交通出版社股份有限公司，2016.

[5] 高瑞华．国产地铁盾构——“先行号”突破重围纪实 [J]. 中国制造业信息化，2005：28-31.

[6] 丁光莹，杨国祥，万波．首台国产大型泥水平衡盾构在打浦路隧道复线工程的应用 [J]. 市政技术，2009，27( 增 2)：217-221.

[7] 洪开荣，陈馈，冯欢欢．中国盾构技术的创新与突破 [J]. 隧道建设，2013，33(10)：801-808.

[8] 陈馈，杨延栋．中国盾构制造新技术与发展趋势 [J]. 隧道建设，2017，37(3)：276-284.

[9] 何川，封坤，方勇．盾构法修建地铁隧道的技术现状与展望 [J]. 西南交通大学学报，2015，50(1)：97-109.

[10] 王吉云．近十年来中国超大直径盾构施工经验 [J]. 隧道建设，2017，37(3)：330-335.

[11] 白廷辉．上海地铁工程设计施工新技术 [J]. 隧道建设，2014，34(1)：53-59.

[12] 周文波．超大直径土压平衡盾构在中心城区公路隧道中的应用技术探讨 [J]. 现代隧道技术，2013，50(3)：1-7.

[13] 杜闯东．狮子洋隧道盾构地中对接技术及实施 [J]. 隧道建设，2014，34(8)：771-777.

[14] 重田佳幸，飛田敏行，亀村勝美，等．ひび割れ方向性を考慮した覆工コンクリートの健全度評価法 [J]. 土木学会論文集 F，2006，62(4)：628-632.

[15] TURNER M J, CLOUG H R W, MARTIN H C, et al. Stiffness and Deflection Analysis of Complex Structure[J]. Journal of the Aeronautical Sciences, 1956, 23(9)：805-823.

[16] HUDSON J A, BROWN E T, FAIR HURST C, et al. Comprehensive Rock Engineering[M]. Oxford：Pergamon Press, 1993.

[17] UNLU T, GERCEK H. Effect of Possions Ratio on the Normalized Radial Displacements Occurring Around the Face of a Circular Tunnel[J]. Tunneling and Underground Space Technology, 2003, 18：547-553.

[18] BASARIR H, GENIS M, OZARSLAN A. The Analysis of Radial Displacements Occurring near the Face of a Circular Opening in Weak Rock Masses[J]. International Journal of Rock Mechanics and Mining Sciences, 2010, 40：771-783.

[19] CUNDALL P. A Computer Model for Simulating Progressive Large Scale Movements in Blocky Rock Systems[C]// ISRM. Proceedings of the Symposium of the International Society of Rock Mechanics. Nancy：ISRM, 1971：2-8.

[20] INGERSLEV L C F. Considerations and Strategies Behind the Design and Construction Requirements of the Istanbul Strait Immersed Tunnel[J]. Tunneling and Underground Space

[21] Technology, 2005, 20(6): 604-608.

[22] GOKCE A, KOYAMA F, TSUC HIYA M, et al. The Challenges Involved in Concrete Works of Marmaray Immersed Tunnel with Service Life Beyond 100 Years[J]. Tunneling and Underground Space Technology, 2009, 24(5): 592-601.

[23] 片山幾夫，足立正信，嶋田穣，等．地下埋設構造物の実用的な準動的解析法「応答震度法」の提案 [C]// 土木学会．土木学会第 40 回年次学術講演会講演概要集第 1 部門．东京：土木学会，1985：1-9.

[24] GALLARDOL L A, MEJU M A. Joint Two-dimensional DC Resistivity and Seismic Travel Time Inversion with Cross-gradients Constraints[J]. Journal of Geophysical Research, 2004, 109(B3): 1-11.

[25] COLELLA F, REIN G, BORC HIELLINI R et al. Calculation and Design of Tunnel Ventilation Systems Using a Two-scale Modeling Approach[J]. Building and Environment, 2009, 44.

[26] BONACINA C, COMINI G, FASANO A, et al. Numerical Solution of Phase Change Problems[J]. International Journal of Heat Mass Transfer, 1973, 16(10): 1825-1832.

[27] 日本道路协会．道路ﾄﾝﾈﾙ维持管理便览 [M]. 东京：日本道路协会，1993.

[28] 何川．ｼｰﾙﾄﾞﾄﾝﾈﾙ縦断方向の地震時挙動に関する研究 [D]. 東京：早稲田大学，1999.

[29] 李承辉，贺少辉，刘夏冰．粗粒径砂卵石地层中泥水平衡盾构下穿黄河掘进参数控制研究 [J]. 土木工程学报，2017，50(S2)：147-152.

[30] 李鸿博，贾峰，李靖，等．大连地铁 5 号线跨海隧道设计关键技术 [J]. 岩土力学，2017，38(S1)：395-401.

[31] 刘东洋．南宁砂土隧道盾构施工开挖面稳定性及地表沉降规律研究 [D]. 西安：西安科技大学，2017.

[32] 党西锋．基于盾构施工与渣土改良的成都地铁施工关键技术研究 [D]. 石家庄：石家庄铁道大学，2017.

[33] 杜梅．多种影响因素耦合作用下水下隧道施工进度风险评价 [D]. 重庆：重庆交通大学，2017.

[34] 刘东．TBM & EPB 双模式盾构复合地层施工关键技术研究 [D]. 成都：西南交通大学，2017.

[35] 姜志毅．高地应力挤压性地层双护盾 TBM 管片结构设计方法研究 [D]. 成都：西南交通大学，2017.

[36] 靳世鹤．兰州地铁盾构隧道施工风险分析与控制措施研究 [D]. 兰州：兰州交通大学，2017.

[37] 段亚刚．小直径盾构在综合管廊建设中的关键技术研究 [J]. 铁道工程学报，2017，34(04)：65-69.

[38] 王振飞．北京砂卵石地层大直径泥水加压平衡盾构适应性研究 [D]. 北京：北京交通大学，2014.

[39] 王颖．富水砂卵石地层大直径泥水盾构施工引起的地表沉降研究 [D]. 北京：清华大学，2014.

[40] 曹成勇．浅埋透水复合地层泥水盾构开挖面稳定性及掘进参数研究 [D]. 长沙：中南大学，2014.

[41] 李承辉，贺少辉，刘夏冰．粗粒径砂卵石地层中泥水平衡盾构下穿黄河掘进参数控制研究 [J]. 土木工程学报，2017，50(S2)：147-152.

[42] 袁大军，沈翔，刘学彦，等．泥水盾构开挖面稳定性研究 [J]. 中国公路学报，2017，30(08)：24-37.

[43] 夏毅敏，王洋，吴遁，等．泥水盾构环流系统管道输送特性 [J]. 中南大学学报（自然科学版），2017，48(11)：2889-2896.

[44] 齐春，何川，封坤，等．泥水平衡式盾构模拟试验系统的研制与应用 [J]. 岩土工程学报，2016，38(11)：1999-2008.

[45] 闵凡路，徐静波，宋航标，等．反压条件下泥水盾构开挖面泥膜致密性评价试验 [J]. 中国公路学报，2017，30(08)：216-221+246.

[46] 王振飞，张成平．泥水盾构开挖面失稳破坏的颗粒流模拟研究 [J]. 中国铁道科学，2017，38(03)：55-62.
[47] 杨林德，黄慷．水底隧道管片构件耐久性失效风险研究 [J]. 地下空间，2004，(01)：1-4+10.
[48] 王信刚．跨江海隧道功能梯度混凝土管片的研究与应用 [D]. 武汉：武汉理工大学，2007.
[49] 胡建勤．高性能混凝土抗裂性能及其机理的研究 [D]. 武汉：武汉理工大学，2002.
[50] 张昊囡．浅析盾构管片预制施工自动流水线技术配置与特点 [J]. 工程建设与设计，2017，(12)：97-98.
[51] 朱合华，崔茂玉，杨金松．盾构衬砌管片的设计模型与荷载分布的研究 [J]. 岩土工程学报，2000(02)：190-194.
[52] 唐志成，何川，林刚．地铁盾构隧道管片结构力学行为模型试验研究 [J]. 岩土工程学报，2005(01)：85-89.
[53] 王荣．在高速铁路列车动荷载作用下不同加固措施盾构隧道管片的疲劳寿命预测 [D]. 西南交通大学，2017.
[54] 王士民，申兴柱，何祥凡，等．不同拼装方式下盾构隧道管片衬砌受力与破坏模式模型试验研究 [J]. 土木工程学报，2017，50(06)：114-124.
[55] 封坤，何川，肖明清．高轴压作用下盾构隧道复杂接缝面管片接头抗弯试验 [J]. 土木工程学报，2016，49(08)：99-110+132.
[56] 王俊，何川，胡瑞青，等．土压平衡盾构掘进对上软下硬地层扰动研究 [J]. 岩石力学与工程学报，2017，36(4)：953-962
[57] 魏纲，庞思远．双线平行盾构隧道施工引起的三维土体变形研究 [J]. 岩土力学，2014，35(90)：2562-2568.
[58] WEI GANG. Prediction of Soil Settlement Caused by Double-line Parallel Shield Tunnel Construction[J]. Disaster Advances, 2013, 6(6)：23-27.
[59] WEI GANG, PANG SIYUAN, ZHANG SHIMIN. Prediction of Ground Deformation Induced by Double Parallel Shield Tunnelling[J]. Disaster Advances, 2013, 6(13)：91-98.
[60] 梁荣柱，夏唐代，林存刚，等．盾构推进引起地表变形及深层土体水平位移分析 [J]. 岩石力学与工程学报，2015，34(3)：583-393.
[61] STANDING J R, SELEMETAS D. Greenfield Ground Response to EPBM Tunnelling in London Clay[J]. Geotechnique, 2013, 63(12)：989-1007.
[62] 朱合华，丁文其，乔亚飞，等．盾构隧道微扰动施工控制技术体系及其应用 [J]. 岩土力学，2014，36(11)：1983-1993.
[63] DING W Q, OUYANG W B, GE S P, et al. Calculationmethod for Ground Settlement Due to Shield Tunnel Undercrossing Existing Building and its Application[C]// The 4th International Conference on Computational Methods. Gold Coast, 2012.
[64] QIAO Ya-fei, DING Wen-qi, XIE Dong-wu, et al. A 3D Finite Element Model for Shield Tunnel Undercrossing the Historical Building in Soft Ground[C]// 3rd International Conference on Computational Methods in Tunnelling and Subsurface Engineering. Bochum, 2013：855-862.
[65] XU Q W, ZHU H H, DING W Q, et al. Laboratory Model Tests and Field Investigations of EPB Shield Machine Tunneling in Soft Ground in Shanghai[J]. Tunnelling and Underground Space Technology, 2011, 26(1)：1-14
[66] 梁霄，官林星，温竹茵，等．矩形盾构隧道管片衬砌施工期结构性能的现场试验研究 [J]. 隧道建设，2016，36(12):1456-1464.
[67] 胡志平，蔡志勇，罗丽娟．盾构区间隧道与连接通道连接处的三维受力分析 [J]. 公路交通科技，2005，22(9)：133-136.

[68] 禹海涛，李龙津，曹春艳，等．考虑内部预制结构的盾构隧道抗震性能分析 [J]. 地下空间与工程学报，2016，12(S2)：834-840.

[69] 黎晨，张开银，黄俊．盾构隧道内部双层车道板结构受力分析 [J]. 现代隧道技术，2016，53(1)：103-110.

[70] 王善高，史世波，舒恒，等．单管双层特长盾构隧道内部结构预制施工技术 [J]. 隧道建设，2016，36(4)：451-457.

[71] 钱七虎．隧道工程建设地质预报及信息化技术的主要进展及发展方向 [J]. 隧道建设，2017，37(3)：251-263.

[72] 卫俊杰，罗汉中，黄醒春．复杂地层盾构施工信息化及扰动位移控制 [J]. 地下空间与工程学报，2010 6(5)：1044-1052.

[73] 王源，刘松玉，谭跃虎，等．南京长江隧道盾构始发工作井信息化施工与分析 [J]. 岩土工程学报，2008，30(S1)：554-558.

[74] 钟宇，陈健，陈国良，等 基于建筑信息模型技术的盾构隧道结构信息模型建模方法 [J]. 岩土力学，2018，39(5)：1867-1876.

[75] LI XIAOJUN, ZHU HEHUA. Development of a Web-based Information System for Shield Tunnel Construction Projects[J]. Tunnelling and Underground Space Technology, 2013, 37(6)：146-156.

[76] GRÖGER G, PLÜMER L. Topology of Surfaces Modelling Bridges and Tunnels in 3D-GIS[J]. Computers, Environment and Urban Systems, 2011, 35(3)：208-216.

[77] LEE S, PARK S I, PARK J. Development of an IFCBased Data Schema for the Design Information Representation of the NATM Tunnel[J]. KSCE Journal of Civil Engineering, 2016, 20(6)：2112-2123.

[78] ANDRÉ BORRMANNA, MATTHIAS FLURLB, JAVIER RAMOS JUBIERREA, et al. Synchronous Collaborative Tunnel Design Based on Consistency-preserving Multi-scale Models[J]. Advanced Engineering Informatics, 2014, 28(4)：499-517.

[79] HEGEMANN F, LEHNER K, KÖNIG M. IFC-based Product Modeling for Tunnel Boring Machines[C]// Proceedings of the 9th European Conference on Product and Process Modeling 2012. London：CRC Press, 2012：289-296.

[80] 郑刚，路平，曹剑然．基于盾构机掘进参数对地表沉降影响敏感度的风险分析 [J]. 岩石力学与工程学报，2015，34(S1)：3604-3612.

[81] HASANPOUR R, ROSTAMI J, ÜNVER B. 3D Finite Difference Model for Simulation of Double Shield TBM Tunneling in Squeezing Grounds[J]. Tunnelling and Underground Space Technology, 2014, 40：109–126.

[82] 吴世明，林存刚，张忠苗，等．泥水盾构下穿堤防的风险分析及控制研究 [J]. 岩石力学与工程学报，2011，30(5)：1034-1042.

[83] 刘文，赵挺生，张亚静，等．地铁盾构施工安全风险规律分析与对策 [J]. 中国安全科学学报，2017，27(10)：130-136.

[84] RAVIV G, FISHBAIN B, AVIAD SHAPIRA. Analyzing Risk Factors in Crane-related Near-miss and Accident Reports[J]. Safety Science, 2017, 91：192-205.

[85] COPUR H, CINAR M, OKTEN G, et al. A Case Study on the Methane Explosion in the Excavation Chamber of an EPB-TBM and Lessons Learnt Including Some Recent Accidents[J]. Tunnelling and Underground Space Technology, 2012, 27( 1)：159-167.

[86] ZHOU Zhipeng, LI Qiming, WU Weiwei. Developing a Versatile Subway Construction Incident Database for Safety Management[J]. Journal of Construction Engineering and Management, 2012, 138(10): 1169-1180.

[87] CHEN Gang, XIE Kefan, WU Qian. Emergency Events Analysis in Metro Construction Project[J]. Systems Engineering Procedia, 2012, 4: 402-408.

[88] MA Yongchi, MA R TIN de Jong, KOPPENJAN Joop. Identifying Organizational and Contractual Drivers Behind Subway Construction Accidents in China:A Tale of Three Cities[J]. Journal of Urban Technology, 2013, 20(3): 39-64.

[89] AVNI N, FISHBAIN B, SHAMI R U. Water Consumption Patterns as a Basis for Water Demand Modeling[J]. Water Resources Research, 2015, 51: 1-17.

Large Diameter Shield
Tunneling Tchnology

# 后　记

上海隧道工程有限公司始建于1965年，是我国最早进行盾构法隧道技术研发和施工应用的专业化施工企业。近十几年来，随着盾构法隧道向着大直径的趋势迈进，上海隧道工程有限公司先后承建了上海上中路隧道、上海长江隧道、上海外滩通道、杭州钱江通道、珠海横琴马骝州隧道、武汉三阳路长江隧道等共计18条直径超过14m的大直径盾构法隧道，在大直径盾构法隧道施工领域积累了大量实践经验，取得了丰硕的科技成果与关键技术。

本书的编写即以大直径隧道的施工经验为基础，吸取国内外大直径盾构法施工中的经验教训，进一步细化施工工艺流程，提炼关键技术，经过编写团队多年的努力，旨在形成一套能够代表当前我国大直径盾构法发展的关键技术体系。

回顾本书的编写历程，从上海隧道工程股份有限公司总裁周文波、上海隧道工程有限公司副总工程师吴惠明策划伊始，组建了四十余人的编写团队，具体分工如下：第1章 绪论由李磊、包蓁、李红霞参与编写；第2章 盾构机选型由王吉云、杨建刚、王胜勇、陈宇、马志刚参与编写；第3章 泥水系统由何国军、魏林春、王志华参与编写；第4章 管片制作由朱海良、应卓清、龚海云、万洋、傅青青、陈轶豪参与编写；第5章 盾构掘进由黄德中、范杰、黄凯、卢康敏、周长、刘皋参与编写；第6章 内部结构与连接通道由王吉云、杨建刚、张嘉俊、姚嘉杰、郑瑞参与编写；第7章 信息监控由杨宏燕、陈刚、刘杰参与编写；第8章 风险管理由范杰、黄凯、孙杰、孙晗、李永、马志刚参与编写；第9章 典型工程案例由郑宜枫、徐志玲、罗赛楠、施文琪、黄嘉伦参与编写；第10章 展望由包蓁、李刚参与编写。

本书编写过程中，还得到了有关隧道工程施工、设计、科研院校等单位专家及技术人员的大力支持和帮助。其中，中国科学院孙钧院士特意为本书撰写了序言，上海大学张孟喜教授也为本书的编写提供了诸多宝贵意见。

在此，衷心感谢这些同志在图书编写过程中给予的付出和关心！

期望《大直径盾构法技术》的出版，能促进大直径盾构隧道施工的技术进步，推动我国交通基础设施领域的总体发展水平。

作　者

2020年3月